Veronika Fischer/Desbina Kallinikidou/
Birgit Stimm-Armingeon

Handbuch
interkulturelle Gruppenarbeit

Reihe Politik und Bildung • Band 20

Veronika Fischer/Desbina Kallinikidou/
Birgit Stimm-Armingeon

Handbuch interkulturelle Gruppenarbeit

WOCHENSCHAU VERLAG

Die Deutsche Bibliothek – CIP-Einheitsaufnahme

Handbuch interkulturelle Gruppenarbeit / Veronika Fischer/Desbina Kallinikidou/
Birgit Stimm-Armingeon. – Schwalbach/Ts : Wochenschau-Verl., 2001
(Reihe Politik und Bildung ; Bd. 20)
ISBN 3-87920-628-7

Gedruckt auf chlorfreiem Papier
Printed in Germany
ISBN 3-87920-628-7

Inhaltsverzeichnis

Einleitung

Mit dem Thema „Interkulturelles Lernen in Gruppen" greift dieses Handbuch einen Gegenstand auf, der vor dem Hintergrund einer allgemeinen politischen Diskussion zu sehen ist, die sich mit den ökonomischen, politischen, sozialen und kulturellen Auswirkungen von Migrationsprozessen beschäftigt. Pädagogische Konzepte interkulturellen Lernens beziehen sich einerseits auf den Tatbestand der Multikulturalität der Gesellschaft und sind auf Austauschprozesse im Innern der Gesellschaft angelegt, sie stellen andererseits eine pädagogische Antwort auf die Folgen der Globalisierung dar, die mit veränderten Anforderungen an Kommunikation, Informationsbeschaffung und -verarbeitung, Kontaktaufnahme und Interaktion im internationalen Rahmen verbunden sind. Das vorliegende Handbuch wird sich auf die pädagogischen Anforderungen konzentrieren, die sich für die Erwachsenenbildung durch die Anwesenheit von Menschen aus unterschiedlichen Herkunftskulturen innerhalb des Landes stellen und interkulturelles Lernen im Rahmen des internationalen Austauschs weitgehend ausklammern. Gleichwohl ist ein Teil der Ausführungen, beispielsweise zur Didaktik und Methodik interkulturellen Lernens, auch auf die Didaktik von Veranstaltungen im Rahmen des internationalen Austauschs übertragbar.

Die Beschäftigung mit Fragen interkulturellen Lernens hat Konjunktur, ihre Dringlichkeit wird angesichts fremdenfeindlicher Stimmungen nicht angezweifelt, wenn auch die praktische Umsetzung pädagogischer Konzepte nur zögerlich vonstatten geht. Die Frage, wie Erziehung und Bildung dazu beitragen können, dass Mehrheit und Minderheiten in der Gesellschaft angemessen miteinander leben können, wird auch künftig nicht an Aktualität und Relevanz einbüßen, da es wissenschaftlichen Prognosen zufolge weiterhin Zuwanderung geben wird.

„Am Ende des 20. Jahrhunderts leben nach Schätzungen weltweit über 100 Mio. Menschen nicht dort, wo sie geboren sind. Hinzu kommen noch 24 Mio. Binnenflüchtlinge (vgl. Opitz 1997). In der Europäischen Union (EU) nimmt sich der Umfang der ausländischen Wohnbevölkerung mit 4,8 % noch eher bescheiden aus; 1994 lebten hier ca. 17, 6 Mio. Ausländerinnen und Ausländer (...)" (Treibel 1999, S. 12). Deutschland nimmt als Zielland von Migration im europäischen Vergleich eine zentrale Position ein. Der langfristige Aufwärtstrend in der Wanderungsstatistik scheint sich fortzusetzen. Ende 1999 wurden über 7,34 Mio.

Außer in den bibliografischen Angaben wurde durchgängig, auch in den Zitaten, die neue Rechtschreibung verwendet.

Ausländerinnen und Ausländer registriert, rund 24.000 mehr als ein Jahr zuvor (Ausländer in Deutschland 2/00).

Migration ist nicht allein eine räumliche Bewegung im Sinne einer Ortsveränderung; sie führt nicht nur zu einem quantitativen Zuwachs an Bevölkerung, sondern auch zu einem einschneidenden sozialen Wandel, der sowohl die Wandernden selbst als auch die aufnehmende und abgebende Gesellschaft betrifft. Auf diese Veränderungen sind die Mitglieder einer Gesellschaft vorzubereiten und bei deren Verarbeitung und Bewältigung zu unterstützen. Auch der Erwachsenenbildung fallen in diesem Zusammenhang wichtige Funktionen zu: Sie bietet den Zugewanderten Informationen zur Orientierung im fremden Land an, vermittelt sprachliche Kompetenzen zur Kommunikation in der Verkehrssprache Deutsch bzw. in anderen Fremdsprachen, gibt die Möglichkeit zur kulturellen Selbstdarstellung, unterstützt bei Prozessen der Identitätsbildung, aktiviert persönliche Ressourcen zur Bewältigung belastender Lebenssituationen, organisiert Gruppenangebote zur Begegnung und zum Dialog mit Angehörigen unterschiedlicher kultureller Herkunft, fördert den Austausch zwischen Angehörigen der Majorität und der Minoritäten, vermittelt interkulturelle Kompetenzen an Mitarbeiter und Mitarbeiterinnen in unterschiedlichen Institutionen etc. Eine Pädagogik in der Einwanderungsgesellschaft sollte sowohl auf die Majorität als auch die Minoritäten gerichtet sein. Sie unterstützt einerseits die Zugewanderten bei der Orientierung in einem fremdkulturellen System, bei der Bewältigung verschiedener Alltagssituationen und bei der Ausbalancierung eigener und fremder Normen und Werte. Andererseits fördert sie den Austausch zwischen Angehörigen der Majorität und der Minoritäten, schärft das politische Verständnis für die Ursachen und Folgen der Migration, gibt Einsicht in asymmetrische Strukturen der Gesellschaft, die mit Ungleichbehandlung, Stigmatisierung und Diskriminierung von Minderheiten einhergehen und macht zugleich die Ressourcen und persönlichen Stärken transparent, die die Individuen und Gruppen in den interkulturellen Austausch einbringen.

Solche Lernprozesse finden in der Regel in Gruppen statt, weil zum einen institutionalisierte Erwachsenenbildung hauptsächlich in Form von Gruppenangeboten organisiert ist, weil zum anderen die Wirksamkeit interkulturellen Lernens vor allem durch die subjektive Erfahrung in Begegnungssituationen gefördert wird, allerdings unter der Voraussetzung, dass eine solche Situation pädagogisch angemessen angeleitet und begleitet wird.

Bei unseren Recherchen ist uns aufgefallen, dass es zwar eine breite Diskussion zur interkulturellen Pädagogik im Bereich von Kindergarten und Schule gibt, aber die Publikationen zum interkulturellen Lernen im außerschulischen Bereich der Jugend- und Erwachsenenbildung eher dünn gesät sind. Analysiert man die Veröffentlichungen nochmals unter gruppenpädagogischen Gesichtspunkten, so wird dieser Thematik eher wenig Beachtung geschenkt. Das hat uns veranlasst, eine Veröffentlichung zum Stand und zur Entwicklung interkultureller Bildung in der Erwachsenenbildung zu planen, in der u.a. unsere eigene gruppenpädagogische Praxis auf diesem Gebiet (insbesondere aus den Bereichen der Eltern- und Familienbildung, der arbeitnehmerorientierten politischen Bildung und der Frauenbildung) systematisch ausgewertet, theoretisch reflektiert und in einen übergreifenden historischen, bildungspolitischen und gesellschaftlichen Kontext eingeordnet werden. Ziel des Buches ist es u.a.,

- die Geschichte der interkulturellen Pädagogik in der Erwachsenenbildung nachzuzeichnen,
- die Relevanz interkulturellen Lernens in Gruppen vor dem Hintergrund von Migration und multikultureller Gesellschaft aufzuzeigen,
- die theoretischen Grundlagen gruppenpädagogischer Arbeit im Hinblick auf multikulturell zusammengesetzte Gruppen offen zu legen,
- ein didaktisches Konzept vorzustellen, das die Gruppe als Medium interkultureller Kommunikation und Interaktion nutzt,
- verschiedene Modelle und Methoden darzustellen, die sich bei der Unterstützung interkultureller Lernprozesse in Gruppen bewährt haben, und dies anhand einiger konkreter Übungsbeispiele zu illustrieren.

Dabei knüpfen wir u.a. an Erfahrungen und Resultate aus verschiedenen Forschungsprojekten an, in denen wir mitgearbeitet haben:

- Entwicklungsgruppe „Interkulturelle Weiterbildung“ des Landesinstituts für Schule und Weiterbildung NRW, deren Ergebnisse in dem Buch „Fremdheit überwinden. Theorie und Praxis des interkulturellen Lernens in der Erwachsenenbildung“ (Schneider-Wohlfart u.a. 1990) veröffentlicht wurden;
- das interkulturelle Bildungs- und Begegnungsprojekt „Deutsche und Ausländer gemeinsam: Aktiv im Alter“ des Bundesarbeitskreises Arbeit und Leben (1994-1997), dessen Resultate in einer Dokumentation von „Arbeit und Leben“ und in einer Veröffentlichung des Bundesministeriums für Familie, Senioren, Frauen und Jugend publiziert wurden;
- das Erwachsenenbildungs-Netzwerk „Lernen in einer multi-kulturellen Gesellschaft zu leben“, das im Jahre 1993 vom Institut für Internationale Zusammenarbeit des Deutschen Volkshochschulverbandes und vom National Institute for Adult Continuing Education, England and Wales (NIACE) gegründet wurde.
- das Projekt „Unterstützung der Entwicklung regionaler Kooperationsnetze in der Region“ (1995-1997) unter der Projektleitung des Landesinstituts für Schule und Weiterbildung und der Forschungsgruppe FOKUS.

Darüber hinaus haben wir von November 1993 bis März 2000 14 Seminare im Bereich der interkulturellen Frauenbildung mit 250 Teilnehmerinnen durchgeführt und evaluiert. In diesem Zusammenhang wurden Beobachtungsbögen,

Seminarprotokolle und qualitative Interviews mit ausgewählten Teilnehmerinnen ausgewertet.

Die sechs Kapitel des Handbuchs gliedern sich in einen grundlegenden Teil (Kapitel 1 bis 3), der ein Basisverständnis zu den Themen Gruppenpädagogik, Migration und multikulturelle Gruppen in der Erwachsenenbildung liefern soll, und in einen Praxisteil (Kapitel 4 bis 6), der mit verschiedenen Modellen, Methoden und Arbeitsansätzen interkultureller Erwachsenenbildung vertraut macht. Insbesondere die Ausführungen in den Kapiteln 4 bis 6 sind so abgefasst, dass sie in sich abgeschlossen sind und auch gesondert gelesen werden können. Um den Lesern und Leserinnen ein selektives Herangehen an die Texte des Buchs zu erleichtern, wurde die Literatur thematisch gebündelt und den einzelnen Kapiteln zugeordnet.

Das erste Kapitel setzt sich mit dem Thema Gruppenpädagogik vor dem Hintergrund des historischen Wandels von Gruppen innerhalb der Gesellschaft auseinander. Das zweite Kapitel stellt den gesellschaftspolitischen Hintergrund dar, vor dem sich die interkulturelle Erwachsenenbildung entwickelt hat. Das dritte Kapitel widmet sich dem interkulturellen Lernen und den verschiedenen Dimensionen einer multikulturellen Lerngruppe, um schließlich die Elemente einer interkulturellen Didaktik in Gruppen zu erläutern. Die Kapitel 4 bis 6 stellen den Praxisteil des Handbuchs dar. Kapitel 4 geht auf verschiedene Modelle, Methoden und Arbeitsformen ein (die Themenzentrierte Interaktion, Biografiearbeit, Szenische Verfahren, Zukunftswerkstatt), die sich in interkulturellen Veranstaltungen bewährt haben. Kapitel 5 stellt verschiedene Zielgruppenansätze dar (interkulturelle Frauen-, Familien- und Altersbildung) und das letzte Kapitel befasst sich mit den organisatorischen Rahmenbedingungen und Fragen der Planung, Werbung, Fortbildung und Vernetzung.

Das Buch wendet sich insbesondere an haupt- und nebenberufliche Mitarbeiter und Mitarbeiterinnen der Erwachsenenbildung und außerschulischen Bildungsarbeit, Lehrer und Lehrerinnen, die mit jungen Erwachsenen arbeiten (etwa im Bereich des Zweiten Bildungwegs), Studierende und Lehrende der Fächer Erziehungswissenschaft, Psychologie, Soziologie, Politikwissenschaft, Ethnologie, Sozialarbeit/Sozialpädagogik, Deutsch als Fremdsprache etc., Sozialpädagogen und -pädagoginnen in verschiedenen Praxisfeldern interkultureller sozialer Arbeit, Lehrende im Bereich beruflicher Fortbildung und Ausbilder/-innen für soziale Berufe.

Zuletzt sei noch ein Hinweis zur sprachlichen Form gestattet. Der Begriff des Migranten schließt im Sinne der neutralen Form des „Zuwandernden" die männliche und weibliche Form ein. An manchen Stellen ist nur von Ausländern oder Ausländerinnen, Mitarbeitern oder Mitarbeiterinnen etc. die Rede. In diesen Fällen sind immer beide Geschlechter gemeint, es sei denn, es handelt sich explizit nur um Männer oder Frauen.

Kapitel I

Gruppenpädagogik und gesellschaftlicher Wandel

Veronika Fischer

Gruppenpädagogik – Skizzierung eines Begriffs

Gruppenpädagogik ist im Unterschied zum Gruppenunterricht oder zur Gruppenerziehung nicht ausschließlich auf den schulischen Bereich beschränkt, sondern bezieht sich auf alle pädagogischen Felder und Altersgruppen (Schiller 1966, S. 77). Magda Kelber, eine der wichtigsten Vertreterinnen der Gruppenpädagogik in der Nachkriegszeit, wies in ihrer Schrift „Meine Gruppe" mit Nachdruck darauf hin, dass mit dem Begriff – so, wie sie ihn gebraucht – eben nicht Schule und Unterricht gemeint seien, sondern „die vielfältige Arbeit, die in ungezählten Gruppen von Kindern, Jugendlichen und Erwachsenen, auch älteren Menschen getan wird und bei der es darum geht, jedem Einzelnen in seiner Entwicklung zu helfen" (1977, S. 5). Diese Vielzahl von Anwendungsfeldern korrespondiert mit einer Fülle von Methoden, die im gruppenpädagogischen Prozess zum Einsatz kommen, sodass Geißler und Hege (1999, S. 174) das Fehlen eines einheitlichen Rahmens bzw. eines „Konzepts" bemängeln. „Eine eindeutige Bestimmung, eine Definition dessen, was Gruppenpädagogik ist, fällt daher auch sehr schwer" (ebenda). Henningsen wies schon 1970 in seiner Kritik der Gruppenpädagogik darauf hin, dass „Gruppenpädagogik" ein Wort mit vielerlei Bedeutung sei, was im Übrigen eine Reihe anderer Grundbegriffe des pädagogischen Lebens auch betreffe, „weil es sich bei ihnen nicht zuerst um Definitionen in theoretisch-systematischer Absicht handelt, sondern um den sprachlichen Ausdruck eines praktischen Wollens, das an vielen Orten im Lande, unter je verschiedenen konkreten Bedingungen, nach gedanklicher Klarheit strebt" (dokumentiert in: Schmidt-Grunert 1997, S. 43).

Noch heute scheint es im Hinblick auf die Definition und systematische Darstellung gruppenpädagogischer Ansätze Unstimmigkeiten zu geben (Galuske 1999, S. 77 ff.). Schmidt-Grunert (1997, S. 56 ff.) stellt mit Blick auf die Fachliteratur fest, „dass eine gewisse Ratlosigkeit in der Frage der Zuordnung und Systematik unterschiedlicher Arbeitsformen mit Gruppen existiert. Oft werden Begriffe wie Gruppenarbeit, Gruppenpädagogik, soziale Gruppenarbeit und sozialtherapeutische Gruppenarbeit synonym verwendet, an anderer Stelle finden sich Abgrenzungen, die aber wenig plausibel erscheinen." Sie schlägt eine Systematik vor, die – vom Allgemeinen zum Besonderen schreitend – eine Einteilung in Gruppenarbeit, Gruppenpädagogik und soziale Gruppenarbeit vorsieht.

Nach ihrer Definition besagt *Gruppenarbeit*, dass gemeinsam an einer bestimmten Sache gearbeitet wird, um ein gesetztes Ziel zu erreichen. Diese Gruppenarbeit sei nicht auf die Arbeitsfelder der Sozialen Arbeit begrenzt, sondern finde in vielen gesellschaftlichen Bereichen statt. Inhalt und Gestaltung der Gruppenarbeit seien abhängig von ihrer Aufgabenbestimmung, mit der sich wiederum Ziel- und Zwecksetzungen verbinden würden.

- Gruppenarbeit sei eine Form des Lernens im schulischen und außerschulischen Bildungs- und Weiterbildungsbereich und komme als methodisches Mittel der Unterrichtsgestaltung zur Anwendung.
- Gruppenarbeit werde in Betrieben eingesetzt, um Arbeitsabläufe zu ökonomisieren.
- Formen offener Gruppenarbeit existierten im Bereich der Sozialen Arbeit. Auch Selbsthilfegruppen seien begrifflich hier anzusiedeln.

Gruppenpädagogik enthalte die Elemente der *Gruppenarbeit* und zeichne sich darüber hinaus durch eine pädagogische Fokussierung aus. Sie umfasse die Erziehung und Bildung von und in Gruppen, beziehe sich auf Theorien der Gruppenerziehung und der Bildungs- und Lernprozesse in Gruppen. Schmidt-Grunert schließt sich der Definition von Schütz (1989, S. 136) an, der Gruppenpädagogik definiert als die „Anwendung gruppendynamischer Konzepte im pädagogischen Kontext. Sie ist ein Ansatz pädagogischen Handelns, der die Gruppe als Ort und Medium sowohl individueller als auch sozialer Reifung betrachtet und der die Förderung subjektiver Entfaltungsmöglichkeiten und kooperativer Interaktion in der Auseinandersetzung mit einer Sachaufgabe zu verbinden sucht."

Der Begriff der *Sozialen Gruppenarbeit,* der nach Schmidt-Grunert häufig mit *Gruppenpädagogik* gleichgesetzt werde, da soziale Gruppenarbeit auch mit erzieherischen Intentionen verbunden ist, besitzt jedoch ein eigenständiges Profil: *Soziale Gruppenarbeit* hat ihren Fokus in der problemzentrierten Gruppenarbeit. „Soziale Gruppenarbeit ist eine Methode der Sozialarbeit, die den Einzelnen hilft, ihre soziale Funktionsfähigkeit durch zweckvolle Gruppenerlebnisse zu steigern und ihren persönlichen Gruppen- oder gesellschaftlichen Problemen besser gewachsen zu sein" (Schiller 1966, S. 89).

Aus diesem Kontext habe sich schließlich auch *Sozialtherapeutische Gruppenarbeit* entwickelt. Bereits Magda Kelber (1965, S. 129) wies auf eine Abgrenzung der Gruppenpädagogik von der *Gruppentherapie* hin, zu der „Anamnese, Diagnose und Behandlungsplan" gehörten und die vom dafür ausgebildeten Psychotherapeuten, Psychiater oder Kinder- und Jugendlichenpsychotherapeuten zu handhaben sei.

Nach dieser begrifflichen Abgrenzung kommen wir nun nochmals auf die Definition der Gruppenpädagogik zurück, um eine für die Erwachsenenbildung zutreffende Begriffsbestimmung vorzunehmen.

Eine klare, wenn auch stärker durch den Ansatz der social group work beeinflusste Definition bietet Magda Kelber an. Sie versteht *Gruppenpädagogik* als die gesamte Art und Weise des Umgangs mit Gruppen, also „das Sammeln der Fakten, die Analyse der Gruppensituation, die Planung, Durchführung und fortlaufende Auswertung helfender Schritte und schließlich eine gut vorbereitete Ablösung des Helfers von der Gruppe..." (ebenda, S. 128).

Allgemeiner bleiben Geißler/Hege (1999, S. 174) mit ihrer Definition: „Gruppenpädagogik spezifiziert die pädagogische Perspektive auf die Nutzbarmachung der Erziehungsprozesse in der kleinen, überschaubaren Gruppe und die Erziehungsmöglichkeiten durch die Intersubjektivität." Allerdings eignet sich diese Definition, die den Erziehungsbegriff in den Mittelpunkt stellt, weniger für die Erwachsenenbildung, die im Unterschied zur Schule über keinen offiziellen gesellschaftlichen Erziehungsauftrag verfügt. Für die Erwachsenenbildung gilt eher die Maxime Nohls: „Erziehung endet da, wo der Mensch mündig wird" (Nohl 1935, S. 132).

Führt man nun die verschiedenen bereits existierenden Elemente zu einer Definition zusammen, die auch für die Erwachsenenbildung gilt, so kann man sagen:

Gruppenpädagogik umfasst alle für den Umgang mit Gruppen relevanten Vorgänge, die die Planung, Durchführung, Beendigung und Evaluation eines Gruppenprozesses betreffen. Sie bezieht sich auf die Kleingruppe als Ort pädagogischen Handelns und als Medium zur Förderung von Kommunikation und Kooperation. Sie zielt auf die Entwicklung individueller Ressourcen und sozialer Kompetenzen. Sie richtet sich nach den ethischen Prinzipien der Menschenwürde und der Verantwortung für die Gemeinschaft.

Wenn auch der Rahmen und die Leitung der Gruppe von besonderer Bedeutung für die Gruppenpädagogik sind, so darf die bildende und verändernde Wirkung der Gruppe selbst nicht vergessen werden.

In diesem Zusammenhang stellt sich die Frage, was denn gruppenpädagogische Prozesse in der Erwachsenenbildung von Gruppenpädagogik in anderen Bereichen unterscheidet. Ein wichtiges Unterscheidungskriterium ist das Prinzip der *Freiwilligkeit*. Während beispielsweise die Schule ihren gesetzlichen Erziehungsauftrag über die Schulpflicht regelt oder Sozialarbeit häufig im Rahmen von Institutionen stattfindet, die ihre Betreuten in Form von „Zwangsgruppen" zusammenfassen (z.B. Kinder-, Jugend- und Erziehungsheime, Strafanstalten), gibt es keine entsprechende Verpflichtung zur Weiterbildung. Abgesehen von Maßnahmen der beruflichen Fort- und Weiterbildung oder einschränkenden Rahmenbedingungen in Kursen des Zweiten Bildungswegs besuchen Erwachsene die Veranstaltungen der Weiterbildung in der Regel freiwillig und verlassen die Gruppen auch wieder, wenn sie es wollen. Sie können aus einer breiten Palette von Kursen, Seminaren und Arbeitskreisen auswählen und haben vielfach auch in den Veranstaltungen Einfluss auf das Themenspektrum, das behandelt wird. Auf die

Zusammensetzung der Gruppe und die Auswahl der Gruppenmitglieder haben sie allerdings keinen Einfluss.

Freiwilligkeit oder Zwang haben entscheidenden Einfluss auf das gesamte Gruppengeschehen, sie beeinflussen die Motivation der Teilnehmenden, die ablaufenden Lernprozesse, die Interaktionen zwischen den Gruppenmitgliedern und ihre Beziehung zur Gruppenleitung.

Das Prinzip der Freiwilligkeit wirkt sich auf der planerischen Ebene so aus, dass die Einrichtungen der Erwachsenenbildung für ihre Veranstaltungen werben und im Rahmen einer ständigen Kontrolle aller Abläufe innerhalb der Institutionen, u.a. durch Rücksprache mit den Teilnehmenden („feed-back"/Evaluation etc.), die „drop-out-Quoten" der Gruppen reduzieren müssen.

Das Prinzip der *Teilnehmerorientierung* in der Erwachsenenbildung impliziert auf der inhaltlichen Ebene des Gruppengeschehens einen hohen Grad an *Mitbestimmung* der Lerninhalte (deren Gewichtung, Reihenfolge etc.) und der Arbeitsformen. Auch wenn es mehr oder weniger – etwa durch Lehrbücher oder die Systematik eines Fachs – stärker vorstrukturierte Inhalte gibt, erhalten die Teilnehmenden dennoch Gelegenheit, ihre Interessen und Erwartungen einzubringen und mit der Leitung und den anderen Gruppenmitgliedern einen entsprechenden Konsens über das weitere Vorgehen herbeizuführen. In Veranstaltungen, in denen die subjektiven Voraussetzungen der Teilnehmenden selbst zur Debatte stehen, die z.B. zielgruppen- oder problemzentriert arbeiten, kommt dem Prinzip der Teilnehmerorientierung eine zentrale Bedeutung zu.

Interessanterweise findet eine Auseinandersetzung zu Fragen der Gruppenpädagogik hauptsächlich in den Bereichen der Schulpädagogik und Sozialarbeit/Sozialpädagogik statt, während sich die Erwachsenenbildung, abgesehen von Brochers Buch „Gruppendynamik und Erwachsenenbildung" (1. Aufl. 1967), eher am Rande damit befasst hat, etwa im Rahmen einer Didaktik der Erwachsenenbildung unter dem Stichwort Gruppendynamik (Siebert 1996, S. 234). Handbücher der Erwachsenenbildung, z.B. das von Tippelt (1994) herausgegebene, führen die Stichwörter Gruppe, Gruppendynamik oder Gruppenpädagogik gar nicht auf, was schon deshalb erstaunlich ist, weil Erwachsenenbildung hauptsächlich in Gruppen erfolgt und Lehr- und Lernprozesse von der Interaktion der Gruppenmitglieder in nicht unerheblichem Maße mitbestimmt werden. Hingegen taucht häufiger der Zielgruppenbegriff auf, der v.a. im Vorfeld der „Teilnehmerrekrutierung" anzusiedeln ist, aber auch Fragen der zielgruppengemäßen didaktischen Umsetzung eines Weiterbildungsangebots behandelt (u.a. Schäffter 1981, Schiersmann u.a. 1984). Darüber hinaus zeichnet sich in den 90er-Jahren eine gewisse Tendenz zu Veröffentlichungen im Sektor der Kurs- und Seminarmethoden (z.B. Knoll 1992) ab, bei denen es vor allem um praxisorientierte Vorschläge zur Gestaltung von Anfangs- und Schlusssituationen (Geißler 1989/1992), Steuerung von Lernprozessen, Kleingruppenmethoden (Knoll 1992) oder dem Einsatz von Spielen in Gruppen geht. Diese Publikationen sind in der Mehrzahl bewusst auf die didaktische Handlungsebene ausgerichtet, bieten praktische Tipps, Trainingseinheiten und Handlungsanweisungen für die Kurs- und Seminarleitung an, ohne explizit auf einen theoretischen, gruppenpädagogischen Begründungszusammenhang bezogen zu sein. Anders stellen sich Ansätze dar, die ursprünglich aus dem psychologischen Bereich kommen und die sich – wie der weit verbreitete Ansatz der *Themenzentrierten Interaktion* (R. Cohn) – auf ein theoretisches Grundgerüst stützen und auch im Bereich der Erwachsenenbildung Anklang gefunden haben (z.B. Klein 1984, Langmaack 1985).

Da es uns wichtig erscheint, im Hinblick auf unsere Thematik „Interkulturelles Lernen in Gruppen" grundsätzliche gruppenpädagogische Fragestellungen zu reflektieren, gehen wir im folgenden Abschnitt auf die historischen Wurzeln der Gruppenpädagogik in der Nachkriegszeit, insbesondere auf das Wirken von Magda Kelber zurück, um mögliche Schnittstellen herauszukristallisieren, die auch für die heutige pädagogische Arbeit mit Gruppen noch relevant sind.

Veronika Fischer

Historische Entwicklung gruppenpädagogischer Ansätze in Deutschland nach dem Zweiten Weltkrieg

Magda Kelber kann als eine Pionierin der Gruppenpädagogik der Nachkriegszeit in Deutschland bezeichnet werden. Sie leitete das „Haus Schwalbach“, das am 26. Juni 1949 gegründet wurde und als eine der ersten Stätten gruppenpädagogischer Kurse, Lehrgänge und Tagungen in Deutschland gilt.

Die Etablierung dieses „Heimes für Volksbildung und Jugendpflege“ war vor dem Hintergrund der „Re-education“- Strategie der Amerikaner zu sehen, die mit einem „Leadership Training Center“ einen Beitrag zur Umerziehung und Neuordnung des Bildungs- und Sozialwesens in Deutschland leisten wollten. Man sah sich vor dem Hintergrund der Erfahrungen im nationalsozialistischen Deutschland demokratischen Erziehungszielen verpflichtet und wollte die außerschulische Jugendarbeit und Erwachsenenbildung auf eine neue Grundlage stellen. Einen wichtigen Schritt auf diesem Weg stellte die Fortbildung von Gruppenleitern und -leiterinnen dar, die als Multiplikatoren in ihrem Bereich wirken sollten und ihrerseits die demokratischen Prinzipien eines neuen Gesprächs- und Führungsstils verbreiten sollten. Magda Kelber (1977, S. 150) führte dazu aus: „Wir stehen am Anfang einer Entwicklung, in der demokratische Gewohnheiten geübt werden müssen. Für uns ist die Kunst des gemeinsamen Gesprächs eine der wichtigsten Formen, in denen wir eine demokratische Lebenshaltung im Kleinen wie im Großen üben und praktizieren können. Allzu oft wird Demokratie als Staatsform oder politische Theorie verstanden. Demokratie ist vor allem eine Lebensform, und da ein hoher Prozentsatz unserer bürgerlichen Betätigung sich im Gespräch abspielt, so ist eine faire und gerechte Gesprächsführung eine eminent demokratische Kunst.“

Die Gruppenarbeit stand im Mittelpunkt des Konzepts von Magda Kelber, die Gruppe wurde als erzieherisches Medium und Übungsfeld partnerschaftlicher Diskussion und kooperativen Verhaltens begriffen. So etwa sollte das Gruppengespräch in den unterschiedlichsten Situationen erprobt werden: Zum Beispiel im Anschluss an einen Vortrag, im Rahmen von Podiumsdiskussionen, bei Seminaren, Lehrgängen, Mitarbeiterbesprechungen, im Rahmen parlamentarischer Verfahren oder bei Versammlungen (Kelber 1977).

Führungskräfte und pädagogisches Fachpersonal aus unterschiedlichsten Bildungsbereichen und sozialpädagogischen Arbeitsfeldern hatten Gelegenheit, Methoden eines partnerschaftlichen Arbeitsstils kennen zu lernen, bisherige Formen eines autoritären, dirigistischen Führungsstils zu überdenken, gruppendynamische Phänomene zu analysieren und die Wirkung ihrer Ziele zu reflektieren.

Die gruppenpädagogische Konzeption, die Magda Kelber vertrat, geht auf die amerikanische „social group work“ zurück, einen gruppenmethodischen Ansatz aus dem Bereich der Sozialarbeit, den sie auf die Bedingungen und Erfordernisse der Gruppenarbeit in Institutionen und Zusammenhängen der Jugendarbeit und Erwachsenenbildung im deutschen Raum zuschnitt und weiterentwickelte. Außerdem beruft sie sich immer wieder bei Fragen der Sozialpsychologie auf Texte von Lewin und seine Schule (Lippitt, White etc.). Müller (1972, S. 115) stellte als besonderen Verdienst von Magda Kelber heraus, dass sie die durch reformpädagogisches Gedankengut beeinflusste und durch die amerikanische „social group work“ weiterentwickelte Gruppenarbeit wieder in Deutschland beheimatet habe, wo der Nationalsozialismus zuvor alle reformpädagogischen Ansätze ausgemerzt hatte.

Was versteht Magda Kelber nun unter Gruppenpädagogik im Einzelnen? Zunächst definiert sie diese als einen *Teilbereich* der allgemeinen Pädagogik, der sich mit dem „pädagogischen Geschehen in der kleinen, personennahen Gruppe befasst“ (Kelber 1959, S. 11 ff.). *Zielgruppen* der Gruppenpädagogik sind vor allem freie „Gruppen von Kindern, Jugendlichen und Erwachsenen“. *Ziel* ist die „individuelle und soziale Reifung des Menschen. Es erwächst aus den sittlichen Maximen der Ehrfurcht vor dem Menschen und seiner Verantwortung für die Gemeinschaft“ (ebenda, S. 13).

Magda Kelber wandelt allgemeine pädagogische Prinzipien für die Arbeit mit kleinen Gruppen ab:

a) Individualisieren,
b) mit der Stärke arbeiten,
c) anfangen, wo die Gruppe steht, und sich mit ihr, ihrem Tempo entsprechend, in Bewegung setzen,
d) Raum für Entscheidungen geben und notwendige Grenzen positiv nutzen,
e) Zusammenarbeit mehr pflegen als Einzelwettbewerb,
f) sich überflüssig machen (Kelber 1965, S. 134 ff.).

„Es ist das Verdienst der Arbeit von ‚Haus Schwalbach‘ – dieser Institution, die für die Entwicklung der Gruppenpädagogik innerhalb der Bundesrepublik eine Zeit lang bestimmenden Charakter hatte –, den Dialog zwischen pädagogischer Praxis und gruppendynamischer Praxistheorie begründet und ihm eine realisierbare Perspektive gewiesen zu haben. Man hat hier die aktuelle Bedeutung des gruppendynamischen Ansatzes für den pädagogischen Zusammenhang frühzeitig erkannt und damit methodisch-didaktisches Neuland betreten und zu erschließen begonnen, in dem die programmatischen und praktischen Grundlagen eines sozialen Lernens erstmals deutlich sichtbar werden konnten“ (Schütz 1989, S. 139).

Auch Müller hob bereits 1970 diesen Aspekt – bei aller Kritik am Schwalbacher Ansatz – besonders hervor. Kritik wurde in den 70er-Jahren u.a. an der inhaltlichen Unbestimmtheit der Gruppenpädagogik geäußert, die leicht in Gefahr gerate, bloß eine „Sammlung nützlicher Diskussionsrezepte" (Henningsen 1970, S. 141-152) zu sein, statt im pädagogischen Sinne auch Ziele und Inhalte zu bedenken. Von Pädagogik im Vollsinn könne man erst sprechen, wo es nicht bloß um die Formen möglicher Erziehung und Bildung, sondern auch um den Gehalt derselben gehe (ebenda). Weiterhin wurde vor dem gefährlichen Spiel mit der Soziometrie gewarnt, die dem Pädagogen suggeriere, er stelle beispielsweise in einem Experiment bloß etwas fest bzw. beobachte lediglich Prozesse, in Wahrheit – so die Kritik – greife er aber immer ein und beeinflusse Beziehungen der Gruppenmitglieder untereinander. Schon die bloße Bewusstmachung sei eine solche Beeinflussung, deren pädagogische Folgen bedacht werden müssten (ebenda). Es entstand offenbar der Eindruck, dass Gruppenpädagogik als Übersetzung amerikanischer „social group work" im Wesentlichen als handhabbares Instrument zur re-education der deutschen Öffentlichkeit gedacht war, was zugleich ein relativ naives Verständnis der gesellschaftlichen Wirksamkeit von Erziehung und Bildung implizierte und ein relativ kritikloses Gesellschaftsverständnis voraussetzte.

Gruppenpädagogik ist als eine pädagogische Antwort auf gesellschaftliche Probleme der Nachkriegszeit zu sehen. So setzten die politisch Verantwortlichen nach dem Zusammenbruch 1945 ihre Hoffnung auf die Gruppenpädagogik als Instrument der Demokratisierung. Wie schon so oft kam somit der Erziehung in Krisenzeiten eine kompensatorische bis reformierende Funktion zu, die sie letztlich nicht einlösen konnte.

Hier deuten sich auch Parallelen zur „social group work" an, wie sie in den USA praktiziert wurde, die ihrerseits ihre Quellen in den sozialen Bewegungen der Zeit vor der Jahrhundertwende bis zum Zweiten Weltkrieg hat (der Arbeiterbewegung, den Aktivitäten der Jugendorganisationen oder den Zusammenschlüssen der Einwanderer). Diese „social movements" waren u.a. auf soziale Ziele und Reformen ausgerichtet (wie z.B. die Integration von Immigranten und ethnischen Minoritäten, die Verbesserung von Wohnbedingungen, der Arbeits- und Lohnsituation) und bedienten sich der Gruppe – ohne besondere Methode und Theorie – als Mittel zum Zweck. Aus dieser eher naiven Gruppenarbeit entwickelte sich dann in den 30er-Jahren u.a. durch die Bildung einer Sektion „Soziale Gruppenarbeit" in der Amerikanischen National Conference for Social Work (1935) eine wissenschaftlich fundierte Diskussion zum methodischen Umgang mit Gruppen (Barth 1984, S. 459).

All diesen Strömungen ist gemeinsam, dass sie auf gesellschaftlich defizitäre Situationen reagieren und der Gruppe als einem Kernbestandteil gesellschaftlichen Lebens sozialisierende und reformierende Wirkungen zuschreiben.

„In der spezifisch amerikanischen Ausprägung der gruppenpädagogischen Arbeit, dem ‚*Social Groupwork*', dominierte die ‚soziale' Ausrichtung, die ‚pädagogische' Perspektive der Gruppenarbeit hingegen wurde zunehmend zweitrangig. Die Vervollkommnung der Demokratie (in der amerikanischen Form) war dabei der politisch normative Rahmen, auf den das Social Groupwork ausgerichtet war. Mit einem aus heutiger Sicht, was die Inhalte und die Einschätzung der Möglichkeiten angeht, als naiv zu bezeichnenden Engagement versuchten amerikanische Autoren wie z.B. *Lindeman, Konopka, Bright* u.a. (vgl. *Müller* 1987, S. 78-80) mit der Gruppenpädagogik (in der Form des Social Groupwork) der faschistischen Gefahr eine beispielhafte ‚konstante und bewusste Arbeit für die Demokratie als Lebensform' entgegenzusetzen. Die Gruppenarbeit sei, so *G. Konopka,* das geeignete Mittel und der geeignete Weg hin zu einer demokratischen Gesellschaft; zum einen durch ein qualifiziertes Gruppenleben, zum anderen durch stärkere Beteiligung der Bürger am öffentlichen Leben (vgl. *Konopka* 1987, S. 73-85)" (Geißler/Hege 1999, S. 177).

Parallel dazu tauchte in der Erwachsenenbildung Mitte der 50er-Jahre der Gedanke der „Mitbürgerlichkeit" auf, der von Fritz Borinski als ein Leitziel der Erwachsenenbildung formuliert wurde. Tietgens weist in einem Lexikonartikel daraufhin, dass Borinski schon in der Weimarer Zeit in der Leipziger Volksbildung tätig gewesen, und sein Denken u.a. durch die englische und skandinavische Erwachsenenbildung beeinflusst worden ist. Mitbürger sollte den gesellschaftlichen Menschen bezeichnen, „der in einem harmonischen, wenn auch spannungsreichen Dasein lebt zwischen dem Streben nach persönlicher Freiheit und der Forderung nach Gemeinsinn" (Borinski 1954, zit. in Lexikon 1999, S. 178). Mitbürgerlichkeit zielte auf ein genossenschaftliches Denken, auf eine Förderung der mitmenschlichen Beziehungen, worin die Voraussetzungen für eine Mitverantwortung für die demokratische Grundordnung gesehen wurden. Insofern sah Borinski in der mitbürgerlichen Bildung sowohl Wissensbildung als auch Willensbildung (Borinski 1954, ebd. S. 178), wobei „Lehrer und Hörer in einem echten Gleichheits- und Mitarbeiterverhältnis stehen, Lehre und praktische Erfahrung einander begegnen und ergänzen" (ebenda). Bezeichnenderweise thematisiert Borinski in diesem Zusammenhang eher die individuelle face-to-face-Beziehung zwischen „Lehrer und Hörer" und nicht die interpersonalen Beziehungen in der Gruppe. Mitbürgerlichkeit wird als ein Leitziel definiert, ohne die Gruppe als Medium für die Umsetzung dieses Ziels näher in Betracht zu ziehen.

In dem Maße, wie die Vertreter der Gruppenpädagogik im Laufe der 50er-Jahre einsehen mussten, dass ihre Umerziehungsarbeit nicht die gewünschte Breitenwirkung erzielte, verlagerte sich ab den 60er-Jahren der Schwerpunkt der Bemühungen von dem normativen Anspruch einer „Demokratisierung" verstärkt zu der Perfektionierung des Methodeninstrumentariums. Durch Gruppenerfahrung sollte dem Einzelnen dazu verholfen werden, sozial besser zu funktionieren und effektiver mit persönlichen Problemen umgehen zu lernen. Geißler/Hege (1999, S. 178) beklagen in diesem Zusammenhang die relativ beliebige technokratische Anwendung gruppenpädagogischer Methoden in verschiedenen pädagogischen Kontexten, die fundierte pädagogische Begründungszusammenhänge vermissen lasse. Die sozialpädagogische Praxis zeige darüber hinaus, dass die Übergänge z.B. zu gruppendynamischen oder gruppentherapeutischen Konzepten fließend sind, ohne dass dies unbedingt wissenschaftlich begründet werde (ebenda, S.179).

Die zahlreichen Veröffentlichungen aus den 60er- und 70er-Jahren spiegeln das ungemein große Interesse an gruppenpädagogischen Fragen wider, das auch in einem engen Zusammenhang mit den pädagogischen Reformen dieser Arä gesehen werden kann. Die 60er- und 70er-Jahre stehen unter dem Einfluss der Studentenbewegung und einer außerparlamentarischen Opposition, die die ökonomische Eigengesetzlichkeit des Kapitals und die aus ihr resultierenden Konkurrenzphänomene kritisiert. Einer unerbittlichen Ellbogengesellschaft werden kollektive Formen des Zusammenlebens entgegengesetzt. In einem solchen Klima finden gruppenpädagogische Ansätze eine entsprechende Resonanz in der Fachöffentlichkeit. 1967 erschien die Schrift „Gruppendynamik und Erwachsenenbildung“ von Tobias Brocher, eines der ersten Bücher, das die Begriffe und Methoden der Gruppendynamik in der Bundesrepublik Deutschland bekannt gemacht hat. Auch Brocher (1982, S. 9) warnt davor, die Gruppendynamik im Sinne eines neuen Manipulationsinstruments einzusetzen oder „für dogmatisch eingeengte Zwecke und säkularisierte Heilslehren“ zu missbrauchen.

Die 70er-Jahre sind das Jahrzehnt einer Bildungsexpansion unter sozialdemokratischer Regierung. Gesamtschulen und Gesamthochschulen werden gegründet. Trotz sozialdemokratischer Reformen wächst die Gesellschaftskritik. „K. Ottomeyer belegt, wie die menschlichen Beziehungen durch die ökonomischen Zwänge des Systems beeinflusst werden (Ottomeyer 1977, S. 245). In der westdeutschen Gesellschaft entsteht eine neue Jugendbewegung – zunächst unter den Student/-innen, später auch unter den Schülern und Lehrlingen –, die in allen Bereichen – nicht zuletzt im Bildungs- und Hochschulsystem – autoritäre Hierarchien und Verhaltensweisen aufdeckt und antiautoritäre Alternativen vom Kindergarten bis zum selbstorganisierten Universitätsseminar erprobt. Kritisiert wird die bürgerliche Moral und das bürgerliche Wertsystem, neue Lebensformen (z.B. in Wohngemeinschaften) werden praktiziert“ (Siebert 1994, S. 62).

Methoden, die sich mit einem kooperativen Arbeitsstil auseinander setzen, finden in den Institutionen des Bildungswesens Anklang. „Partnerschaftliche Sozialformen und Umgangsstile sollen die autokratischen ‚Erzieher-Zögling-Verhältnisse‘ ersetzen“ (ebenda, S. 63). Jürgen Fritz (1975, S. 8) fasst unter dem Oberbegriff der Interaktionspädagogik eine Reihe von gruppenpädagogischen Methoden zusammen, die ein (notwendiges) Gegengewicht zu einer pädagogischen Praxis darstellen sollen, die eine „Inhaltlichkeit außerhalb des am Lernprozess beteiligten Lernenden" vertrete. Insbesondere in der Schule sei es die Regel, dass dem Lernenden, also dem Schüler, die Stoffe und Inhalte von außen gesetzt werden, losgelöst von ihm, bestenfalls didaktisch-methodisch „aufbereitet". „Ganz anders die Interaktionspädagogik: Hier geht es gerade um den Lernenden, um seine in Interaktionen wahrnehmbaren Beziehungen zu anderen Lernenden. All seine Anlagen, Fähigkeiten, Erfahrungen, gelernten Interaktionen werden zum ‚Klingen' gebracht, werden dem Lernenden bewusst. ... Damit schafft die Interaktionspädagogik die Möglichkeit, Zielvorstellungen wie ‚soziales Lernen', ‚selbstbestimmtes Lernen', ‚Lernen des Lernens', die zunächst kaum mehr als blasse Zielpunkte einer sich ‚fortschrittlich' nennenden Pädagogik sind, ‚mit Zähnen und Klauen' für die Praxis auszustatten" (Fritz 1975, S. 8).

Spangenberg versuchte 1982 (S. 201) in einer Art Rückblick die wichtigsten Strömungen zusammenzufassen: „Das heute recht verwirrende Angebot von gruppenspezifischen Techniken und Spielen begann 1967 mit einem Anhang zu Brochers ‚Gruppendynamik und Erwachsenenbildung'. Die darin enthaltenen Übungen fanden weite Anwendung neben den in Trainerkreisen kursierenden Übersetzungen amerikanischen Übungsmaterials, das Antons 1973 durch eigenständige deutsche Beiträge ergänzte und mit beispielhafter Kennzeichnung der Art, der Dauer, der notwendigen Materialien, der Anwendungsbereiche usw. veröffentlichte. Im gleichen Jahr (1973) erschienen: ein weiteres gruppendynamisches Übungsbuch (Kirsten und Müller-Schwarz), eine Zusammenfassung von Übungen, die von den Gestalttherapeuten in Esalen verwandt wurden (Schutz), ein sehr nützliches ‚Methoden-Inventar' im Anhang einer hochschuldidaktischen Veröffentlichung (Sader u.a.) sowie die aus der Zusammenarbeit zwischen Niederländern und Deutschen entstandene deutsche Fassung der ‚nca materialien', eine Mischung von Übungen zur nicht-verbalen Kommunikation mit solchen, die für die Vorbereitung und Durchführung von Laienspielen geeignet waren. In den folgenden Jahren ging die Entwicklung einmal in Richtung von Übungsbüchern zu bestimmten Methoden (z.B. Stevens 1975: Gestalttherapie) oder in diejenige einer Identifizierung geeigneter Übungen für bestimmte Bereiche wie z.B. Hochschuldidaktik (Genser u.a. 1972, Marburger Autorenkollektiv 1977). Seit 1974 gibt es ein Quellenwerk, die Reihe ‚Arbeitsmaterial zur Gruppendynamik', eine Adaption von Pfeiffer und Jones ‚A Handbook of Structured Experiences for Human Relations Training' (S. 1969 ff.) und seit 1976 eine weitere Reihe mit ‚Interaktionsspielen' von Vopel. Beide Reihen, in denen sehr viele der bis 1974 und seither verstreut veröffentlichten Übungen nachweisbar sind, könnten zu einer längst überfälligen Systematisierung und Gewichtung von Übungsbeständen anregen."

Diese Zusammenfassung bringt die Fülle an Arbeitsansätzen zum Ausdruck, die in den 70er-Jahren entwickelt wurden. Sie vermittelt den Eindruck einer lebhaften Diskussion über gruppendynamische Ansätze, die als ein Instrument der Selbsterfahrung und Therapie, der gemeinsamen Arbeit und Emanzipation begriffen wurden. Prior (1995, S. 444) macht auf die Grenzen der Arbeit in und mit Gruppen aufmerksam: „Wenn die Ergebnisse solcher Gruppen häufiger den Erwartungen nicht entsprachen, so waren die Gründe dafür stets die gleichen:

- unrealistische Erwartungen hinsichtlich eines raschen positiven Gruppenverlaufs,
- ungenügende Kenntnis und Berücksichtigung der gruppendynamischen Strukturen, Voraussetzungen und Grundsätze,
- zu große Widerstände personenbezogener oder auch sachbezogener Faktoren,
- institutionelle und organisatorische Schwierigkeiten."

Mit den 80er-Jahren ebbt die gruppenpädagogische Diskussion ab. Andere Aufgaben schieben sich in den Vordergrund. Die Programmstrukturen in der Erwachsenenbildung lassen unterschiedliche Schwerpunkte erkennen; man reagiert zum einen auf die neuen Technologien, zum anderen auf die damit einhergehende hohe Arbeitslosigkeit und die durch die Erosion bestehender sozialer Stützsysteme wie Familie, Nachbarschaften, Kirche, Gewerkschaften etc. verursachte Verunsicherung der Menschen. Dies findet seinen Niederschlag in:

- Kursangeboten zu den neuen Informationstechniken,
- einer sog. Qualifizierungsoffensive, u.a. in Form von Kursen für Arbeitslose, die wieder in das Erwerbsleben integriert werden sollen.

Diese Angebote waren vornehmlich sachorientiert und ließen gruppenpädagogische Aspekte weitgehend außer Betracht.

Parallel dazu boomten Angebote im Bereich Psychologie und Gesundheit, wozu auch Tanz-, Yoga-, Meditations-, Diät- und Selbsterfahrungskurse gehörten. Hier verwischten sich häufig auch die Grenzen zwischen Bildungsarbeit, Beratung und Therapie, was u.a. auch der Tatsache geschuldet ist, dass es bis heute keine systematische, institutionalisierte Ausbildung in Gruppenpädagogik gibt und die hauptberuflichen pädagogischen Mitarbeiter – vielfach ohne entsprechendes Hintergrundwissen – Kursleiter und -leiterinnen anwarben, die, manchmal selbst nur in Schnellkursen ausgebildet, ihr oberflächliches Wissen und ihre unzureichenden Kompetenzen in die Erwachsenenbildung einbrachten. Nicht selten führte dies auch zu einem unverantwortlichen Einsatz therapeutischer Methoden, die bei den Betroffenen Affekte freisetzten, die von der Kursleitung gar nicht aufgefangen werden konnten.

In den 90er-Jahren hat der Begriff des selbstgesteuerten bzw. selbstorganisierten Lernens Konjunktur (bmbf 1996). Dieser Begriff knüpft anthropologisch an die Eigenart des Menschen als einem selbstständigen, permanent lernenden Wesen an,

„das auch in schwierigen Krisensituationen immer wieder den kritischen Durchblick und den kreativen Ausweg sucht" (S. 2). Der Begriff bezieht sich vor allem auf die Befähigung der Individuen zum lebenslangen Lernen. Damit sind Kompetenzen gemeint, die das Individuum in die Lage versetzen sollen, nach einer ersten Bildungsphase auch außerhalb von Institutionen selbstständig weiter zu lernen. Der Begriff schließt zwar soziale Kommunikations- und demokratische Kooperationskompetenz (ebenda, S. 4) ein, ist aber eher auf das einzelne Individuum als auf die Gruppe zentriert. Das Individuum soll die im Rahmen eines offenen Netzwerkes zur Verfügung stehenden Lernmöglichkeiten und -formen innerhalb einer Gesellschaft flexibel nutzen können (ebenda, S. 28), wobei ihm die neuen Medien der Informations- und Kommunikationstechnologie von besonderem Nutzen sein sollen. Die in diesem Lernnetzwerk bestehenden Gruppen sind letztlich ein Mittel zur Optimierung des individuellen Lernprozesses. Hingewiesen wird u.a. auf Stephen Brookfield, der in dem von ihm herausgegebenen Sammelband „Self directed learning" (1985, S. 34) feststellt, dass es kein menschliches Lernen ohne äußere Anlässe, Quellen, Unterstützung, Behinderungen, Beeinflussungen gebe, „aber der Kern jedes Lernprozesses: das Aufnehmen, Ver-arbeiten, Vergleichen, Integrieren von Informationen, müsse doch immer vom einzelnen Lerner in eigener Regie geleistet werden" (ebenda, S. 45).

Die Instrumentalisierung der Gruppe für den individuellen Lernertrag birgt die Gefahr, dass das Hauptaugenmerk auf den Informationszuwachs durch kognitives Lernen gelegt wird und z.B. gruppendynamische Erfahrungen weitgehend ausgeklammert werden. Das hat möglicherweise zur Folge, dass die dem Gruppenprozess innewohnenden Entwicklungspotenziale gar nicht oder wenig genutzt werden, wie beispielsweise: die Produktivität kollektiven Lernens, die Erfahrung eines pluralen Meinungsspektrums, das Erproben von Diskursstrategien, die Möglichkeiten des Perspektivwechsels, das Austragen von Konflikten und Aushandeln von Kompromissen, die Erfahrung von Respekt, Toleranz und eines solidarischen Rückhalts, aber auch die Erfahrung von Macht und Ohnmacht, von Versuchen der Manipulation und des Gruppendrucks. Gerade diese negativen Anteile des Gruppenlernens, die im Kern mit dem Gegenteil von Selbststeuerung, nämlich mit der Erfahrung von Femdsteuerung verbunden sind, bergen Lernchancen und tragen zur Persönlichkeitsentwicklung bei, vorausgesetzt, der Gruppenprozess findet unter kompetenter Anleitung statt.

Einen solchen professionellen Rahmen bieten in der Regel Institutionen an. Allerdings sehen einige Befürworter des selbstgesteuerten Lernens wie Stephen Brookfield das wichtigste bildungspolitische Ziel darin, die Annahme zu widerlegen, dass effizientes Erwachsenenlernen auf professionelle Anleitung in anerkannten Bildungseinrichtungen angewiesen sei (ebd. S. 49). Er stützt seine These durch entsprechende Projektberichte. Die Annahme, effizientes Lernen sei nicht auf

Institutionen angewiesen, mag auf lerngewohnte Erwachsene zutreffen, nicht aber unbedingt auf schlecht ausgebildete, bildungsmäßig benachteiligte Gruppen, die nicht über die entsprechenden Kompetenzen, die Lernmotivation, Disziplin, Lerntechniken und -strategien, Lernumgebung etc. verfügen. Zu diesem Ergebnis kommen u.a. Rosemary Caffarella und Judith M. O' Donnel (1987), die feststellen, dass „das selbstgesteuerte Lernen zwar in breitem Maße von Menschen aus allen Berufsfeldern und Lebenswelten, auch von schlecht Ausgebildeten und Benachteiligten, erfolgreich praktiziert wird, dass aber dabei doch die Angehörigen der Mittelschicht überwiegen“ (ebenda). In diesem Zusammenhang wäre zu bedenken, dass gerade Migranten und Migrantinnen, die eher zu den bildungsungewohnten Gruppen in unserer Gesellschaft gehören, durch dieses Bildungskonzept weitgehend ausgeschlossen würden.

Einen anderen Akzent bekommt das selbstgesteuerte Lernen als selbstorganisiertes Lernen im Rahmen von Selbsthilfegruppen, in denen eine Möglichkeit zur kollektiven Bewältigung einer meist krisenhaften, problembesetzten Lebenssituation gesehen wird. Dohmen (bmbf 1996) führt hier das finnische „Village Movement Projekt“ als Modell für eine selbstorganisierte kooperative Lernbewegung an, die breite Bevölkerungskreise einbezogen hat. Hier steht die Arbeitsgruppe bzw. der Studienzirkel im Mittelpunkt, die als ein Medium kollektiver Lernprozesse fungieren, verbunden mit dem Ziel, das Gemeinwesen zu verändern.

Die Verbreitung des Begriffs des selbstorganisierten und selbstgesteuerten Lernens ist vor allem vor dem Hintergrund des technologischen Wandels, dem damit einhergehenden Wandel der Qualifikationsstrukturen, der Entwicklung der modernen Informations- und Kommunikationstechnologien, der Internationalisierung der Arbeits- und Lebenszusammenhänge und letztlich auch der von der Soziologie beschriebenen Individualisierung und Singularisierung der Lebensformen (siehe Kapitel 1, „Gesellschaftlicher Wandel und Gruppen“) zu sehen. Sie steht auch im Zusammenhang mit Tendenzen zum Abbau institutioneller Lernangebote und der Erwartung, durch selbstgesteuertes Lernen kostengünstigere Lernformen einzuführen.

Darüber hinaus wird in den 90er-Jahren die Diskussion um interkulturelles Lernen in der Erwachsenenbildung fortgesetzt (siehe v.a. Kapitel 2 und 3), auch wenn sie nur einen verschwindend geringen Anteil der Publikationen ausmacht. Diese Diskussion bezieht sich kaum auf gruppenpädagogische Aspekte, obgleich der Stellenwert der Gruppe und der Gruppendynamik für den interkulturellen Lernprozess als förderlich erkannt wird:

„In *politischer Bildung* kann Gruppendynamik, neben dem didaktisch-pädagogisch notwendigen Wissen, insbesondere genutzt werden für

- sozialpsychologische, politisch wirksame Phänomene, wie Macht in Gruppen und Organisationen, Sündenbock-Mechanismus, Konkurrenz und Kooper-

tion in und zwischen Gruppen, Konformität und Autonomie (z.B. *Zivilcourage)*, ‚group-think' bei Entscheidungen unter Stress (vgl. Sader 1991, S. 218 ff.);
- interkulturelles Lernen, die Balance von Sicherheit und Unsicherheit in pluralen Wirklichkeiten, konstruktives Umgehen mit Fremdheit und anderen Kulturen" (Lexikon 2000, S. 70).

Aus der historischen Darstellung gruppenpädagogischer Ansätze geht hervor, dass es kein einheitliches Konzept der Gruppenpädagogik gibt, sondern dass eine Ausdifferenzierung dieses Bereichs in viele unterschiedliche Methoden und Arbeitsfelder erfolgt ist. Waren in der Nachkriegszeit mit der Gruppenpädagogik noch Hoffnungen auf eine Demokratisierung der Gesellschaft verbunden, so verflüchtigten sich die euphorischen Ansprüche an eine Gesellschaftsveränderung durch Pädagogik in den 60er-Jahren und machten einer zunehmenden technokratischen Anwendung von Verfahren Platz. „Die Folge davon ist, dass relativ beliebige normative Orientierungen, die im Rahmen der Gruppenpädagogik undiskutiert bleiben, mit dem Konzept in Zusammenhang gebracht werden" (Geißler/Hege 1999, S. 180).

Einige Kritiker – so auch Geißler/Hege – werfen in diesem Zusammenhang der Gruppenpädagogik vor, sie vernachlässige die makrosoziale Perspektive, die die Gruppe immer eingebettet in einen gesamtgesellschaftlichen Zusammenhang zu sehen habe. „Soll z.B. Gruppenpädagogik den Einzelnen zur Gruppenfähigkeit qualifizieren, dann müssen die sozialen und politischen Funktionen von Gruppen innerhalb von Teilsystemen des Makrosystems ‚Gesellschaft' geklärt werden; d.h., die Vermittlungsfunktion von Gruppen zwischen dem Einzelnen und der Gesellschaft und die Wechselwirkung von Allgemeinem und Besonderem müssen analysiert und mit in gruppenpädagogische Praxis eingehen" (ebenda).

Demnach geht es nicht nur darum, das „innere System" der Gruppe zu analysieren, sondern auch das „äußere System", das die innere Struktur beeinflusst, einer näheren Untersuchung zu unterziehen. „Homanns beschreibt die Gruppe nicht als isolierten ‚Mikrokosmos', sondern als Teil einer Umwelt, genauer als Doppelstruktur eines ‚äußeren' und eines ‚inneren' Systems. Das ‚äußere' System der Gruppe bilden die Aktivitäten, Interaktionen und Gefühle, die die Gruppe von außen her konstituieren (z.B. Arbeitsaufgabe, Arbeitsplatzstruktur, Arbeitsmotivation durch Lohn und Prämien). Das ‚innere' System bilden diejenigen Aktivitäten, Interaktionen und Gefühle, die sich auf der Grundlage des äußeren Systems, aber inhaltlich relativ unabhängig davon als Gruppenstruktur ausbilden" (Müller 1984, S. 465).

Im Folgenden soll deshalb eine Analyse des gesellschaftlichen Wandels in den 80er- und 90er-Jahren vorgenommen werden, um dessen Auswirkungen auf Gruppen und die Gruppenpädagogik zu untersuchen. Insbesondere interessiert uns, wie sich mit der Entwicklung einer multikulturellen Gesellschaft auch neue Herausforderungen für eine interkulturelle Gruppenarbeit in der Erwachsenenbildung ergeben haben.

Veronika Fischer

Gesellschaftlicher Wandel und Gruppen

In den 80er- und 90er-Jahren beschäftigen sich verschiedene Fachwissenschaften, insbesondere die Soziologie, mit den Fragen des Strukturwandels heutiger Gesellschaften. Besonders häufig rezipiert wird in diesem Zusammenhang die Theorie der Risikogesellschaft (Beck 1986), die von einer zunehmenden Individualisierung und Pluralisierung der Lebenswelten ausgeht. Beck spricht von zwei Kristallisationspunkten für Freisetzungen im Nachkriegsdeutschland: Zunächst von der Herauslösung aus ständisch geprägten sozialen Klassen, die sich weit bis zum Beginn dieses Jahrhunderts zurückverfolgen ließe. Diese Freisetzungen beziehen sich auf soziale und kulturelle Klassenbindungen im Reproduktionsbereich, die allerdings mit Veränderungen im Produktionsbereich einhergingen. Beschreibbar werde dies am Wandel der Familienstrukturen, Wohnverhältnisse, räumlichen Verteilungen, Nachbarschaftsbeziehungen, Freizeitaktivitäten, Clubmitgliedschaften etc. (S. 208).

Ein zweiter Kristallisationspunkt liege in den Veränderungen der Lage der Frauen. Die Frauen würden aus der Eheversorgung freigesetzt. Damit gerate das gesamte familiale Bindungs- und Versorgungsgefüge unter Individualisierungsdruck. „Die Familie als ‚vorletzte' Synthese generations- und geschlechtsübergreifender Lebenslagen und Lebensverläufe zerbricht, und die Individuen werden innerhalb und außerhalb der Familie zum Akteur ihrer marktvermittelten Existenzsicherung und ihrer Biografieplanung und -organisation" (S. 209).

Neben der „Freisetzungsdimension", die die Herauslösung aus historisch vorgegebenen Sozialformen und -bindungen im Sinne traditionaler Herrschafts- und Versorgungszusammenhänge meint, spielen die „Entzauberungsdimension" und die „Kontroll- bzw. Reintegrationsdimension" in der Theorie Becks eine Rolle. Mit der Ersteren ist der „Verlust von traditionalen Sicherheiten im Hinblick auf Handlungswissen, Glauben und leitende Normen" angesprochen, mit der Letzteren eine „neue Art der sozialen Einbindung" (Beck 1986, S. 206).

Die Ausdifferenzierung von Individuallagen geht aber gleichzeitig mit einer hochgradigen Standardisierung einher, so erscheint das Individuum einerseits als frei und losgelöst aus allen traditonellen Bindungen, ist aber andererseits an die Mechanismen einer durchkapitalisierten Gesellschaft gebunden, z.B. an das Geld als Tauschmittel, an den Markt als Ort von Angebot und Nachfrage (u.a. seiner Arbeitskraft); an Institutionen, die seine Qualifikation herstellen etc. Alle Individuen sind diesen Mechanismen gleichermaßen unterworfen und bewegen sich daher bei aller scheinbaren Freiheit in den vorgezeichneten Bahnen einer durch das Kapital, den Markt und die Konkurrenz bestimmten Gesellschaft.

Die Dynamik des Kapitals wirkt sich wiederum in bestimmter Weise auf die Existenz der Einzelnen aus. Konzentration und Zentralisation des Kapitals gehen mit Rationalisierungsschüben einher, die zur massenhaften Freisetzung von Arbeitskräften führen. Für einen Teil der Individuen bedeutet dies langfristige Arbeitslosigkeit, für andere den Zwang zu geografischer und sozialer Mobilität und die Herauslösung aus den bestehenden Herkunftsmilieus, was die Tendenz zur Singularisierung für die Betroffenen noch beschleunigt. Der Soziologe Richard Sennett (1998, S. 25) weist in seinem Buch „Der flexible Mensch" auf dieses ungeheure Rotationssystem hin, das Arbeitskräfte freisetzt, um diese an anderer Stelle wieder in neue Segmente des Arbeitsmarktes zu schleusen. „Heute muss ein junger Amerikaner mit mindestens zweijährigem Studium damit rechnen, in vierzig Arbeitsjahren wenigstens elf Mal die Stelle zu wechseln und dabei seine Kenntnisbasis wenigstens dreimal auszutauschen."

Das Normalarbeitsverhältnis wird mehr und mehr zum Privileg einer Minderheit, da die meisten Arbeitskräfte im Verlauf ihres Arbeitslebens ihren Arbeitsplatz mehrfach wechseln müssen. Die künftige Normalarbeitsbiografie zeichnet sich daher durch Phasen der Erwerbstätigkeit aus, die zeitweise von Arbeitslosigkeit oder Umschulung zwecks Neuorientierung auf dem Arbeitsmarkt unterbrochen werden. Zugleich ändert sich der Charakter der Erwerbstätigkeit, die vielfach mit Teilzeitverträgen ohne oder mit schlechter sozialer Absicherung verbunden ist, in deren Gefolge der Erwerbstätige zur Aufnahme mehrerer Arbeitsverhältnisse gezwungen ist, um sein Reproduktionsniveau halten zu können.

So schreibt Sennett (ebenda, S. 25) im Hinblick auf den US-amerikanischen Arbeitsmarkt, der europäischen Unternehmern und Politikern ja gerne als Vorbild dient, dass der am schnellsten expandierende Arbeitsmarktbereich der ist, für den die Zeitarbeitsagenturen vermitteln.

Sozialpolitische Sicherungs- und Steuerungssysteme, die eng an das Beschäftigungssystem gekoppelt sind, geraten damit an die Grenzen ihrer Leistungsfähigkeit und federn individuelle Risiken nicht mehr unbedingt ab. Risiken sind zunehmend privat zu tragen und die Überschuldung staatlicher Haushalte stellt darüber hinaus die Absicherung der Existenz im Alter zunehmend in Frage, was die Ungewissheit und Verunsicherung der Menschen lebensperspektivisch gesehen noch verschärft.

Der schwindende Einfluss von kollektiven Organisationsformen wie z.B. der Gewerkschaften oder Kirchen, deren finanzielle Absicherung durch die wachsende Arbeitslosigkeit, dem damit verbundenen Schwund an Mitglieds- bzw. Steuerbeiträgen und die Abwanderung der zahlenden Mitglieder gefährdet ist, führt zum Brüchigwerden kollektiver Identitäten, ohne dass sich notwendigerweise neue Gruppen- und Organisationszusammenhänge als Ersatz anbieten. Folglich büßen auch deren Werte und Normen an Akzeptanz und Bedeutung ein und werden von den Abgewanderten nicht mehr als kollektive Deutungsmuster verwandt. „Kollektive Deutungsmuster und homogene Bewusstseinslagen sind fortschreitend zerfallen und werden zunehmend durch massenmedial vermittelte Interpretationsfolien ersetzt, die ihrerseits den Individualisierungstrend verstärken“ (Keupp 1985, S. 322).

In einer Gesellschaft der konkurrierenden Einzelnen muss jeder lernen, sich selbst als „Handlungszentrum, als Planungsbüro in Bezug auf seinen eigenen Lebenslauf, seine Fähigkeiten, Orientierungen, Partnerschaften usw. zu begreifen“ (Beck 1986, S. 217). Umso schwieriger wird diese Orientierungsleistung und umso größer der daraus erwachsende Druck, wenn alltagsweltlich abgesicherte Leitlinien fehlen. Die für den Einzelnen relevanten Beziehungen und Netzwerke müssen ständig individuell selegiert, hergestellt und erneuert werden. Die Individuen werden immer mehr zu Koordinatoren und Sozialplanern ihrer privaten Netzwerke.

Doch Individualisierung und Pluralisierung stellen nur eine Seite des sozialen Wandels dar, der mehr die Oberfläche der gesellschaftlichen Verkehrsverhältnisse widerspiegelt. Die spätkapitalistische Gesellschaft befindet sich in einer lang anhaltenden Krise und in einer Phase neokonservativer Krisenlösungen, die zu einer Spaltung der Gesellschaft geführt hat: Der wirtschaftliche Aufschwung wird zwar proklamiert, aber längst wird nicht mehr behauptet, dass alle von ihm profitieren. Die Unternehmensgewinne steigen, ohne dass die Massenarbeitslosigkeit wesentlich gesenkt würde. Immer mehr Menschen sind auf Sozialhilfe oder Niedrigeinkommen angewiesen und werden an den Rand der Gesellschaft gedrängt, u.a. ausländische Arbeitskräfte und ihre Familienangehörigen, bei denen der prozentuale Anteil der Arbeitslosen gegenüber deutschen Erwerbstätigen wesentlich höher liegt (Bericht 2000, S. 142 f.). Für diesen Teil unserer Gesellschaft ist die Rede vom „Ende der Arbeitsgesellschaft“ und von der „Neuen Armut“ schon Realität geworden.

Die Beendigung der Krise folgt nicht mehr nach dem keynesianischen Muster eines wohlfahrtsstaatlichen Kapitalismus, der allen seinen Mitgliedern eine soziale Mindestabsicherung gewährleisten will, sondern nach neoliberalen Gesichtspunkten. Demnach haben sich die so genannten Leistungserbringer ihren Platz im System verdient, während die Konjunkturverlierer aus dem Wirtschaftsprozess ausscheiden und Teil eines Sockels struktureller Arbeitslosigkeit werden. Daher gibt es einen immer weiter sinkenden Anteil von konkurrenzfähigen Erwerbstätigen und einen wachsenden Anteil Arbeitsloser, die an die Peripherie der Gesellschaft abgedrängt werden.

An diesem Punkt wird der doppelte Charakter der Individualisierung deutlich, der zwar für alle Freiheit beinhaltet, aber für die Krisenverlierer auch Freiheit im Sinne eines Freisetzungseffekts, nämlich Verlust des Arbeitsplatzes, Einbuße von

Einkommen, Verunsicherung bezüglich einer langfristigen Lebensplanung, Orientierungslosigkeit und Entwurzelung. Freiheit schlägt schließlich in Zwang um, denn mit Bezug staatlicher Hilfe (Sozialhilfe/Arbeitslosenunterstützung) ist der Einzelne denn auch der zunehmenden staatlichen Kontrolle und Gängelung unterworfen.

Die sozialen Unterschiede haben erkennbar zugenommen und werden vielfach mit einer Ideologie legitimiert, die den Ausgegrenzten und sozial Schwachen die Schuld an ihrem Übel zuschiebt. Da ist dann von Sozialparasiten die Rede oder Ausländer werden zu Sündenböcken abgestempelt, indem sie für die Massenarbeitslosigkeit verantwortlich gemacht werden.

Für alle gilt jedoch, sowohl für die Krisengewinner als auch für deren Verlierer, was Beck in seinem Buch „Risikogesellschaft" beschrieben hat, nämlich dass das Risiko zu einem Kennzeichen des Alltags wird.

Der oben beschriebene Individualisierungsprozess lässt sich unterschiedlich bewerten.

Er beinhaltet nicht nur Verlust an Bindungen, sondern führt auch zu neuen Lebensformen und sozialen Zusammenschlüssen. Das Institut für Sozialforschung, begründet von Horkheimer und Adorno, betonte bereits 1956 in dem Band „Soziologische Exkurse", dass die Herausbildung neuer Gruppentypen als Reaktion auf die Auflösung traditioneller Gruppen zu verstehen sei. „Sie sind ihrerseits wesentlich reaktiv ... Manche der neu sich abzeichnenden können synthetische genannt werden: Sie sind selber von oben her geplant, als Polster zwischen dem anonymen Kollektiv und den Individuen. Hierher gehören Typen wie die Werksvereine. Weiter produzieren Technik und Verkehr vielfach neue informelle Gruppen ... Schließlich bilden sich, als spontaner, unbewusster und häufig destruktiver Protest gegen den Druck und die Kälte der Massengesellschaft, neue Formen kleiner Gruppen von unten her. Sie verheißen dem Individuum kollektive Deckung, engen Zusammenhalt und Schemata der Identifikation. Als Paradigma dieses Gruppentypus seien die – nicht nur amerikanischen – ‚juvenile gangs' genannt" (Institut 1956, S. 66).

Die aktuelle Diskussion bedient sich ähnlicher Erklärungsfiguren. Demnach führt Singularisierung nicht nur zu Desintegration, sondern auch zur Suche nach neuen sozialen Bezügen. Das Individuum bekommt den Freisetzungseffekt nicht nur als Leere und Entwurzelung zu spüren, sondern auch als Freiheitsspielraum, Ungebundenheit und Entfaltungsmöglichkeit seiner Individualität. Es erlebt den gesellschaftlichen Wandel durchaus ambivalent. Wird einerseits der Verlust an familiärer Stabilität und „Nestwärme", das Nachlassen verwandtschaftlichen Zusammenhalts, die Anonymität des Wohnens und der Zerfall nachbarschaftlicher Solidarität beklagt, so gewinnt andererseits die neue Freiheit des Individuums mehr und mehr an Attraktivität. Die Kontrolle und der Zwang, die von der nachbarschaftlichen Nähe oder familiären Enge ausgingen, nehmen ab. Die Öffentlichkeit ist darüber hinaus auch gegenüber der Vielfalt individueller Lebensformen und neuer Lebensgemeinschaften (Eineltern-Familien, homosexuelle Paare, Living apart together-Partnerschaften, Patchwork-Familien etc.) toleranter geworden, sodass der soziale Druck gegenüber Abweichungen von der „Norm“ nachgelassen hat, wenn er auch in vielen Fällen lediglich einer gewissen Indifferenz gewichen ist und nicht etwa einer toleranteren Haltung.

Gerade im Hinblick auf die Familie stellt Bertram (1995, S. 13) fest, dass er die Ansicht nicht unbedingt teilen kann, dass der gesellschaftliche Wandel mit einem Verlust an Sicherheit und Beständigkeit der privaten Beziehungen einherginge, vielmehr werde außer Acht gelassen, dass traditionelle Formen der Beziehungen durch andere neuartige Formen der Beziehungen ersetzt werden. So kommen Untersuchungen im Rahmen der Familienforschung u.a. zu dem Ergebnis, dass jenes klassische Modell der Kernfamilie, bestehend aus Eltern und Kindern, das Parsons als das Standardmodell der Familie der westlichen Industriegesellschaften interpretierte, zunehmend abgelöst wird durch eine Familienform, die Bertram u.a. als „multilokale Mehrgenerationen-Familie“ bezeichnet. „Zunehmend längere Lebenszeiten und eine zunehmende Mobilität führen dazu, dass Familienmitglieder nur noch den kleineren Teil ihres Lebens miteinander verbringen und zusammen in einem Haushalt leben. Der größere Teil des Lebens von Eltern und Kindern spielt sich multilokal an verschiedenen Orten ab, ohne dass die Beziehungen der Generationen zueinander abbrechen. Die Mobilität moderner Gesellschaften muss nicht notwendigerweise damit einhergehen, dass es keine Kommunikation und Interaktion zwischen den Familienmitgliedern mehr gibt. Die Verbesserung von Kommunikations- und Interaktionsmöglichkeiten in postindustriellen Gesellschaften erlaubt es, an verschiedenen Orten zu leben und dennoch mit-einander in Kontakt und Beziehung zu stehen“ (ebenda, S. 15).

In seiner ausgeprägtesten Form zeigt sich diese Art des Kontakthaltens bei Migrantenfamilien, die oft über Jahre hinaus ihre verwandtschaftlichen Beziehungen trotz der geografischen Entfernung aufrechtzuerhalten vermögen. In der Literatur wurde dafür der Ausdruck der transnationalen Familie geprägt, mit dem familiäre Netzwerke bezeichnet werden, die insbesondere durch Migranten geknüpft und aufrechterhalten werden und die nicht unbedingt territorial definiert sind. Die Herkunftsfamilie lebt nicht immer in einem Gebiet, sondern ist durch Binnenmigration über mehrere Städte und Regionen verstreut. Nicht selten sind darüber hinaus weitere Familienangehörige in dritten Ländern oder Kontinenten beheimatet. Trotz der räumlichen Trennung zwischen den Verwandten gibt es vielfältige Formen der Kommunikation und des Austausches, wozu u.a. Briefe, Telefonate, Geschenke, Besuche, finanzielle Transfers, gemeinsamer Immobilienbesitz, Arrangements im Zusammenleben, Betreuung der in der Heimat verbliebenen

Kinder, Unterstützung von Jugendlichen bei der Ausbildung oder im Studium gehören. Diese Austauschbeziehungen fördern und festigen die Kontakte im familiären Netz (Krüger/Potts 1997, S. 38).

Auch wenn sich die Familienformen immer weiter ausdifferenziert haben, so ist die Familie bis jetzt noch die vorherrschende primäre Sozialisationsinstanz, die auch das Verhalten in späteren Gruppen weitgehend prägt. Diese Erkenntnis, die vor allem in psychoanalytische Ansätze der Gruppenarbeit Eingang gefunden hat, vertritt u.a. auch Brocher in seiner Schrift „Gruppendynamik und Erwachsenenbildung" (1982, S. 34): „Jedes Individuum entwickelt sich innerhalb einer Primärgruppe. Dies wird im Allgemeinen die Familie sein. Sowohl die unvollständige Familie wie die Kinderheimkonstellation stellen eine Gruppe dar. Bereits Georg Simmel wies als Soziologe sehr früh auf die Dyade von Mutter-Kind als einer primären Gruppe hin. René Spitz, Anna Freud, John Bowlby u.a. haben die spezifische Bedeutung der primären Gruppenbeziehung und deren Modellcharakter für alle späteren pychosozialen Beziehungen dargestellt. Der Art der frühen Objektbeziehungen kommt eine entscheidende Bedeutung für die Prägung der Ich-Entwicklung zu. Aus den ersten menschlichen Kommunikationserfahrungen entstehen letzlich Urvertrauen oder Urmisstrauen. Beide sind Ausdruck eines jeweils individuell spezifischen Verlaufs der ersten Objekterfahrungen. Die Bedeutung dieser entwicklungspsychologischen Zusammenhänge ist in ihren Konsequenzen für die Gesellschaft vielfach dargestellt worden (Freud, Erikson, Mead, Mitscherlich)."

In pädagogischen Gruppen werden daher häufig die Verhaltensmuster reproduziert, die auf die frühen Erfahrungen in der Primärgruppe zurückgehen. Beim Eintritt in eine neue Gruppe wiederholen sich oft unbewusst Affekte und Verhaltensmuster aus den frühen Sozialerfahrungen in der Familie, bis sich in der Gruppe die Beziehungen zu den anderen Mitgliedern und zur Leitung stabilisiert haben und befriedigende Kommunikations- und Interaktionsformen gefunden wurden. Umso wichtiger ist es für die Gruppenleitung, dass sie sich dieser Mechanismen bewusst wird und sie bei der Arbeit mit der Gruppe beachtet.

Durch den Wandel der privaten Beziehungen haben die Individuen auch andere Sozialisationsleistungen in der Aufrechterhaltung und Konstruktion sozialer Beziehungen zu erbringen. Auch die verwandtschaftlichen familiären Bezüge sind nicht mehr ohne weiteres durch die Gewohnheiten des alltäglichen Zusammenlebens zu konservieren. Es gilt regelrecht Beziehungsarbeit zu leisten, die in der regelmäßigen Kontaktaufnahme, der Bezugnahme auf gemeinsam Erlebtes und biografisch Erfahrenes sowie in der Kommunikation untereinander besteht. Nicht immer verfügt das Individuum über die Kraft und die persönlichen Ressourcen, diese Beziehungsarbeit zu leisten. Oft fühlt es sich überfordert und insbesondere bei der Bewältigung einschneidender Krisen allein gelassen, da es meistens nicht mehr unmittelbar von anderen Familienmitgliedern, Verwandten, Nachbarn etc. aufgefangen werden kann.

Die oben beschriebenen Wahlmöglichkeiten und Freiheitsspielräume können daher nicht immer und von allen Individuen gleichermaßen produktiv genutzt werden. „Es bedarf vielfältiger psychischer und sozialer Voraussetzungen dafür, dass Individuen die Chancenhaftigkeit der historischen Situation subjektiv erkennen und für die eigene Identitätsbildung nutzen können (Keupp 1994a, S. 344 ff.). Gefordert sind z.B. vielfältige soziale Ressourcen (Ahbe 1997a). Gefordert ist weiter ein hohes Maß an individueller Gestaltungkompetenz, die Fähigkeit zur Verknüpfung und Kombination multipler Realitäten und vor allem die Fähigkeit zur Toleranz von Ambiguitäten" (Keupp 1999, S. 73 f.).

In dieser Situation ist das Individuum vielfach auf andere Gemeinschaften außerhalb von Partnerschaft und Familie oder auf professionelle Hilfe angewiesen, die beim Durchleben kritischer Lebensereignisse beratend und unterstützend tätig werden. Es muss also aktiv werden und gezielt neue Kontexte herstellen, um sich im Leben neu orientieren zu können. Vor diesem Hintergrund ist der Boom an selbstorganisierten oder professionell angeleiteten psychotherapeutischen und beratenden Angeboten zu sehen und die Attraktivität, die von Gruppenangeboten beispielsweise im Bereich der Erwachsenenbildung ausgeht.

Es entstehen die unterschiedlichsten gruppenpädagogischen Angebotsformen, die dem Bedürfnis nach Kommunikation, Sozialkontakten, Solidargemeinschaft, Selbsterfahrung, Identitätsbildung, Zerstreuung, kreativem Ausdruck, sinnvoller Freizeitbeschäftigung etc. gerecht werden sollen.

Veronika Fischer

Zur Funktion von Gruppenangeboten und ihre pädagogische Begründung

Die Tendenzen des gesellschaftlichen Wandels, die in der Individualisierung und Pluralisierung sozialer Beziehungen ihren Ausdruck finden, bringen – wie gesagt – neben der Herauslösung aus traditionellen sozialen Bezügen auch neue Formen der Gruppenbildung hervor. Es entsteht ein breites Spektrum verschiedener Gruppen, die für unterschiedliche Lebens- und Problemlagen Unterstützung anbieten. Puch (1991, S. 12 f.) nennt diese neuen Gruppenangebote „inszenierte Gemeinschaften", die als Zwischenglieder zwischen Individuum, sozialen Gruppen und gesellschaftlichen Organisationen sozusagen Integrationsfunktionen übernehmen: „Sie vermitteln individuelle Stabilität und Orientierung in einer pluralisierten Gesellschaft; sie können ein Ort der Geborgenheit sein in einer zunehmend rationaler und anonymer werdenden Welt; sie geben Hilfestellung in biografischen Umbruchsituationen und leisten damit Unterstützung bei der Identitätsarbeit; sie bieten letztlich konkrete Hilfe bei nicht mehr individuell oder im privaten sozialen Netzwerk zu lösenden sozialen Problemen."

Der Zwang zur Risikobereitschaft, die Kurzfristigkeit der Arbeitsverhältnisse, die ständige Gefahr, aus dem Beschäftigungssystem herauszukippen, die Verletzungen des Selbstwertgefühls, die mit der Erfahrung einhergehen, nicht mehr gebraucht zu werden, der Mangel an Perspektiven für eine langfristige Lebensplanung, die erzwungene Flexibilität, wechselnde kollegiale Verhältnisse und soziokulturelle Milieus etc. – all dies führt zu einer tief gehenden Verunsicherung des Individuums und der Schwierigkeit, feste soziale Beziehungen aufzubauen, die Vertrauen schaffen, emotionale Wärme bieten und ein stabiles Selbstwertgefühl vermitteln. Als zusätzlicher Druck wirkt sich dann noch die Tatsache aus, dass die Phase aktiver Erwerbsarbeit immer kürzer wird. Vorruhestandsregelungen und die Hemmnisse bei der Arbeitsvermittlung für ältere Arbeitslose bewirken, dass viele schon ab vierzig zum „alten Eisen" gehören. In besonders übersteigerter Form erleben ältere Arbeitnehmer/-innen, wie sich die Verfallszeit von Wissen und Qualifikationen mindernd auf den Wert ihrer Arbeitskraft auswirkt. Es bleibt das ernüchternde Gefühl zurück, nicht mehr gebraucht zu werden, was mit starken Entwertungsgefühlen für die Betroffenen verbunden ist. Nicht umsonst haben sich im Zwischenraum von Arbeit und Ruhestand Selbsthilfeorganisationen, kleine Netzwerke, Gesprächs- und Arbeitskreise der Erwachsenenbildung angesiedelt.

Als ein Beispiel seien hier die Seniorengenossenschaften angeführt, die u.a. von der Landesregierung Baden-Württemberg als Modellprojekt initiiert wurden. Deren Konzept stellte die Selbsthilfe in den Mittelpunkt, die auf genossenschaftlicher Basis organisiert werden sollte. Produktivität wurde als gegenseitige Nutzenbeziehung gesehen, indem vorhandene Hilfepotenziale ausgeschöpft und wechselseitig zur Verfügung gestellt werden sollten. Die Betroffenen wurden so zu Mitgestaltern und Mitproduzenten ihrer eigenen Lebenskultur statt zu Konsumenten vorgegebener Dienstleistungen. Dieses Projekt sollte soziale Lernprozesse in Gruppen anstoßen, um Elemente einer eigenständigen Kultur und Infrastruktur des dritten Lebensalters zu entwickeln, die in der Lage sind, Orientierung und Unterstützung für diese Lebensphase zu geben. Die zwölf geförderten Projekte ließen sich meist als Vereine eintragen. Ein größerer Teil baute Reparatur-, Besuchs-, und Fahrdienste auf oder entwickelte Lehr- und Lernprogramme. Andere Seniorengenossenschaften erbrachten altenrelevante Dienstleistungen (Backes 1998, S. 196).

Nun stellt sich in diesem Zusammenhang die Frage, ob künstliche Gemeinschaften ausreichen, um den Mangel an kollektiver Identität im Arbeitsleben, in der Nachbarschaft oder im verwandtschaftlichen Netz kompensieren zu helfen. Sicherlich ersetzen sie diese sozialen Zusammenhänge nicht, aber sie können vielleicht dazu beitragen, dass die Individuen durch Kommunikation und Interaktion in diesen inszenierten Gemeinschaften so stabilisiert werden, dass sie ein psychisches Rüstzeug erhalten, um sich im Arbeitsleben, in der Öffentlichkeit und in ihrem sozialen Umfeld wieder selbstbewusster und selbstsicherer bewegen zu können bis hin zu Solidarisierungseffekten, die sie befähigen, auch politisch aktiv zu werden und ihre Lebenzusammenhänge zu verändern.

Inszeniert sind die von Puch beschriebenen Gemeinschaften in einem doppelten Sinn: So sind sie zum einen Ergebnis einer Sozial- und Bildungspolitik, die versucht, die schwindende Bindekraft der primären Bezugsgruppen durch künstliche Gruppen zu kompensieren. Zum anderen gibt es selbstinszenierte, im Rahmen von Selbstorganisation entstandene Gruppen, die aus eigener Kraft eine Binnenstruktur aufbauen müssen, die ein Wir-Gefühl entstehen lässt und einen Vorrat an Gemeinsamkeiten schafft, aus dem das neu entstandene Kollektiv für eine gewisse Zeitspanne Kraft und Stabilität schöpfen kann.

Je nach Bedürfnis- und Interessenlage nimmt das Individuum unterschiedliche Gruppenangebote in Anspruch, pendelt von der einen zur anderen Gruppe und nutzt diese als Reservoir, um neue Energie zu tanken. Aufgrund der unterschiedlichen Leistungen, Ziele und Orientierungsmuster, die die jeweiligen Gruppen in jeweils unterschiedlicher Zusammensetzung zu bieten haben, ist auch das Individuum immer wieder neu gezwungen, sich auf die heterogenen Anforderungsprofile der Gruppen flexibel einzustellen. Es gilt, sich situationsspezifisch auf unterschiedliche Erwartungen und Interessenkonstellationen einzustellen, die eigenen Interessen in die Gemeinschaft einzubringen und den Gruppenkonsens immer wieder neu auszuhandeln, was niemals ohne Reibungsverluste vonstatten geht.

Aus der oben beschriebenen gesellschaftlichen Situation geht hervor, warum künstliche Gemeinschaften so wichtig für das Individuum sind und aus welchen gesellschaftlichen Triebkräften heraus sie entstehen. Dies genügt uns aber nicht zur Begründung eines gruppenpädagogischen Konzepts.

Zunächst einmal sei auf die anthropologische Tatsache hingewiesen, dass der Mensch als soziales Wesen auf Gruppen angewiesen ist und durch Gruppen in die Gesellschaft integriert wird. Gerade in einer Zeit der Individualisierungsprozesse, der Auflösung bestehender und der Bildung neuer kollektiver Lebensformen erscheint es wichtig, im pädagogischen Bereich Gruppen anzubieten, was allerdings nicht bloß in einem instrumentellen Sinne als Ausgleich individueller und gesellschaftlicher Defizite zu verstehen ist. Solche Konzepte laufen Gefahr, entweder eine therapeutisierende Funktion oder die Rolle einer kompensatorischen Pädagogik zu übernehmen. Eine derartige Begründung hätte eher affirmativen Charakter und würde die bestehenden Stukturen – mit all ihren Auswüchsen von Massenarbeitslosigkeit, Umweltzerstörung, Nord-Süd-Gefälle, Fremdenfeindlichkeit, Rassismus etc. – so hinnehmen, wie sie sind.
Nach den bisherigen Ausführungen lassen sich zwei wichtige Aufgaben pädagogischer Gruppenarbeit herauskristallisieren:

1. Gruppenpädagogik knüpft an die Funktion von Gruppen als Sozialisationsinstanz an. Gruppen sind Systeme, in denen individuelle Bedürfnisbefriedigung und soziales Lernen geschehen, was durch Gruppenpädagogik unterstützt werden kann. Die Gruppenmitglieder lernen die Ressourcen einer Gruppe auszuschöpfen und für sich und andere zu nutzen. Sie lernen Beziehungsangebote zu machen, Kontakte zu knüpfen, sich anderen zu offenbaren und miteinander zu kommunizieren, was in der Sprachlosigkeit und Beziehungslosigkeit einer vielfach medial vermittelten Welt immer wichtiger wird. Zugleich lernen sie destruktive Prozesse in Gruppen wahrzunehmen, aggressive Impulse, Irrationalitäten, gestörte Kommunikation, Konformitätsdruck und andere Zwänge aufzuspüren und zu bearbeiten.
2. Neben der Vermittlung sozialer Kompetenz und der positiven Erfahrung eines Gruppen- und Gemeinschaftsgefühls sollte ein gruppenpädagogisches Konzept auf jeden Fall die Kritikfähigkeit des Einzelnen gegenüber der Gruppe und der sie umgebenden Gesellschaft fördern, damit die Individuen gegen Tendenzen der Vereinnahmung und Manipulation durch Gruppen geschützt sind. Darüber hinaus gilt es die Selbsthilfekräfte des Einzelnen zur politischen Einmischung in gesellschaftliche Prozesse zu stärken und seine Fähigkeiten zur Entwicklung alternativer Zukunftsentwürfe auszubilden.

Aus gruppenpädagogischer und interaktionstheoretischer Sicht bedeutet das, dass das Individuum in die Lage versetzt werden muss, aus einer Vielzahl von Informationen eine Auswahl zu treffen, seine eigene Meinung zu bilden und selbstbewusst vortragen zu können. Es muss lernen, die Meinung anderer anzuhören, zu prüfen, gegebenenfalls die eigene zu revidieren, zu relativieren oder zu ergänzen. Keupp (1999, S. 279) geht davon aus, dass eine der Voraussetzungen für gelingende Identität die „Fähigkeit zum Aushandeln“ und ein geschärfter Möglichkeitssinn sei. „Wenn es bei der alltäglichen Lebensführung, der beruflichen Entwicklung wie bei der Gestaltung von Freundschaft, Liebe und Familie eine solche Pluralität von Mustern und Normen wie heute gibt, dann müssen die Menschen in den verschiedenen Bezügen und Situationen die Regeln, Normen, Ziele und Wege beständig neu aushandeln können und wollen. Dazu gehören viel Sensibilität, Selbstreflexion und Solidariät, dazu gehören Konfliktfähigkeit und Standfestigkeit ebenso wie die Fähigkeit sich einzuordnen.“ Diese Fähigkeiten können im Sinne eines Probehandelns in Gruppenzusammenhängen erworben werden, wo die Gruppenmitglieder lernen, ihre Ansichten angemessen zu vertreten, sich mit anderen im kritischen Diskurs auseinander zu setzen, kompromissfähig zu sein bzw. bei Unvereinbarkeit der eigenen Vorstellungen mit dem Gruppenkonsens auch gegebenenfalls die Ich-Stärke zu besitzen, aus der Gruppe auszuscheiden. Diese Ich-Stärke entsteht allerdings erst in Interaktionsbeziehungen. Bei der Begegnung in Gruppen versuchen die Beteiligten zunächst alte Gruppenerfahrungen zu reinszenieren. Aus der frustrierenden Erfahrung, dass dies nicht geht, entwickeln sich Lernprozesse, die persönlichkeitsverändernd wirken. Es geht letztlich um eine Herausbildung von Ich-Stärke und individueller Autonomie, die einerseits davor schützt, sich kritiklos dem Gruppenkonsens unterzuordnen und im Gruppen-Wir kontur- und willenlos unterzugehen, und die andererseits verhindert, sich narzisstisch in den Vordergrund zu spielen und ausschließlich die eigenen Interessen im Auge zu haben.

In diesem Sinne haben gruppenpädagogische Ansätze das Individuum sowohl bei seiner Identitätsarbeit zu unterstützen als auch ein soziales Verantwortungsbewusstsein herauszubilden, das nicht nur das Ich in der Gruppe thematisiert, sondern auch die Gruppe als Teil eines gesellschaftlichen Gefüges reflektiert. Keupp (1985, S. 325) sah in diesem Zusammenhang die zentrale Frage in „der Vermittlung der beiden Pole Individualität und solidarische Lebensform. Eine auf den Individualitätspol allein setzende Utopie versackt in einem diffusen Psychokult, in einem zur Lebensform erhobenen Narzissmus, der als die protestantische Ethik der Moderne bezeichnet wurde. Eine Vergesellschaftungsidee, die eine Entscheidung für die ‚Gruppe‘ ohne die Möglichkeit zu emanzipatorischer Subjektivität fordert, führt in den kollektiv-autoritären Infantilismus der Sekten. Vertretbar scheinen mir nur konkrete Utopien zu sein, in denen Formen der

Selbstorganisation die Chance zu neuen kollektiven Handlungsfähigkeiten erschließen."

Zu den notwendig zu erwerbenden Kompetenzen gehören daher nicht nur die von Krappmann Ende der 60er-Jahre beschriebenen Kompetenzen der Rollendistanz, Empathie, Ambiguitätstoleranz und Identitätsdarstellung, die für die Interaktion der Individuen untereinander von großer Bedeutung (Krappmann 1993) sind, sondern auch die Fähigkeit, aus einem gesellschaftskritischen Bewusstsein heraus in Gruppen alternative Handlungsentwürfe zur Überwindung überholter Lebensformen zu entwickeln.

Während sich die Kommunikations- und Interaktionskompetenzen verstärkt auf die interpersonalen Verhältnisse beziehen und hauptsächlich die Binnenstruktur der Gruppen betreffen, beziehen sich die gesellschaftskritische Reflexion und das politische Engagement mehr auf die Makrostruktur der Gesellschaft und zeigen Perspektiven für deren Veränderung auf. Für eine gruppenpädagogische Begründung interkulturellen Lernens gilt es allerdings noch weiter auszuholen und auf die Multikulturalität der Gesellschaft einzugehen, aus der sich erst die interkulturelle Pädagogik entwickelt hat.

Literatur

Arnold, Rolf/Schüßler, Ingeborg: Wandel der Lernkulturen. Ideen und Bausteine für ein lebendiges Lernen. Darmstadt 1998

Ausländer in Deutschland 2/2000, S. 8

Backes, Gertrud M./Clemens, Wolfgang: Lebensphase Alter. Eine Einführung in die sozialwissenschaftliche Altersforschung. Weinheim/München 1998

Barth, Kreszentia: Gruppenarbeit. In: Eyferth, H./Otto, H. U./Thiersch, H. (Hrsg.): Handbuch zur Sozialarbeit/Sozialpädagogik. Darmstadt/Neuwied 1984

Beck, Ulrich: Risikogesellschaft. Auf dem Weg in eine andere Moderne. Frankfurt a.M. 1986

Beck-Gernsheim, Elisabeth: Was kommt nach der Familie? Einblicke in neue Lebensformen. München 1998

Bericht der Beauftragten der Bundesregierung für Ausländerfragen über die Lage der Ausländer in der Bundesrepublik Deutschland. Berlin/Bonn, Februar 2000

Bernstein, Saul/Lowy, Louis (Hrsg.): Untersuchungen zur Sozialen Gruppenarbeit in Theorie und Praxis. Freiburg i.B. 1969

Bertram, Hans (Hrsg.): Das Individuum und seine Familie. Lebensformen, Familienbeziehungen und Lebensereignisse im Erwachsenenalter. Opladen 1995

bmb+f/Bundesministerium für Bildung, Wissenschaft, Forschung und Technologie (Hrsg.): Dohmen, Günther: Das lebenslange Lernen. Leitlinien einer modernen Bildungspolitik. Bonn 1996

Brocher, Tobias: Gruppendynamik und Erwachsenenbildung. Zum Problem der Entwicklung von Konformismus oder Autonomie in Arbeitsgruppen. 16. Aufl., Braunschweig 1982

Bundesarbeitskreis Arbeit und Leben (Hrsg.): Deutsche und Ausländer gemeinsam: Aktiv im Alter. Ein interkulturelles Bildungs- und Begegnungsprojekt. Düsseldorf o.J.

Cohn, Ruth C.: Von der Psychoanalyse zur themenzentrierten Interaktion. Von der Behandlung einzelner zu einer Pädagogik für alle. 13. erw. Aufl., Stuttgart 1997

Dohmen, Günther (Hrsg.): Selbstgesteuertes lebenslanges Lernen? Ergebnisse der Fachtagung des Bundesministeriums für Bildung, Wissenschaft, Forschung und Technologie vom 6. bis 7.12.1996 im Gustav-Stresemann-Institut. Bonn 1997

Fritz, Jürgen u.a.: Interaktionspädagogik. Methoden und Modelle. München 1975

Galuske, Michael: Methoden der Sozialen Arbeit. Eine Einführung. 2. Aufl., Weinheim/München 1999

Geißler, Karlheinz A./Hege, Marianne: Konzepte sozialpädagogischen Handelns. Ein Leitfaden für soziale Berufe. 9. Aufl., Weinheim/Basel 1999

Geißler, Karlheinz A.: Schlußsituationen. Die Suche nach dem guten Ende. Weinheim/Basel 1992

Geißler, Karlheinz, A.: Anfangssituationen. Was man tun und besser lassen sollte. 7. Aufl., Weinheim/Basel 1997

Henningsen, Jürgen: Zur Kritik der Gruppenpädagogik. In: Müller, C. Wolfgang: Gruppenpädagogik: Auswahl aus Schriften und Dokumenten. Weinheim 1972, S. 141-152

Institut für Sozialforschung: Soziologische Exkurse. Nach Vorträgen und Diskussionen. Frankfurt a.M. 1956

Kelber, Magda: Was verstehen wir unter Gruppenpädagogik? (1965). In: Müller, C. Wolfgang: Gruppenpädagogik: Auswahl aus Schriften und Dokumenten. Weinheim 1972, S. 127-140

Kelber, Magda: Fibel der Gesprächsführung. 9. Aufl., Opladen 1970

Kelber, Magda: Gesprächsführung. Informieren, diskutieren, beschließen. 12. überarb. Aufl. der „Fibel der Gesprächsführung". Opladen 1977

Kelber, Magda: Meine Gruppe. Kleine Gruppenpädagogik insbesondere für junge Gruppenleiter. Wiesbaden 1977

Keupp, Heiner: Perspektiven psychosozialer Praxis in einer sich spaltenden Gesellschaft. In: neue praxis 4/1985, S. 322-327

Keupp, Heiner u.a.: Identitätskonstruktionen. Das Patchwork der Identitäten in der Spätmoderne. Reinbek 1999

Kirsten, Rainer E./Müller-Schwarz, Joachim: Gruppen-Training. Ein Übungsbuch mit 59 Psychospielen, Trainingsaufgaben und Tests. Hamburg 1976

Klein, Irene: Gruppenleiten ohne Angst. Handbuch für Gruppenleiter. 5. Aufl., München 1995

Knoll, Jörg: Kurs- und Seminarmethoden. Ein Trainingsbuch zur Gestaltung von Kursen und Seminaren, Arbeits- und Gesprächskreisen. 7. Aufl., Weinheim/Basel 1997

Konopka, Gisela: Soziale Gruppenarbeit: Ein helfender Prozeß. Weinheim 1969

Krappmann, Lothar: Soziologische Dimensionen der Identität. Strukturelle Bedingungen für die Teilnahme an Interaktionsprozessen. 8. Aufl., Stuttgart 1993

Krüger, Dorothea/Potts, Lydia: Zwischen Isolation und transnationaler Familie. Soziale Netzwerke von Migrantinnen der ersten Generation aus der Türkei. In: iza. Zeitschrift für Migration und Soziale Arbeit 2/1997, S. 36-41

Langmaack, Barbara/Braune-Krickau, Michael: Wie die Gruppe laufen lernt. Anregungen zum Planen und Leiten von Gruppen. Ein praktisches Lehrbuch. 5. Aufl., Weinheim 1995

Lexikon der politischen Bildung, hrsg. von Georg Weißeno. Schwalbach/Ts. 1999. Bd. 2: Außerschulische Jugend- und Erwachsenenbildung. Klaus-Peter Hufer (Hrsg.), 1999

Lexikon der politischen Bildung, Bd. 3 : Methoden und Arbeitstechniken. Hans-Werner Kuhn/ Peter Massing (Hrsg.). 2000

Müller, C. Wolfgang (Hrsg.): Gruppenpädagogik. Auswahl aus Schriften und Dokumenten. Weinheim 1972

Müller, Burkhard: Gruppendynamik. In: Eyferth, Hans/Otto, Hans-Uwe/Thiersch, Hans (Hrsg.): Handbuch zur Sozialarbeit/Sozialpädagogik. Darmstadt/Neuwied 1984

Nohl, Herman: Die pädagogische Bewegung in Deutschland und ihre Theorie. 2. Aufl., Frankfurt a.M. 1935

Peuckert, Rüdiger: Familienformen im sozialen Wandel. 3. völlig überarb. und erw. Aufl., Opladen 1999

Prior, Harm: Gruppendynamik – Gruppenpädagogik. In: Enzyklopädie Erziehungswissenschaft. Bd. 8. Erziehung im Jugendalter – Sekundarstufe I. Hrsg. von Ernst-Günther Skiba u.a., Stuttgart/Dresden 1995, S. 442-446

Puch, Hans-Joachim: Inszenierte Gemeinschaften – Gruppenangebote in der Moderne. In: neue praxis 1/91, S. 12-25

Ribar, Vera: Pädagogische Aspekte der Gruppendynamik. Frankfurt a.M./Berlin/Bern/New York/Paris/Wien 1995 (Europ. Hochschul-Schriften: Reihe 11. Pädagogik, Bd. 617/zgl. Diss. Univ. Wien)

Sader, Manfred: Psychologie der Gruppe. 7. Aufl., Weinheim/München 2000

Schäffter, Ortfried: Zielgruppenorientierung in der Erwachsenenbildung. Aspekte einer erwachsenenpädagogischen Planungs- und Handlungskategorie. Braunschweig 1981

Schiersmann, Christiane/Thiel, Heinz-Ulrich/Völker, Monika (Hrsg.): Bildungsarbeit mit Zielgruppen. Bad Heilbrunn/Obb. 1984

Schiller, Heinrich: Gruppenpädagogik (social group work) als Methode der Sozialarbeit. Wiesbaden-Biebrich 1966

Schmidt-Grunert, Marianne: Soziale Arbeit mit Gruppen. Eine Einführung. Freiburg i. Breisgau 1997

Schneider Wohlfart, Ursula u.a. (Hrsg.): Fremdheit überwinden. Theorie und Praxis des interkulturellen Lernens in der Erwachsenenbildung. Opladen 1990

Schütz, Klaus-Volker: Gruppenforschung und Gruppenarbeit. Theoretische Grundlagen und Praxismodelle. Mainz 1989

Sennett, Richard: Der flexible Mensch. Die Kultur des neuen Kapitalismus. Berlin 1998

Siebert, Horst: Erwachsenenbildung in der Bundesrepublik Deutschland – Alte Bundesländer und neue Bundesländer. In: Tippelt, Rudolf (Hrsg.): Handbuch Erwachsenenbildung/ Weiterbildung. Opladen 1994, S. 52-79

Siebert, Horst: Didaktisches Handeln in der Erwachsenenbildung. Didaktik aus konstruktivistischer Sicht. Neuwied/Kriftel/Berlin 1996

Spangenberg, Kurt: Gruppenarbeit in der Sozialarbeit. In: Gruppendynamik 3/1982, S. 193-208

Tietgens, Hans: Reflexionen zur Erwachsenendidaktik. Bad Heilbrunn/Obb. 1992

Treibel, Annette: Migration in modernen Gesellschaften. Soziale Folgen von Einwanderung, Gastarbeit und Flucht. 2. völlig neubearb. und erw. Aufl., Weinheim/München 1999

Kapitel II

Migration – Multikulturelle Gesellschaft – Erwachsenenbildung

Veronika Fischer

Multikulturelle Gesellschaft – Segregation oder interethnische Kontakte?

Auch die weltweiten Migrationsströme sind Begleiterscheinung des gesellschaftlichen Modernisierungsprozesses. Tausende von Arbeitsmigranten wechselten von ihrer Herkunftsregion in das Anwerbeland, ließen Ehepartner und -partnerinnen, Kinder, Familie, Verwandte, Freunde und Nachbarn zurück, um in den hochindustrialisierten Staaten Nord- und Westeuropas ein Auskommen zu finden. Die Migration ging folglich mit der Auflösung primärer und sekundärer sozialer Netzwerke einher und bedeutete für die Betroffenen vor allem soziale Entwurzelung. „In den industriegesellschaftlichen Völkerwanderungen sind die traditionalen Einbindungen aufgebrochen und unwiederbringlich aufgelöst worden" (Keupp 1999, S. 11). Zugleich misslang vielfach die soziale Einbindung im Aufnahmeland. Neben der oben beschriebenen Spaltung der Gesellschaft in Modernisierungsgewinner und Krisenverlierer hat sich im Innern der Gesellschaft eine weitere Spaltung aufgrund ethnischer Kriterien vollzogen. Ausgrenzungen entlang ethnischer Demarkationslinien sind von den ökonomischen Entwicklungen nicht ganz zu trennen.

Die Migrationsgeschichte in der Nachkriegszeit der Bundesrepublik Deutschland, die Mitte der 50er-Jahre einsetzte, hat ökonomische Ursachen. Der Staat warb mittels Anwerbeabkommen aktiv Arbeitskräfte im Ausland an, um dem heimischen Arbeitsmarkt ein Reservoir an jungen, gesunden, billigen und anspruchslosen Arbeitskräften bereitzustellen, aus dem je nach unternehmerischem Bedarf geschöpft werden konnte und das zugleich eine dämpfende Wirkung auf die in Zeiten der „Vollbeschäftigung" progressive Entwicklung der Löhne haben sollte (Dohse 1981, S. 178). Die Anwerbung ausländischer Arbeitskräfte erwies sich so als ein flexibles Instrument aktiver Wirtschafts- und Arbeitsmarktpolitik, das je nach konjunktureller Lage die Unternehmer in den Stand versetzen sollte, Arbeitnehmer/-innen einzustellen bzw. wieder abzustoßen: Befristete Verträge erlaubten daher in der ersten Zeit der Anwerbung eine Rotation der Beschäftigten. Wie sich im Verlauf der Migrationsgeschichte herausstellen sollte, kam es in den nachfolgenden Phasen wirtschaftlicher Entwicklung, bedingt durch den Anwerbestopp 1973, zu einer Konsolidierung des Erwerbstätigenpotenzials, das in bestimmten Sektoren der Wirtschaft beschäftigt wurde und in der Regel die untersten Plätze in der Beschäftigungshierarchie besetzte: Begleitet von starken saisonbedingten

Schwankungen ist der Anteil der ausländischen Arbeitnehmer und Arbeitnehmerinnen, die in der Land- und Forstwirtschaft arbeiten, heute größer als 1983, im Wirtschaftsbereich Bergbau und Energie ist die Zahl der ausländischen Arbeitskräfte seit 1983, bedingt durch den Strukturwandel, gesunken. Das verarbeitende Gewerbe mit den absolut gesehen weitaus meisten ausländischen Arbeitnehmern und Arbeitnehmerinnen hat beim Auf- und Abbau der Beschäftigungsverhältnisse die konjunkturelle Entwicklung der letzten Jahre am stärksten vollzogen und die Pufferfunktion der Migranten deutlich werden lassen. Auch in den Bereichen Baugewerbe, Handel, Verkehr und Dienstleistungen ist im Vergleich zu anderen Wirtschaftssektoren eine relativ hohe Zahl ausländischer Arbeitskräfte vertreten. Dennoch muss konstatiert werden, dass der Anteil der Migranten an den sozialversicherungspflichtig Beschäftigten im westlichen Bundesgebiet insgesamt seit 1993 von 9,6 % (2,23 Mio.) auf 9,0 % (2,02 Mio.) gesunken ist. Ausländische Beschäftigte verteilen sich auf ein eingeschränktes Berufsspektrum und sind vor allem in gesundheitlich belastenden Berufen vertreten. Ihr Anteil liegt bei bestimmten Berufen über 20 %. Dies betrifft u.a.: Spinnberufe/Former, Formgießer/Zucker-, Süßwaren-, Speiseeishersteller/Gummihersteller/Textilveredler/Metalloberflächenverarbeiter/Montierer und Metallberufe/Bauberufe/Bergleute/Kunststoffverarbeiter/Reinigungsberufe (Beauftragte 2000, S. 157).

Zusammenfassend muss festgestellt werden, dass ausländische Arbeitskräfte im Durchschnitt weniger verdienen als Deutsche, was u.a. mit geringerer Qualifikation der Migranten, „ungünstigen“ Branchen, geringer Kapitalausstattung des Arbeitsplatzes und Einstellungsstrategien der Arbeitgeber zu tun hat. Gemessen an deutschen Haushalten zeigt sich eine Verschlechterung der Einkommenssituation ausländischer Haushalte. Außerdem können ausländische Haushalte kaum in höhere Einkommenspositionen aufsteigen, und insbesondere türkische Haushalte haben ihre relative Einkommensposition im Zeitverlauf deutlich verschlechtert (Bericht 1995, S. 36). Die Segregation auf dem Arbeitsmarkt wird durch die gegenüber den deutschen Arbeitskräften höher ausfallende Arbeitslosenquote noch verschärft. Der Zuwachs an Langzeitarbeitslosen und Arbeitskräften ohne abgeschlossene Berufsausbildung fällt dabei besonders auf. Wege aus der Arbeitslosigkeit, die manchmal durch Maßnahmen beruflicher Fortbildung und Umschulung eröffnet werden, können nicht beschritten werden, weil in vielen Fällen sprachliche, fachliche oder allgemeine Kenntnisse fehlen, die als Eingangsvoraussetzung für die Maßnahmen gelten, weil die Betroffenen schlecht informiert sind oder weil sich die Arbeitsämter und Maßnahmeträger nicht auf die besondere Lage der Betroffenen adäquat einstellen.

Diese wenigen Punkte sollen illustrieren, dass auf dem Arbeitsmarkt und innerhalb des Beschäftigungssystems ein Prozess stattgefunden hat, der Migranten in bestimmte Segmente des Arbeitsmarktes abgedrängt hat, die mit einem höheren

Risiko des Arbeitsplatzverlustes, niedrigeren Löhnen und geringeren Aufstiegschancen verbunden sind.

Dieser ökonomischen Segregation entspricht auf rechtlicher Ebene eine Deklassierung zu Bürgern und Bürgerinnen zweiter Klasse, deren Aufenthaltsbedingungen und politischen Rechte durch eine Sondergesetzgebung in Form des Ausländergesetzes geregelt werden.

Zwar ist mit dem neuen Staatsangehörigkeitsrecht (ab 1. Januar 2000) ein wichtiger Wandel vom ius sanguinis zum ius soli vollzogen und einem Teil der ausländischen Bevölkerung der Einstieg in die deutsche Staatsbürgerschaft mit den vollen Bürgerrechten erleichtert worden, aber es bleibt abzuwarten, inwieweit dieses neue Recht von den Betroffenen angenommen wird und die bürokratischen Hürden (Sprachtest, Gebühren etc.) letztendlich bewältigt werden.

Weitere Ausgrenzungsformen finden sich im kulturellen Bereich, etwa in der mangelnden Berücksichtigung der Migrantensprachen und Kulturen in den Institutionen des Bildungswesens, was zu bildungsmäßigen Benachteiligungen führt, die sich u.a. in Schulabbruch, Schulversagen und niedrigen Schulabschlüssen niederschlagen (Bericht 2000, S. 116). Unterrepräsentiert sind die Kulturen der Migranten auch in den Medien und im kulturellen Sektor (Theater, Film, Museen, Lesungen etc.) (Bericht 2000, S. 164 ff.).

Auf der sozialen Ebene zeichnet sich die Segregation z.B. im Wohnbereich ab, wo sich ethnische Minderheiten in sozial deklassierten Stadtteilen konzentrieren. Diese Form der Segregation wird durch die Struktur des Wohnungsmarktes und die Wohnungsvergabe verstärkt, sie spiegelt nicht unbedingt die Bedürfnisse der ausländischen Bewohner und Bewohnerinnen wider. Das Ausmaß der räumlichen Segregation ist nicht überall gleich. „Insgesamt muss man jedoch von einer ‚generellen Beschränktheit des Wohnungsangebots für Ausländer' ausgehen, ‚von der auch die Ausländer mit höherer Integration (in das Statussystem; A.T.) betroffen sind' (Bühler 1982, S. 445)" (Treibel 1999, S. 149).

Noch immer kann man im Sinne von Hoffmann-Nowotny von einer gesellschaftlichen Unterschichtung durch Zuwanderung sprechen (Treibel 1999, S. 183). Segregationstendenzen sind auf verschiedenen gesellschaftlichen Ebenen festzustellen und machen deutlich, dass die Spaltung zwischen deutscher Majorität und ethnischen Minderheiten auch struktureller Natur ist und nicht einfach durch pädagogischen Voluntarismus beiseite zu schieben ist. Pädagogische Interventionen und Angebote vermögen es nicht, die strukturbedingten Ausgrenzungen aufzuheben. Sie vermögen bestenfalls diese bewusst zu machen, verzerrte Wahrnehmungen aufzuspüren, sensibel für Vorurteile und Stereotype zu machen, indem sie Foren des Dialogs und des kritischen Austauschs schaffen. In diesem Sinne werden die Individuen gestärkt, so dass sie gegebenenfalls in der Lage sind, Strategien zur Veränderung der bestehenden Strukturen zu entwickeln.

Treibel (1999, S. 185) weist in Anlehnung an Hoffmann Nowotny auf den Zusammenhang zwischen struktureller Ausgrenzung und Diskriminierung hin und betont, dass Versuche einer massiven Abwehr der Einwanderer und Einwanderinnen – etwa in Form organisierter Initiativen gegen Ausländer – nicht einfach als „Fremdenhass im Sinne eines Persönlichkeits-Defektes der Anhänger und Anhängerinnen dieser Initiativen verstanden werden können. Vielmehr sind sie Ausdruck sozialer Spannungen, die im Kontext einer geschichteten Weltgesellschaft und unterschichteter Aufnahmegesellschaften zu sehen sind". Diskriminierung und Abwehr der Zugewanderten ist dann als ein Versuch der Einheimischen zu werten, die eigenen Privilegien und den höheren sozialen Rang gegen Ansprüche von außen zu verteidigen und den Zugewanderten die Nicht-Zugehörigkeit zur Mehrheitsgesellschaft zu demonstrieren.

Solche ethnischen Differenzierungen sind Grenzziehungen und Distanzierungen, die mit Merkmalszuschreibungen einhergehen, die das definieren, was die eigene kollektive Identität ausmacht und die das ausgrenzen, was als fremd und nicht zugehörig empfunden wird. Memmi (1987, S. 122) prägte in diesem Zusammenhang den Begriff der Heterophobie. „Damit ließen sich jene phobischen und aggressiven Konstellationen begrifflich fassen, die gegen andere gerichtet sind und mit unterschiedlichen – psychologischen, kulturellen, sozialen oder metaphysischen – Argumenten gerechtfertigt werden, und von denen der Rassismus im engeren Sinne lediglich eine Variante wäre." Der Begriff Rassismus wird nach Memmi dann jenen Zuschreibungen vorbehalten, die biologischen Unterschieden zwischen den Menschen den höchsten Rang einräumen.

Dem Begriff der Heterophobie kommt der Begriff der Fremdenfeindlichkeit wohl am nächsten, den viele Autoren wählen, um eine Haltung zu kennzeichnen, die in der aggressiven Abwehr all dessen besteht, was im Unterschied zur Wir-Gruppe als fremd, andersartig und die eigene kollektive Identität bedrohend empfunden wird.

Solche Einstellungen äußern sich subtil oder direkt im alltäglichen Umgang zwischen Angehörigen der Majorität und Minorität oder kulminieren in fremdenfeindlichen Gewalt- und Straftaten, deren Zahl im Zuge der Wiedervereinigung dramatisch angewachsen ist.

Als ein Indikator für fremdenfeindliche Einstellungen wird der Grad der Zustimmung zur Zuwanderung gesehen, der im Zeitraum zwischen 1990 und 1996 sukzessive abgenommen hat. „Selbst die uneingeschränkte Zuzugsmöglichkeit von Arbeitnehmern aus den Mitgliedsländern der Europäischen Union sowie von Aussiedlern werden nur von einer Minderheit befürwortet. Am stärksten sind von der restriktiven Haltung jedoch Asylsuchende und Arbeitnehmer aus Ländern außerhalb der Europäischen Union, zu denen ja unter anderem die Türkei zählt, betroffen" (Ganter/Esser 1998, S. 8) . Der Anteil derjenigen, die den Zuzug dieser

Zuwanderergruppen begrenzen oder ganz unterbinden wollen, liegt bei fast 90 % (ebenda).

Die „Allgemeine Bevölkerungsumfrage der Sozialwissenschaften" (ALLBUS), die vor allem vom Zentrum für Umfragen, Methoden und Analysen (ZUMA) in Mannheim konzipiert und durchgeführt wird, stand 1996 unter dem Themenschwerpunkt „Einstellungen zu ethnischen Gruppen in Deutschland und zur Immigration". Die Auswertung dieser Daten eröffnet einige Aufschlüsse über die Meinungen und Einstellungen gegenüber „Ausländern", die als weitgehend repräsentativ für die deutsche Gesamtbevölkerung angesehen werden können. Ganter/Esser referieren folgende Befunde:

- Fast 30 % der Befragten geben an, sie würden sich „durch die vielen Ausländer in Deutschland" als „Fremde im eigenen Land" fühlen, mehr als 56 % teilen diese Auffassung nicht.
- Rund 44 % aller Befragten und mehr als die Hälfte der Befragten in Ostdeutschland sind der Meinung, „Ausländer" würden das soziale Netz belasten; nur knapp 36 % halten dies für nicht zutreffend.
- Hinsichtlich der Frage, ob Ausländer zur Sicherung der Renten beitragen würden, signalisieren fast 40 % der Befragten eine eher positive Antwort; rund 36 % halten dies nicht für zutreffend.
- Rund 45 % der befragten Männer und Frauen führen Probleme auf dem Wohnungsmarkt auf die Anwesenheit von Ausländern zurück, 35 % verneinen dies.
- Mehr als 40 % der Interviewpersonen insgesamt, in Ostdeutschland sogar jeder Zweite, meinen, Ausländer würden häufiger Straftaten begehen als Deutsche, insgesamt 36 % und nur 27 % im Osten stimmen dieser Meinung nicht zu.
- Fast 40 % aller Befragten, aber mehr als die Hälfte der Interviewpartner in den neuen Bundesländern, stimmt der Behauptung zu, Ausländer würden den Deutschen Arbeitsplätze wegnehmen; insgesamt nur 40 %, in den östlichen Bundesländern nur rund 29 %, bejahen dies nicht.

Diese Antworten spiegeln eine Momentaufnahme wider, da sie nur auf Daten aus dem Jahr 1996 beruhen, geben aber Anlass zur Besorgnis und sollten Ausgangspunkt für eine langfristige Untersuchung sein.

Die ALLBUS-Ergebnisse geben noch interessante Hinweise auf Unterschiede, die zwischen den Zuwanderergruppen gemacht werden. So etwa bezüglich des Lebensstils zwischen Deutschen und verschiedenen Migrantengruppen. Im Hinblick auf Italiener und deutschstämmige Aussiedler aus Osteuropa werden relativ geringe Lebensstilunterschiede festgestellt, während hinsichtlich Asylbewerbern und Türken zum Teil beträchtliche Differenzen wahrgenommen werden. Damit korrespondieren Antworten auf die Frage, wie angenehm Angehörige der o.a. Gruppen als Nachbarn oder eingeheiratete Familienangehörige eingeschätzt werden. Türken und Asylbewerber würden demzufolge nicht gern als Nachbarn oder künftige Verwandte gesehen.

Was die rechtliche Gleichstellung angeht, lehnt fast jeder zweite Befragte die Ermöglichung einer doppelten Staatsbürgerschaft bzw. die Einführung des kommunalen Wahlrechts ab. Etwa ein Viertel der Befragten vertritt darüber hinaus die Meinung, Ausländer sollten nicht die gleichen Ansprüche auf Sozialleistungen haben wie Deutsche. Auch diese Meinungen geben eine diskriminierende Haltung gegenüber Minderheiten zum Ausdruck.

Diese Ergebnisse sind nochmals besonders interessant vor dem Hintergrund der tatsächlichen Kontakte zu Ausländern. Nur knapp 60 % geben an, überhaupt Kontakte zu Ausländern zu haben, wobei große Unterschiede zwischen den Befragten aus den alten und neuen Bundesländern bestehen (75 % im Westen haben Kontakte, 30 % im Osten), was sicherlich auch auf den geringeren Anteil ausländischer Einwohner in den östlichen Ländern zurückzuführen ist (Ganter/Esser 1998, S. 44).

Ganter/Esser sehen in ihrer Studie einen Zusammenhang zwischen fremdenfeindlichen Tendenzen auf der einen Seite und den Faktoren Bildungsniveau, soziale Lage und persönlichen Kontakten zu „Ausländern". „Ein hohes Bildungsniveau ist offenbar immer noch die stärkste Barriere gegen fremdenfeindliche Orientierungen. Ebenso scheinen eine günstige berufliche Stellung und die damit zumeist einhergehenden Privilegien der sozialen Lage eher positive Haltungen gegenüber ‚Ausländern' zu begünstigen. Auch persönliche Kontakte zu Immigranten tragen im Allgemeinen dazu bei." Die Autoren warnen allerdings auch davor, daraus zu schließen, dass persönliche Kontakte auf jeden Fall diese positive Wirkung nach sich zögen. Vieles hinge von den spezifischen Bedingungen ab, unter denen die Beziehungen aufgenommen würden. Darin stimmen die Autoren mit anderen Forschungsergebnissen überein, die ebenfalls zu dem Fazit kommen, dass allein der Kulturkontakt nicht zu einer besseren interethnischen Verständigung führt. Solche Effekte stellen sich nur unter ganz bestimmten Bedingungen ein wie z.B.: Freiwilligkeit des Kontakts, Statusgleichheit, Intensität bzw. Dichte des Kontakts sowie institutionelle bzw. normative Unterstützung des Kontakts (Thomas 1994, S. 230). Seitens der Beteiligten unterstützen emotionale Stabilität, Offenheit für neue Erfahrungen und ein geringes Maß an ethnozentrischem Denken den Kontakt (ebenda, S. 229). Daraus ergeben sich zumindest Hinweise für gruppenpädagogische Arrangements interkultureller Begegnung. Hier gilt es, auf der Grundlage eines didaktischen Konzepts Ziele, Inhalte und Methoden zu definieren und – basierend auf dem Prinzip der Freiwilligkeit der Teilnahme – Deutsche und Minderheiten zusammenzuführen. So werden wenigstens formelle Rahmenbedingungen für ein besseres interkulturelles Verständnis geschaffen. Die auf diesem Weg initiierte Kommunikation und Interaktion der Beteiligten mitsamt den Missverständnissen, Kommunikationsbarrieren, geäußerten Ressentiments, Vorurteilen und Stereotypen wird auf diese Weise pädagogisch begleitet. Die Gruppenleitung hat u.a. die Aufgabe der Moderation, gegebenenfalls der Konfliktmediation und kritischen Intervention in Situationen, die den Gruppenprozess stören und sein Gelingen bedrohen.

Bezüglich der offenen Gewalttaten ist inzwischen hinlänglich bekannt, dass sie hauptsächlich von männlichen Jugendlichen begangen werden, von denen die meisten „informellen Cliquen mit relativ diffusen ideologischen Ausrichtungen angehören. Viele der Täter gehen noch zur Schule oder absolvieren eine Lehre." Ganter/Esser weisen darauf hin, dass das Klischee, es handle sich bei den Tätern vor allem um Arbeitslose und Modernitätsverlierer nicht unbedingt zutreffe, wenngleich sie einräumen müssen, dass unter den Tätern Jugendliche mit relativ geringem Bildungsniveau aus der Unterschicht oder unteren Mittelschicht überrepräsentiert seien. Die Autoren machen u.a. auch peer-Gruppen-spezifische und gruppendynamische Prozesse für fremdenfeindliche Einstellungen und Verhaltensweisen verantwortlich (ebenda, S. 9). Sie sehen unter anderem die Erfolgschancen einer pädagogischen Arbeit darin, „jenen Jugendcliquen, in denen Fremdenfeindlichkeit soziale Anerkennung verschafft, attraktive Alternativen entgegenzusetzen" (ebenda).

Umgekehrt stellt sich nun die Frage, welche Erfahrungen Ausländer und Ausländerinnen mit direkter und indirekter Diskriminierung gemacht haben. Einige Hinweise gibt die 1995 durchgeführte Repräsentativuntersuchung „Situation der ausländischen Arbeitnehmer und ihrer Familienangehörigen in der Bundesrepublik Deutschland". Im Zuge dieser Untersuchung wurden jeweils 1.000 Personen ab 15 Jahren mit türkischer, italienischer, griechischer und ehemals jugoslawischer Staatsangehörigkeit danach befragt, ob sie im vergangenen Jahreszeitraum konkrete Erfahrungen mit Fremdenfeindlichkeit im Alltag gemacht hätten.

Fast jeder vierte Türke und annähernd jeder fünfte Ex-Jugoslawe sagte aus, beleidigt oder angepöbelt worden zu sein; bei Italienern und Griechen lagen die Anteile bei etwas mehr als 10 %. Die meisten Befragten aus allen Gruppen gaben jedoch an, keine derartigen Erfahrungen gemacht zu haben (Türken: 67,5 %, ehem. Jugoslawen: 74,2 %, Italiener: 82,5 %, Griechen: 84,6 %). Die Studie weist allerdings darauf hin, dass es deutliche Unterschiede in Bezug auf Geschlecht und Alter gibt. Männer hatten offenbar häufiger Erfahrungen mit fremdenfeindlichen Äußerungen und Verhaltensweisen gemacht als Frauen und Personen unter 24 Jahren häufiger als ältere. Die meisten negativen Erfahrungen stammten von männlichen Befragten im Alter zwischen 15 und 24 Jahren mit türkischer und ehemals jugoslawischer Staatsangehörigkeit (vgl. Mehrländer u.a. 1996, S. 320-324).

Die Repräsentativuntersuchung macht einige Aussagen zu konkreten Diskriminierungserfahrungen. U.a. wurde danach gefragt, ob den Betroffenen in den vorangegangenen 12 Monaten der Einlass in eine Gaststätte oder Diskothek, der Abschluss einer Versicherung, die Vermietung einer Wohnung, ein Arbeitsplatz oder eine Beförderungs- und Fortbildungsmöglichkeit deshalb versagt worden sei, weil sie „Ausländer" sind. Rund drei Viertel aller Befragten verneinten dies (Mehrländer u.a. 1996, S. 325-329). Die anderen sagten dazu im Einzelnen, sie seien von Vermietern benachteiligt worden, man habe ihnen den Einlass in eine Gaststätte bzw. Diskothek verweigert oder sie seien von einem Arbeitgeber nicht eingestellt worden.

Insgesamt gesehen muss allerdings im Rahmen der Erhebung festgestellt werden, dass fremdenfeindliche Haltungen der deutschen Bevölkerung von den befragten Ausländern als eine besondere Belastung des Zusammenlebens empfunden werden.

Eine Reaktion auf die distanzierende und abgrenzende Haltung von Teilen der deutschen Bevölkerung ist der Rückzug der Nichtdeutschen in die ethnische Gemeinschaft. Heckmann (1998, S. 36) weist auf ein spezielles Verhältnis von Mehrheitsgesellschaft und Migranten hin, das zum Wiedererstarken ethnischer Selbstorganisation führen kann: „Bei Geschlossenheit der Mehrheitsgesellschaft, bei ethnischen Vorurteilen und der Exklusion der Migranten von gesellschaftlichen Chancen und Positionen ist mit stabilen Strukturen von ethnischer Selbstorganisation zu rechnen, weil andere Organisationsformen den Migranten nicht oder zu wenig zugänglich sind und Selbstorganisation als Chance erscheint, durch ethnische Mobilisierung unerwünschte Verhältnisse und Kräftekonstellationen zu ändern. Im Resultat beider Entwicklungen, kontinuierlicher Neuzuwanderung und mangelnder Offenheit der Aufnahmegesellschaft, kommt es zur Stabilisierung der Segmentationen, zu neuer ethnischer Minderheitenbildung im Nationalstaat."

Ethnische Kolonien sind nicht per se negativ für gesellschaftliche Entwicklungen, sie sind eher eine normale Reaktion auf die Fremde, stellen für die Migranten eine vertraute Umgebung her und stabilisieren ihr Selbstbewusstsein. Treibel (1990, S. 192) spricht in diesem Zusammenhang von einem Identitätsanker, den die *community* für die Zugewanderten darstellt. Ethnische Kolonien erweisen sich dann aber als Hemmschuh, wenn sie von der Mehrheitsgesellschaft als feindlich wahrgenommen und zum Anlass für Maßnahmen der Zwangsassimilierung oder Exklusion genommen werden bzw. wenn sich die ethnische Kolonie gegen die Mehrheitsgesellschaft abschottet, diese als feindlich ansieht und interethnische Kontakte ablehnt. Ein solches Verhältnis birgt Konfliktpotenzial und wirkt auf Dauer destabilisierend.

Neben dem Phänomen der Segregation ethnischer Minderheiten und dem Rückzug in die ethnische Gemeinde gibt es zugleich Anzeichen sozialer Integration und Akkulturation.

Darüber gibt u.a. die Repräsentativuntersuchung von Mehrländer u.a. Aufschluss, die einen Anstieg interethnischer Kontakte (gegenüber 1980/1985) feststellt. Auf die Frage nach Freizeitkontakten mit Deutschen erklärten mehr als die Hälfte der Befragten, sie würden sich mindestens einmal wöchentlich in ihrer Freizeit mit Deutschen treffen. Vergleichsweise am geringsten ist der Anteil bei Türken (rund 57 %) und Türkinnen (49,4 %), am höchsten bei Italienern (69,5 %) und Italienerinnen (68 %) . Befragte unter 25 Jahren geben im Durchschnitt sogar noch höhere Kontakthäufigkeiten an; die Altersgruppen über 45 Jahren liegen dagegen unter dem Durchschnitt. Die Bewertung dieser Kontakte fällt insgesamt positiv aus. Mehr als die Hälfte der Befragten beurteilt sie als „gut", die Mehrzahl der übrigen als „befriedigend". Zehn Jahre zuvor war die Bewertung noch wesentlich negativer ausgefallen (Mehrländer u.a. 1996, S. 307-311).

Ein weiterer Indikator für integrative Prozesse ist die Zunahme bikultureller Ehen und Partnerschaften. Nach den Angaben der Untersuchung von Mehrländer u.a. haben sich die gemischt-nationalen Ehen im Vergleich zu 1985 fast verdoppelt (Mehrländer u.a. 1996, S. 201-204) . Während der Anteil der bikulturellen Ehen 1985 noch bei rund 5 % lag, betrug er 1995 fast 9 %. Der Anstieg gemischt-nationaler Ehen gilt als aufschlussreiches Anzeichen für eine verstärkte soziale Integration, da es in der Regel zu einer Annäherung und Verflechtung von Angehörigen unterschiedlicher Ethnien und zu verbindlichen, häufigen und intensiven Kontakten unter den Familienangehörigen kommt. Solche Annäherungen haben vielfach Veränderungen von Verhaltensweisen, Werten, Normen, Einstellungen, Präferenzen, Denk- und Wahrnehmungsweisen auf beiden Seiten zur Folge, was zugleich zu einer stärkeren Einbindung der Angehörigen der Minderheit in die Mehrheitsgesellschaft führt.

Auch im ökonomischen Bereich lässt sich eine Positionierung der Zugewanderten in bestimmten Wirtschaftssektoren feststellen, was sich an der Zunahme von Existenzgründungen zeigt. Nach Schätzungen des Zentrums für Türkeistudien gibt es in der Bundesrepublik allein 51.000 selbstständige Türken. Ihre Zahl ist in den letzten Jahren um mehr als 80 % gestiegen. Ihr Gesamtumsatz hat sich allein im Jahr 1998 um rund 11 % auf 46 Milliarden erhöht (SZ, 20.7.99). Treibel (1999) sieht darin eher ein Anzeichen für ein so genanntes *ethnic business* und eine Folge der Segregation auf dem Arbeitsmarkt. Viele ausländische Arbeitskräfte hätten in den formellen Sektoren des Arbeitsmarkts keine Einstiegschancen und seien gezwungen, in die Nischen eines ethnic business auszuweichen. Die meisten ausländischen Betriebe seien gerade in den Branchen tätig, die für die Einheimischen wegen ihrer Personal-, Zeit- und Kostenintensität schon unattraktiv geworden sind. Viele wechseln sozusagen vom marginalen Arbeiter zum marginalen Unternehmer, dem weitgehend betriebswirtschaftliche Kompetenzen und marktwirtschaftliche Kenntnisse fehlen und dem kaum Beratungs- und Förderangebote zur Verfügung stehen. Insofern wies die Beauftragte der Bundesregierung für Ausländerfragen verschiedentlich auf die Relevanz einer migrantenspezifischen regionalen Strukturpolitik hin. Neben der Problematik, die mit der selbstständigen Erwerbstätigkeit von Migranten und Migrantinnen verbunden ist, sollte jedoch auch der positive Aspekt dieser Entwicklung gesehen werden. Der wachsende Anteil ausländischer Selbstständiger (1970: 38.400, 1988: 124.000, 1994: 269.000 ausländische Selbstständige/Sen Goldberg 1996), der nach Berechnungen des Instituts der deutschen Wirtschaft Köln im Jahr 1996 rund 281.000 ausländische Selbstständige umfasst (Bericht 2000, S. 135 f.), zeigt auch, dass sich die Betroffenen inzwischen ein Segment des ökonomischen Sektors erobert haben, das in keinem Konkurrenz-, sondern Komplementärverhältnis zu den einheimischen Selbstständigen steht. Solche Nischen zu entdecken stellt ebenfalls eine wichtige Strategie zur Behauptung im Wirtschaftssektor dar, ist zum Teil mit innovativen Unternehmensgründungen und der Herausbildung eines neuen Migranten-Mittelstandes verbunden. Festzuhalten bleibt, dass sich Teile der ausländischen Selbstständigen erfolgreich auf dem Markt behauptet haben, Milliardenumsätze erwirtschaften und Arbeitsplätze zur Verfügung stellen.

Bei den abhängig Beschäftigten in der Industrie, im Handel und Handwerk kommt vor allem den Gewerkschaften das Verdienst einer Gleichstellungspolitik zu, die in den Betrieben integrierend wirkte. Der hohe gewerkschaftliche Organisationsgrad von Migranten und Migrantinnen gilt als einer der großen Erfolge der deutschen Gewerkschaften. „Es ergibt sich der erstaunliche Befund, dass unter den Migranten die (Ex-)Jugoslawen sowie die Spanier mit 26,0 % bzw. 24,6 % höhere Partizipationsquoten aufweisen als die Deutschen mit 21,7 %. Auch wenn türkische Migranten am wenigsten stark in Gewerkschaften und Berufsverbänden organisiert sind, liegt ihr Anteil mit 19,6 % doch nur geringfügig unter dem der Deutschen" (Forschungsinstitut 1998, S. 41).

Die Entwicklung der multikulturellen Gesellschaft in Deutschland verläuft daher nicht eindeutig im Sinne von Segregation oder Integration. Es sind durchaus widersprüchliche Trends zu verzeichnen. Es gibt sowohl Anzeichen für Absonderung und Ausgrenzung ethnischer Minderheiten als auch Indikatoren für Annäherungen und soziale Integration. Darüber hinaus gibt es eine Ausdifferenzierung der ausländischen Population in viele unterschiedliche Gruppen mit divergierenden Voraussetzungen. Diese Gruppen unterscheiden sich u.a. nach Staatsangehörigkeit, ausländerrechtlichem Status, Schichtzugehörigkeit, Geschlechterrolle, Alter/Generation, Sozialisationsverlauf, Einkommen/Vermögen, Bildung, Ansehen, was die Heterogenität dieser Bevölkerungsgruppe ausmacht und zu unterschiedlichen Positionen im Gesellschaftsgefüge führt.

An diesem Punkt erweist sich staatliches Handeln als förderlich, das die Bedingungen verbessert, unter denen interethnische Kontakte unterstützt werden. Neben erleichterten Bedingungen für eine Einbürgerung gehören dazu u.a. ein konsequentes Vorgehen gegen diskriminierende Tendenzen gegenüber Minderheiten, eine Förderung der Minderheitenkulturen, ein Abbau beruflicher Benachteiligungen, eine Verbesserung der Erziehung, Bildung und Ausbildung von Migrantenkindern und Jugendlichen und die Weiterentwicklung einer interkulturellen Pädagogik, eine Integration von Migrant/-innen in Institutionen der Erwachsenenbildung sowie Maßnahmen der beruflichen Umschulung und Fortbildung.

Staatliches Handeln hat daher interkulturelle Austauschprozesse in der Bevölkerung systematisch, d.h. zielorientiert und methodisch zu fördern. Im Rahmen von Bildungsprozessen fällt dabei einer interkulturellen Pädagogik und dem interkulturellen Lernen in Gruppen eine besondere Bedeutung zu.

In diesem Zusammenhang scheint es mir sinnvoll, sich nochmals auf die historischen Wurzeln der Gruppenpädagogik in der Nachkriegszeit zu besinnen. Damals ging es darum, die Menschen nach der Erfahrung in einem totalitären, faschistischen System mit den Grundsätzen einer humanen, auf Freiheit und Gleichheit basierenden demokratischen Gesellschaft vertraut zu machen. Im Zuge des Wiederaufbaus und dem ökonomischen Erstarken der Bundesrepublik haben sich jedoch wirtschaftliche und politische Strukturen herausgebildet, die mit Ungleichheit und Ungerechtigkeit verbunden sind. Gerade im Verhältnis zu den Minderheiten in unserer Gesellschaft zeigt sich, dass autoritäres, rassistisches und militaristisches Denken noch vorhanden sind und je nach gesellschaftspolitischer Wetterlage wieder an die Oberfläche treten. Es wird zugleich deutlich, dass Demokratisierung ein Prozess ist, der nicht abgeschlossen ist. Die gruppenpädagogischen Bemühungen von Magda Kelber und Haus Schwalbach haben aber auch gezeigt, dass es illusionär ist, auf die gesellschaftliche Breitenwirkung gruppenpädagogischer Initiativen zu hoffen. Es ist naiv zu glauben, eine Demokratisierung der Gesellschaft sei durch Demokratisierung ihrer Kleingruppenstruktur zu erreichen. Pädagogik kann die gesellschaftlichen Strukturen nicht aushebeln, sie kann sich aber als gesellschaftskritische Instanz verstehen, die Impulse für den öffentlichen Diskurs gibt und Diskussionsforen für den interkulturellen Austausch schafft. In diesem Zusammenhang können Gruppen ein sozialer Ort sein, an dem soziale Kompetenzen und interkulturelle Diskursfähigkeit erworben werden, an dem auch so etwas wie eine „Erziehung der Gefühle" geschieht. Darüber hinaus kann die Gruppe als ein Ort herrschaftsfreier Kommunikation angesehen werden. Gruppenprozesse können in diesem Sinn ein Stück aus ihrer Machtabhängigkeit herausgelöst werden, indem im geschützten pädagogischen Raum alternative Kommunikations- und Handlungsmuster ausprobiert werden, wobei es für die Beteiligten – insbesondere die Gruppenleitung – wichtig ist, die faktischen Herrschaftsverhältnisse nicht aus dem Blick zu verlieren.

Für die Erwachsenenbildung ergeben sich daraus unterschiedliche Aufgaben:

– Öffnung der Institutionen der Erwachsenenbildung für ethnische Minderheiten,

- Fortbildung von Multiplikatoren für die interkulturelle Bildungsarbeit,
- Zusammenarbeit mit Kommunen, Betrieben, Gewerkschaften und anderen Bereichen, um Personal für den Kontakt mit ethnischen Minderheiten zu schulen,
- Schaffung von Foren für den interkulturellen Dialog,
- Unterstützung von Selbsthilfegrupen, Initiativen, Vereinen etc., die auf Basis selbstorganisierter Zusammenhänge interethnische Kontakte und Kommunikation fördern wollen.

Verfolgt man die Geschichte der Erwachsenenbildung mit Ausländern und Ausländerinnen zurück, so wird deutlich, dass der Bereich nach wie vor nur ein schmales Segment in der Programmstruktur ausmacht und insbesondere durch Kurse im Fach Deutsch als Fremdsprache geprägt wird. Interkulturelle Angebote haben nach wie vor eher Modellcharakter. Der nachfolgende historische Exkurs gibt Aufschluss über den Stellenwert und die bildungspolitische Funktion von Angeboten für und mit ausländischen Teilnehmer/-innen.

Veronika Fischer

Migration und Erwachsenenbildung – Von Zielgruppenangeboten zu interkulturellen Lerngruppen

Die Veränderungen, die sich in den letzten Jahrzehnten im Bereich der Erwachsenenbildung mit Migranten und ethnischen Minderheiten ergeben haben, stehen in engem Zusammenhang mit der Ausländer- und Beschäftigungspolitik der jeweiligen Bundesregierung.

Das Weiterbildungssystem hat – wie alle anderen Bildungsbereiche – erst relativ spät auf die Anwesenheit von Millionen ausländischer Arbeitnehmer und ihrer Familienangehörigen reagiert.

Das ist u.a. darauf zurückzuführen, dass die Anwerbung in allen öffentlichen Verlautbarungen als vorübergehendes Phänomen deklariert wurde, folglich kein Handlungsbedarf seitens der Bildungsinstitutionen zu bestehen schien. Es herrschte die Auffassung, dass die Angeworbenen über kurz oder lang wieder in ihre Heimatländer zurückkehren würden. „So gab es in der Ausländerpolitik – abgesehen vom Ausländerrecht und seinen Ausführungsbestimmungen – lange Zeit kein Konzept infrastruktureller, sozial- und bildungspolitischer Maßnahmen" (Meier-Braun 1995, S. 16). Bereits in dieser Phase wurden die Leitlinien für die künftige Ausländerpolitik festgelegt, die sich bis heute nicht wesentlich verändert haben. Demnach war Deutschland kein Einwanderungsland. Das Ausländergesetz aus dem Jahre 1965 wurde 25 Jahre lang als Fremden- und Ausländerpolizeirecht verstanden, mit einem vielfältigen Abwehrinstrumentarium, einschließlich Ausweisung und Abschiebung.

Ausländerpolitik wurde und wird heute immer noch in erster Linie als Arbeitsmarktpolitik verstanden, die ausländische Arbeitskräfte je nach ökonomischen Erfordernissen als disponible Manövriermasse einsetzt (Dohse 1981, S. 178 f.). Dementsprechend lassen sich Anwerbe- und Ausländerpolitik in verschiedene Phasen einteilen, die mit einem veränderten Nachfrageverhalten der Wirtschaft korrespondieren (Meier-Braun 1995) und unterschiedliche sozial- und bildungspolitische Maßnahmen des Staates nach sich ziehen. In diesem Zusammenhang fallen auch der Weiterbildung spezifische Aufgaben zu.

I. Phase: Weiterbildung als ökonomische Eingliederungshilfe

Gemäß einer auf Rotation und Befristung angelegten Beschäftigungspolitik konzentrierten sich etwaige Bildungsmaßnahmen in der Phase zwischen 1955 und

1973 auf die für den Produktionsprozess und den Arbeitsplatz notwendige Minimalqualifizierung. Es galt eine reibungslose Integration der Arbeitsmigranten in den Arbeitsprozess zu gewährleisten. In diesem Sinne schrieb Gerhard Filla 1970 im Bundesarbeitsblatt (4/1970, S. 235), „dass die Art der (Eingliederungs-)Hilfen sich danach richtet, ob eine auf Dauer gerichtete Einwanderung oder eine zeitlich begrenzte Beschäftigung angestrebt wird. Da die Bundesrepublik Deutschland nicht zu den Einwanderungsländern gehört und der ausländische Arbeitnehmer ebenso wie sein Heimatland die Tätigkeit in der Bundesrepublik in der Regel als zeitlich begrenzt ansehen, müssen die Eingliederungshilfen darauf abgestellt werden" (zit. nach Seidel 1989, S. 67).

Funktional auf die Erfordernisse des Arbeitsplatzes bezogene Qualifikationen standen zunächst im Mittelpunkt von Weiterbildung. Dazu gehörte die Vermittlung elementarer Sprachkenntnisse, die bereits im Vorfeld der betrieblichen Eingliederung in den Anwerbeländern erfolgen sollte.

Anfang der 70er-Jahre wurde ein umfangreiches Angebot beruflicher Vorqualifizierung – einschließlich einer sprachlichen Grundausbildung – durch die Bundesanstalt für Arbeit gefördert. Im Jahre 1973 bestanden in den Anwerbestaaten insgesamt 35.000 solcher Vorausbildungsplätze (Seidel 1989, S. 67).

II. Phase: Erwachsenenbildung als soziokulturelle Integrationshilfe

Anfang der 70er-Jahre war die Ausländerbeschäftigung wachsender Kritik ausgesetzt, da man angesichts des Familiennachzugs die Aufnahmekapazität der sozialen Infrastruktur bedroht sah. Die Diskussion über Kosten und Nutzen der Ausländerbeschäftigung sowie die Furcht vor sozialen Konflikten schlug sich im Anwerbestopp von 1973 nieder.

Diese Maßnahme forderte allerdings den Familiennachzug geradezu heraus, was auch für eine Maßnahme aus dem Jahr 1975 galt, nach der die Kindergeldsätze für ausländische Kinder, die im Heimatland geblieben waren, gekürzt wurden. Die Statistik zeigt deutlich, wie die Zahl der Zuzüge durch diese Maßnahmen angestiegen ist (Beauftragte der Bundesregierung 1995, S. 113). Außerdem stellte sich für die Mehrzahl der Migranten vor dem Hintergrund der krisenhaften Entwicklung in den Herkunftsländern keine andere Alternative.

Durch den verstärkten Nachzug der Familienangehörigen wurden auch im Bildungswesen Anstrengungen erforderlich, die über den Umfang der bisher geleisteten Betreuung hinausgehen mussten. Neben die ökonomische Eingliederung traten zunehmend Initiativen zur soziokulturellen Integration der Migranten, die sich auch im Erwachsenenbildungsbereich vollzogen.

Eine erste umfassende Erhebung zum Programmangebot der Volkshochschulen aus dem Jahre 1974 ergab für das Unterrichtsjahr 1972/73 folgendes Bild (von der Handt 1989, S. 27):

„Neben den eigentlichen Sprachkursen (1.508 an der Zahl), die ausschließlich dem Erlernen des Deutschen dienten, existierte ein breites Feld ‚integrierter' Angebote, welche z.B. fachsprachliche Ziele hatten oder der Beratung in lebenspraktischen Bereichen dienten (z.B. Beratung beim Lohnsteuer-Jahresausgleich, Bewerbungstraining). Neben den Kursen fällt auch eine breite Palette von Einzelveranstaltungen auf, wie u.a. Filmvorführungen, Fest-, Tanz-, Freizeitveranstaltungen, Studienfahrten, Beratungen, Clubs, Aufgabenhilfen."

Nicht mehr allein die sprachliche Förderung zur Bewältigung der Aufgaben am Arbeitsplatz, sondern die allgemeine Orientierung im Alltag rückte in den Mittelpunkt des Interesses. Das hatte umgekehrt auch Auswirkungen auf die Konzeption des Unterrichts im Fach „Deutsch als Fremdsprache", die Anfang der 70er-Jahre zunehmend kritisiert wurde. Heinz Seidel (1989, S. 67) weist auf eine Stellungnahme von Werner Kottusch aus dem Jahr 1971 hin, die bemängelt, dass „die bis 1968 durchgeführten Deutschkurse für ausländische Arbeitnehmer vor allem wegen der Art der dabei angewandten Lerntechniken nicht den gewünschten Erfolg hatten." Ein Unterricht, der weitgehend an den grammatik- und übersetzungsorientierten Methoden gymnasialen Fremdsprachenunterrichts ausgerichtet war, ging an den Lernvoraussetzungen und -bedürfnissen ausländischer Arbeitnehmer/-innen vorbei. In der Folgezeit wurde daher das Modell eines kommunikativen Deutschunterrichts verfolgt, der elementare Alltagssituationen und die daraus ableitbaren sprachlichen Erfordernisse einbezog. Zur systematischen Entwicklung neuer Konzepte wurde 1972 die Zentralstelle „Deutsch für ausländische Arbeitnehmer" beim Goethe-Institut in München, einer Vorgängerorganisation des „Sprachverbandes – Deutsch für ausländische Arbeitnehmer e.V.", gegründet.

Zur gleichen Zeit brachte die Pädagogische Arbeitsstelle des DVV die erste Fassung des „Zertifikats Deutsch als Fremdsprache" heraus, die 1977 noch einmal vollkommen überarbeitet wurde. Am 9. Mai 1974 erfolgte schließlich die Gründung des Sprachverbandes „Deutsch für ausländische Arbeitnehmer e.V.", dessen Aufgaben v.a. schwerpunktmäßig darin bestanden:

- die Arbeit der verschiedenen Träger des Deutschunterrichts zu koordinieren,
- die Kursleiterqualifikation zu organisieren,
- Förderrichtlinien zu erarbeiten,
- Fördermaßnahmen mit den Bundesländern abzustimmen,
- Sprachlehrmethoden weiterzuentwickeln.

An diesen Initiativen wird deutlich, dass die 70er-Jahre vor allem durch staatliche Institutionalisierungsprozesse gekennzeichnet sind. Es werden wichtige Fundamente geschaffen, auf denen die Ausländerarbeit der nachfolgenden Jahre aufbauen kann. Ein Indiz dafür ist z.B. die Zahl der Sprachkursteilnehmer/-innen, die von wenigen Hundert im Gründungsjahr des Sprachverbandes auf rund 67.000 im Jahr 1988 angestiegen ist (Sprachverband 1989).

III. Phase: Zielgruppenorientierung

In den 80er-Jahren findet eine Erweiterung und Ausdifferenzierung der Ausländerarbeit in Form verschiedener Zielgruppenangebote statt. Die 7. Fachbereichskonferenz Sprachen des Deutschen Volkshochschulverbandes vom 26.-28. Nov. 1980 hob die Bedeutung der Zielgruppenarbeit für die Ansprache ausländischer Bevölkerungsgruppen hervor (DVV/PAS 1980, S. 3-8). Verschiedene Landesverbände, u.a. in Nordrhein-Westfalen, entwickelten Arbeitshilfen für die „Weiterbildung mit Ausländern" (1985).

In seinen Vorbemerkungen zu Ortfried Schäffters Buch „Zielgruppenorientierung in der Erwachsenenbildung" stellte Tietgens (1981, S. 6) heraus, dass „unter der Stoßkraft gesellschaftspolitischer Impulse Zielgruppenorientierung einen Akzent erhalten hat, der vornehmlich an die Bevölkerungsgruppen denken ließ, die bisher kaum Teilnehmer an Erwachsenenbildungsveranstaltungen waren und die als Bildungsdistanzierte, Benachteiligte ausgewiesen werden".

Es ging darum, Bevölkerungsgruppen zu erreichen, die durch den Angebotscharakter und die Mittelschichtorientierung der bisherigen VHS-Arbeit aus den Institutionen der Erwachsenenbildung ausgeschlossen blieben. Damit wurde die VHS ihrem demokratischen Anspruch, möglichst alle Bevölkerungsgruppen zu erreichen, nicht gerecht. Es galt demnach eine größere Nähe zu solchen Adressaten zu erreichen, die sozial marginalisiert und benachteiligt waren (wie z.B. Migranten), was zum einen durch Stadtteilarbeit und zum anderen durch sozialpädagogische Vorgehensweisen (Hausbesuche, Ansprache durch Multiplikatoren etc.) realisiert werden sollte. Schäffter (1981, S. 36) subsumiert die gängigste Form der Zielgruppenarbeit im Rahmen der Ausländerpädagogik unter das Interventionsmodell, bei dem die Institution bzw. der Lehrende ins Feld der Adressaten hineingeht, um die Lernsituation mit der Lebenswelt der Betroffenen unter Berücksichtigung ihrer Lernvoraussetzungen zu verknüpfen. Allerdings wurde im Zuge der Arbeit auch erkannt, dass die ausländische Wohnbevölkerung keinen homogenen, in sich geschlossenen Block bildete, sondern in viele unterschiedliche Adressatengruppen ausdifferenziert werden konnte, sodass der Zielgruppenbegriff vielfach falsche Assoziationen auslöste (Meisel 1984, S. 118).

In der Folgezeit richtete sich das Hauptaugenmerk auf die Zielgruppe ausländischer Jugendlicher. Bereits Ende der 70er-Jahre (1979) wurden von Bund, Ländern und der Bundesanstalt für Arbeit über den Sprachverband Maßnahmen zur

Berufsvorbereitung und sozialen Eingliederung junger Ausländer eingerichtet, die den Übergang von der Schule in den Beruf erleichtern sollten und angesichts der hohen Jugendarbeitslosigkeit und schweren Vermittelbarkeit ausländischer Jugendlicher unbedingt erforderlich erschienen.

Ergänzt wurden diese Maßnahmen häufig durch Kurse zum Nachholen des Hauptschulabschlusses (HSA), die sich inzwischen an den Volkshochschulen in Fachbereichen des sog. „Zweiten Bildungswegs" etabliert hatten. Mit der Einrichtung solcher Kurse für ausländische Jugendliche bzw. mit der Integration ausländischer Jugendlicher in bestehende Hauptschulabschlusskurse reagierte die Erwachsenenbildung auf die Tatsache, dass viele ausländische Jugendliche die Schule ohne Abschluss verlassen hatten, was ihre Chancen auf dem Arbeitsmarkt zusätzlich minderte. Neben Integrationshilfen in die Arbeits- und Berufswelt sollten zugleich Sozialisationshilfen durch identitätsstützende Lerninhalte und -formen angeboten werden. Dabei war man sich durchaus im Klaren darüber, dass HSA-Kurse lediglich die Wettbewerbsbedingungen auf dem Arbeitsmarkt verbesserten, nicht aber die Arbeitslosigkeit tangierten. Außerdem war man sich der Gefahr bewusst, durch die Lehrgänge die defizitären Bedingungen an den Hauptschulen zu stabilisieren (Meisel 1984, S. 174).

Insofern war die Ansiedelung dieser Maßnahmen in den Einrichtungen der Erwachsenenbildung nicht unumstritten. Die Kritiker hoben u.a. hervor, dass es sich hauptsächlich um Jugendbildung und ureigene Aufgaben der Berufsbildung im schulischen System und nicht um Erwachsenenbildung handelte.

Charakteristisch für diese Phase ist die Tatsache, dass sich viele Einrichtungen im Bereich der Ausländerarbeit auf berufsorientierende Maßnahmen für ausländische Jugendliche beschränkten und Zielgruppen der ersten Generation gar nicht mehr ansprachen. Nur einige wenige, u.a. großstädtische Volkshochschulen, boten darüber hinaus ein differenziertes Programm an, das u.a. Alphabetisierungskurse, Angebote der Eltern- und Familienbildung, Veranstaltungen für Frauen und Mädchen, Sonderprogramme für Flüchtlinge und Spätaussiedler sowie Bildungsurlaubsseminare für ausländische Arbeitnehmer/-innen umfasste und in eigens dafür eingerichteten Abteilungen oder Fachbereichen etablierte. Bei manchen Trägern wurden diese Angebote in bereits bestehende Fachbereiche (z.B. „Fremdsprachen" oder „Zweiter Bildungsweg") integriert, wobei die Kurse im Fach „Deutsch als Fremdsprache" weiterhin das verbreitetste Angebot darstellten. Bei einer Vielzahl von Weiterbildungseinrichtungen überwogen punktuelle, auf verschiedene Fachbereiche verstreute Angebote, die nur im Ausnahmefall unter einer Rubrik im Arbeitsplan gesammelt ausgewiesen wurden.

Zielgruppengerechte Angebotsformen blieben eher eine Ausnahme, von einem flächen- und bedarfsdeckendem Angebot konnte keine Rede sein (PAS/DVV 1983, S. 34).

IV. Phase: Kritik der Ausländerpädagogik und interkulturelle Angebote

Mitte der 80er-Jahre setzte eine Diskussion um das Selbstverständnis der Ausländerarbeit ein, in der man für einen Perspektivwechsel der pädagogischen Arbeit plädierte (E. Habel, W. Habel, M.-E. Karsten 1985, S. 42 ff.). Kritisiert wurde u.a. die „ausschließliche Konzentration auf die Ausländer ohne Einbeziehung der deutschen Mitschüler, Lehrer etc. sowie die Tendenz zur Abtrennung des pädagogischen Prozesses von seinen ausländerpolitischen und gesellschaftlichen Entstehungszusammenhängen in der Einwanderungsgesellschaft der Bundesrepublik" (ebenda, S. 42).
Griese (1984) fasst die verschiedenen Kritikpunkte zusammen und bemängelt

- die ausschließliche Konzentration auf ausländische Zielgruppen ohne Einbezug der Deutschen sowie die Tendenz der Abtrennung des pädagogischen Prozesses von seinen ausländerpolitischen und gesellschaftlichen Entstehungszusammenhängen in der Einwanderungssituation;
- die Separierung von Ausländer/-innen als gesellschaftlich benachteiligte Problemgruppen und die Etablierung einer Sonderpädagogik, die ihre Adressaten fast ausschließlich mit Defizitzuschreibungen belegt;
- die verstehenspädagogischen und paternalistischen Handlungskonzepte;
- die Pathologisierung der Zielgruppe in Termini wie Kulturkonflikt und Identitätsproblem und die daraus resultierende Strategie der Therapeutisierung;
- die Folklorisierung der Kultur der Migrant/-innen.

Mit dem rechtlichen Sonderstatus des Ausländers korrespondierte die *Sonderperspektive* in der kommunal- oder sozialpolitischen Problembearbeitungsstrategie und der sozialpädagogischen Angebotspalette (ebenda, S. 43). Die gesellschaftlichen Probleme mit Ausländern wurden ihnen als Personen zugeschrieben, die quasi als Defizite durch pädagogische Maßnahmen zu kompensieren waren.

Auf Seiten des pädagogischen Personals nahm man Symptome professioneller Deformation wahr, die Barkowski (1984, S. 171 f.) mit der Fürsorgementalität, der kolonialen Haltung, dem Ausländerdenken und Distanzverlusten umschrieb. Diese Grundhaltungen glichen einander vor allem darin, Hierarchien zwischen Helfer und Betroffenen aufzubauen, bevormundend zu wirken statt Partizipation zu ermöglichen, ausschließlich Defizite statt Kompetenzen zu sehen, Abhängigkeiten zu erhalten statt Autonomie und Selbsthilfe zu stützen.

Neue Wege der Erwachsenenbildung und Sozialarbeit mit Ausländern/-innen schienen daher nur unter der Voraussetzung einer „Reflexion der dem eigenen Handeln zugrunde liegenden Denkkonventionen und Mythen" beschreitbar (Karsten 1985, S. 53).

Darüber hinaus galt es die Organisationsform der Weiterbildung für Migranten zu verändern, da die Zielgruppenprogramme dazu tendierten, den Sonderstatus des „Ausländers" auch im pädagogischen Bereich festzuschreiben und die Adressaten in speziell für sie eingerichteten Veranstaltungen zu ghettoisieren, statt die Erwachsenenbildung generell für ausländische Interessenten zu öffnen.

So schlagen die Kritiker eine Wende in der Ausländerarbeit vor und diskutieren u.a. verschiedene Ansätze interkultureller Pädagogik, die möglichst nicht die Fehler der europäischen Nachbarn reproduzieren sollten und einem kritischen Umgang mit Multikulturalität verpflichtet sein sollten. Demnach bestünde eine wesentliche Chance von Erziehungshandeln darin, „den gesellschaftlichen Konflikt in pädagogischen Handlungsfeldern der Schule, Kinder- oder Jugendarbeit aufzugreifen, ohne ihn schon vorab unter einer Zielperspektive gemeinsamer Lernprozesse einzukapseln. Interkulturelle Erziehung umfasst dann nicht die Nivellierung kulturell-rassistisch-ethnischer Ungleichheiten, sondern ihre Explikation für einen bewussten Umgang mit ihnen, einschließlich des gesellschaftlichen Entstehungszusammenhangs" (E. Habel, W. Habel, M.-E. Karsten 1985, S. 64).

Für die Erwachsenenbildung vertrat Ingrid Haller (1994, S. 17) mit ihrem Plädoyer für eine Kultur des Dissens eine ähnliche kritische Position. Politisches Lernen sollte das „Aushalten von Mehrdeutigkeiten und Widersprüchen als eine zentrale Qualifikation für die Lebensfähigkeit komplexer Gesellschaften" vermitteln.

Dennoch darf nicht übersehen werden, dass es viele Auslegungen und unterschiedliche Konzepte interkultureller Pädagogik gab (Auernheimer 1990) und gibt, sodass nicht von einem einheitlichen Ansatz gesprochen werden kann (siehe auch Kapitel 3).

Zieht man nun aus der Rückschau heraus eine Bilanz der ausländerpädagogischen Aktivitäten und der interkulturellen Angebote, die vielfach neben den Zielgruppenprogrammen angesiedelt wurden, so stellt man fest, dass der Grad der Institutionalisierung eher gering war. Viele Maßnahmen waren befristet, wurden durch Sonderetats als einmalige Projekte oder Modelle finanziert und waren von den jährlich schwankenden Zuschüssen der Arbeitsverwaltung abhängig. Viele Beschäftigte wurden durch Arbeitsbeschaffungsmaßnahmen des Arbeitsamtes finanziert, sodass auch der Professionalisierung in diesem Bereich enge Grenzen gesetzt waren.

Die Finanzierung erwies sich als stark konjunkturabhängig und spiegelt zugleich die Intentionen einer restriktiven Ausländerpolitik wider, die in der Phase zwischen 1981 und 1990 von heftigen Diskussionen um eine Begrenzung der Ausländerzahlen geprägt war. Anreize zur Stärkung der Rückkehrbereitschaft der Migranten und die Begrenzung des Familiennachzugs standen im Mittelpunkt des politischen Interesses. Die neue CDU/CSU/FDP-Koalition bezeichnete nach der

Regierungsbildung 1982 die Ausländerproblematik neben Wirtschafts- und Außenpolitik als einen der Schwerpunkte ihres Dringlichkeitsprogramms – ein einmaliger Vorgang der Nachkriegsinnenpolitik.

Die politische Debatte war denn auch in den 80er-Jahren durch verschiedene Vorstöße zur Begrenzung der Ausländerzahlen gekennzeichnet. Das neue Ausländerrecht, das am 1. Januar 1991 in Kraft trat, hat immer noch nicht zufrieden stellend die Frage der Aufenthaltsberechtigung geregelt, was gerade junge Ausländer/-innen, die am Beginn ihrer beruflichen Laufbahn stehen, behinderte. Außerdem wurden die Möglichkeiten einer erleichterten Einbürgerung nur unzureichend gelöst. Eine Doppelstaatsangehörigkeit wurde weiterhin nicht zugestanden, ein bereits lange gefordertes ständiges Aufenthaltsrecht für ausländische Ehepartner/-innen nicht eingeräumt.

V. Phase: Aktivitäten gegen Fremdenfeindlichkeit und Gewalt und die Diskussion um eine interkulturelle Öffnung der Institutionen

Zu Beginn der 90er-Jahre wiederholte sich die Diskussion um die Zuwanderung nach Deutschland. War vor 10 Jahren v.a. die türkische Bevölkerung von der Rückkehrforderung betroffen, konzentriert sich nun die Abschiebepolemik auf Asylsuchende und Flüchtlinge.

Die öffentliche Auseinandersetzung kreiste schließlich um eine Einschränkung des Asylrechts und mündete 1993 in die Änderung des Art. 16 des Grundgesetzes. Obwohl die Bundesrepublik faktisch schon lange ein Einwanderungsland geworden ist, konnte sich bis heute keine Regierung zu einem Einwanderungsgesetz durchringen. Alle Versuche, das Bewusstsein für die neue Einwanderungssituation im vereinigten Deutschland zu schärfen, sind fehlgeschlagen. Im Gegenteil haben das ständige Leugnen des Einwanderungstatbestandes und die Polemik gegen ethnische Minderheiten seitens Politiker und Medien Ressentiments bei der deutschen Bevölkerung genährt und aggressive Tendenzen verstärkt (Jäger M./Jäger S. 1993).

Erst zu Beginn des Jahres 2000 leitete die durch SPD und Bündnis 90/Die Grünen gebildete Koalition wichtige Veränderungen ein. Mit dem 1. Januar 2000 trat ein verändertes Staatsangehörigkeitsrecht in Kraft, das ergänzend zum weitergeltenden Abstammungsprinzip Elemente des ius soli enthält: Kinder, die ab diesem Tag in Deutschland geboren werden, werden unter bestimmten Voraussetzungen mit der Geburt – automatisch – Deutsche, auch wenn ihre Eltern Ausländer sind. Die Beauftragte der Bundesregierung für Ausländerfragen zieht in ihrem Bericht (2000, S. 33) Bilanz: „Die historische Bedeutung der Reform ist aus

Sicht der Beauftragten evident. Durch die Möglichkeit, die deutsche Staatsangehörigkeit durch Geburt im Inland zu erwerben, wird endlich der Tatsache Rechnung getragen, dass sich durch die Zuwanderung das gesellschaftliche Gesicht der deutschen Gesellschaft verändert hat. Mit der Einführung dieses Prinzips ist künftig ausgeschlossen, dass Menschen über Generationen hinweg rechtlich zu ‚Ausländern' gemacht werden, obwohl sie dauerhafter Teil der deutschen Gesellschaft sind und bleiben werden."

Mitte des Jahres 2000 wird die Diskussion um ein Einwanderungsgesetz angesichts des Mangels an hochqualifizierten Fachkräften in der Computerbranche wieder aktuell, auch wenn sich die Regierung zunächst für eine begrenzte Öffnung des Marktes für ausländische Spezialisten entschließt.

Auf der bildungspolitischen Ebene sind die 90er-Jahre u.a. durch Initiativen gegen Fremdenfeindlichkeit und Gewalt geprägt. Die im Gefolge der Wende zunehmende Feindseligkeit gegen ethnische Minderheiten, die in gewaltsamen Übergriffen auf Flüchtlingswohnheime und Häuser der Betroffenen eskalierte, veranlasste 1994 den Deutschen Vokshochschulverband und seine Landesverbände zu verstärkten Aktivitäten gegen Fremdenfeindlichkeit und Gewalt (z.B. zur Durchführung eines VHS-Aktionstages und Publikation von Arbeitshilfen für Erwachsenenbildner). Auch in den Bundesländern wurden finanzielle Mittel für Projekte, Runde Tische, Einzelveranstaltungen und Initiativen bereitgestellt, die sich gegen fremdenfeindliche Bestrebungen richten sollten. Allerdings muss kritisch angemerkt werden, dass die Maßnahmen punktuell bleiben und nach Ausschöpfen der Fördermittel häufig ganz eingestellt werden, obgleich nur eine kontinuierliche Arbeit auf Dauer effizient wäre. Zu dieser Einsicht gelangen die Verantwortlichen in Politik und Gesellschaft immer dann, wenn fremdenfeindliche Gewalt wieder aufflackert und Minderheiten in der Gesellschaft bedroht (vgl. Diskussion im Sommer 2000 anlässlich rechtsextremer Gewalt, FR 4.8.2000).

In diesem Rahmen lebte auch die Diskussion um interkulturelles Lernen (u.a. in der Variante antirassistischer Bildung) in der Erwachsenenbildung wieder auf, dessen erste Ansätze bereits 1981 (Esch) entwickelt worden waren. Im Vergleich zu den 80er-Jahren hat interkulturelle Weiterbildung zwar einen deutlichen Aufschwung genommen und leistet heute Erhebliches für die Auseinandersetzung mit kultureller Vielfalt, die Entwicklung und Akzeptanz anderer Lebensweisen, stellt aber immer noch eine Randerscheinung in den Erwachsenenbildungseinrichtungen dar (Fischer/Schneider-Wohlfart 1994). Das „Berichtssystem Weiterbildung" des Bundesministeriums für Bildung und Forschung ermittelt 1994 für das Themengebiet „multikulturelle Fragen/toleranter Umgang mit Ausländern" eine Beteiligung von unter 1 % der Befragten. Auch in der außerschulischen Jugendarbeit ist der Verbreitungsgrad interkultureller Bildung eher gering.

Dennoch wird der Forderung nach interkultureller Öffnung der Institutionen und einer systematischen Fortbildung der Multiplikatoren weiterhin Nachdruck verliehen (Bericht 2000, S. 209). So betont Sabine Jungk im Hinblick auf die Zugangsbarrieren der Regeldienste für Migranten und angesichts der Strukturen herkömmlicher Migrationssozialarbeit, wie notwendig eine interkulturelle Öffnung der sozialen Dienste sei, die mit einer entsprechenden berufsbegleitenden Weiterbildung für das Fachpersonal zu verbinden ist (Landeszentrum 2000, S. 11).

Nehmen wir diese Bilanz nun zum Ausgangspunkt einer näheren Beschäftigung mit dem Begriff des „Interkulturellen Lernens".

Literatur

Auernheimer, Georg: Handwörterbuch Ausländerarbeit. Weinheim/Basel 1984

Auernheimer, Georg: Einführung in die interkulturelle Erziehung. Darmstadt 1990

Bade, Klaus J. (Hrsg.:): Deutsche im Ausland – Fremde in Deutschland. Migration in Geschichte und Gegenwart. München 1992

Barkowski, Hans: Interkulturelles Lernen oder die Mauer im eigenen Kopf – Überlegungen nach einem Jahrzehnt DfaA. In: Essinger, Helmut/Ucar, Ali: (Hrsg.): Erziehung in der multikulturellen Gesellschaft. Versuche und Modelle zur Theorie und Praxis einer Interkulturellen Erziehung. Interkulturelle Erziehung in Praxis und Theorie. Bd. 1. Baltmannsweiler 1984

Bericht der Beauftragten der Bundesregierung für die Belange der Ausländer über die Lage der Ausländer in der Bundesrepublik Deutschland. Dezember 1995. In: Mitteilungen der Beauftragten der Bundesregierung für die Belange der Ausländer (Hrsg.). Bonn 1995

Bericht der Beauftragten der Bundesregierung für Ausländerfragen über die Lage der Ausländer in der Bundesrepublik Deutschland. Februar 2000. In: Mitteilungen der Beauftragten der Bundesregierung für Ausländerfragen (Hrsg.). Berlin/Bonn 2000

Berichtssystem Weiterbildung VI. Integrierter Gesamtbericht zur Weiterbildungssituation in Deutschland. Hrsg. v. Bundesministerium für Bildung, Wissenschaft, Forschung und Technologie. Bonn 1996

Bös, Mathias: Migration als Problem offener Gesellschaften: Globalisierung und sozialer Wandel in Westeuropa und in Nordamerika. Opladen 1997

Deutscher Volkshochschul-Verband e.V./Pädagogische Arbeitsstelle (Hrsg.): Unterlagen für die 7. Fachbereichskonferenz Sprachen, 26.-28.11.1980 in Ludwigshafen/Rhein

Dohse, Knuth: Ausländische Arbeiter und bürgerlicher Staat. Genese und Funktion von staatlicher Ausländerpolitik und Ausländerrecht. Vom Kaiserreich bis zur Bundesrepublik Deutschland. Königstein/Ts. 1981

Esch, Wolfgang: Interkulturelle Angebote. In: Volkshochschule im Westen 2/81

Esser, Hartmut: Aspekte der Wanderungssoziologie. Assimilation und Integration von Wanderern, ethnischen Gruppen und Minderheiten. Eine handlungstheoretische Analyse. Darmstadt/Neuwied 1980

Fischer, Veronika/Schneider-Wohlfart, Ursula: Interkulturelle Weiterbildung in Nordrhein-Westfalen. Ergebnisse einer schriftlichen Befragung 1994. In: ZEP, Heft 3/1996

Forschungsinstitut der Friedrich-Ebert-Stiftung (Hrsg.): Die soziale und politische Partizipation von Zuwanderern in der Bundesrepublik Deutschland. Bonn 1998

Ganter, Stephan (in Zus. mit Esser, Hartmut): Ursachen und Formen der Fremdenfeindlichkeit in der Bundesrepublik Deutschland. Hrsg. v. Forschungsinstitut der Friedrich-Ebert-Stiftung. Bonn 1998

Griese, Hartmut M. (Hrsg.): Der gläserne Fremde. Bilanz und Kritik der Gastarbeiterforschung und Ausländerpädagogik. Opladen 1984

Habel, Edna/Habel, Werner/Karsten, Maria-Eleonora: Ausländerpädagogik, Sprachdidaktik, Berufsvorbereitung – Für einen Perspektivenwechsel pädagogischer Konzeptionen. In: Informationsdienst zur Ausländerarbeit 2/85, S. 42-66

Haller, Ingrid: Für eine Kultur des Dissens. Anmerkungen zu Fremdenfeindlichkeit – Rassismus – Gewalt. In: Päd. Arbeitsstelle des Deutschen Instituts für Erwachsenenbildung (Hrsg.): Interkulturelles Lernen. Materialien für Erwachsenenbildung 1/1994, S. 11-18

Heckmann, Friedrich: Ethnische Kolonien: Schonraum für Integration oder Verstärker der Ausgrenzung? In: Forschungsinstitut der Friedrich-Ebert-Stiftung (Hrsg.): Ghettos oder ethnische Kolonien? Entwicklungschancen von Stadtteilen mit hohem Zuwandereranteil. Bonn 1998

Heitmeyer, Wilhelm/Müller, Joachim/Schröder, Helmut: Verlockender Fundamentalismus. Türkische Jugendliche in Deutschland. Frankfurt a.M. 1997

Jäger, Margret: BrandSätze und SchlagZeilen, Rassismus in den Medien. In: ebenda, S. 73-92

Jäger, Siegfried: Rassismus und Rechtsextremismus – Gefahr für die Demokratie. In: Forschungsinstitut der Friedrich-Ebert-Stiftung (Hrsg.): Entstehung von Fremdenfeindlichkeit. Die Verantwortung von Politik und Medien. Eine Tagung der Friedrich-Ebert-Stiftung am 22. und 23. März 1993 in Potsdam. Bonn 1993, S. 7-33

Jugendwerk der Deutschen Shell (Hrsg.): Jugend 2000. Bd. 1 u. 2. Opladen 2000

Karsten, Maria-Eleonora: Mythenverbrämte Einbahnstraßen oder Neue Wege in der Ausländerpädagogik. In: Informationsdienst zur Ausländerarbeit 3/85, S. 49-53

Keupp, Heiner: Sich selbst erzählen in einer posttraditionalen Gesellschaft. In: gruppenanalyse 1/99, S. 7-32

Landesverband der Volkshochschulen NW e.V. (Hrsg.): 28. Februar 1994, VHS-Aktionstag gegen Gewalt. Dokumentation

Landesverband der Volkshochschulen NW e.V. (Hrsg.): Weiterbildung mit Ausländern an Volkshochschulen in Nordrhein-Westfalen. vhs arbeitshilfen. Dortmund 1985

Landeszentrum für Zuwanderung (Hrsg.): Dokumentation der Werkstatt Weiterbildung: Interkulturelle Öffnung sozialer Dienste. 23. und 24. September 1999, Akademie Klausenhof. Redaktion: S. Jungk/J. Motte, April 2000

Leggewie, Claus: Institutionelle Rahmenbedingungen für eine Einwanderungskonzeption der Bundesrepublik Deutschland. In: Forschungsinstitut der Friedrich-Ebert-Stiftung (Hrsg.): Einwanderungskonzeption für die Bundesrepublik Deutschland. Eine Tagung der Friedrich-Ebert-Stiftung am 23. Mai 1995 in Bonn. Bonn 1995, S. 169-185

Mehrländer, Ursula/Ascheberg, Carsten/Ueltzhöffer, Jörg: Repräsentativuntersuchung 95: Situation der ausländischen Arbeitnehmer und ihrer Familienangehörigen in der Bundesrepublik Deutschland (im Auftrag des Bundesministerums für Arbeit und Sozialordnung), Forschungsbericht 263. Bonn 1996

Meier-Braun, Karl-Heinz: 40 Jahre ,Gastarbeiter' und Ausländerpolitik in Deutschland. In: Aus Politik und Zeitgeschichte. Beilage zur Wochenzeitung Das Parlament B 35/1995, S. 4-22

Meisel, Klaus: Erwachsenenbildung mit Ausländern – Pro und Contra Entprofessionalisierung und Entinstitutionalisierung. In: Griese, Hartmut: a.a.O., S. 163-175

Memmi, Albert: Rassismus. Frankfurt a.M. 1987

Pädagogische Arbeitsstelle/Deutscher Volkshochschulverband (Hrsg.): Weiterbildung mit ausländischen Arbeitern. Frankfurt a.M. 1983

Schäffter, Ortfried: Zielgruppenorientierung in der Erwachsenenbildung. Aspekte einer erwachsenenpädagogischen Planungs- und Handlungskategorie. Braunschweig 1981

Schulte, Axel: Multikulturelle Einwanderungsgesellschaften: Soziale Konflikte und Integrationspolitiken. In: Forschungsinstitut der Friedrich-Ebert-Stiftung (Hrsg.): Ethnische Konflikte und Integrationsprozesse in Einwanderungsgesellschaften. Eine Tagung der Friedrich-Ebert-Stiftung am 29.10.1997 in Erfurt. Bonn 1998

Seidel, Heinz: Sprachverband – Deutsch für ausländische Arbeitnehmer e.V. 1974-1989. In: Sprachverband – Deutsch für ausländische Arbeitnehmer e.V. (Hrsg.): Fürs Leben Deutsch lernen. 15 Jahre Sprachkursförderung. Mainz 1989, S. 67-70

Sen, Faruk/Goldberg, Andreas (Hrsg.): Türken als Unternehmer. Eine Gesamtdarstellung und Ergebnisse neuerer Untersuchungen. Studien und Arbeiten des Zentrums f. Türkeistudien. Opladen 1996

Stöss, Richard: Rechtsextremismus in West- und Ostdeutschland. In: Forschungsinstitut der Friedrich-Ebert-Stiftung (Hrsg.): Rechtsextremismus und Fremdenfeindlichkeit im vereinten Deutschland: Erscheinungsformen und Gegenstrategien. Bonn 1999, S. 33-42

Thränhardt, Dietrich: Integrationsprozesse in der Bundesrepublik Deutschland – Institutionelle und soziale Rahmenbedingungen. In: Forschungsinstitut der Friedrich-Ebert-Stiftung (Hrsg.): Integration und Integrationsförderung in der Einwanderungsgesellschaft. Bonn 1999, S. 13-46

Treibel, Annette: Migration in modernen Gesellschaften. Soziale Folgen von Einwanderung, Gastarbeit und Flucht. 2. völlig neubearb. und erw. Aufl., Weinheim/München 1999

von der Handt, Gerhard: Angebote der Volkshochschulen für ausländische Arbeitnehmer und ihre Familien. In: Sprachverband – Deutsch für ausländische Arbeitnehmer e.V. (Hrsg.): Fürs Leben Deutsch lernen. 15 Jahre Sprachkursförderung. Mainz 1989, S. 27-30

Kapitel III

Interkulturelle Erwachsenenbildung

Veronika Fischer

Interkulturelles Lernen – Annäherung an einen Begriff

In der pädagogischen Fachdiskussion liegen bisher keine eindeutigen Begriffsbestimmungen für den Terminus *interkulturell* vor. Man verwendet auch häufig die Bezeichnung multikulturell oder spricht gelegentlich von transkulturell und kulturübergreifend. Geht es um die Beziehung zwischen zwei Kulturen, ist auch der Ausdruck bikulturell geläufig. Statt des Bildungsbegriffs taucht in vielen Publikationen der Erwachsenenbildung und außerschulischen Bildungsarbeit der Lernbegriff auf. Mit Lernen ist in der Regel der Erwerb von Wissen, Erkenntnissen, Qualifikationen, Motivationen etc. gemeint, der zu einer Veränderung von psychischen Dispositionen, kognitiven Strukturen und Verhaltensweisen beim Menschen führt. Weitgehend einig ist man sich heute darin, *interkulturelle Bildung* als eine Reaktion auf die durch Migrationsprozesse hervorgerufene multiethnische und multikulturelle Struktur der Gesellschaft zu sehen (Auernheimer 1996, S. 5). In diesem Zusammenhang impliziert *interkulturell* bestimmte pädagogische, politische und soziale Zielvorstellungen, die auf das Zusammenleben von Menschen unterschiedlicher kultureller Herkunft Einfluss nehmen sollen, womit dem Begriff eine normative Bedeutung zukommt. Vielfach wird dann *interkulturelle Bildung* als eine Strategie verstanden, mit deren Hilfe die Mitglieder der Majorität und die zugewanderten Minoritäten lernen sollen, möglichst friedlich und ohne gegenseitige Diskriminierung und Ablehnung zusammenzuleben (Schneider-Wohlfart 1990, S. 39).

Die Relevanz interkultureller Bildung wird vor dem Hintergrund der Internationalisierung des gesellschaftlichen Verkehrs von Bildungsplanern und Politikern weitgehend eingesehen. Unter dem Schlagwort der interkulturellen Kompetenz werden für bestimmte Berufe Qualifikationen eingefordert, die sich auf eine Mobilität der Arbeitskraft im internationalen Rahmen beziehen; die neuen Kommunikationstechnologien eröffnen weltweite Kontakte und setzen entsprechende Fähigkeiten und Wissensbestände voraus; transnationale Staatenverbünde wie die EU haben bilaterale und multilaterale Beziehungen zur Folge; ökologische, ökonomische und militärische Probleme erzwingen den internationalen Austausch. In allen diesen Feldern sind interkulturelle Kommunikation und folglich interkulturelle Kompetenz vonnöten.

Die weite Verbreitung des interkulturellen Lernbegriffs ist zweifellos auf die verstärkte Zuwanderung ausländischer Arbeitskräfte in die Bundesrepublik und dadurch ausgelöste Bildungsdebatten zurückzuführen. Daneben existieren allerdings noch andere Praxiszusammenhänge, die eine längere Tradition haben. Dazu zählen die internationale Jugendarbeit (Jugendaustauschprogramme, work-camps, internationale Studienseminare etc.) und Maßnahmen der Bildungs- und Entwicklungshilfe, die einerseits ausländische Gruppen ausbilden, die sich vorübergehend in der Bundesrepublik aufhalten (z.B. Stipendiaten), und andererseits deutsche Fachkräfte auf eine Berufstätigkeit im Ausland vorbereiten. Bestandteil ihres Ausbildungsprogramms sind Kurse in „Interkultureller Zusammenarbeit", in denen es darum geht, dass die Teilnehmenden sich ihrer eigenen kulturellen Geprägtheit bewusst werden und mögliche Schwierigkeiten kennen lernen, die durch das Aufeinandertreffen kulturell verschieden geprägter Menschen entstehen können (Nestvogel 1991, S. 2). In diesem Kontext lässt sich auch eine „Interkulturelle Berufspädagogik" verorten (Arnold 1991).

Ansätze *interkultureller Bildung* tauchen – wie bereits ausführlich dargestellt wurde – in den Institutionen der allgemeinen Erwachsenenbildung und außerschulischen Jugendbildung Anfang der 80er-Jahre auf. Damit reagieren beide Bildungsbereiche mit zeitlicher Verzögerung auf eine Entwicklung, die in der Bundesrepublik insbesondere in der Vorschulerziehung der späten 70er-Jahre eingesetzt hat, deren Wurzeln allerdings auf Debatten in den klassischen Einwanderungsländern (Kanada und USA) zurückgehen.

Bei Durchsicht der einschlägigen Literatur wird deutlich, dass die Diskussion um interkulturelle Bildung eine Reihe von zentralen Begriffen und Schlüsselproblemen angeschnitten hat, die mit der Multikulturalität von Gesellschaft in engem Zusammenhang stehen: Diskurse zum Kultur- und Fremdheitsbegriff (Auernheimer 1996, Schäffter 1991), zu kultureller Identität, Ethnie, Ethnizität und Nationalität.

Bei der Vielzahl von Vorschlägen und Konzepten ist es schwierig, eine Systematisierung interkultureller Bildungsansätze vorzunehmen. Allerdings geht man in vielen Fällen von Grundannahmen des symbolischen Interaktionismus, speziell der interaktionistischen Rollentheorie (Empathie, Rollendistanz, Ambiguitätstoleranz) und der Kommunikationstheorie aus (Auernheimer 1996, S. 169 f.). Zur Klassifikation vorhandener Konzepte wird u.a. eine Einteilung vorgeschlagen, die interkulturelle Bildung nach folgenden Schwerpunkten ordnet:

Interkulturelle Bildung als soziales Lernen,

verstanden als Prozesse der Begegnung, die die Kommunikation und Interaktion von Menschen unterschiedlicher Herkunftskulturen fördern sollen. Dabei steht entweder der Aspekt der kulturellen Differenzen im Vordergrund, die im Erfahrungsaustausch miteinander verglichen werden, oder der Aspekt der Gemeinsamkeiten (Frauenrolle, Elternrolle, Arbeitnehmerstatus, Altersphase), die vielfach eine Interessensidentität begründen können. Begegnung mündet dabei nicht bloß in harmonische Übereinkunft, sondern schließt Dissens und Konflikte ein. Im Zusammenhang mit einer konstruktiven Konfliktbearbeitung wird in den 90er-Jahren das aus den USA stammende Modell der Konfliktmediation (Faller 1996, Liebe 1996, Besemer 1997, Breidenstein u.a. 1998) auf Prozesse interkulturellen Lernens übertragen. Mit Mediation ist eine Vermittlung in Konflikten durch unparteiische, neutrale Dritte gemeint. Die Mediatoren führen die Konfliktparteien durch einen Klärungsprozess, der die Kontrahenten befähigt die eigenen Interessen und Gefühle im Konflikt zu erkennen, diejenigen der anderen Seite zu verstehen und gemeinsam eine einvernehmliche Lösung zu finden. Das Verfahren wird u.a. auch im Rahmen friedenspädagogischer Initiativen in internationalen Zusammenhängen eingesetzt.

Interkulturelle Bildung als politische, insbesondere antirassistische Bildung

ist nicht unbedingt an die Begegnung mit Migranten geknüpft, sondern kann auch als rein kognitiv aufklärerischer Akt verstanden werden (z.B. Vorträge über Migrantenkulturen, Seminare zu entwicklungspolitischen Themen etc.). In diesem Sinne werden einerseits selbstreflexive Prozesse zur Bewusstwerdung ethnozentrischer und vorurteilsbehafteter Standpunkte (Ahlheim 1999) und andererseits Offenheit und Empathie für die Auseinandersetzung mit anderen Kulturen angestrebt.

Eine Variante politischer Bildung stellt die antirassistische Bildung dar, der es u.a. um die Reflexion von individuellen Verarbeitungsmustern geht, verbunden mit dem Ziel, dem Einzelnen innerhalb des raschen Wertewandels authentische Formen der Orientierung zu bieten und ihn so zu stabilisieren, dass er nicht mehr darauf angewiesen ist, das Bedrohliche an sich selbst und an seiner Umgebung auf die Fremden zu verschieben (Djafari 1994, S. 10).

Antirassistische Trainingsprogramme knüpfen an Aktionen der US-amerikanischen Bürgerrechtsbewegung an und sehen Übungen vor, die auf gruppenpädagogische Ansätze der humanistischen Psychologie, das Theater der Unterdrückten von Augusto Boal oder die Befreiungspädagogik von Paolo Freire zurückgehen.

Interkulturelles Lernen als Hilfe zur Identitätsbildung von Migrantenjugendlichen

(Auernheimer 1996, S. 171 ff.)
Dieses Konzept geht davon aus, dass junge Migranten die Fähigkeit erwerben müssen, widersprüchliche kulturelle Einflüsse auszuhalten und bearbeiten zu lernen. Dieses Ziel ist nach Ansicht einiger Autoren am ehesten in offenen Lernformen (Theater, Musik, Schreibwerkstätten etc.) zu erreichen, mit denen die selbstreflexiven Fähigkeiten der Lernenden im Hinblick auf Probleme im Spannungsfeld von häuslichem Milieu und deutscher Umwelt gefördert werden sollen

(z.B. die Geschlechterrollenproblematik, das Verhältnis zu den Eltern, Brüche in der Lebensgeschichte).

Auch die interkulturelle Bildung ist verstärkter Kritik ausgesetzt, die teilweise den Argumentationsfiguren ähnelt, die bereits aus der Kritik der Ausländerpädagogik bekannt sind: Sie ließe Migrationsprobleme faktisch auf eine von ökonomischen und sozialstrukturellen Bedingungen abgelöste Dimension schrumpfen (Hamburger 1990, S. 312) und bleibe in kulturalistischen Deutungsmustern stecken. Sie gehe von einem dichotomen Weltbild aus, das eine binäre Zuordnung in „hier Ausländer einer bestimmten Nationalität" und „dort normale Deutsche" vornehme und die soziale Vielfalt auf die Kategorie Nationalität reduziere, was wiederum mit einem verdinglichten Kulturbegriff einherginge (ebenda, S. 306). Sie handle auf Basis einer naiven „shake-hands-Philosophie".

Eine eigenständige didaktische Theorie der interkulturellen Erwachsenenbildung zeichnet sich bis heute nicht ab. Im Mittelpunkt theoretischer Auseinandersetzungen steht u.a. die Frage, ob eine separate Theorie überhaupt nötig sei und inwieweit nicht interkulturelles Lernen im Hinblick auf die gegenwärtigen globalen Prozesse kultureller Pluralisierung ein integraler Bestandteil von zeitgenössischer Bildung sein sollte (Reich 1994, S. 24).

Entsprechend konstatierte Reich (1994, S. 21) für die interkulturelle Pädagogik, dass sie „ihre Nothelferfunktion erfüllt und ihre Blütezeit gehabt (hat). Es ist ihr schwergefallen oder schwer gemacht worden, eine Pädagogik für den Normalfall zu werden und den selbstgesetzten Anspruch, ein Bildungskonzept für alle zu sein, zu erfüllen. Was hat sie trotzdem geleistet? Hervorgebracht hat sie eine Fülle didaktischer Ideen und spannender Projekte. Bewirkt hat sie eine Sensibilisierung vieler Lehrerinnen und Lehrer für Dimensionen des Bildungsprozesses, die zuvor nicht wahrgenommen oder sogar programmatisch aus der Schule der Nationalstaaten ausgeschlossen waren. Bewirkt hat sie einige institutionelle Änderungen, die man als partielle Anpassung der Bildungssysteme an die gesellschaftliche Pluralisierung deuten kann. Sie hat Spuren hinterlassen in Schulbüchern, in der Geschichte von Schulen und in Biografien von Schülerinnen und Schülern. Sie hat in einer theoretisch nicht mehr zurücknehmbaren Weise gezeigt, wie einseitig die kommunikativen, curricularen und institutionellen Traditionen in den Schulen der Nationalstaaten waren und wie monokulturell viele pädagogische Theorien, die so gerne im Mantel des Allgemeinen daherkommen."

Analog dazu kann für die Erwachsenenbildung formuliert werden, dass das Konzept des interkulturellen Lernens die Einseitigkeit einer zielgruppenorientierten Ausländersonderpädagogik bewusst gemacht hat und den Blick von den Defiziten der Minderheiten auf die vielfach ethnozentrisch begrenzte Sicht der Majorität gelenkt hat. Interkulturelles Lernen beinhaltet Wechselseitigkeit und Perspektivwechsel und bezieht die eigene Position und Sichtweise mit ein. Es hat die Migranten aus ihrem Objektstatus herausgelöst und zugleich die Helfermentalität und das koloniale Denken der deutschen Beteiligten transparent gemacht. (Barkowski 1984, Fischer 1993). Es hat Impulse für fachbereichsübergreifende Projekte und interdisziplinäres Arbeiten gegeben. Darüber hinaus wurden neue vernetzte Arbeitsformen erprobt, wie sie z.B. in Form der „Runden Tische gegen Rassismus und Ausländerfeindlichkeit" praktiziert wurden.

Reich warnt zugleich davor, dass die interkulturelle Pädagogik schwerer Kritik und starken Gegenkräften ausgesetzt ist: „Neokonservative Bildungspolitik befürchtet Werte-Relativismus und politischen Zerfall und tendiert allenthalben zurück zu vereinheitlichenden pädagogischen Konzepten. Universalistische Gesellschafts- und Bildungstheorie rechnet ihr die gesellschaftlichen und individuellen Gefahren des Differentialismus vor und fordert Menschenrechts- und Staatsbürgererziehung anstelle interkultureller Erziehung. Politische Pädagogik brandmarkt sie als Gehilfin des Rassismus. Keine dieser Kritiken ist leicht zu nehmen. Der interkulturellen Pädagogik droht der Verlust praktischer Relevanz und der Verlust theoretischer und politischer Glaubwürdigkeit" (ebenda, S. 22). Darüber hinaus kann in Bezug auf die Erwachsenenbildung festgestellt werden, dass interkulturelle Lernangebote vielfach betriebswirtschaftlichen Überlegungen zum Opfer fallen, weil sie arbeits- und damit kostenintensiv sind und nicht die erwünschten Gebühren erbringen. Prozesse der Teilnehmerinnengewinnung sind langwierig und führen vielfach nicht zum gewünschten Effekt. So manche Veranstaltung muss daher ausfallen, weil die Mindestteilnehmerzahl nicht erreicht worden ist. Das vielfach überlastete Personal in den Einrichtungen sieht für sich keine Zeitspielräume mehr, um derartig aufwendige Experimente in der Zielgruppenansprache nachzuvollziehen. Wie kann also dieses Dilemma überwunden werden?

Eine wichtige Erkenntnis besteht auf jeden Fall darin, interkulturelles Lernen aus der Nische einer zielgruppenorientierten Erwachsenenbildung herauszuholen und als Querschnittsaufgabe zu realisieren. Es lässt sich eben nicht durch wenige singuläre Veranstaltungen mit Alibicharakter erreichen, sondern ist gemäß seiner Relevanz zu einem Schlüsselthema und Kernprinzip sämtlicher Bildungsprozesse zu machen. Es sollte daher alle Fachbereiche der Erwachsenenbildung durchdringen, was eine systematische Kursleiterinnenfortbildung und Revision bestehender Curricula bedeutet.

Dies setzt auch eine andere Einordnung der interkulturellen Pädagogik in das Gesamtgefüge des Fachs Pädagogik voraus und impliziert ein Überdenken des Bildungsbegriffs, worauf auch Reich (ebenda, S. 24) aufmerksam macht. Er weist auf den Bildungsbegriff von Klafki hin, der Allgemeinbildung als Bildung für alle definiert (im Sinne eines demokratischen Bürgerrechts), als Bildung in allen Grunddimensionen menschlicher Interessen und Fähigkeiten (also kognitiv, manuell, sozial, ästhetisch, ethisch und politisch) und schließlich als „Bildung im

Medium des Allgemeinen". Darunter ist eine „Konzentration auf epochaltypische Schlüsselprobleme unserer Gegenwart und der vermutlichen Zukunft" zu verstehen wie z.B. die Friedensfrage, die Problematik des Nationalitätsprinzips, das Umweltproblem, das Problem der rapide wachsenden Weltbevölkerung, die gesellschaftlich produzierte Ungleichheit u.a. zwischen „ausländischen Mitbürgerinnen und Mitbürgern und der einheimischen Bevölkerung und der Wandel interpersonaler Beziehung" (Klafki 1995, S. 12). Das multikulturelle Zusammenleben wird zwar nicht explizit erwähnt, lässt sich aber ohne weiteres hier einordnen. Die sozialen Beziehungen zwischen Angehörigen der Majorität und der Minoritäten können dabei unter verschiedenen Gesichtspunkten thematisiert werden, sowohl unter dem Gesichtspunkt des inneren Friedens, der gesellschaftlichen Diskriminierung und des Wandels der interpersonalen Beziehungen.

Für die Erwachsenenbildung erwachsen daraus vor allem Aufgaben der systematischen Fortbildung, die den Kursleiterinnen die Augen für die Bedeutung des interkulturellen Lernens öffnet und Wege aufzeigt, wie der Blick der Lernenden immer wieder auf zentrale Fragen der Migration und Multikulturalität gelenkt werden kann.

Letztlich hängt der außen- wie innenpolitische Frieden der Gesellschaft wesentlich davon ab, wie Menschen unterschiedlicher Herkunft und Kultur, die andere Sichtweisen, Normen und Werte vertreten und diese auch im gesellschaftlichen Handeln durchzusetzen versuchen, miteinander umgehen, Konflikte austragen, Differenzen anerkennen und zum Konsens gelangen; inwieweit Minoritäten auch rechtlich, politisch und sozial gleichgestellt werden und nicht den Status von Bürgern und Bürgerinnen zweiter Klasse einnehmen.

Interkulturelles Lernen findet im Rahmen der Erwachsenenbildung in Gruppen statt. Um den Ort interkulturellen Lernens und das Handlungsfeld pädagogischer Arbeit charakterisieren zu können, soll im Folgenden der Gruppenbegriff und insbesondere die „multikulturelle Lerngruppe" näher bestimmt werden.

Veronika Fischer

Gruppe – pädagogische Gruppe – multikulturelle Lerngruppe

1. Definitionen von Gruppe

Wie aus dem 1. Kapitel bereits ersichtlich wird, beschreibt der Gruppenbegriff eine Instanz, die sich vermittelnd zwischen Individuum und Gesellschaft schiebt. Der seit dem Ende des 19. Jahrhunderts, insbesondere durch Durkheim in die Soziologie eingeführte Begriff der Gruppe hat keine fest umrissene Bedeutung. Er wird in verschiedenen Kontexten benutzt und umfasst ein breites Bedeutungsspektrum, das von der Bezeichnung einer Interessengemeinschaft bis hin zu der Benennung einer losen, zufällig zusammengekommenen Menge von Personen reichen kann.

Sowohl Psychologie als auch Soziologie haben sich seitdem mit der Erforschung von Gruppen befasst. Die Soziologie begriff die Gruppe eher als ein gesellschaftliches Subsystem und konzentrierte sich u.a. auf die Funktion der Gruppe für die Gesellschaft, die formale Struktur von Gruppen, Entstehung, Entwicklung und Verfall von Gruppen.

Die Psychologie widmete sich vor allem der inneren Struktur von Gruppen, der interpersonalen Beziehungen in Gruppen, den Kommunikationssystemen, der psychologischen Bedeutung der Gruppe für den Einzelnen und der Wirkung des Gruppengeschehens auf das Verhalten der Individuen. Gruppenforschung stellt in diesem Sinne einen Teil der Sozialpsychologie dar. Die Vielzahl der Aspekte und unterschiedlichen Zugänge zum Forschungsgegenstand Gruppe machen deutlich, dass es keine einheitliche Definition von Gruppe gibt, was Sader (2000, S. 38) in treffender Weise folgendermaßen zusammenfasst: „Wir sollten vielmehr akzeptieren, dass der Begriff der Gruppe ein *Konstruktbegriff* ist, den wir an die Phänomene um uns herum herantragen, um etwas Ordnung in unsere Gedanken und Wahrnehmungen zu bekommen. (...) Wenn wir dementsprechend Gruppen in unserer Umwelt nicht einfach *vorfinden*, sondern uns innerhalb gewisser Grenzen von Sprachgebrauch und Zweckmäßigkeit je nach Lage der Dinge entscheiden können, wie wir Gruppe definieren wollen, dann ist es völlig legitim, je nach Arbeitsbereich, je nach Forschungsinteresse und je nach der Methode unterschiedliche Definitionen zu setzen."

Dennoch hat es in der Vergangenheit immer wieder Versuche gegeben, Gruppe auf der Grundlage bestimmter Kriterien zu definieren. So findet sich bei Oppenheimer folgende Begriffsbestimmung: „Eine Gruppe ist ... irgendein (kleiner oder großer, flüchtiger oder dauernder, fest organisierter oder lose zusammengewehter) Kreis von Personen, die auf gleiche Einwirkung, aus gemeinsamer Bewusstseinslage heraus, gleichartig und gleichzeitig handeln" (zit. in Institut 1956, S. 55).

Diese Definition lässt allerdings außer Acht, wodurch diese gemeinsame Bewusstseinslage bestimmt wird. Ist dies nur ein ideeller Zusammenhalt, ein Wir-Verständnis oder Wir-Gefühl oder spielen nicht auch objektive, strukturelle Gemeinsamkeiten eine Rolle? So verbindet Menschen unterschiedlicher kultureller Herkunft in der Regel eine Migrationsgeschichte, die ökonomische Ursachen hat und ähnliche strukturelle Charakteristika und Phasen des Hineinwachsens in die Aufnahmegesellschaft aufweist, zugleich eint sie ein ähnlicher Status als Ausländer in Deutschland mit eingeschränkten Bürgerrechten, was sie z.B. dazu veranlassen kann, eine Migrantenorganisation zu gründen. Die Existenz einer solchen Gruppe ist folglich eng mit der Geschichte der Anwerbung und Immigration verbunden und geht auf strukturelle Entwicklungen der nationalen Ökonomie und auf die Internationalisierung der Märkte (hier des Arbeitsmarktes) zurück.

Der Organisationsgrad, die Kontinuität, Beständigkeit und innere Struktur einer Gruppe wird vielfach durch Eigenschaftswörter gekennzeichnet: So spricht man von flüchtigen oder dauernden Gruppen, von offenen und exklusiven, organisierten (z.B. pädagogischen) und nicht organisierten, freiwilligen und zwanghaften, natürlichen und institutionellen Gruppen.

Eine besondere Rolle kommt den so genannten Primärgruppen (primary groups) zu, die für die Entwicklung der Persönlichkeit und die Sozialisation des Individuums eine besonders prägende Wirkung haben, wie z.B. die Familie oder peer-groups. Demgegenüber gehen von den Sekundärgruppen (secondary groups) wie z.B. Gewerkschaften oder Parteien eher mittelbar Wirkungen aus.

Lange Zeit war die Diskussion über Gruppe von der Frage beherrscht, ob die Gruppe mehr sei als die Summe ihrer Teile. Vor allem die Anhänger der gruppendynamischen Theorie betonen, dass es bei der Gruppe nicht nur um die Interaktion von Individuen geht, die sozusagen als konstante Bestandteile eines Ganzen in ein Verhältnis zueinander treten, sondern dass sich die Glieder dieser Gruppe durch die Interaktion auch beständig verändern und somit auch das Ganze und seine inneren Konstellationen modifizieren. Insbesondere Kurt Lewin, der an die Gestalttheorie anknüpft, setzt sich damit auseinander: „Das Ganze ist nicht ‚mehr' als die Summe seiner Teile, sondern es hat andere Eigenschaften. Der Satz müsste lauten: ‚Das Ganze ist verschieden von der Summe seiner Teile'... Die Vorstellung einer Gruppe als eines dynamischen Ganzen sollte eine Definition der Gruppe einschließen, die auf der Abhängigkeit der Mitglieder gründet (oder besser der Teil-Einheiten der Gruppe)... Häufig wird zum Beispiel eine Gruppe so definiert, dass sie sich aus einer Anzahl von Personen mit gewissen Übereinstimmungen zusammensetzt, insbesondere übereinstimmenden Haltungen. Ich denke, man sollte verstehen, dass dies etwas grundsätzlich anderes ist als eine Definition der Gruppe, die auf der gegenseitigen Abhängigkeit von deren Mitgliedern sich aufbaut. Es ist sehr wahrscheinlich, dass bei einer Anzahl von Personen gewisse Übereinstimmungen auftreten – des Geschlechts etwa, der Rasse, der wirtschaftlichen Lage, der Haltungen –, ohne dass diese eine Gruppe darstellen müsste im Sinne eines sozialen Ganzen, das sich aus untereinander abhängigen Teilen aufbaut ... Andererseits braucht eine Gruppe nicht aus Mitgliedern zu bestehen, die große Ähnlichkeiten aufweisen. Beispielsweise gilt für soziale Gruppen wie für Ganzheiten auf jedem anderen Gebiet, dass ein Ganzes, das einen sehr hohen Grad innerer Festigkeit aufweist, sehr verschiedene Teile zu enthalten vermag ... Die Art der Abhängigkeit der Mitglieder voneinander (das, was die Gruppe zusammenhält) ist ein ebenso wichtiges Merkmal der Gruppe wie der Grad der gegenseitigen Abhängigkeit und die Gruppenstruktur" (zit. nach Institut 1956, S. 62).

2. Die multikulturelle Lerngruppe Ethnizität und kulturelle Identität der Gruppenmitglieder

Gruppe im Sinne der Gruppenpädagogik kann auch nicht auf eine bloße Ansammlung von Individuen reduziert werden. Sie zeigt vielmehr bestimmte Merkmale (Gruppeneigenschaften), durchläuft eine eigene Entwicklung (Gruppenphasen) und ist in einen pädagogischen Kontext eingebettet, der in der Regel durch einen institutionellen Rahmen, eine Gruppenleitung und ein pädagogisches Konzept geprägt wird.

Darüber hinaus gibt es unterschiedliche Formen von Gruppen. Im Hinblick auf die Morphologie einer Gruppe werden u.a. folgende Unterscheidungsmerkmale angeführt:

- Gruppengröße, z.B. Paargruppe, Dreiergruppe, Kleinstgruppe (4-7), Kleingruppe (7 bis etwa 20) und Großgruppe (ab etwa 20 Personen),
- Zeitdauer,
- Lebensdauer einer Gruppe (z.B. vorübergehend oder dauerhaft),
- Art der Gruppenzusammensetzung, die v.a. durch die Merkmale der Gruppenmitglieder bestimmt wird (z.B. ethnisch homogen oder heterogen),
- Teilnahmekonstanz,
- Grad der formalen Organisation,
- Lebensalter und Geschlecht der Beteiligten.

Im Hinblick auf unser Thema soll im Folgenden auf die Gruppenzusammensetzung näher eingegangen werden und hier wiederum auf das Merkmal der ethnischen Zugehörigkeit und Herkunftskultur der Teilnehmenden. In diesem Zusammenhang interessieren uns solche Gruppen, für die ganz bewusst eine multikulturelle Zusammensetzung angestrebt wurde, um einen sozialen Kontext für interkulturelles Lernen zu erreichen. Sicherlich gibt es auch Veranstaltungen, in denen neben Deutschen auch zufällig Migranten vertreten sind, die aber konzeptionell nicht auf interkulturelle Lernprozesse ausgerichtet sind. Gerade in Lerngruppen, die thematisch und methodisch auf interkulturelle Austauschprozesse abzielen, besteht das Bedürfnis sich mit Differenzen auseinander zu setzen, die der ethnischen Herkunft zugeschrieben werden. Erst im Kontakt zu Menschen anderer Ethnien wird das, was zum stillschweigenden kulturellen Konsens zu gehören schien, hinterfragbar und als Differenz erfahrbar. Die Differenzerfahrung sensibilisiert für das Eigene und Fremde und lenkt den Blick u.a. auf die Art und Weise der Kontaktaufnahme, des Umgangs miteinander, der Bildung von Subgruppen, der Interaktionen, der Diskussion bestimmter Themen und der fortlaufenden Dynamik der Gruppe.

Ausgangspunkt der Arbeit in einer solchen Gruppe ist meistens das jeweilige kulturelle Selbstverständnis eines Gruppenmitglieds, was die Gruppe am Anfang als sehr heterogen erscheinen lässt. Bei Vorstellungsrunden in solchen Gruppen wird in der Regel neben dem Namen, dem Alter oder dem Beruf auch das Merkmal Ethnizität angeführt.

Sozialwissenschaftlich gesehen ist Ethnizität ein soziales Konstrukt, das historischen Charakter hat und gesellschaftlichen Veränderungen unterliegt (Auernheimer 1996, S. 107). Der Begriff, der in der Ethnologie durchaus kontrovers diskutiert wird, wird von einzelnen Theoretikern auf Stammesgesellschaften angewandt, die sich durch gemeinsame Abstammung und Verwandtschaftsbeziehungen auszeichnen sollen. So umstritten bereits diese Definition in der Ethnologie ist, so fragwürdig erweist sie sich im Hinblick auf hoch industrialisierte Gesellschaften.

Uns interessiert Ethnizität vielmehr in der Tradition Max Webers (1972, S. 237) als Selbstdefinition. Folgt man Weber, so existieren ethnische Gruppen nicht von sich aus, sondern entstehen durch bestimmte Zuschreibungs- und Definitionsprozesse, die die Gruppe selbst vornimmt und die für das Identitätsmanagement der Gruppenmitglieder (Greverus 1981) relevant sind. Entgegen der Auffassung mancher Modernisierungstheoretiker, die davon ausgehen, dass ethnische Herkunft spätestens in der zweiten und dritten Einwanderergeneration belanglos werden müsse, hat sich das Bemühen um Identifikation mittels ethnischer Kategorien hartnäckig gehalten. Ethnische Orientierungen sind stabiler als erwartet. „Von einer Auflösung ethnisch systematisierter Schichtungen kann nicht nur keine Rede sein – man muss eher von ihrer Verstärkung und ihrer Verfestigung (u.a. angesichts des knapper gewordenen Verteilungsspielraums) ausgehen. Mit anderen Worten: Die vorzufindende Wirklichkeit widerspricht der traditionellen Theorie moderner Gesellschaften in eklatanter Weise“ (Esser 1988, S. 236).

Gerade die bedrohte Identität in modernen Industriegesellschaften, die Gefahr der Identitätsdiffusion angesichts zerfallender kollektiver Zusammenhänge (Familie, Kirche, Gewerkschaften etc.) und die Tendenz zur Assimilation von Minoritäten durch die Aufnahmegesellschaft veranlassen Angehörige der Majorität wie der Minoritäten zur Konstruktion von Selbstbildern unter Rückgriff auf vermeintliche Gemeinsamkeiten des Kollektivs, dem man angehört. Solche Gemeinsamkeiten sind nicht bloß fiktiv, sondern haben einen realen Kern. Sie werden allerdings von den Individuen unterschiedlich gedeutet, gewichtet und kombiniert. So sehen die einen in der gemeinsamen Sprache das wesentliche Bindeglied für die ethnische Gruppe, während für andere die Religion das einigende Band ausmacht, die Sprache hingegen sekundär ist. Weitere gemeinsame Merkmale können sein: geografische Herkunft, gemeinsam geteilte Traditionen, Werte und Symbole, kulturelles Erbe (Literatur, Musik, Kunst, Theater, Tanz etc.), Essen, Sitten, Bräuche etc. In der sozialwissenschaftlichen Debatte besteht zumindest ein Konsens darüber, dass die ethnischen Merkmale vielfältig sein können. „Gruppen können ihre Identität auf die verschiedenste Weise ausdrücken. Sprache ist ... eine der gewöhnlichen Formen ... Auf Symbole dieser Art kann zurückgegriffen werden, um eine schon gefühlte, aber noch nicht präzise darstellbare Differenz zu illustrieren ...“ (Grant 1987, S. 87 f., zit. in Auernheimer 1996, S. 106).

Auernheimer (1990, S. 109) verweist auf Heckmann (1981, S. 251), der in Anlehnung an Bromley folgende Definition gibt: Die „ethnische Gruppe konstituiert sich also als kulturelle und sozialpsychische Gemeinsamkeit (einschließlich einer gemeinsamen Sprache) sowie als gemeinsame Identität einer Gruppe von Menschen.“

Zu den Merkmalen, die die Gemeinsamkeiten eines Kollektivs in der Gegenwart ausmachen, tritt die Dimension der gemeinsamen historischen Erfahrungen, die quasi das kollektive Gedächtnis einer Gruppe bilden können (Erfahrungen aus dem Nationalsozialismus, der Genozid der Juden, der Putsch unter Pinochet in Chile etc.). Doch auch dieses „kollektive Gedächtnis“ erweist sich oft als trügerisch, bringt einseitige oder verzerrte Wahrnehmungen hervor, da schmerzliche oder durch Schuldgefühle belastete Erinnerungen oft umgeformt oder verdrängt statt tatsächlich verarbeitet werden. Die Verdrängung der nationalsozialistischen Vergangenheit hat darüber Aufschluss gegeben. Mitscherlich schrieb 1967 (S. 82 f.): „Was unter einer über zwei Jahrzehnte andauernden Zensur unseres Bewusstseins nicht als schmerzliche Erinnerung eingelassen wird, kann ungebeten aus der Vergangenheit zurückkehren, denn es ist nicht ‚bewältigte‘ Vergangenheit geworden: Vergangenheit, um deren Verständnis man sich bemüht hat. Trauerarbeit kann nur geleistet werden, wenn wir wissen, wovon wir uns lösen müssen; und nur durch ein langsames Ablösen von verlorenen Objektbeziehungen – solchen zu Menschen oder zu Idealen – kann die Beziehung zur Realität wie zur Vergangenheit in einer sinnvollen Weise aufrechterhalten werden.“ Das Wiederaufleben rassistischer Vorstellungen oder ethnozentristischer Überlegenheitsgefühle ist u.a. auch ein Symptom für das Versagen des kollektiven Gedächtnisses.

In der Kommunikation und Interaktion in Gruppen greifen die Individuen zur Selbstdarstellung, Unterscheidung des Eigenen vom Fremden und gegenseitigen Verständigung auf Kultur als ein Orientierungssystem zurück. Dieses Orientierungssystem „wird aus spezifischen Symbolen gebildet und in der jeweiligen Gesellschaft usw. tradiert. Es beeinflusst das Wahrnehmen, Denken, Werten und Handeln aller ihrer Mitglieder und definiert somit deren Zugehörigkeit zur Gesellschaft. Kultur als Orientierungssystem strukturiert ein für die sich der Gesellschaft zugehörig fühlenden Individuen spezifisches Handlungsfeld und schafft damit die Voraussetzungen zur Entwicklung eigenständiger Formen der Umweltbewältigung“ (Thomas 1993, S. 380). In diesem Zusammenhang wird auch häufig die Definition des Centre for Contemporary Cultural Studies (CCCS) in Birmingham herangezogen, wonach unter Kultur verstanden wird „die besondere und distinkte Lebensweise dieser Gruppe oder Klasse, die Bedeutungen, Werte und Ideen, wie sie in den Institutionen, in den gesellschaftlichen Beziehungen, in Glaubenssystemen, in Sitten und Bräuchen, im Gebrauch der Objekte und im materiellen Leben verkörpert sind. Kultur ist die besondere Gestalt, in der dieses Material und diese gesellschaftliche Organisation des Lebens Ausdruck findet. Eine Kultur enthält die ‚Landkarten der Bedeutung‘, welche die Dinge für ihre Mitglieder verstehbar machen” (Clarke u.a. 1979, S. 41).

Die Autoren machen darauf aufmerksam, dass die Mitglieder einer Gesellschaft diese „Landkarten der Bedeutung“ nicht bloß im Kopf mit sich herumtragen, sondern dass sie in den gesellschaftlichen Organisationen und Beziehungen objektiviert sind. Sie finden Ausdruck in den Formen materieller Produktion und Reproduktion (in der Produktionstechnologie, den Produkten, dem Verteilungssystem der Waren etc.), in den sozialen und politischen Verkehrsverhältnissen, in denen die Menschen ihre Beziehungen untereinander regeln, gestalten und kontrollieren (Normen, Werte, Riten, Bräuche, Gesetze, Instituionen etc.) und in den geistigen Äußerungen (Wissenschaft, Religion, Sprache, Kunst etc.).

Ein Individuum, das in ein bestimmtes System von Institutionen und Beziehungen hineingeboren wird, wird gleichzeitig in eine bestimmte Konfiguration von Bedeutungen hineingeboren, welche ihm Zugang zu einer Kultur verschaffen und es in dieser lokalisieren. Die Angehörigen einer Kultur verbindet, dass sie sich im Zuge ihrer Sozialisation ein gemeinsames Repertoire an Repräsentations- und Kommunikationsmitteln angeeignet haben, sich darüber verständigen und ihr Handeln darauf abstimmen. Dabei kann es zu Modifikationen, Ergänzungen,

Neuschöpfungen und Aufhebungen bestehender Orientierungsmuster kommen. Kultur ist nicht statisch, sondern prozesshaft und veränderbar, denn sie wird den sich verändernden Lebensverhältnissen immer wieder angepasst, um nicht ihre Funktion als Orientierungssystem zu verlieren. Neben einem allgemeinen Repertoire an Orientierungsmustern (wie es z.B. durch eine gemeinsame Verkehrssprache gegeben ist) gibt es eine Ausdifferenzierung der Kultur, die je nach den Merkmalen ihrer Träger in besondere Teil- und Subkulturen zerfällt und generationsspezifische, geschlechtsspezifische, milieuspezifische, regionalspezifische, berufsspezifische oder andere Charakteristika aufzeigen kann (Jugend-, Senioren-, Frauen-, Randgruppen etc.). Es gibt also neben Kultur als einem intersubjektiven Verständigungssystem viele unterschiedliche Kulturen, die den Lebenshorizont verschiedener gesellschaftlicher Gruppen ausmachen. In einem solchen pluralen Spektrum von Kulturen sind die Migrantenkulturen lediglich als Teilkulturen vertreten, die in sich nochmals differenziert sind, denn es gibt eben nicht die „türkische" Kultur, sondern je nach Gruppe oder Individuum unterschiedliche Ausprägungen. Damit sei zugleich auf die Gefahr einer Ethnisierung kultureller Praktiken hingewiesen, die in Form einer unzulässigen Verallgemeinerung bestimmte Verhaltensweisen und Merkmale einer Ethnie zuschreibt, obwohl es sich häufig um individuelle, schichtspezifische, gruppenspezifische, regionale oder andere Merkmale handelt (Radtke 1996, S. 7 ff.). Solche Zuschreibungen dienen vielfach einer Unterscheidung des Eigenen vom Fremden. Bestimmte Merkmale werden unter einer Kategorie wie der Ethnie gebündelt, um eine Einteilung in eine Wir-Gruppe im Unterschied zu den Anderen zu ermöglichen. Um die vermeintliche Trennschärfe zwischen dem Wir und den Anderen herzustellen, greift man gerne auf homogene Gruppenbeschreibungen unter Ausschluss intrakultureller Unterschiede zurück.

Migranten (z.B. Angehörige der ersten Generation), die in einer anderen Gesellschaft mit einem anderen kulturellen Referenzrahmen aufgewachsen sind, müssen häufig feststellen, dass ein Teil ihrer Orientierungsmuster nicht mit den Mustern der Aufnahmegesellschaft übereinstimmt. Es kommt zu Irritationen, wenn die eigenen Deutungsmuster nicht auf die neue Realität übertragbar sind. In dieser Situation entscheidet sich, ob die Zugewanderten die Diskrepanzen aushalten und nach Wegen suchen, um mit den unterschiedlichen, teils widersprüchlichen Leitlinien so umzugehen, dass sozusagen die Identitätsbalance gelingt, oder ob die Betroffenen in ihrer Identität so erschüttert werden, dass sie aus der „Bahn" geworfen werden: Psychische Überforderung, Krankheit oder soziale Marginalisierung können die Folge sein.

Die Geschichte der Migration hat gezeigt, dass es Formen gibt, mit der Verunsicherung produktiv umzugehen und Elemente der Herkunftskultur mit Elementen der Kultur des Aufnahmelandes zu verbinden. In der Musikkultur gibt es solche Synthesen, z.B. im Ethnorock oder im literarischen Bereich hat sich so etwas wie eine Migrationsliteratur herausgebildet. Zugleich gibt es aber auch Überhöhungen traditioneller Kultur oder ein rigides Festhalten an Traditionen und Praktiken, die vielfach in der Heimat in der Form gar nicht mehr existieren. Solche kulturellen Auslegungen führen dann häufig zu einer Folklorisierung des kulturellen Erbes. Oft tritt ein solcher Konservativismus in Zeiten der Ablehnung und Ausgrenzung ethnischer Minderheiten auf. Die positive Besetzung diskriminierter Bestandteile der eigenen Kultur dient dann der Selbstaufwertung und Selbststilisierung und ist vielfach Ausdruck eines inneren Widerstandes gegen die Dominanzkultur (Keupp 1999, S. 171), die minoritäre Lebenszusammenhänge lediglich als Abweichung von der eigenen Norm denn als Bereicherung begreift.

Kultur stellt einen Referenzrahmen für die Identitätsbildung eines jeden Individuums dar. Identität ist das Ergebnis eines subjektiven Verarbeitungsprozesses, der über die gesamte Lebensspanne andauert. Keupp (1999, S. 276) spricht in diesem Zusammenhang von einer Passungsarbeit, „die zu einer mehr oder weniger gelungenen Einpassung des Subjekts mit all seinen oft widerstreitenden Anteilen in eine ebenfalls ambivalente, dynamische und komplexe Welt“ führt. Die sich fortschreitend fragmentierende Welt findet quasi ihren spiegelbildlichen Ausdruck in einem Patchwork der subjektiven Identität. Dem Individuum ist es nun aufgegeben, aus einer mehr oder weniger großen Anzahl an möglichen Identitätsentwürfen diejenigen auszuwählen und in sein Selbstkonzept zu integrieren, die es für sich als stimmig erklärt. Diese Stimmigkeit macht denn auch die Kohärenz seines Selbstkonzepts aus, was nicht mit einer inneren Harmonie und Einheitlichkeit zu verwechseln ist, sondern ein inneres Gleichgewicht meint, das für eine bestimmte Zeit herrscht und durch veränderte Optionen wieder umgestoßen werden kann, um erneut austariert zu werden (ebenda, S. 267).

Zum Bedürfnis nach einem kohärenten Selbstbild tritt das Bedürfnis nach Anerkennung. Charles Taylor (1997, S. 13 f.), der das Verlangen nach Anerkennung als ein menschliches Grundbedürfnis bezeichnet, geht davon aus, dass die Verweigerung der Anerkennung tatsächlich zu negativen Auswirkungen für die Betroffenen führt. Menschen oder Gruppen können „wirklichen Schaden nehmen, eine wirkliche Deformation erleiden, wenn die Umgebung oder die Gesellschaft ein einschränkendes, herabwürdigendes oder verächtliches Bild ihrer selbst zurückspiegelt. Nichtanerkennung oder Verkennung kann Leiden verursachen, kann eine Form von Unterdrückung sein, kann den anderen in ein falsches, deformiertes Dasein einschließen“. Nichtanerkennung charakterisiert auch die sozialen Beziehungen im gegenwärtigen Gesellschaftssystem der Bundesrepublik.

Die kulturelle Differenzierung innerhalb der Gesellschaft ist zugleich in Machtstrukturen und asymmetrische Beziehungen eingebettet. Minoritäten haben vielfach nicht den gleichen rechtlichen Status und politischen Einfluss wie die Majorität. Kulturelle Differenzierung geht daher mit Ungleichheit und Diskriminierung einher.

Die in der Gesellschaft existierenden Dominanz- und Unterordnungsbeziehungen können auch in Kleingruppen im pädagogischen Bereich zum Tragen kommen.

Auch in Gruppen können Machtkämpfe auf Basis ethnischer Merkmalszuschreibungen ausgetragen werden. Dabei geht es u.a. um Fragen der Höher- bzw. Minderwertigkeit von Kulturen. Kriterien für solche Bewertungen können der Stand der Industrialisierung, der wirtschaftlichen, technologischen und wissenschaftlichen Entwicklung, der Verbreitung der Kommunikations- und Informationstechnologien, der Lebensstandard, der Reichtum der Gesellschaft oder die internationale Präsenz (militärisch, politisch, kulturell etc.) sein. Andere Bewertungsmaßstäbe beziehen sich auf die Ebene der zwischenmenschlichen Beziehungen. Hier kann es um das Geschlechterverhältnis gehen, um Werte und Normen, die das Zusammenleben regeln, um Erziehung oder um intergenerative Beziehungen zwischen Jung und Alt.

Michel Leiris hat bereits 1951 in seinem Aufsatz „Rasse und Zivilisation" auf Überlegenheitsvorstellungen von Angehörigen der westlichen Kultur hingewiesen: „Große Erfindungen und Entdeckungen, technische Ausrüstung, politische Macht: All dies sind wohl Gründe für den Stolz des Weißen auf seine Überlegenheit; es bleibt jedoch zumindest zweifelhaft, ob durch diese Errungenschaften das Maß an Zufriedenheit für die Gesamtheit der Menschheit gewachsen ist. Wer könnte tatsächlich behaupten, dass der Pygmäe, der in den Tiefen der kongolesischen Urwälder jagt, ein weniger menschengemäßes Leben führt als der europäische oder amerikanische Fabrikarbeiter? Und wer könnte vergessen, dass die Entwicklung unserer Wissenschaften, wenn sie auch unbezweifelbare Fortschritte, z.B. auf dem Gebiet des Gesundheitswesens, ermöglichte, uns gleichzeitig erlaubte, die Vernichtungsmittel so weit zu perfektionieren, dass bewaffnete Konflikte seit einigen Jahrzehnten das Ausmaß regelrechter Weltbrände angenommen haben. Jedoch selbst in einer Welt, die durch die zur Verfügung stehenden Kommunikationsmittel zu einem einzigen Durchgangsort geworden ist, nimmt der Mensch weißer Rasse und westlicher Kultur noch immer die ersten Plätze ein, und zwar ungeachtet all der bedrohlichen Anzeichen für eine Umwälzung, die er von innen oder von außen gegen eine Zivilisation anlaufen sieht, die er als einzige für wert hält, diesen Namen zu tragen. Und wenn ihm seine privilegierte Stellung als das Zeichen einer Vorherbestimmung erscheint, Werte zu schaffen, die die Menschen anderer Rassen und anderer Kulturen bestenfalls fähig wären, passiv zu übernehmen, so hindert ihn seine kurzsichtige Geschichtsauffassung daran, zu erkennen, dass er diese privilegierte Stellung noch gar nicht so lange inne hat und dass sie durchaus ein Übergangsphänomen sein könnte" (Leiris 1979, S. 72 f.).

Welche Konsequenzen ziehen wir daraus für Lernprozesse in multikulturell zusammengesetzten Gruppen?

Zunächst einmal sollte ein Ziel interkulturellen Lernens in Gruppen darin liegen, dass sich die Gruppenmitglieder mit ihrem kulturellen Selbstverständnis auseinander setzen und sich der historischen Veränderbarkeit ihrer ethnischen Konstrukte bewusst werden. Das erfordert ein sensibles, umsichtiges Vorgehen der Gruppenleitung, gerade weil sie davon ausgehen muss, dass die Annahme ethnischer Gemeinsamkeiten eine wichtige innerpsychische Stabilisierungsfunktion für die meisten Individuen hat. Im Zuge biografischer Arbeit könnten alle Beteiligten versuchen, den Einflüssen auf die Spur zu kommen, die gesellschaftliche Entwicklungen wie z.B. Arbeitsplatzverlust, Vorruhestandsregelungen, neue Medien oder die Migration auf ihre kulturellen Orientierungsmuster hinterlassen haben. Allein die Sprache und die Kommunikationsmuster haben sich beispielsweise durch den Migrationsprozess entscheidend verändert. So ist bei Jugendlichen der zweiten und dritten Generation das so genannte „Code-Switching" zu beobachten, der Wechsel von der Herkunfts- in die Zielsprache des Aufnahmelandes, der je nach Kommunikationspartner flexibel gehandhabt wird (Treibel 1999, S. 194). Neben Sprache und Kommunikation unterliegen alle kulturellen Deutungsmuster ständigen Umformungen und Veränderungen, sodass es in bestimmten Abständen immer wieder einer Selbstvergewisserung bedarf.

Darüber hinaus kommen die Gruppenmitglieder nicht umhin, sich mit differierenden Weltdeutungen und Bewertungsmaßstäben auseinander zu setzen.

Die Gruppenleitung hat in der Gesprächsführung eine Sensibilität für Auf- und Abwertungen zu zeigen. Sie sollte helfen, diese Bewertungs- und Orientierungsmuster offen zu legen und ethnozentrische Urteile aufzudecken. Dies darf nicht im Sinne einer „Enthüllungspädagogik" mit dem moralischen Zeigefinger geschehen. Ein solches Vorgehen führt vielmehr zu Ängsten, zur Tabuisierung derartiger Themen und gegebenenfalls zu Heuchelei. Es muss vielmehr deutlich gemacht werden, dass alle Gruppenmitglieder – mehr oder weniger bewusst – über solche Bewertungsschemata verfügen und dazu neigen, die eigene Kultur für die bessere und höherwertige zu halten. Nur ein Klima der Offenheit, des selbstkritischen Umgangs mit dem quasi normalen Ethnozentrismus, dem ehrlichen Zugeständnis, nicht von Überlegenheitsgefühlen frei zu sein, ebnet den Weg für eine produktive Diskussion. Im Zuge interkultureller Prozesse in Gruppen sollten den Individuen zum einen die Relativität ihrer Einstellungen und Deutungen und zum anderen die ökonomischen, politischen, rechtlichen und sozialen Strukturen bewusst werden, die die Diskriminierung der anderen begünstigen.

Der Diskurs in multikulturellen Gruppen ist geeignet, bewusst zu machen, dass Respekt und Achtung der jeweils anderen Gruppe eine wichtige Voraussetzung für den gleichberechtigten Austausch sind. Das impliziert aber auch, dass sich ein solcher Diskurs von dogmatischen Weltbildern abgrenzt, denn diese „lassen keinen Spielraum für eine Reflexion auf ihre Beziehung zu anderen Weltbildern, mit denen sie *dasselbe* Diskursuniversum teilen“ (Habermas 1997, S. 177). Nach Habermas geht es – im Geiste Lessing'scher Toleranz – um einen „zivilisierten Streit der Überzeugungen, in dem eine Partei ohne Preisgabe des eigenen Geltungsanspruchs die anderen Parteien als Mitstreiter um authentische Wahrheiten anerkennen kann“ (ebenda).

Eine solche multikulturelle Gruppe ist zugleich als Teil eines Gemeinwesens zu sehen, das eine gemeinsame politische Kultur als Referenzrahmen hat, die wiederum in den Verfassungsprinzipien wurzelt. Auch die Verfassung unterliegt Interpretationen. Dieselben Grundrechte werden je nach Interesse der einzelnen Staatsbürger, Gruppen, Parteien etc. unterschiedlich ausgelegt. Die Diskussion um das Asylrecht hat die unterschiedlichen Interessen- und Machtkonstellationen deutlich gemacht. Das Ausländergesetz schränkt immer noch demokratische Rechte – wie das Wahlrecht – ein und ist deshalb änderungsbedürftig. Dennoch stellen die Grundrechte allgemeine Rahmenbedingungen dar, die unabhängig von ethnischer Zugehörigkeit einzuhalten sind, auf deren Basis allerdings auch die Gleichstellung der Minoritäten einzufordern ist. Sie können nur auf der Basis öffentlicher Kritik und Konsensbildung im Zuge demokratischer Meinungsbildung und Verfahren modifiziert werden. „Die Neutralität des Rechts gegenüber ethischen Differenzierungen im Inneren erklärt sich schon daraus, dass in komplexen Gesellschaften die Gesamtheit der Bürger nicht mehr durch einen substanziellen Wertekonsens zusammengehalten werden kann, sondern nur noch durch einen Konsens über das Verfahren legitimer Rechtsetzung und Machtausübung“ (ebenda, S. 179).

Multikulturelle Gruppen können Verfahren der Meinungsbildung und des -austausches einüben. Bestimmte gruppenpädagogische Ansätze wie z.B. die *Themenzentrierte Interaktion* berücksichtigen in ihren Axiomen, Postulaten und Hilfsregeln die Rahmenbedingungen für Kommunikation und Interaktion. Wir haben sie deshalb im Paxisteil eingehender dargestellt.

Für die gruppenpädagogische Arbeit kann zweierlei festgehalten werden. Die Gruppe ist einerseits eine Bühne zur Darstellung der kulturellen und individuellen Differenzen der Gruppenmitglieder. Sie gibt Raum zur Vergewisserung der Selbstbilder im Medium der Gruppe. Sie eröffnet die Möglichkeit, sich auch mit schmerzlichen Erfahrungen verletzter Identität auseinander zu setzen. Der Diskurs in der Gruppe sollte darüber hinaus Aufschluss über die ethnozentrischen Anteile der eigenen Wahrnehmung geben. Er sollte aber andererseits auch verdeutlichen, dass die gleichberechtigte Koexistenz der Lebensformen nur auf Grundlage einer rechtsstaatlichen Verfassung möglich ist. In diesem Zusammenhang werden auch die Widersprüche zwischen den Prinzipien der Verfassung und der Verfassungswirklichkeit zu thematisieren sein, die Gelegenheit zu alternativen Entwürfen geben werden.

3. Gruppenstruktur und Gruppenfunktion

Ähnlich wie bei der Bestimmung des Gruppenbegriffs zählt die einschlägige Literatur (u.a. Schütz 1989) auch bei der Klassifikation von Gruppenformen und Gruppenmerkmalen zahlreiche Definitionselemente auf, die hier nur ausschnittweise behandelt werden können.

Wir wollen im Folgenden v.a. auf den strukturellen Aspekt eingehen und uns der Gruppenstruktur widmen. Unter dem Begriff Gruppenstruktur firmieren beobachtbare Regelmäßigkeiten und Funktionszusammenhänge, die ein überschaubares Ordnungsgefüge und Regelwerk der Gruppe ausmachen. Es geht hier um die Syntax der Gruppenbildung. Hauptelemente sind: a) Kohäsion, b) soziometrische Struktur, c) Position, Status und Rolle, d) Normen, e) Ziele und Kommunikationsmuster. Diese Kategorien sollen vor allem im Hinblick auf die multikulturelle Gruppe beleuchtet werden.

a) Kohäsion

In der Sozialpsychologie gehen eine Reihe von Autoren davon aus, dass Individuen wahrscheinlich deshalb Gruppen bilden, damit sie sich gegenseitig den Halt geben können, den sie zur Entfaltung ihres Selbstwertgefühls brauchen. Man spricht hier vom Phänomen der Kohäsion, gebräuchlich sind auch die Begriffe Kohärenz, Zusammenhalt, Syntalität, Solidarität oder Attraktivität. Die Bezeichnungen sind uneinheitlich, werden teils synonym gebraucht, teils voneinander abgehoben. Nach Sader (2000, S. 100) stammt die am häufigsten verwendete Definition von Festinger. Danach ist Gruppenkohärenz „... die Resultante aller derjenigen Kräfte, die auf die Mitglieder einwirken, in der Gruppe zu bleiben“ (Festinger 1950, S. 185). Sie stellt also eine Art Bindekraft dar, die die Teile einer Gruppe zusammenhält. Ein solcher Zusammenhalt kann aus äußeren Bedingungen resultieren, die zu einem „Uniformitätsdruck“ führen, oder aus kollektiver Spontaneität entstehen und ein entsprechendes „Wir-Gefühl“ begründen. Er wird entweder durch eine äußere Klammer hergestellt, wie z.B. durch einen schriftlich fixierten Gruppenkodex, Regeln, formale Hierarchien, Vorschriften, Gebräuche etc. oder durch innere Prozesse bewirkt, die beispielsweise aufgrund von gemeinsamen Erlebnissen, Zielen oder kollektiven Aktionen ein Zugehörigkeitsgefühl produzieren.

In diesem Zusammenhang sei auf ein Experiment von Sherif und seinen Kollegen aus den 50er-Jahren verwiesen, auf das Bronfenbrenner (1981, S. 108 ff.) zurückkommt. Es setzte sich mit der Frage auseinander, unter welchen Bedingungen Menschen in einer Gruppe konstruktiv miteinander umgehen, umeinander besorgt sind und sogar bereit waren, füreinander und die Gemeinschaft Opfer zu bringen und unter welchen Umständen sie in gegenteilige Verhaltensmuster verfallen, also feindselig, destruktiv und unsozial sind.

In einem Versuchsferienlager wurden elfjährige nordamerikanische, protestantische, gut angepasste Jungen der Mittelschicht (S. 109) zusammengeführt und in zwei Gruppen, die „Eagles" (Adler) und die „Rattlers" (Klapperschlangen), aufgeteilt. Sherif wollte nachweisen, dass er innerhalb weniger Wochen bei dieser Stichprobe normaler, nicht auffälliger Jugendlicher durch entsprechende pädagogische Interventionen naheinander zwei gegensätzliche Verhaltensweisen herbeiführen kann. „Um Reibungen zwischen den Buben beider Gruppen zu erzeugen, arrangierten wir ein Turnier: Baseball, Touch Football, Seilziehen, Schatzsuche und so weiter. Zu Anfang des Turniers war der Sportsgeist gut; aber die freundliche Stimmung verflog schnell" (S. 110).

In einem weiteren Schritt stellten sich die Forscher nun die Frage, wie die entstandene feindselige Haltung in Harmonie und einen konstruktiven Umgang miteinander umgewandelt werden könnte. Dabei stellten sie fest, dass die Begegnung und das bloße Zusammensein der rivalisierenden Gruppen noch nicht ausreichte, die Feindseligkeiten abzubauen, sondern sie dienten nur als Gelegenheit, „einander zu beschimpfen und anzugreifen" (S. 110). Beendet wurde der Konflikt schließlich durch eine Reihe strategischer Kunstgriffe: „Das Wasser für unser Lager kam durch eine Leitung aus einem eine Meile entfernten Tank. Wir ließen die Leitung heimlich unterbrechen, riefen die Buben zusammen und informierten sie über die Krise. Beide Gruppen erboten sich sofort, die Leitung nach dem Schaden abzusuchen. Sie arbeiteten ohne Missklang zusammen und hatten die Störung gefunden und behoben, ehe der Nachmittag um war. (...) Nach Sherif ist das entscheidende Element für die Entwicklung harmonischer menschlicher Beziehungen gemeinsame Betätigung im Dienste eines übergeordneten Ziels" (ebenda).

Auch Sader (2000, S. 105) referiert Forschungsergebnisse, wonach Wettstreit innerhalb von Gruppen der Kohärenz bzw. Kohäsion schade. Kooperativ orientierte Gruppen bearbeiten Aufgaben eher gemeinsam und koordinieren ihre instrumentellen Handlungsschritte häufiger als rein kompetitiv orientierte Gruppen. Die Kommunikationsrate ist in kooperativ orientierten Gruppen größer als in kompetitiv orientierten Gruppen. Auch die Produktivität ist in kooperativen Gruppen höher, und zwar quantitativ (Zeit bis zur Erreichung der Ziele) wie qualitativ (Güte der Ergebnisse). Die Urteile über die Richtung und Entfernung der Ziele sind in kooperativen Gruppen ähnlicher als in kompetitiven Gruppen. In kooperativen Gruppen treten im Unterschied zu kompetitiven Gruppen freundliche Attitüden häufiger und feindliche Haltungen (auch Aggressionen) seltener auf.

Was heißt dies nun für eine pädagogisch initiierte und angeleitete Gruppe im Bereich der Erwachsenenbildung? Was macht die besondere Kohäsion einer solchen Gruppe aus? Nüchtern muss man bei einer solchen Gruppe feststellen, dass sie anfänglich nur durch eine sehr formale, äußere Klammer zusammengehalten wird. Zunächst eint eine solche Gruppe die Institution, die ein Gruppenangebot ausschreibt und initiiert. Sie regelt durch Ausschreibung und Einschreibgebühren, durch Werbung und Zielgruppenansprache den Zugang zum Gruppenangebot. Die gemeinsame Orientierung, die jene eint, die sich für das Angebot interessieren, ist das Thema des Gruppenangebots, das in der Regel in einem Ausschreibungstext näher erläutert oder in einer mündlichen Ansprache (Mund-zu-Mund-Propaganda, Hörfunk etc.) vermittelt wird. Gegebenenfalls eint die Interessenten, zumindest einen Teil der Interessenten – bewusst oder unbewusst – ein gemeinsames Motiv, das sie zum Gruppenbesuch veranlasst hat und im Fall der Erwachsenenbildung ein gemeinsames Prinzip, nämlich das der Freiwilligkeit. Und schließlich haben die Gruppenteilnehmer/-innen, wenn sie sich erstmalig in der Gruppe zusammenfinden, einen gemeinsamen Bezugspunkt in der Gruppenleitung, die das Geschehen methodisch strukturiert und für die Teilnehmenden anfänglich eine wichtige Orientierungsfunktion hat, inmitten von einer Ansammlung zunächst fremder Individuen. Insofern lassen sich die Gruppenmitglieder auch – ob sie es wissen oder nicht – auf einen Prozess ein, der bestimmten, durch die Gruppenleitung formulierten Zielen gehorcht, die möglicherweise im Zuge der Gruppenentwicklung durch die Beteiligten korrigiert, modifiziert oder gar ganz zurückgenommen werden können. Inwieweit die Gruppe schließlich zu einem „Wir", zu einem Selbstverständnis als Gemeinschaft kommt, hängt im Verlauf der Gruppe von der Herausbildung gemeinsamer Interessen, Themen, Handlungen, von Bindungen und Beziehungsstrukturen, von individueller Bedürfniserfüllung, dem Füreinandereinstehen und der gemeinsam als förderlich erlebten Gruppenatmosphäre ab.

Während die Gruppe anfänglich lediglich durch die äußere Klammer der Institution zusammengeführt wird, erweist sie sich erst durch den Prozess, den sie durchläuft, als tatsächlich lebensfähig, endet dann aber auch möglicherweise mit der durch die Institution gesetzten Frist, wenn sie durch letztere nicht verlängert wird oder sich außerhalb unter anderen Vorzeichen neu konstituiert (z.B. als Selbsthilfegruppe).

Im Hinblick auf interkulturell konzipierte Veranstaltungen muss konstatiert werden, dass viele dieser Angebote gar nicht erst zustande kommen. Darüber hinaus ist es den meisten Einrichtungen der Erwachsenenbildung nicht gelungen, Migranten in größerer Anzahl anzusprechen und in bestehende Veranstaltungen zu integrieren. Die geringen Belegzahlen nichtdeutscher Teilnehmer weisen entweder auf Hemmschwellen seitens der Migranten bzw. Zugangsbarrieren in den Einrichtungen hin. Sie verdeutlichen den Charakter der Exklusivität, den die meisten Institutionen angenommen haben, weil sie sich nicht für Angehörige ethnischer Minderheiten geöffnet haben.

Gelingt es einer Einrichtung, Menschen anderer kultureller Herkunft für ein Gruppenangebot zu interessieren und sie mit Deutschen zusammenzubringen, sieht sich die Gruppenleitung mit besonderen Orientierungsproblemen und einem durch die kulturelle Vielfalt bedingten Fremdheitserleben konfrontiert. Sprachbarrieren, andere Strategien der Kontaktaufnahme, unterschiedliche Rituale der Begrüßung und Platzsuche in der Gruppe, kulturell bedingte Erwartungshaltungen an die Leitung und die pädagogische Einrichtung, die durch die jeweilige schulische Sozialisation geprägt sind, bestimmen die erste Phase der Gruppenbildung. Im weiteren Verlauf hängt die Kohäsionskraft der Gruppe dann davon ab, inwieweit die Mitglieder in der Lage sind, mit den kulturellen Differenzen (in Sprache, Werten, Normen, Einstellungen, Verhaltensweisen etc.) „produktiv umzugehen", Konflikte auszusprechen und zu lösen und ein Reservoir an gemeinsam geteilten Werten, Normen, Verhaltensweisen, Verständigungscodes und Regeln zu entwickeln.

Bei einem über vier Jahre dauernden Frauenarbeitskreis (Fischer 1990), der sich aus Teilnehmerinnen unterschiedlicher kultureller Herkunft zusammensetzte, führten gemeinsame Aktivitäten (Handarbeiten, Kochen, Backen, Exkursionen etc.), eine von der Gruppe organisierte Handarbeitsausstellung und die Gründung eines „Internationalen Frauen-Treffs" zu einer besonderen Kohäsion der Gruppe. Die Frauen waren stolz, Projekte gemeinsam geplant und durchgeführt und in der Öffentlichkeit eine positive Resonanz erzielt zu haben.

b) Soziometrische Struktur

Die soziometrische Struktur ist die Beliebtheits- und Freundschaftsstruktur einer Gruppe. Zuneigung, Beliebtheit, Gleichgültigkeit und Ablehnung sind zwischenmenschliche Einstellungen, die auch für die Interaktionsmuster in Gruppen von Bedeutung sind. Je nach Intensität negativer oder positiver Grundstimmung kann es zu Blockaden oder produktiven Phasen in der Gruppenarbeit kommen. Die soziometrische Forschung, in den 30er-Jahren von Jacob L. Moreno begründet, hat es sich zur Aufgabe gemacht, die spontanen und affektiven Faktoren und das Netzwerk, das sie bilden, freizulegen. Diese innere Struktur der Gruppe wird zum Beispiel mittels soziometrischer Tests und dem Soziogramm erfasst.

Bei den von uns durchgeführten interkulturellen Veranstaltungen zeichnete sich bei den Gruppen immer eine gewisse Binnenstruktur ab, die u.a. darin bestand, dass die Frauen, die einer gemeinsamen Herkunftskultur angehörten, zumindest in der Anfangsphase der Gruppenbildung enger zusammenarbeiteten. Dies zeigte sich z.B. bei der Partnerinnenwahl für die Kleingruppenarbeit, bei der sich vielfach Frauen aus dem gleichen Land zusammenschlossen oder in informellen Phasen, in denen Frauen gleicher Muttersprache miteinander kommunizierten. Ein gemeinsamer Migrationshintergrund, ähnliche Erfahrungen, die gemeinsame Muttersprache und ähnliche kulturelle Standards erwiesen sich häufig als Bindeglied und Anlass sich näher zu kommen.

Im Verlauf des Gruppenprozesses besteht die Gefahr, dass sich solche Subgruppen verfestigen. Sie können in der Anfangsphase noch eine wichtige Orientierungsfunktion haben und eine gewisse Vertrautheit und Sicherheit für die Betroffenen gewährleisten, sollten aber nicht zu einem Hemmschuh für interkulturelle Kontakte werden. Gerade bei Arbeitsaufträgen, die eine Kleingruppenphase einleiten, kann mit bestimmten Methoden der Partnerwahl bzw. Gruppenbildung dafür gesorgt werden, dass sich Teilnehmerinnen zusammenschließen, die sich noch nicht kennen gelernt haben.

c) Position, Status und Rolle

In jeder Gruppe lassen sich nach einer gewissen Zeit bestimmte Positionen unterscheiden. Die einzelnen nehmen je verschiedene Plätze im Gefüge der Gruppe ein, d.h., sie lassen sich im Verhältnis zu anderen Mitgliedern bestimmte Funktionen und Aufgaben zuweisen, sei es durch mitgebrachte Dispositionen und Stellungen (allgemeingesellschaftliche Positionen) oder durch Übernahme von in der Gruppe unbesetzten Verhaltensmustern. Je nach dem damit verbundenen Einfluss und der Macht spricht man vom niedrigeren oder höheren Status einer Person. Es handelt sich um eine Art Rangplatz in der Prestige-Hierarchie der Gruppenmitglieder. Er kann durchaus von der Selbsteinschätzung des Betroffenen abweichen und in unterschiedlichen Gruppen verschieden sein. Der Rangplatz innerhalb der Gruppe kann sich auch im Verlauf des Gruppenprozesses ändern. Schindler (1981, S. 167 f./1990) unterscheidet verschiedene Positionen innerhalb einer Rangordnung. Die Alpha-Position repräsentiert demnach die Identität der Gruppe und kennzeichnet eine Art „Vorreiter"-Rolle. In Beta-Position definieren sich Einzelne als randständig, in Gamma-Position reihen sich all diejenigen ein, die die Ziele des Alpha durch ihre Resonanz mittragen und so zur gemeinsamen Grundlage machen. In Omega-Position befindet sich der Letzte. Er repräsentiert den potenziellen Widerstand, die Ohnmacht (Schwäche) der Gruppe. Da er aber doch mitmacht, übernimmt er Ambivalenz und Angst der Gruppe. Damit sind Positionen charakterisiert, die das Binnengefüge der Gruppe bestimmen. Darüber hinaus wird die innere Struktur der Gruppe aber auch durch Status, Positionen und Rollen beeinflusst, die die Gruppenmitglieder in der Gesellschaft einnehmen.

Gerade in multikulturell zusammengesetzten Gruppen ist zu beachten, dass deutsche und nichtdeutsche Mitglieder über einen unterschiedlichen Rechtsstatus verfügen. Die einen besitzen alle Bürgerrechte (u.a. das Wahlrecht), die Rechte der Migranten sind hingegen durch das Ausländergesetz eingeschränkt. Hinzu kommt in der Regel eine geringere Akzeptanz in der Öffentlichkeit, was auch auf die Akzeptanz in der Gruppe durchschlagen kann. Auch wenn die Gruppe alle Mitglieder als formal Gleiche eint, sind die o.a. äußeren Faktoren, die auch die Erwartungshaltung und Einstellungen aller Beteiligten prägen, nicht außer Acht zu lassen.

In diese Erwartungshaltung gehen auch bestimmte Fremdbilder ein, die die anderen beispielsweise als Opfer, defizitär, hilflos oder unwissend charakterisieren und ihnen von Anfang an nur untergeordnete Positionen und Rollen in der Gruppe zubilligen, wie etwa die des Mitläufers, Sympathisanten oder Außenseiters.

Rollen bilden sich u.a. aufgrund von Erwartungen, „die sich auf die Aufgaben, das Benehmen, die Gesinnungen, Werte und Wechselbeziehungen einer Person richten, die eine spezifische Gruppenposition inne hat und in der Gruppe eine bestimmte Funktion erfüllen muss“ (Hartley/Hartley, zit. in Schütz 1989, S. 24).

Mit verschiedenen Methoden der empirischen Sozialforschung, vor allem durch Beobachtung hat man versucht, übergreifende Gesetzmäßigkeiten in Rollenmustern aufzudecken.

Brocher (1982, S. 119 ff.) spricht von „Aufgabenrollen, Erhaltungs- und Aufbaurollen“ sowie einer Mischung aus beiden. Darüber hinaus gibt es auch „dysfunktionale Rollen“.

Unter Aufgabenrollen versteht Brocher Funktionen, die „für die Auswahl und Durchführung einer Gruppenaufgabe erforderlich sind“, „Erhaltungs- und Aufbaurollen“ sind z.B. Auswerten, Diagnostizieren, Übereinstimmung prüfen, Vermitteln, Spannung vermindern, und „dysfunktionale Rollen“ äußern sich u.a. in aggressivem Verhalten, im Blockieren des Gruppenprozesses, Selbstgeständnissen, Rivalisieren, Suche nach Sympathie, Clownerie etc.

Andere Autoren unterscheiden zwischen:

a) Rollen, die sich auf die Gruppenaufgabe beziehen,
b) Rollen, die sich auf den sozialen Bestand der Gruppe beziehen,
c) Rollen, die sich auf die Bedürfnisse des Individuums in der Gruppe beziehen.

Jede Person kann Träger mehrerer Rollen sein oder Rollen im Verlauf des Gruppenprozesses auswechseln.

In einer Frauengruppe der Volkshochschule Oberhausen, in der sich Frauen aus unterschiedlichen Nationalitäten zusammengefunden hatten, übernahmen einzelne Frauen mit der Zeit unterschiedliche Rollen, die den o.a. Rollentypen zugeordnet werden können. Auf den sozialen Bestand der Gruppe bezog sich u.a. die sehr mütterliche, versorgende Haltung einer Türkin, die zu den Gruppentreffen immer Selbstgebackenes oder Selbstgekochtes mitbrachte und damit für Essenspausen sorgte, die von den Frauen als ein gruppeneinigendes Element empfunden wurden, da sie alle Mitglieder zu einem gemeinsamen Ritual zusammenschlossen, das zugleich Raum für Kommunikation bot. Die Rolle, die sie damit eingenommen hatte, resultierte aus bestimmten Höflichkeits- und Gastfreundschaftskonventionen ihres Herkunftslandes, frauenspezifischen Verhaltensweisen, der Freude am Kochen und den zeitlichen Spielräumen bei ihrer Hausfrauenarbeit. Die Ausgestaltung der Rollen hängt daher auch von der Biografie, den Kompetenzen, dem Selbstbewusstsein, der kulturellen Herkunft und dem Sozialverhalten der Betroffenen ab.

Eher aufgabenbezogen waren die Initiativen einer deutschen Frau, die sich durch Vorschläge für das Gruppenprogramm ins Gespräch brachte, wie die Einladung der Gleichstellungsbeauftragten, die Teilnahme an einer Frauenkulturwoche und den Besuch des Ausländerbeirats. Sie gab der Gruppe v.a. politische Impulse und fungierte des öfteren als „Motor" der Gruppenarbeit. Auf diese Weise geriet sie auch in eine führende Rolle in der Gruppe, die vor dem Hintergrund ihrer politischen Sozialisation zu sehen war.

Die Gruppenleitung hat nun dafür zu sorgen, dass sich Rollen nicht dysfunktional auf den Gruppenprozess auswirken. Sie hat das Rollenverhalten der Gruppenmitglieder zu beobachten und auf seine Wirkung für die Gruppe hin auszuwerten. So können Rollen, die eine Zeit lang durchaus positive Wirkung auf die Gruppenentwicklung hatten, auch negative Auswirkungen haben. Im o.a. Fall schlug die zunächst von allen mit Beifall begrüßte Essenspause in eine als peinlich erlebte Situation um, als die Versorgung mit türkischen Teigtaschen überhand nahm und die übrigen Frauen ein schlechtes Gewissen bekamen, dass sie sich weniger um das Essen kümmerten. Das Ritual wurde zur lästigen Pflicht. An solchen Punkten hat die Gruppenleitung eine Aussprache mit allen Gruppenmitgliedern anzuregen. Es gilt transparent zu machen, wie die Einzelnen die Situation erleben, welche Motive sie für ihr Handeln vorbringen, welche Wahrnehmungen sie von den anderen haben, inwieweit ihre individuellen Bedürfnisse durch die gruppenzentrierte Arbeit gestillt werden, und es gilt letztlich zu klären, was die Gruppe will. Ein solches Gespräch hat u.a. auch die Funktion, die Selbstwahrnehmung der Einzelnen zu schärfen, sich ihrer Rollen und deren Wirkungen auf das Gruppengefüge bewusst zu werden und sich selbst Rechenschaft darüber abzulegen, ob die eingenommene Rolle überhaupt den eigenen Bedürfnissen entspricht. Das Gespräch brachte nämlich auch zum Vorschein, dass die türkische Teilnehmerin eigentlich auch nicht immer Lust hatte, ihrer Versorgungsrolle nachzukommen, aber aus Angst, mögliche Erwartungshaltungen der anderen Teilnehmerinnen zu enttäuschen und ihre Anerkennung und Zuwendung zu verlieren, ihrer Rolle dennoch nachkam.

d) Normen

Normen sind Verhaltensstandards, die an die Rollenträger herangetragen werden. Zu unterscheiden sind Normen, die außerhalb der Gruppe entstanden sind und von den Migliedern in den Gruppenprozess eingebracht werden, von solchen Normen, die sich im Zuge des Gruppenprozesses in der Gruppe und durch die Interaktion der Gruppenmitglieder bilden. Normen „... regeln, auf welche Weise sich jedes Mitglied eines sozialen Gebildes (...) in welcher Situation und in welcher Weise gegenüber welchem anderen Mitglied verhalten soll" (Hartfiel 1976, S. 488).

Wie weit die normative Regulierung in einer Gruppe ausgebildet ist, hängt jeweils von mehreren Faktoren ab:

- von der Gruppenform selbst (in formalen Gruppen wird sie in der Regel differenzierter sein als in informellen Gruppen),
- von Ziel, Zweck und Aufgabe einer Gruppe,
- vom normativen System des jeweiligen kulturellen Kontextes,
- von den Vorerfahrungen des Einzelnen mit gegenwärtigen und früheren Gruppen,
- von individuellen Fähigkeiten und Motivationen,
- von der Angst vor unerwarteten Entwicklungen.

Wo in Gruppen auseinander strebende Normen oder konkurrierende Normsysteme kollidieren, kann es zu Normkonflikten, zu Abweichungen vom geforderten Verhalten und zu den verschiedenen Ausformungen sozialer Kontrolle kommen.

Wie tragfähig Gruppennormen sind, hat letztlich auch mit der Bedeutung der Gruppe als einem sozialen Zusammenhang im Leben des Einzelnen zu tun.

Maletzke (1996, S. 104 f.) stellt heraus, dass beispielsweise die Menschen in den meisten afrikanischen Gesellschaften, in Japan oder China besonders gruppenorientiert seien. In der traditionellen chinesischen Kultur gebe es kein Wort, das dem westlichen Begriff der Persönlichkeit voll entspreche, auch im jetzigen China überwiege ein eher kollektiv orientiertes Denken. Für den Japaner existiere das Individuum primär als Teil eines Gruppenganzen. Wenn Familienmitglieder miteinander sprächen, redeten sie sich nicht mit dem Vornamen an, sondern mit dem jeweiligen Verwandtschaftsgrad bzw. der Funktion, die sie im Rahmen der Familie bekleiden: Etwa als Schwiegertochter – oder wenn ein Sohn anstelle des verstorbenen Vaters die Rolle des Familienoberhauptes übernimmt, werde er mit Vater angeredet.

In Japan seien Gruppen etwas Überdauerndes; Individuen seien temporär und hätten keine Existenz außerhalb der Gruppe. Der Mensch habe sein Selbst der Gruppe unterzuordnen, individuelle Erfüllung erreiche er dadurch, dass er seinen Platz in der Gruppe findet. Wenn eine Gruppe Erfolg habe, falle der Erfolg jedem Mitglied zu.

Dass auch in bestimmten afrikanischen Gesellschaften ein Gruppendenken vorherrschen kann, zeigt das Fallbeispiel aus einem Frauenseminar. Eine deutsche Teilnehmerin berichtete im Zusammenhang mit dem Thema Familie, dass ihr Mann, der an der Elfenbeinküste aufgewachsen sei und in Deutschland studiert habe, seit dem Tod des Vaters als Familienoberhaupt fungiere und von ihm erwartet werde, dass er auch für die existenzielle Absicherung der Großfamilie in

Afrika verantwortlich sei. Ihr Mann wolle sich dieser Aufgabe auch nicht entziehen, obwohl dies finanziell gar nicht möglich sei und ihn dies in ständigen Konflikt mit seiner Ehefrau und Familie in Deutschland bringe.

Gruppennormen und kollektives Denken werden in diesem Fall höher bewertet als die Freiheit des Individuums und der Individualismus vieler westlicher Gesellschaften.

e) Ziele

Bei einem gruppenpädagogischen Angebot gibt es Ziele, die:

- auf der Ebene der Institution formuliert werden,
- die Gruppenleitung bestimmt,
- die einzelnen Gruppenmitglieder haben,
- sich im Laufe des Gruppenprozesses herausschälen.

Auf der institutionellen Ebene werden vornehmlich Ziele formuliert, die einerseits den Interessen des Trägers (Kommune, Kirche, Verband, Gewerkschaft etc.) und andererseits gesellschafts- und bildungspolitischen Vorstellungen entsprechen. Von staatlicher Seite wird von den Institutionen häufig erwartet, für eine bessere Integration der Minderheiten in die Aufnahmegesellschaft zu sorgen, Fremdenfeindlichkeit und Gewalt vorzubeugen sowie die interethnischen Kontakte im Sinne eines friedlichen Zusammenlebens von Mehrheit und Minderheiten zu befördern. Dabei tendieren die Institutionen dahin, ihre Ziele im Hinblick auf die Interessen der Mehrheitsgesellschaft zu definieren und die Interessen der Minderheit weitgehend außer Acht zu lassen, zumal es in den Institutionen kaum hauptamtliche Mitarbeiter und Mitarbeiterinnen gibt, die einer der Minderheitengruppen angehören und deren berechtigte Interessen mit einbringen und vertreten könnten. Gesellschafts- und bildungspolitische Ziele betonen in der Regel den Aspekt des Funktionierens des Gemeinwesens, der Anpassung abweichenden Verhaltens an die herrschenden Normen und die Anerkennung jener Rahmenbedingungen, die unabhängig von den Ethnien allgemeinen Bestand haben sollen. Gemäß dieser Prämissen erfuhr die interkulturelle Erziehung und Bildung immer dann eine besondere staatliche Förderung, wenn sich Prozesse gesellschaftlicher Desintegration abzeichneten, z.B. der innenpolitische Frieden gefährdet schien. Das traf u.a. auf die im Zuge der Wiedervereinigung zunehmende Fremdenfeindlichkeit und die Auswüchse des Rechtsextremismus in der jüngsten Zeit zu, gegen die die Pädagogik mit entsprechender finanzieller Unterstützung (z.B. durch die Landesregierung NRW im Jahr 2000 mit 1,00 DM/pro Einwohner) Programme entwickeln sollte.

Die *Gruppenleitung* stellt eine Art Bindeglied zwischen der Institution und den Teilnehmenden dar. Aus dieser Zwischenstellung resultieren auch die unterschiedlichen Ziele, die ihr Handeln begründen. Zum einen ist sie der Institution verpflichtet. Sie arbeitet für einen bestimmten Träger und verpflichtet sich auf der Basis eines Kontrakts, allgemeine Rahmenbedingungen, die der Träger vorgibt, einzuhalten. Das sind beispielweise die Vorgaben eines Weiterbildungsgesetzes; Prinzipien, die das Selbstverständnis der jeweiligen Institution ausmachen oder didaktische Konzepte, die im Fachbereich der Einrichtung erarbeitet wurden und auf die sich die Lehrenden verständigt haben. Andererseits orientiert sie sich, vorausgesetzt das Prinzip der Teilnehmerorientierung bestimmt ihr Konzept, an den Absichten, Motiven und Bedürfnissen der Gruppenmitglieder, denen sie zur Manifestation verhilft. Dabei ist sie bestrebt, die Teilnehmenden beim Aushandeln ihrer Gruppeninteressen zu unterstützen. Darüber hinaus hat sie aber auch eigene Ziele und Vorstellungen, die es mit den anderen Zielebenen zu verknüpfen gilt. Diese Ziele resultieren u.a. aus ihrem Menschenbild, ihren Werten und Normen im Hinblick auf den Umgang miteinander und ihrem gruppenpädagogischen Konzept.

Die Gruppenpädagogik in der Tradition M. Kelbers gibt der Gruppenleitung keine Leitbilder vor, wie sie die Menschen zu „formen" habe. Gruppenpädagogisches Handeln sollte sich vielmehr als Unterstützungsleistung verstehen. Dabei werden u.a. unterschwellige, affektive Prozesse aufgedeckt, Interpretationsvorschläge angeboten, wechselseitiges Verstehen methodisch angeleitet, Selbst- und Fremdbilder verglichen, Gesprächsimpulse gegeben und andere Kommunikations- und Verhaltensmuster erprobt. Dabei gibt die Gruppenleitung der Gruppe eine Entwicklungschance und zugleich dem Einzelnen eine Wachstumshilfe. „Solche Wachstumshilfen sind bei Menschen aller Alterstufen, sozialer Schichten und Bildungsstufen immer dann vonnöten, wenn neue oder besondere Lebensaufgaben bewältigt werden wollen" (Kelber 1965, S. 132). Für Migranten, die sich mit den Brüchen und Identitätskrisen in ihrem Lebenslauf auseinander zu setzen haben, die durch den Wanderungsprozess und die Eingliederung in die Aufnahmegesellschaft bedingt sind, gilt dies in besonderem Maße.

Magda Kelber formulierte auch jene Wertvorstellungen, „die weit über die Gruppenpädagogik hinaus Gültigkeit haben: Die Überzeugung von dem Recht des Einzelnen, sich seinen Möglichkeiten entsprechend zu entfalten, von seiner Verpflichtung, andere nicht zu schädigen und nach besten Kräften zum Wohl des Gemeinwesens beizutragen. Es geht auch um die Verwirklichung grundlegender sittlicher Forderungen, wie der nach Fairness, Loyalität und Redlichkeit im Umgang miteinander, um nur einige der ‚einfachen' Tugenden zu nennen, die zum individuellen und sozialen Reifungsvorgang gehören" (ebenda).

Solche Wertvorstellungen entspringen allerdings einem westlichen Kulturverständnis und sind durch philosophische Traditionen, christliche und demokratische Überzeugungen geprägt.

Demorgon und Molz (1996, S. 74) machen darauf aufmerksam, dass insbesondere in gemischt-kulturellen Gruppen das Problem der Kulturbedingtheit der Pädagogik verschärft zum Tragen komme: „In der Regel werden interkulturelle Inhalte auf der Basis einer mono(national-)kulturell etablierten Pädagogik vermittelt, sodass Teilnehmer aus anderen Nationen meist ungewollt, aber trotzdem systematisch immer dann benachteiligt werden, wenn ihre eigenkulturellen Erfahrungen mit Lernsettings differieren." Die Gruppenleitung sollte sich daher der spezifischen Geprägtheit, Eindimensionalität und kulturellen Verzerrungen ihrer Denkweise und Zielvorstellungen bewusst werden und die Bereitschaft mitbringen, diese gegebenenfalls der Gruppe mitzuteilen. Auf jeden Fall sollte sie die Ziele und Werte ihres Handelns in der Gruppe offen legen, damit die Gruppenmitglieder für sich entscheiden können, ob sie sich auf diese Grundlage einlassen wollen.

Die Ziele, Absichten, Motive, Erwartungen und Bedürfnisse der *Teilnehmenden* stellen eine weitere Dimension des gruppenpädagogischen Prozesses dar. Im Hinblick auf multikulturelle Gruppen konnten seitens der deutschen und der ausländischen Teilnehmer/-innen eines Frauengesprächkreises unterschiedliche Motive festgestellt werden: Es gab Motive, die aus einer persönlichen Betroffenheit oder Problemlage resultierten, moralische, karitative, praktische, politische und intellektuelle Motive (Fischer 1990, S. 123 ff.). Die Arbeit in und mit multikulturellen Gruppen zeigte auch, dass es meistens ein ganzes Bündel unterschiedlicher Beweggründe gibt, an einem multikulturellen Gruppenangebot teilzunehmen. Darunter gibt es Motive und Interessen, die einander ähneln und Schnittpunkte aufweisen und somit zu einer Interessensidentität führen können, aber auch Motive, die einseitig von einer oder wenigen Personen in der Gruppe geäußert werden. Doch die Summe der Einzelinteressen macht noch nicht das Gruppenziel aus.

„Das Ziel einer Gruppe kann nicht einfach als die Summe der Ziele der einzelnen Gruppenmitglieder verstanden werden, auch nicht, wenn diese Ziele sehr ähnlich, ja sogar dieselben sind. Das Ziel einer Gruppe ergibt sich vielmehr in dem Moment, in dem die Motivationen der einzelnen Gruppenmitglieder annähernd auf einen gemeinsamen Nenner gebracht werden können. Sie können z.B. durch einen Kompromiss aller Gruppenmitglieder, durch einen Mehrheitsbeschluss oder auch von einer Person bestimmt werden. Inwieweit in den letzten beiden Fäl-len von einem Gruppenziel gesprochen werden kann, wird davon abhängen, wie sehr die einzelnen Gruppenmitglieder der Entscheidung der Mehrheit oder eines einzelnen Gruppenmitglieds zustimmen können. Ein Gruppenziel wird dann Ziel der Gruppe bleiben, solange diese Zustimmung besteht" (Sbandi 1973, S. 109 f.). Die Gruppe wird in diesem Zusammenhang als eine besondere Art sozialer Gebilde verstanden, die sich zwischen der „Exklusivität der dyadischen Konstellation und der Diffusität größerer sozialer Gebilde verorten lassen". Die Ziele der Gruppe ergeben sich aus der Kommunikation unter den Gruppenmitgliedern und dem

Austausch mit der Umwelt. Dies macht nach Sbandi/Vogl (1988) das Charakteristikum solcher Gruppen im Unterschied etwa zu „primary groups" aus.

Es ist durchaus möglich, dass im Zuge eines Gruppenprozesses Veränderungen in der Zielsetzung der Gruppe eintreten, die zu einer Neuorientierung zwingen. Wenn sich beispielsweise ein interkultureller Arbeitskreis an einer VHS zu einer politischen Initiative zur Unterstützung von Flüchtlingen entwickelt, dann kann es angemessen sein, die VHS-Ebene zu verlassen, um sich als Verein eintragen zu lassen. Wenn eine Kursleiterin eines Theaterkurses eine öffentliche Aufführung eines Stücks plant, läuft sie Gefahr, bei den Teilnehmerinnen auf Widerstand zu stoßen, wenn diese die Öffentlichkeit scheuen und den Kurs nur zur Entwicklung ihrer persönlichen Ausdrucksfähigkeit nutzen wollen.

Dennoch gehört es zur Realität gruppenpädagogischer Angebote, dass sowohl auf der institutionellen Ebene, seitens der Gruppenleitung und der Teilnehmenden Ziele bestehen, die wiederum vor dem Hintergrund von Interessen, Ideologien, Programmatiken, didaktischen Konzeptionen, Lehrmeinungen und Erwartungshaltungen zu sehen sind.

Es gilt dann, im Gruppenprozess die unterschiedlichen Ziele transparent zu machen und sich zwecks eines Arbeitsbündnisses auf ein gemeinsames Vorgehen zu einigen.

4. Kommunikationsmuster in Gruppen

Kommunikation ist ein komplexer Vorgang zwischen mindestens zwei Partnern, bei dem verbale bzw. nonverbale Zeichen übermittelt werden. Die Entschlüsselung der vermittelten Daten setzt voraus, dass die Kommunizierenden über ein gemeinsam geteiltes Repertoire an Bedeutungen verfügen. Selbst in der gleichen Sprache kommunizierende Partner sitzen häufig Missverständnissen auf, weil jede lebendige Sprache mehrdeutig ist und unterschiedliche Interpretationen zulässt. Die Bedeutungsvarianten hängen von linguistischen Kriterien ab (wie z.B. Stellung des Wortes im Satz oder Satzart), aber auch von der Intonation, Lautstärke, Gestik, Mimik oder Sprechsituation. Dadurch wird Kommunikation zu einem mehrdimensionalen Vorgang, der leicht manipulierbar und anfällig für Missverständnisse ist. Missverstehen resultiert aber nicht nur aus einer mehr oder weniger guten Sprachbeherrschung, was übrigens auch auf die Sprecher der gleichen Muttersprache zutrifft, sondern hat auch wesentlich mit den Akteuren im Prozess der Kommunikation zu tun, die ihr ganz persönliches Deutungspotenzial einbringen.

Zöchbauer und Hoeckstra (1974, S. 56) haben eine Reihe solcher die Kommunikation beeinflussenden Faktoren aufgezeigt: Das Selbstbild, das Fremdbild, die

Weltanschauung, die Gruppenzugehörigkeit, der Grad der Gruppenintegration, die aktuelle Situation, die augenblicklichen Bedürfnisse der Kommunizierenden und das sie umgebende soziokulturelle System.

Sprache

Gehören die Kommunikationspartner nun unterschiedlichen kulturellen Systemen an, dann verfügen sie häufig auch über unterschiedliche sprachliche Zeichensysteme, sodass sie sich entweder auf eine gemeinsame Fremdsprache einigen müssen oder auf eine Verkehrssprache, die von der Mehrzahl der Beteiligten beherrscht wird. Dabei kann es vorkommen, dass die einen in der Muttersprache kommunizieren, während die anderen die gleiche Sprache als Zweit- oder Fremdsprache benutzen. Dadurch entsteht allerdings eine asymmetrische Kommunikationssituation, in der der Zweit-/Fremdsprachenbenutzer in der Regel im Nachteil ist, da er nicht über die gleiche Sprachkompetenz verfügt wie der Muttersprachler.

Wird in einer multikulturellen Lerngruppe Deutsch als Verkehrssprache gewählt, so haben die deutschen Gruppenmitglieder einen Kommunikationsvorsprung, der sich auch in häufigeren und längeren Redebeiträgen, schulmeisterlichen Korrekturen der Anderssprachigen oder Überlegenheitsgefühlen äußern kann. Um die Sprechhemmungen bei den nicht deutschsprachigen Teilnehmenden abzubauen und Gelegenheit für andere Ausdrucksmöglichkeiten zu schaffen, können Kleingruppen, nonverbale Arbeitsphasen (Pantomime, Malen/Zeichnen/Collagen, Skulpturentheater), Kommunikationsregeln und eine sensible Gesprächsführung und Bewusstmachung der Unterschiede durch die Gruppenleitung eine Hilfe sein.

Doch nicht nur die Sprachen und die Sprachkompetenz der Beteiligten unterscheiden sich voneinander, sondern auch ihre „Drehbücher“, die kulturellen Deutungs- und Handlungsmuster differieren voneinander. Hier kommt neben der Sprache, der Wahrnehmung und den zugrunde liegenden Denkmustern sowie dem Nichtverbalen eine besondere Rolle zu (Samovar u.a. 1981).

Wahrnehmung und kognitive Strukturen

Wenn Menschen einander begegnen, nehmen sie sich in der Regel durch den Filter ihrer jeweiligen Bewertungskriterien wahr. Sie ordnen die Vielzahl der durch die Sinne aufgenommenen Informationen aufgrund ihrer Deutungsmuster in ihr Denkschema ein.

Wahrnehmung ist nicht etwa ein isolierter Bereich des Psychischen, sondern steht in enger Wechselbeziehung zu Aufmerksamkeit, Motivation, Erinnern, Emotionen, Sprechen etc. Wahrnehmen ist aktives Gestalten, nicht nur im Sinne des Selegierens, Ordnens und Klassifizierens der aufgenommenen Reize, sondern auch in Form der Weiterentwicklung und Gestaltung neuer Denkfiguren. Die

Menschen systematisieren ihre Wahrnehmungen also, indem sie kognitive Konstrukte schaffen, die bei der Einschätzung und Einordnung helfen.

Die wichtigsten Wahrnehmungskanäle sind das Sehen, Hören, Tasten, Riechen und Schmecken. Maletzke (1996, S. 48 ff.) fasst einige Ergebnisse aus der Ethnologie und Kulturanthropologie zusammen, die auf der Ebene der visuellen, taktilen und olfaktorischen Perzeption veranschaulichen, dass auch die Sinneswahrnehmungen kulturspezifisch geprägt sind.

Beispielhaft sei hier das Sehen herausgegriffen: „Menschen verschiedener Kulturen ‚sehen' unterschiedlich viele Farben. Aus einer riesigen Zahl von Farbschattierungen, die der Mensch an sich unterscheiden kann, wählt jede Kultur nur einige wenige aus, die man einer eigenen Benennung für wert hält. Feiner ausdifferenziert werden die Farben jener Lebensbereiche, die in einer Kultur besondere Bedeutung haben, während für unbedeutendere Bereiche einige wenige Farbnamen zu genügen pflegen ... Wenn es beispielsweise bei uns für die Farbe von Schnee fast nur das Wort ‚weiß' gibt, kennen die Eskimos dafür eine ganze Reihe feiner sprachlicher Begriffe ... Bei den Navaho-Indianern finden wir Farbnamen, die ungefähr unserem weiß, rot und gelb entsprechen, aber keine Namen für unser schwarz, grau, blau, grün. Die Navaho-Sprache verfügt über zwei Ausdrücke, die schwarz bezeichnen, einmal das Schwarz der Dunkelheit und zum anderen das Schwarz von Gegenständen wie etwa Kohle" (ebenda, S. 50).

Dieses Beispiel verdeutlicht, dass zum einen das sozial-ökologische Umfeld, in dem ein Mensch aufwächst und lebt, eine bestimmte Anzahl von visuellen Reizen bereithält (z.B. die unterschiedlichen Farbschattierungen der Schnee- und Eislandschaften) und dass der Mensch die für ihn wichtigen Aspekte der Umwelt aufnimmt, speichert und verarbeitet.

Auch der Tastsinn trägt zum Aufbau der Wahrnehmungs- und Erlebniswelt bei und weist kulturspezifische Merkmale auf, etwa beim Händeschütteln, das bei uns als Begrüßungsritual üblich ist, während sich Franzosen mit einem Wangenkuss begrüßen oder Lateinamerikaner mit einem Schulterklopfen.

Per Geruchssinn werden angenehme und unangenehme Gerüche voneinander unterschieden und teilweise verbannt, so wie etwa in unserer oder der nordamerikanischen Kultur der Schweißgeruch durch ein Parfum oder Deodorant überdeckt wird. Im Zusammenleben mit türkischen, italienischen oder spanischen Zuwanderern ist von Deutschen oft der Knoblauchgeruch moniert worden, der als unangenehm abgelehnt wurde. Nicht selten dienten Schimpfwörter wie „Knoblauchfresser" dazu, den als unangenehm erlebten Geruch zugleich mit einer Abwertung der entsprechenden ethnischen Gruppe zu verbinden.

Die Wahrnehmung wird also nicht bloß biologisch gesteuert, sondern ist in hohem Maße sozial und kulturell überformt. Welche Sinneseindrücke für einen Menschen wichtig sind, entscheidet dieser aufgrund von Selektions-, Klassifikations- und Bewertungskriterien, die wiederum auf einen sozialen und kulturellen Bezugsrahmen zurückgehen. Es handelt sich dabei um kognitive Konstrukte, die in der Regel auf den Sozialisationskontext zurückgehen, in dem sich die Menschen bewegt haben. Sozialökologisch gesehen, gehören zu diesem Kontext das Mikrosystem (Mutter-Kind-Dyade, face-to-face-Beziehungen, Familie); das Mesosystem, das alle Wechselbeziehungen umfasst, an denen die sich entwickelnde Person aktiv beteiligt ist (Beziehungen zur Nachbarschaft, peer-group, Schulkameraden); das Exosystem, an dem die sich entwickelnde Person zwar nicht unmittelbar beteiligt ist, in dem aber Ereignisse stattfinden, die sie dennoch beeinflussen (wie z.B. der Arbeitsplatz der Eltern) und das alle Bereiche umfassende und durchdringende Makrosystem, mit dem die gesellschaftlichen Strukturen gemeint sind, die alle anderen Systeme prägen (z.B. ökonomische, politische und kulturelle Strukturen). Bronfenbrenner (1981, S. 42) macht darauf aufmerksam, dass es darüber hinaus innergesellschaftliche Gegensätze gibt. „Die Konstruktionsanweisungen der Systeme für sozioökonomische, ethnische, religiöse und andere Subkulturgruppen sind verschieden, sind das Ergebnis verschiedener Weltanschauungen und Lebensstile, die ihrerseits wieder dazu beitragen, die für die einzelnen Gruppen typischen Umwelten zu bewahren."

Die Wahrnehmung und die sie strukturierenden Denkkategorien werden u.a. durch das Weltbild, die Glaubens-, Wert- und Einstellungssysteme sowie die Sozialorganisation bestimmt (Samovar u.a. 1981).

Das Weltbild gibt Aufschluss über das Wesen des Menschen, sein Verhältnis zur Natur und seine Vorstellungen über Gott und das Göttliche.

„In Nordamerika herrscht unter dem Einfluss des Puritanismus die Ansicht vor, der Mensch sei im Grunde schlecht, wenn auch bis zu einem gewissen Grade besserungsfähig, wobei dann allerdings immer wieder Rückfälle zu befürchten sind. Um ‚gut' zu sein und zu bleiben, bedarf es ständiger Selbstkontrolle und Selbstdisziplin" (Maletzke 1996, S. 82).

Neben dem Weltbild beeinflusst die Sozialorganisation in hohem Maße Wahrnehmung und interkulturelle Kommunikation. Darunter fallen Familienstrukturen, Einbindung in nachbarschaftliche Netzwerke, Verhältnis zu peer-groups, Einbettung in institutionelle Zusammenhänge und Organisationen und die soziale Stellung in verschiedenen Gruppen (Berufsgruppen, Altersgruppen, Geschlecht etc.). Diese legen wiederum die Ausgestaltung von Rollen und Statuspositionen fest und entscheiden, zu welcher Schicht, Klasse, Kaste etc. ein Mensch zählt.

Die Zugehörigkeit zu einer bäuerlichen Großfamilie ist mit anderen Rollen, Positionen, Aufgaben und Verantwortungsbereichen verbunden als das Eingebundensein in eine Kleinfamilie.

Schließlich beeinflussen Glaubens-, Wert- und Einstellungssysteme das Denken und Handeln der Menschen. Unter Glaubenssystemen verstehen amerikanische Kulturanthropologen nicht nur religiöse Grundhaltungen, sondern auch subjektive Überzeugungen, die nicht logisch beweisbar sind (z.B. der Glaube, das Schicksal eines Menschen sei vorbestimmt).

Aus den Glaubenssystemen resultieren eine Reihe von Werten und Normen, die den Alltag der Menschen bestimmen. Normen sind Soll-Vorstellungen, die sich in längeren Zeitabschnitten entwickelt haben und für einen größeren Kulturkreis gelten, wie z.B. die Zehn Gebote oder die Menschenrechte. Normen können auch als generelle Aufforderung verstanden werden, die nicht nur für einmalige Situationen gelten. Den Normen liegen wiederum Werte zugrunde.

Werte bilden vielfach den Begründungsrahmen für Normen. Aus Werten wie z.B. Ehrfurcht vor dem Leben, Wahrhaftigkeit, Treue etc. lassen sich Normen wie: „Du sollst nicht töten!/Du sollst nicht lügen!/Du sollst nicht Ehebruch begehen!" ableiten. Entscheidendes Merkmal für einen Wert ist der Akt des *Be*wertens, aus dem schließlich entsprechende Optionen für das Handeln des Individuums oder für die Einordnung des Handelns als richtig oder falsch, gut oder schlecht resultieren. Werte und Normen werden im Zuge von Sozialisationsprozessen von den Individuen internalisiert und bestimmen deren Einstellung.

Wahrnehmung und Denkmuster beeinflussen auch die Kommunikation und Interaktion in multikulturellen Gruppen. Diskussionen zu bestimmten Themen lassen die Differenzen in Einstellungen, Normen und Werten oft offen zutage treten.

So ist der Erfahrungshintergrund von Migranten sowohl durch die sozialökologischen Systeme ihres Herkunftslandes als auch durch die entsprechenden Lebensbereiche des Aufnahmelandes geprägt, wobei es dabei durchaus zu konkurrierenden Bewertungskriterien kommen kann. So konnten griechische Frauen bei einer Diskussion über Partnerschaft und Ehe der „Ehe ohne Trauschein", die sich in den westlichen Gesellschaften immer mehr durchsetzt, durchaus etwas Positives abgewinnen (Erfahrungen mit dem Partner machen, Zusammenleben auf Probe), hielten aber grundsätzlich an der konventionellen Eheschließung fest, wie sie v.a. durch die Kirche in ihrem Herkunftsland institutionalisiert worden ist.

Für eine Gruppe von türkischen Frauen aus einem Gesprächskreis hatte die Religion (der Islam) einen wesentlich größeren Stellenwert als für die anwesenden deutschen Frauen. Religiöse Vorschriften regeln dort den Alltag in Form von Gebetsritualen, Fastenzeiten, Feiertagen. Religiös bestimmte Werte und Normen strukturieren die Sozialbeziehungen.

Demgegenüber waren einige deutsche Frauen bereits aus der Kirche ausgetreten oder gehörten ihr nur noch formell an, ohne praktizierende Gläubige zu sein (z.B. wurden Messen nur noch feiertags oder zu besonderen Anlässen besucht).

Aus diesen unterschiedlichen Sozialisationsverläufen und -kontexten entstehen auch unterschiedliche Werte, Normen und Einstellungssysteme, die die Wahrnehmung, Kommunikation und Interaktion in Gruppen beeinflussen. Ein wichtiges Ziel der Gruppenarbeit sollte darin bestehen, den Hintergrund für diese unterschiedlichen Wahrnehmungs- und Handlungsweisen transparent zu machen, um einander besser verstehen zu können und nicht gleich die Sicht der anderen als falsch oder schlecht zu bewerten.

Das Nichtverbale

Neben der Sprache, den Denkmustern und der Wahrnehmung spielen nichtverbale Ausdrucksformen und Zusammenhänge eine besondere Rolle. Dazu zählen Körpersprache, Gestik und Mimik sowie die unterschiedlichen Konzepte von Raum und Zeit.

Fast jeder Wissenschaftler, der sich mit dem komplexen Feld der nichtverbalen Kommunikation befasst hat, gliedert seinen Gegenstandsbereich anders. Am bekanntesten ist ein Gliederungsvorschlag von Argyle (1979), der folgende Unterscheidungen trifft:

– Kinesics (Körpersprache),
– Proxemics (Raum, Distanz),
– Orientierungswinkel (der Winkel, in dem man zu einer anderen Person steht),
– äußere Erscheinung einer Person (einschließlich Kleidung und Schmuck),
– Haltung, Stehen, Sitzen u.ä.,
– Kopfbewegungen,
– Gesichtsausdruck (Mimik),
– Gestik,
– Blickkontakte,
– Paralinguistik.

Auch nichtverbale Ausdrucksformen tragen kulturspezifische Bedeutungen und übermitteln bestimmte Informationen in der Kommunikation.

Da Mimik, Gestik und Paralinguistik im Gruppengespräch eine wichtige Rolle spielen und die unterschiedlichen Konzepte von Zeit und Raum die Kontakte unter den Gruppenmitgliedern strukturieren, sollen sie im Weiteren anhand einiger Beispiele illustriert werden. Bei der Begegnung in Gruppen versuchen wir oft am Gesicht und seinen Regungen die innere Befindlichkeit unserer Kommunikationspartner und -partnerinnen abzulesen. Insofern ist das Gesicht für uns eine Art Signalbereich, der uns Anhaltspunkte für unsere Kontaktaufnahme geben soll. Die Entschlüsselung der Mimik des anderen erfolgt nach den uns geläufigen Regeln, ohne dass wir uns dessen bewusst sind. Ausdrucksweisen wie Lachen oder Weinen halten wir daher oft für allgemeinmenschlich und kulturunabhängig. So assoziieren wir Lachen oder Lächeln mit Freude oder Witz. In Japan dagegen ist Lächeln eine Konvention, die in vielen Situationen zum Tragen kommt: „Ein Japaner ... lächelt noch in den Fängen des Todes aus denselben Gründen wie unter allen

Umständen des Lebens; dahinter steckt weder Tapferkeit noch Heuchelei ..., es handelt sich vielmehr um ein Gesetz der Etikette, die vor langer Zeit geprägt und kultiviert worden ist, kurz, um eine wortlose Sprache" (Wahrlich 1991, S. 16).

Zur Mimik zählen auch die Blickkontakte. In westlichen Kulturen gilt es als unhöflich bzw. auch als ein Zeichen von Unsicherheit oder Unaufrichtigkeit, wenn sich die Kommunikationspartner nicht in die Augen sehen. In manchen Kulturen Asiens verbietet es dagegen der Respekt, den anderen direkt anzusehen.

Unter Gestik versteht man Gebärden, die neben dem ganz persönlichen Körperausdruck auch der Verständigung dienen wie z.B. das Winken, das je nach Kultur dem Körper zugewandt oder abgewandt erfolgt. Auch Grußgebärden „reichen von Verbeugen über Augenbrauen hochziehen, Kopfnicken, Hand heben, Hut lüften, Handschlag, Umarmen, Küssen, Beklopfen bis andernorts zu Tränenausbrüchen (‚Tränengruß' genannt) und Schädel blutig schlagen" (Wahrlich 1991, S. 23).

Auch im paralinguistischen Bereich gibt es kulturelle Differenzen, die oft nur vom Muttersprachler bemerkt und entsprechend decodiert werden können. Dies betrifft z.B. Pausen, Intonation, Tonhöhenmodulation, Sprechtempo, Lautstärke und Sprecherwechsel. So unterstreicht eine fallende Intonation in vielen europäischen Sprachen eine Aussage, in manchen südindischen Sprachen jedoch eine Frage. In europäischen Sprachen wird die Betonung eher auf das gelegt, was dem Sprecher als wichtig erscheint, während in südasiatischen Sprachen der einleitende Teil, der an Vorhergehendes anknüpft, lauter betont wird als die Fortsetzung. Die Lautstärke, die in manchen afrikanischen und arabischen Sprachen den Sprecherwechsel einleitet, wird von westeuropäischen Zuhörern eher als Zeichen für einen Streit gedeutet.

Darüber hinaus kommt das Zeit- und Raumgefühl häufig bei Teilnehmenden multikultureller Gesprächskreise zur Sprache.

Hall (1960) unterscheidet zwischen Kulturen mit monochroner Zeiteinteilung und Kulturen mit polychroner Zeiteinteilung. Das nordeuropäische und nordamerikanische Zeitsystem ist monochron. Menschen, die sich daran orientieren, pflegen nur eine Sache zum selben Zeitpunkt zu tun. Diese Tätigkeit wird beendet, ehe eine andere begonnen wird. Handlungsabläufe werden nacheinander geschaltet und in Zeitabschnitte segmentiert. Zeit wird linear aufgefasst: Sie schreitet sukzessive voran. Zeit wird eingeteilt, gemessen und verkürzt. Auf die Spitze getrieben wird dieses Zeitverständnis in den Zeiterfassungsinstrumenten im Produktionsprozess, wo es v.a. um Zeitminimierung bei der Erstellung eines Produkts geht. Doch auch unser Privatleben ist inzwischen von diesem Zeitverständnis erfasst, weil wir auch unsere privaten Einladungen und Begegnungen in ein entsprechendes Zeitkorsett zwängen, was vielen türkischen und griechischen Frauen unserer Gesprächskreise Anlass zur Klage über die ‚Geschäftsmäßigkeit' der privaten Kontakte gab.

In vielen Teilen der Welt (arabischer Raum, Mittelmeerländer, Lateinamerika, Südasien etc.) herrscht jedoch ein anderes Zeitverständnis vor. Hall nennt diese Zeitauffassung polychron, da sie zulässt, dass mehrere Verabredungen und Verpflichtungen zur gleichen Zeit getroffen werden. Zeit wird hier weniger als Sache empfunden und selten als „verschwendet" erlebt. Nach diesem Zeitempfinden ist es auch nicht wichtig, Zeiten einzuhalten. Der Umgang mit Zeit richtet sich nach den Gegebenheiten. Die Verpflichtung gegenüber einem Freund /einer Freundin sind wichtiger als die Verpflichtungen, die der Terminkalender vorschreibt.

Diese Erfahrung wurde auch immer wieder im Rahmen multikultureller Gesprächsgruppen gemacht. Häufiger berichteten türkische Teilnehmerinnen, sie hätten nicht an der Veranstaltung teilnehmen können, da Besuch gekommen sei. Die Gastfreundschaft gebietet es in einer solchen Situation, den Gast zu bewirten und nicht den Termin des Gesprächskreises einzuhalten.

Auch der Pünktlichkeit, die wir Deutschen für eine ausgesprochene Tugend halten, wird in anderen Kulturen nicht der gleiche Stellenwert zugeschrieben.

Durch die Verbreitung des kapitalistischen Wirtschaftssystems und die damit einhergehende Einführung von Zeiterfassungssystemen im Produktions- und Arbeitsbereich nähert sich auch mehr und mehr das Zeitverständnis der Menschen einander an. Die monochrone Zeitauffassung setzt sich allmählich durch und erfasst auch die privaten Bereiche der Menschen. Dennoch kann man gerade im privaten Bereich noch Unterschiede im Zeitverständnis feststellen, sodass dessen Kenntnis für die interkulturelle Arbeit von Belang ist.

Raum- und Körperdistanz sind ein weiteres Verhalten, das die Begegnung zwischen Menschen unterschiedlicher Kulturen strukturiert. Kulturelle Konventionen schreiben vor, wieviel Nähe oder Distanz in einer bestimmten Situation angemessen sind.

E.T. Hall (1976, S. 187 ff.) beschrieb vier Zonen, in denen Menschen unterschiedlichen Körperabstand einnehmen:

- intime Distanz, z.B. zwischen Liebenden, engen Freunden und gegenüber Kindern;
- persönliche Distanz unter Vertrauten oder bei geselligen Feiern;
- gesellschaftliche Distanz, typisch für das Geschäftsleben;
- öffentliche Distanz in Unterrichtssituationen und bei Auftritten von ranghohen Persönlichkeiten.

„In Lateinamerika ist die Interaktionsdistanz viel geringer als in den Vereinigten Staaten. In Südamerika können die Leute behaglich miteinander nur reden, wenn sie dicht beieinander stehen, in einer Nähe, die bei Nordamerikanern entweder sexuelle oder feindliche Gefühle wachruft" (Maletzke 1996, S. 61).

Thomas (1996, S. 130 f.) macht wiederum darauf aufmerksam, dass die Art und Weise der Distanzregulation zwischen Amerikanern und Deutschen differiert:

„Die für US-Amerikaner adäquate Art der interpersonalen Distanzregulation kann man als *Distanzminimierung* bezeichnen. Amerikaner empfinden es als ihre Pflicht, auf jede ins Blickfeld kommende Person zu reagieren. Die Tatsache, dass interagiert wird und wie, ist zunächst einmal abhängig vom Bekanntheitsgrad, den individuellen Kommunikationsbedürfnissen und den Kontextbedingungen, in denen die Interaktion stattfindet. Dabei gilt offensichtlich das Gebot, sich direkt und offen anderen Personen zuzuwenden, mit ihnen Kontakt aufzunehmen, ohne dass sich daraus eine weitergehende, dauerhafte Interaktionsverpflichtung ergeben muss. Erst im weiteren Verlauf der Begegnung kommt es zu personenspezifischen Differenzierungen in solche Personen, die man kennt (‚friends') und solche Personen, denen man sich besonders eng verbunden fühlt (‚intimate'). Erst diese ‚intimates' erfahren die Privilegien unbegrenzter Offenheit und Zugänglichkeit zum inneren Persönlichkeitskern. Sie werden so behandelt, wie Deutsche ihre ‚Freunde' behandeln (Lewin 1936)".

Für Deutsche gilt demgegenüber die Regel, zunächst nach sehr gut bekannten, flüchtig bekannten und unbekannten Personen zu differenzieren. Sehr gut bekannte Personen müssen gegrüßt, angesprochen und eventuell unterhalten werden. Flüchtig bekannte Personen können gegrüßt werden, doch besteht hier kein Zwang. Unbekannte Personen bedürfen ohne zwingenden äußeren Grund keinerlei sozialer Aufmerksamkeit, und man sollte sich ihnen auch nicht aufdrängen. Thomas kommt daher zu dem Schluss, dass Deutsche dazu neigen, interpersonale Begegnungssituationen nach dem Prinzip der Distanzdifferenzierung über das Merkmal des Bekanntheitsgrades zu regeln, vorausgesetzt es liegen keine situationsbedingten Interaktionszwänge vor.

Demnach kann man festhalten, dass interpersonales Distanzmanagement eine in allen Kulturen zu bewältigende Aufgabe darstellt. Thomas verwendet in diesem Kontext auch den Begriff der Kulturstandards, die dem Einzelnen eine Orientierung für sein eigenes Verhalten in interpersonalen Begegnungssituationen geben, eine zutreffende Antizipation des Partnerverhaltens ermöglichen, eine Verhaltensbewertung und Einschätzung der sozialen Fertigkeit (Handlungskompetenz des Partners) erlauben und somit den Umgang mit den Mitmenschen zumindest innerhalb der eigenen Kultur erleichtern. Er weist außerdem darauf hin, dass die unterschiedlichen Ausformungen der Distanzregulation auch Auswirkungen auf den Grad der Akkulturationsbelastungen und den Akkulturationsverlauf im fremden Land haben. „Zu Beginn seiner Akkulturation im Gastland ist jeder Fremde zur Reduzierung seiner Unsicherheiten besonders intensiv auf Rat, Hilfe und soziale Zuwendung seitens der Gastlandbewohner angewiesen. Besonders die freiwillig gewährte und ohne gesonderte Aufforderung, wie selbstverständlich angebotene Hilfe und Zuwendung erleichtert dem Fremden die interkulturelle Anpassung. Aufgrund der kulturspezifischen Qualität sozialer Distanzregulation, wie sie der

Amerikaner im Umgang mit seinen Landsleuten gewohnt ist, wird ein Amerikaner unter den in Deutschland üblichen Standards sozialer Distanzregulation einen erheblich höheren Grad an Akkulturationsbelastung empfinden als ein Deutscher in Amerika“ (ebenda S. 131). Aufgrund dieser Ergebnisse kommt Thomas zu der Empfehlung, Menschen, die beispielsweise einen längeren Auslandaufenthalt planen oder die aus beruflichen Gründen in ein anderes Land wechseln müssen, auf die interkulturelle Begegnungssituation durch Trainingsseminare vorzubereiten. „Wenn die einander begegnenden Partner über die Art der Handlungswirksamkeit zentraler Kulturstandards in der anderen Kultur informiert und sich ihrer eigenen Kulturstandards bewusst sind, dann steigen die Chancen zur Reduktion kulturbedingter Missverständnisse, dann erhöht sich zudem die Fähigkeit zu ‚isomorphen Attributionen‘ (Triandis, 1984), dann steigt die Fähigkeit zum interkulturellen Verstehen, und es wächst die interkulturelle Handlungskompetenz“ (ebenda, S. 133).

Dies gilt auch für die Begegnung in interkulturellen Gruppen. Hier besteht zum einen die Möglichkeit, über die unterschiedlichen Formen der Distanzregulation innerhalb der Gruppe zu sprechen, und zum anderen über die Erfahrungen nachzudenken, die Zugewanderte in Deutschland gemacht haben. Viele Migranten charakterisieren Deutsche aufgrund ihres Erstkontaktes und ihrer Beobachtungen, die sie in der Interaktion gewonnen haben, als abweisend, verschlossen, unzugänglich, stur, gefühlskalt und arrogant. Sie erleben das Interaktionsverhalten des anderen als persönlichen Affront und Verletzung ihres Selbstwertgefühls, statt darin ein bestimmtes Verhaltensrepertoire zu sehen, das in dieser Kultur durch Sozialisationsprozesse eingeübt und tradiert wurde.

Gruppe als Netzwerk der Kommunikation

Einige Kleingruppenforscher haben sich weniger für die affektiven Seiten des Gruppenlebens interessiert und ihre Arbeit stärker den objektiv funktionalen Aspekten gewidmet. Die klassischen Untersuchungen stammen von den Amerikanern Bavelas, Leavitt und Martin Shaw (Schütz 1989, S. 21). Sie gehen davon aus, dass jede Gruppe auch als Netzwerk der Kommunikation und des Informationsaustausches gesehen werden kann. Form und Gestalt der Kommunikation (wie z.B. Anzahl der Beiträge, Aufnahme und Verteilung der Kommunikationskanäle) beeinflussen die Gruppenleistung. Die Forschung kam u.a. zu dem Ergebnis, dass zentralisierte Netzwerke dazu beitragen, dass Aufgaben schneller bewältigt werden als in dezentralisierten Netzen. Probleme, die Informationssammlung erfordern, werden besser in offenen Netzwerken gelöst, während für Aufgaben, die Synthese erfordern, zentralisierte Strukturen vorteilhafter sind. Effiziente Gruppenleistung und Gruppenzufriedenheit sind erstaunlicherweise nicht positiv linear. Zufriedenheit kommt vor allem über Gleichberechtigung und Handlungsmöglichkeit zustande. Mitglieder im Zentrum einer Gruppe fühlen sich in der Regel subjektiv besser als Teilnehmer der Peripherie. Das hat didaktisch zur Konsequenz, dass stärker angeleitete Phasen der Gruppenarbeit, die in der Regel leiterzentriert sind, wie es bei Kurzreferaten und Info-inputs der Fall ist, abgelöst werden müssen durch teilnehmeraktivierende Phasen der Partner- und Kleingruppenarbeit.

Ethnische Grenzen und Kommunikationsbarrieren

Krewer (1996, S. 153 f.) macht auf unterschiedliche „Interkulturalitätsstrategien" von Kommunikationspartnern aufmerksam, die teilweise auch Verstehen und Übereinkunft verhindern können: „Die beiden ersten Typen zielen letztendlich überhaupt nicht auf eine ‚Interkultur' im eigentlichen Sinne, d.h. auf eine wie auch immer definierte kulturelle Überschneidung oder wechselseitige Durchdringung. Der erste Typus verabsolutiert dabei den eigenen Standpunkt und versucht, diesen in ethnozentrischer Manier auf den Standpunkt des Partners zu übertragen, trachtet also nach einer Rollenverteilung von Eroberer und Eroberung, von Akkomodation und Assimilation. Die zweite beschriebene Strategie dagegen geht von der grundsätzlichen Unvereinbarkeit zweier kultureller Systeme aus, die jeweils nur von einem intrinsisch zu erschließenden und intern gültigen Systemkriterium aus betrachtbar sind (emischer Standpunkt)." Solche Strategien tendieren wie beim ersten Typus dazu, den Anderen zu vereinnahmen, seine Eigenarten zu leugnen und den eigenen Maßstäben unterzuordnen. Diese Position trachtet danach, ein Dominanzverhältnis zu etablieren, indem der Partner dem eigenen Willen unterworfen wird. Im zweiten Fall werden die ethnischen Demarkationslinien klar vorgezeichnet. Die andere Kultur ist mit den eigenen Maßstäben nicht vereinbar, die beiden Systeme schließen sich aus, eine Kommunikation ist sinnlos.

Bei multikulturell zusammengesetzten Gruppen besteht die Gefahr von Fehlkommunikation v.a. aufgrund bestimmter ethnischer Zuschreibungen. Letztere treten vor allem dann auf, wenn in einer Gesellschaft ethnische Minderheiten diskriminiert werden, sodass sich die Makro-Ebene auch in diesem Zusammenhang auf die Mikro-Ebene der face to-face-Kommunikation auswirkt. Streeck (1985, S. 116) weist auf Untersuchungen im Bereich der Studienberatung in den USA hin, die zu dem Ergebnis führen, dass die Anzahl der kommunikativen Fehlschläge (z.B. Fehlabstimmungen im Interaktionsrhythmus, die von beiden Seiten als „unbehaglich" empfunden wurden) erheblich höher war, wenn die ethnische Zugehörigkeit von Berater (counselor) und Student ungleich war, und dass diese Fehlabstimmungen auch das Ausmaß an Rat und Hilfe reduzierten, das dem Studenten zuteil wurde. Diese Untersuchungen sind auch für das Interaktionsgeschehen in multikulturellen Gruppen relevant, da damit zu rechnen ist, dass die Gruppenmitglieder einander mit bestimmten Voreinstellungen begegnen werden, die Fehlkommunikation begünstigen. Diese Gefahr ist umso größer, je weniger Kontakte bis zum Zeitpunkt des Gruppeneintritts zu der jeweiligen Ethnie bestanden haben. Unsere Erfahrungen mit multikulturellen Gruppen bestätigen die Forschungsergebnisse von Mehrländer u.a., dass nämlich die Teilnehmerinnen in unseren Gruppen, die bestimmte Vorurteile und Stereotypen über andere Ethnien äußerten, in der Regel keine Kontakte zu anderen Ethnien unterhalten hatten und ihre Informationen lediglich aus zweiter Hand (z.B. Medien) erhalten hatten. Die Forschungen aus den USA machen allerdings auf einen weiteren Punkt aufmerksam, der ebenso bedeutsam für die Leitung von pädagogischen Gruppen ist:

Die Kommunikationsbarrieren zwischen den Angehörigen unterschiedlicher Ethnien wurden nämlich dann abgemildert, „wenn die Beteiligten in kleinen Abschweifungen ihres Gesprächs Identitäten ausmachten ..., die jedoch beiden gemeinsam waren: Wenn ein italoamerikanischer Student mit einem italoamerikanischen Counselor sprach, der einst Trainer einer Ringermannschaft gewesen war, dann half es, wenn auch der Student ein Ringer war. Wenn ein Student, der mit einem solchen Counselor sprach, polnischer Herkunft und ein Ringer war, dann wurde ihm mit großer Wahrscheinlichkeit mit mehr Hilfsbereitschaft begegnet als einem Amerikaner polnischer Abstammung, der kein Ringer war" (ebenda). Die gemeinsame Zugehörigkeit zu situativ definierten Zuschreibungskategorien (wie z.B. auch ein Ringer zu sein) schien die Effekte von Differenzen im kulturellen Stil und der ethnischen Zugehörigkeit auszugleichen. Streeck warnt daher vor dem Fehlschluss, ethnische Differenzen automatisch zu Grenzen für die interethnische Kommunikation zu erklären.

Diese Resultate sind für die Leitung von multikulturell zusammengesetzten Gruppen bedeutsam, weil sie bei der Gesprächsführung darauf achten sollte, auch das Gemeinsame herauszuarbeiten, was die Gruppe einen könnte.

Krewer (1996, S. 154) weist auf eine anzustrebende Interkulturalitätsstrategie hin, die er mit der „Suche nach neuen, interkulturellen Lösungen" beschreibt. Diese Position sieht „Interkulturalität" als „ zu konstruierendes Produkt", das erst durch den Kontakt zwischen Kommunikationspartnern unterschiedlicher Kulturen zustande kommt. Dabei könnte eine Art „Synergieeffekt" entstehen, indem etwas Neues, Drittes geschaffen wird oder vorhandene Überschneidungsbereiche in der Kommunikation herausgearbeitet werden. Im 3. und 4. Kapitel dieses Buch werden entsprechende Beispiele genannt.

Veronika Fischer

Elemente einer Didaktik interkulturellen Lernens

Ein für das interkulturelle Lernen in Gruppen wichtige Bezugsdimension ist das didaktische Konzept, das das Handeln der Gruppenleitung bestimmt. Es soll im Folgenden näher erläutert werden.

Zunächst sei an eine Prämisse erinnert, die bereits im ersten und zweiten Kapitel erörtert wurde und die mit einem allgemeinen Ziel interkultureller Pädagogik zu tun hat und zugleich deren Grenzen offenbart. Es stellt sich immer erst die Frage, welchen Beitrag interkulturelle Bildung leisten kann, damit Mitglieder dieser Gesellschaft für die Fragen globaler Migrationsprozesse und das multikulturelle Zusammenleben sensibilisiert werden. Der Kern politischer Bildung im Zusammenhang interkulturellen Lernens besagt dabei, dies nicht im Sinne einer naiven shake-hands-Philosophie zu tun, sondern im Bewusstsein der sozialen Gegensätze, ungerechten Verteilungsstrukturen und Diskriminierungstatbestände, die es zu überwinden gilt. Dabei sollten sich alle an Bildung Beteiligten darüber bewusst sein, dass interkulturelles Lernen nicht die „antinomische Struktur der Gesamtverhältnisse" (Gamm 1986, S. 104) aufheben, sondern nur ein kritisches Bewusstsein erzeugen kann und im Sinne eines Probehandelns allgemeine Diskursstrategien zur besseren Verständigung zwischen Mitgliedern der Majorität und der Minoritäten vermitteln sollte.

In diesem Sinne impliziert interkulturelles Lernen unterschiedliche Dimensionen:

a) globales Denken,
b) Selbstreflexion als Auseinandersetzung mit der eigenen kulturellen Geprägtheit, den Normen und Werten der Herkunftsgesellschaft, der ethnozentrischen Perspektive, die vielfach mit Überlegenheitsgefühlen einhergeht,
c) Interaktion und Kommunikation mit Partnern aus anderen Herkunftskulturen,
d) Symmetrie und Reziprozität als Merkmale der Beziehungsmuster und Umgangsformen unter den Akteuren,
e) Differenzen und Gemeinsamkeiten als Ergebnis eines gemeinsamen Diskurses,
f) Solidarität.

a) Globales Denken

Wird interkulturelles Lernen von manchen Autoren noch als Reaktion auf die Multikulturalität der Gesellschaft gesehen und damit als eine Strategie im Hinblick auf Veränderungen im nationalstaatlichen Raum wahrgenommen, so eröffnen die

90er-Jahre mit ihrer Diskussion über Fragen der Globalisierung (vgl. Beck 1998, Giddens 1999) zunehmend den Blick auf die Weltgesellschaft. Längst sind alle Veränderungen im Kontext weltweiter Prozesse zu sehen. War der Nationalstaat noch als Territorialstaat an einen begrenzten Raum gebunden, eröffnen Pro-zesse der Globalisierung „eine multiple, nicht ortsgebundene Vielheit von sozialen Kreisen, Kommunikationsnetzwerken, Marktbeziehungen, Lebensweisen“ (Beck 1998, S. 18). Die Grenzen des Nationalstaats werden durch ein Netzwerk transnationaler Beziehungen unterlaufen. Globalisierung meint daher alle Prozesse, „in deren Folge die Nationalstaaten und ihre Souveränität durch transnationale Akteure, ihre Machtchancen, Orientierungen, Identitäten und Netzwerke unterlaufen und querverbunden werden“.

Die so entstandene Weltgesellschaft ist keine „Mega-Nationalgesellschaft, die alle Nationalgesellschaften in sich enthält und auflöst, sondern ein durch Vielheit und Nicht-Integriertheit gekennzeichneter Welthorizont, der sich dann eröffnet, wenn er in Kommunikation und Handeln hergestellt und bewahrt wird“ (ebenda, S. 31).

Diese Entwicklung kann nicht mehr zurückgeschraubt werden. Acht Gründe werden dafür von Beck (ebenda, S. 29 f.) genannt:

„1. geografische Ausdehnung und zunehmende Interaktionsdichte des internationalen Handels, die globale Vernetzung der Finanzmärkte und der Machtzuwachs transnationaler Konzerne,
2. die informations- und kommunikationstechnologische Dauerrevolution,
3. die universal durchgesetzten Ansprüche auf Menschenrechte – also das (Lippen-)Demokratieprinzip,
4. die Bilderströme der globalen Kulturindustrien,
5. die postinternationale, polyzentrische Weltpolitik – neben den Regierungen gibt es an Macht und Zahl zunehmende transnationale Akteure (Konzerne, Nicht-Regierungsorganisationen, Vereinte Nationen),
6. die Fragen der globalen Armut,
7. die globalen Umweltzerstörungen und
8. transkulturelle Konflikte am Ort.“

Hinzuzufügen wären die weltweiten Migrationsströme, die Menschen aus unterschiedlichsten Gründen (Arbeitssuche, ökologische Katastrophen, Kriege, Verfolgung etc.) von ihren ursprünglichen Siedlungs- und Wohngebieten in neue Zielgebiete führen, wo sie versuchen heimisch zu werden. Die Mitglieder multikultureller Lerngruppen sind teilweise von diesen Wanderungsbewegungen unmittelbar betroffen und haben die Auswirkungen dieser Globalisierungsprozesse bereits „am eigenen Leib erfahren“. Um so wichtiger ist es, die Ursachen und Hintergründe weltweiter Migration transparent zu machen, um das persönliche Schicksal in einen historischen, gesellschaftspolitischen Kontext einordnen zu können und das scheinbar Individuelle und Zufällige des persönlichen Migrationsverlaufs korrigieren und in einem Gesamtzusammenhang sehen zu können. Doch auch diejenigen, die nicht unmittelbar betroffen sind, können von dieser Einsicht profitieren. Die Transparenz der Systemzusammenhänge, in deren Rahmen Migration stattfindet, kann bestehende Meinungen korrigieren helfen: etwa die Ansicht, die Migranten seien im Prinzip alle Wirtschaftsflüchtlinge, die sich auf Kosten der Bevölkerung der Industrieländer in den sozialen Netzen, die doch schon so belastet und brüchig geworden sind, versorgen lassen wollten.

Globales Denken, wie wir es hier verstehen, beinhaltet kein affirmatives Verhältnis zu den oben beschriebenen Prozessen der Globalisierung. Es geht nicht darum, sich gedanklich auf die ökonomische Eigenlogik des Kapitals und der Märkte einzulassen, die Verhältnisse als gegeben anzunehmen bzw. im Sinne neoliberalen Denkens zu verteidigen oder gar optimieren zu wollen. Es geht vielmehr um *kritische Einsichtnahme* in die Systemzusammenhänge eines weltumspannenden Netzwerks, das sich u.a. in den Transaktionen der „global player" großer transnationaler Konzerne, in der Mobilität der Arbeit, im Wohlstandsgefälle und in den Abhängigkeiten zwischen armen und reichen Staaten, in den Massenmedien, im Konsum, im Tourismus, in den globalen ökologischen Gefahren oder der Anfälligkeit der Geldmärkte zeigt.

Globales Denken zielt nicht nur auf die kritische Analyse der gegebenen Strukturen, sondern darüber hinaus auf eine *Antizipation neuer Lebensformen*, die auf Vernunft, Humanität, Frieden und kulturelle Selbstbestimmung gerichtet sind. Diese anzustrebenden Lebensverhältnisse sollten auf der Vielfalt der Kulturen und zugleich auf einem Konsens über die unverzichtbaren gemeinsamen Werte und Normen beruhen, die die Würde des Menschen in den Mittelpunkt stellen. Das impliziert, dass wir uns im interkulturellen Dialog für die Ideen und Leistungen anderer Kulturen öffnen, um von ihnen für die Humanisierung der eigenen Lebenswelt zu lernen. Ohne Infragestellung der eigenen Lebensverhältnisse kann dieser Weg nicht beschritten werden, was wiederum Selbstreflexion und Selbstkritik voraussetzt. „Man muss das eigene Heiligste für die Kritik durch Andere öffnen" (Beck 1998, S. 148) – so lautet das Fazit, das Beck aus der Universalismusdebatte zieht. Demnach gibt es nicht die eine universelle Leitlinie, nach der alle Menschen ihr Handeln auszurichten haben, sondern verschiedene Gewissheiten, die je nach dem Kontext, in dem sich Menschen bewegen, unterschiedlich ausfallen. Als Beispiel seien hier die Menschenrechte genannt, die oft vom Westen als Kulturgut reklamiert werden.

„Diese Idee findet sich bekanntlich auch in anderen Kulturen, Traditionen und Religionen mit sich teilweise ergänzenden, teilweise ausschließenden Bedeutungen. Unterschiedliche Menschenrechts*versionen* existieren allein schon in den verschiedenen Winkeln Europas. So werden z.B. in den skandinavischen Ländern wirtschaftliche Rechte zu den Grundrechten gezählt, während in den nach-kommunistischen Ländern Zentral- und Osteuropas die bürgerlichen und politischen Rechte oft nicht von den Regierungen, aber von den Bevölkerungen besonders geschätzt werden. Die Ansprüche, die aus anderen Regionen der Welt stammen, verweisen auf ein anderes Verständnis von Rechten. So gibt es eine *Afrikanische Charta für Menschen- und Völkerrechte.* Sie spiegelt ein vor allem afrikanisch geprägtes Konzept der Menschenrechte, das aus den Normen traditioneller afrikanischer Gesellschaften entwickelt wurde und auf zwei Prinzipien gründet – zum einen auf Kommunitarismus, der den westlichen Individualismus verwirft, zum anderen auf Entscheidungsfindung im Konsens, die den politischen Wettbewerb bei Wahlen überflüssig macht. Diese Prinzipien ... haben über Afrika hinaus große Bedeutung" (ebenda, S. 147).

Didaktisch bietet sich für den Entwurf von Zukunftsvisionen im interkulturellen Dialog die „Zukunftswerkstatt" an, die von ihren Vertretern im deutschen Sprachraum, Robert Jungk und Norbert R. Müllert, als eine flexible Lernform angesehen wurde, die sich als Experimentier- und Innovationswerkstatt verstand, in der in kleinen Gruppen über die Lösung bedrängender Probleme nachgedacht werden sollte (siehe Kapitel 4, „Zukunftswerkstatt").

b) Selbstreflexion

Selbstreflexion meint, dass sich der Lernende der kulturellen Einflüsse bewusst wird, denen er u.a. durch Prozesse der familiären, politischen und beruflichen Sozialisation ausgesetzt war und die ihrerseits historisch-gesellschaftlich bestimmt sind. Dabei gilt es sowohl das jeweilige historische Erbe (aus Faschismus, Kolonialismus etc.) zu verarbeiten als auch die individuellen Wahrnehmungs- und Deutungsmuster zu erkennen, die unter Umständen die ethnozentrische Sicht eines Einzelnen ausmachen. Ethnozentrismus wird hier verstanden als eine besondere Form des Nationalismus oder des völkischen Denkens, bei der die eigene Nation als Mittelpunkt und zugleich als überlegen deklariert wird. Darüber hinaus gibt es als sehr verbreitete Form eine Art „Kulturzentrismus" (Nieke 1995, S. 200), die unvermeidliche „Eingebundenheit des eigenen Denkens und Wertens in die selbstverständlichen Denkgrundlagen der eigenen Lebenswelt oder Ethnie", die zur Orientierung im Alltag und zur Aufrechterhaltung einer Handlungsfähigkeit in verschiedenen Lebenssituationen notwendig ist. Eine vollständige Überwindung dieses Selbstverständnisses ist also gar nicht wünschenswert, aber die Selbstvergewisserung der eigenen Geschichte, warum ich so geworden bin, wie ich bin und welche Leitlinien mein Handeln bestimmen, ist ein wichtiges Ziel interkulturellen Lernens. Prengel (1993, S. 91) führt dazu aus: „Eine solche Bewusstheit für die kulturelle Begrenztheit muss nicht moralische Bewertung ausschließen, muss nicht historische Schuld und Verantwortung verleugnen, sie muss vielmehr Fragen des Täter- und Opfer-, Sieger- und Verliererseins kulturbezogen ansprechen.“ Es gilt sozusagen einen „Standort“ zu finden, sich in der ethnozentrischen Begrenztheit anzunehmen.

Diese Selbstvergewisserung lässt sich nicht isoliert von anderen herstellen, sondern nur im Austausch und Diskurs mit ihnen. Indem andere widerspiegeln, wie sie mich wahrnehmen, erfahre ich einzelne Aspekte, aus denen ich mein Selbstbild zusammensetze. Insofern bietet die multikulturelle Gruppe eine Projektionsfläche für die jeweiligen Fremd- und Selbstbilder.

Die besondere identitätsbildende Wirkung eines solchen selbstreflexiven Prozesses besteht bei Migrant/-innen darin, die prägende Kraft der verschiedenen Kulturen zu erkennen, denen sie ausgesetzt sind. Das betrifft die Auseinandersetzung mit den Einflüssen der Herkunftskultur, der Migrantenkultur und den kulturellen Strömungen im Aufnahmeland.

Bei dem Bestreben, Ich-Identität zu wahren, sind insbesondere Migranten der ersten Generation einer besonderen Spannung ausgesetzt, die sie zeit ihres Lebens begleitet: Im Übergang vom Herkunfts- ins Aufnahmeland gelingt ihnen häufig nicht die Identitätspassage, da sie in der neuen Kultur Teile ihrer Biografie nicht unterbringen können. Andererseits haben sie sich von ihrer Herkunftskultur ebenfalls entfremdet, werden nicht mehr als Einheimische akzeptiert und fühlen sich dort nicht mehr integriert. So sind sie doppelt fremd. „Das Bild des Dauerpendlers, der schließlich zwischen allen Stühlen sitzt, trifft etwas Richtiges. Immer gerade die Welt ist Gegenstand der Identifikation, die man nicht bewohnt“ (Hettlage 1987, S. 40). Migrant/-innen müssen mit diesem Identitätsdilemma umgehen lernen und das komplexe Wechselspiel von Abstoßung und Anziehung verarbeiten lernen (Pankoke 1988, S. 134).

Es gilt die Spannungsverhältnisse auszuhalten, die aus konfligierenden Normen, Werten, Anschauungen, Handlungsmustern und Lebensweisen der unterschiedlichen Kulturen resultieren, und damit konstruktiv umzugehen. Zugleich ist es wichtig, die Prozesshaftigkeit und Veränderbarkeit von Kultur und kultureller Identität zu erkennen. In diesem Zusammenhang muss nochmals betont werden, dass diese Form des Identitätsmanagements eine Leistung darstellt, die von allen Mitgliedern moderner Gesellschaften zu erbringen ist. Das Identitätsmanagement wird aufgrund unterschiedlicher Faktoren für alle Gesellschaftsmitglieder immer komplizierter. Je mehr bestimmte Sicherheiten wie Beruf, soziale Absicherung, familiäre und Freundschafts-Netze oder die Altersversorgung in Frage gestellt sind, desto belastender wird die Alltagsbewältigung und desto beängstigender der Blick in die Zukunft. Migranten erleben zusätzliche Erschwernisse durch die mangelnde gesellschaftliche Akzeptanz, materielle, kulturelle und soziale Benachteiligungen und rechtliche Unsicherheit. Insofern ist ihre Identitätsbildung in besonderem Maße bedroht.

Eine angemessene didaktische Form, um Selbstreflexion auszulösen, bietet das Biografie-Konzept (siehe Kapitel 4, „Biografisches Lernen"). In dem Maße, in dem Mobilitätsprozesse die Bindung an Heimat und Herkunft auflösen, wird eine biografische Selbstvergewisserung und individuelle Lebenslaufplanung zu einer Aufgabe lebenslangen Lernens. Das gilt nicht nur für Migranten, sondern für alle Menschen, die in hoch industrialisierten Gesellschaften vom gesellschaftlichen Strukturwandel (siehe Kapitel 1) betroffen sind.

Biografischem Lernen im Zusammenhang mit interkulturellem Lernen geht das Fremdwerden der eigenen Biografie voraus. Es wird ausgelöst durch die Konfrontation mit der Fremdkultur, die einen Perspektivwechsel provoziert. Das Befremden angesichts einer anderen Kultur zwingt zur Selbstbesinnung, um sich der eigenen Bewertungen, psychischen Reaktionen, Denk- und Verhaltensweisen bewusst zu werden und einer Überprüfung zu unterziehen. Im ungünstigen Fall führt das Fremdheitserlebnis zur Abwehr der ungewohnten Eindrücke und zur Ablehnung des Andersartigen. Es wird für die eigene Identität als bedrohlich erlebt und häufig abgewertet, um die Abgrenzungen und Ausgrenzungen des Fremden zu legitimieren und die Anteile des Fremden in uns selbst zu bekämpfen. Die Begegnung mit dem Fremden ist daher nicht nur ein nach außen gerichtetes Verhältnis, sondern löst zugleich eine innere Bewegung aus, die ins Zentrum der Vorstellungskraft, Phantasien und verdrängten Anteile unseres Selbst führt. Kristeva (1990, S. 208) stellt dieses Verhältnis zum Fremden aus psychoanalytischer Sicht dar: „Das Fremde ist in uns selbst. Und wenn wir den Fremden fliehen oder bekämpfen, kämpfen wir gegen unser Unbewusstes – dieses ‚Uneigene' unseres nicht möglichen ‚Eigenen'. Feinfühlig, Analytiker, der er ist, spricht Freud nicht von den Fremden: Er lehrt uns, die Fremdheit in uns selbst aufzuspüren. Das ist vielleicht die einzige Art, sie draußen nicht zu verfolgen."

Führing (1996, S. 12) verweist auf die zentrale Bedeutung der Irritation als Auslöser für Lernprozesse. Dadurch entstehe Verunsicherung, die weniger ein vorläufiges Ziel als vielmehr ein notwendiger Weg sei, um bisher Unhinterfragtes und Selbstverständliches neu zu überdenken. Analog zu ihren eigenen Erfahrungen in der Fremde stellt sie ein Phasenmodell interkulturellen Lernens auf:

Die erste Phase, die Orientierungsphase, bezieht sich auf die Vergewisserung des persönlichen Standorts und die Erkenntnis der eigenen Grenzen. „Ich entdecke in meiner Sichtweise des Fremden Projektionen des Eigenen und übernehme sozusagen die Verantwortung für mich selbst, für meine Konstruktion von Wirklichkeit. Ich erkenne meine Begrenztheit und Vorurteilshaftigkeit."

Die zweite Phase bezeichnet sie als Schockphase im Sinne einer Erschütterung der von klein auf erlernten Prinzipien, Sichtweisen und Weltbilder.

Die dritte Phase, die Latenz- und Suchphase, ist wieder stärker dialogisch orientiert. Nachdem ich in den vorangegangenen Phasen weitgehend auf mich selbst zurückgeworfen war, mache ich mich nun, gemeinsam mit den anderen auf die Suche nach Ähnlichem und Verschiedenem.

In der vierten Phase, der selektiven Adaption, stehen die Konsequenzen aus dem gemeinsamen Prozess der Auseinandersetzung im Vordergrund. Die vergleichende Bewertung und Hinterfragung des Eigenen und Fremden erfordert die Reflexion meiner kulturellen Wurzeln im individuellen wie kollektiven Sinne und gegebenenfalls eine Veränderung durch selektive Anpassung.

Die fünfte Phase, die Absorptionsphase, verläuft meist unbewusst, bis ein weiterer Reflexionsprozess einsetzt und Veränderungen spiegelt bzw. als Prozess von neuem beginnt. Akzeptables wird in das eigene Repertoire aufgenommen.

Alle am Prozess biografischer Selbstreflexion Beteiligten – z.B. die Mitglieder eines Erzählcafés – sollten möglichst einen gemeinsamen zeitgeschichtlichen Referenzrahmen haben, der den Vergleich der Erinnerungen erlaubt (z.B. die 50er-Jahre als Zeit des Wirtschaftswachstums und der Anwerbung ausländischer Arbeitskräfte) und das Erinnern zu einem kollektiven Verarbeitungsprozess werden lässt.

c) Interaktion und Kommunikation

Zunächst sollten Einrichtungen der Erwachsenenbildung dafür Sorge tragen, dass sie Begegnungsräume eröffnen, in denen Menschen unterschiedlicher kultureller Herkunft Kontakt zueinander aufnehmen und miteinander ins Gespräch kommen können; d.h., die Voraussetzungen für die interkulturelle Kommunikation müssen institutionell erst einmal hergestellt werden. Solche Begegnungen ergeben sich im Alltag nicht unbedingt von selber, da es sowohl am Arbeitsplatz als auch in Wohngebieten häufig schon zu einer ethnischen Segregation gekommen ist.

Nach Amir (1969) ist der Aufbau von positiven Kontakten in und durch die Gruppe dann gefährdet, wenn Wettbewerb statt Kooperation herrscht, das Klima in der Gruppe angespannt ist, wenn eine Gruppe durch Kontakt an Ansehen verliert, wenn eine Gruppe in einer schwierigen Situation ist, bei inkompatiblen moralischen Normen und wenn eine Gruppe in jeder Hinsicht schlechter ist.

Bereits im Rahmen intrakultureller Kommunikation ist eine intersubjektive Verständigung kompliziert und stellt hohe Anforderungen an die am Interaktionsprozess Beteiligten, da die Ansichten, Interessen und Bedürfnisse von den an sozialer Interaktion Beteiligten weder vor Eintritt in die Interaktion kongruent sind noch sich in der Interaktion voll zur Deckung bringen lassen. Die Gesprächspartner sind darauf angewiesen, im Zuge des Verständigungsprozesses durch Nachfragen und Hinterfragen ihre und die Deutungsmuster der anderen offen zu legen und zu entschlüsseln. Thomas (1996, S. 116) macht auf die Relevanz von so genannten Kulturstandards aufmerksam, deren Kenntnis zur Regulation von Handlungen in der Interaktion hilfreich sei. „Unter Kulturstandards werden alle Arten des Wahrnehmens, Denkens, Wertens und Handelns verstanden, die von der Mehrzahl der Mitglieder einer bestimmten Kultur für sich persönlich und andere als normal, selbstverständlich, typisch und verbindlich angesehen" werden. Im Unterschied zur intrakulturellen Kommunikation, bei der Mitglieder ein- und derselben kulturellen Gruppe miteinander kommunizieren, benutzen die Kommunikationspartner bei der interkulturellen Kommunikation in der Regel nicht dieselben Zeichen (z.B. Sprache, Gesten), um denselben Inhalt zu transportieren. Auch sind die „Drehbücher", die kulturellen Deutungs- und Handlungsmuster der Beteiligten möglicherweise unterschiedlich, sodass Missverständnisse umso leichter entstehen können. Kommunikation wird dabei von unterschiedlichen Faktoren bestimmt wie etwa von der Wahrnehmung, von Sprache/Denkmustern und dem Nichtverbalen. Die Wahrnehmung wird wiederum durch das Weltbild, die Sozialorganisation und die Glaubens-, Wert- und Einstellungssysteme beeinflusst. In dem Maße, wie sich die Interaktionspartner für den kommunikativen Austausch öffnen und empathisch in die Gefühlslage des anderen hineinversetzen können, eröffnen sich auch Chancen den anderen zu verstehen, d.h. die Bedeutung seiner verbalen und nonverbalen Botschaften zu dechiffrieren (Amt für Multikulturelle Angelegenheiten 1993, S. 46 ff.).

In diesem Zusammenhang seien die auf der Grundlage des Symbolischen Interaktionismus formulierten Kompetenzen der *Empathie, Rollendistanz, Ambiguitätstoleranz* und *kommunikativen Kompetenz* genannt, die nach Krappmann zu den identitätsfördernden Fähigkeiten gehören.

Unter *Empathie* wird das einfühlsame Verstehen und Nachvollziehen der Position des Interaktionspartners gefasst. Es geht dabei um die Fähigkeit, zeitweise die Perspektive des anderen einzunehmen, auf eine gemeinsame Interpretationsgrundlage zu überprüfen und Handlungskompetenz zu gewinnen. Ein solcher Perspektivwechsel ist allerdings ohne die emotionale Einstimmung auf die Gefühle des Kommunikationspartners nicht möglich. Die affektive Anteilnahme an der psychischen Gestimmtheit des anderen erfordert Sensibilität und ein gewisses Maß an Einschätzungsvermögen und kognitiven Differenzierungsleistungen, um den soziokulturellen Hintergrund der Verhaltensweisen und Einstellungen zu verstehen.

Eine gewisse Sensibilität sollten die Gruppenmitglieder aber auch gegenüber ihrer eigenen Gefühlswelt entwickeln. Darauf haben u.a. Gudykunst & Hammer hingewiesen, die neben kognitiver Unsicherheit auch Angst für einen Belastungsfaktor im interkulturellen Kontakt halten. „Bei der Organisation bestimmer Lernprozesse, insbesondere bei Vorbereitungsprogrammen auf Auslandsaufenthalte, kommt es nach der von ihnen propagierten anxiety/uncertainty management-Theorie (AUM) vor allem darauf an, dass (a) die Lernenden den Einfluss von Angst und Unsicherheit auf den Verlauf und das Ergebnis ihres Lernprozesses einschätzen und (b) in einer fremdkulturellen Umgebung Angst und Unsicherheit besser bewältigen können" (Grosch/Leenen 1998, S. 42).

Vernünftiges Handeln, ein kompetenter Umgang mit Umwelt und Mitmenschen, scheint den neuesten Forschungsergebnissen zufolge (vgl. Döring-Seipel/Sanne 1999, S. 40) nur durch eine Verknüpfung von Emotion und Denken möglich zu sein. Demnach sind Emotionen eine wichtige Informationsquelle über die persönliche Bedeutung von Situationen (Signal), sie geben dem Denken Orientierung, indem Entscheidungsalternativen emotional bewertet werden, und sie sichern Handlungsfähigkeit, indem sie schnell ohne aufwendige Entscheidungsprozesse mögliche Handlungsoptionen in den Blick rücken und uns gleichzeitig den nötigen „drive" zur Ausführung dieser Handlungen verleihen (Energetisierung).

Im Hinblick auf soziale Kontakte nehmen Emotionen eine zentrale Rolle bei der Regulation von sozialen Beziehungen ein. Nähe und Distanz, Sympathie und Ablehnung, Dominanz und Unterordnung kommen auch im Gefühlsausdruck zur Geltung und dienen den Interaktionspartnern als Signale für die Bewertung einer Beziehung. Bei der Dekodierung von emotionalen Botschaften kann es allerdings zu Fehlinterpretationen kommen, weil der Emotionsausdruck immer mehrdeutig ist. Voreilige Schlüsse, was der andere fühlen oder denken könnte, sollten in der Gesprächsführung vermieden werden. In diesem Zusammenhang haben sich die Regeln der Themenzentrierten Interaktion bewährt, die u.a. empfehlen, die persönlichen Reaktionen offen auszusprechen und sich mit Interpretationen von anderen so lange wie möglich zurückzuhalten (siehe Kapitel 4, „Themenzentrierte Interaktion, [TZI]").

Auch Dollase (1999, S. 288) kommt im Hinblick auf den schulischen Bereich zu dem Ergebnis, dass die personale Dimension der Begegnung von Mensch zu Mensch (vgl. Carl R. Rogers bzw. die deutschen Interpreten A. Tausch und R. Tausch: Akzeptanz, Empathie und Kongruenz) für die Entwicklung moralischen Verhaltens, als das man die Überwindung der Fremdenfeindlichkeit ja sehen kann, von Nutzen sei. „Interkulturelles Lernen findet, wie auch soziometrische Forschungen gezeigt haben, insbesondere dort statt, wo das Klima entsprechend freundlich ist, wo das kooperative Lernen gefördert wird und wo ein warmherziger und freundlicher Unterrichts- und Erziehungsstil herrscht."

Eine weitere wichtige Fähigkeit stellt die *Rollendistanz* dar. „Für den interkulturellen Zusammenhang bedeutet Rollendistanz zunächst die Fähigkeit, die eigenen verinnerlichten, kulturell bestimmten Deutungs- und Verhaltensmuster zu erkennen und zu verstehen, dass sie ein Resultat der im Sozialisationsprozess tradierten umd im gesellschaftlichen Kontext vermittelten Werte, Normen und Traditionen darstellen" (Kiesel 1996, S. 213). Die Distanz erlaubt auch eine kritische Hinterfragung internalisierter Rollenstrukturen und gegebenenfalls deren Korrektur.

In der Interaktion kann *kommunikative Kompetenz* erprobt und trainiert werden, die ein bestimmtes Wissen und spezielle Fertigkeiten voraussetzt. Thomas schlägt folgende Ziele für ein Kommunikationstraining vor:

„1. Erkennen von Normen, die soziale Situationen regulieren;
2. Einsichten in die kulturabhängigen Rollenstrukturen;
3. Fertigkeiten im Erfassen intentionaler Bedeutungen von Ausdrucksmerkmalen;
4. Kenntnisse über das Selbstkonzept der Bezugspersonen;
5. Entwickeln eines empathischen Gespürs für unerwünschtes Verhalten in sozialen Interaktionen;
6. Kenntnisse über Bedingungen und Wirkungen beobachteten Verhaltens zwischen fremdkulturellen Interaktionspartnern;
7. Fertigkeiten im Erkennen und Nachvollziehen von Differenzierungen des Verhaltens bezüglich Raum und Zeit;
8. Einsicht in die Art der Beziehung zwischen individuellen Handlungszielen einerseits und norm- bzw. rollengemäßem Verhalten andererseits;
9. Kenntnisse über den angemessenen Verhaltensspielraum in sozialen Situationen;
10. Fertigkeiten im Umgang mit Art und Ausmaß von Belohnungserwartungen“ (Thomas 1989, S. 283).

Angesichts einiger der o.a. Kompetenzen, die in interkultureller Kommunikation erreicht werden sollen, stellt sich die Frage, ob es um eine mehr oder weniger fraglose Anpassung an fremdkulturelles Verhalten gehen soll oder ob der interkulturelle Dialog nicht gerade auch Anlass für eine ehrliche und kritische Auseinandersetzung mit Normen, Werten, Einstellungen und Verhaltensweisen sein sollte, die die Interaktionspartner wechselseitig nicht teilen können. Empathie und Sensibilität für das kommunikative Verhalten des anderen sind sicherlich wichtig, zugleich sollten die Grenzen für die Akzeptanz fremdkultureller Maßstäbe aber deutlich werden und gegebenenfalls Anlass für eine konstruktive Auseinandersetzung sein. Interkulturelles Lernen in Gruppen schließt daher Konflikte ein. Es geht nicht darum, Dissonanzen und Gegensätze auszuschließen und vorschnell zu harmonisieren – ein Verhalten, das häufig bei Frauengruppen zu beobachten ist, da Frauen aufgrund ihrer Sozialisation eher dazu neigen, auszugleichen und Konflikten auszuweichen (de Sotelo 1991, S. 321). Im Gegenteil sollten Konflikte genutzt werden, um Positionen zu verdeutlichen und Gegensätze schärfer herauszuarbeiten. „Verstehen ist nicht Das-sich-Identifizieren mit dem Anderen, wobei die Distanz zu ihm verschwindet, sondern das Vertrautwerden in der Distanz, die das Andere als das Andere und Fremde zugleich sehen lässt“ (Plessner 1983, S. 102).

Solche gegensätzlichen Positionen und Mehrdeutigkeiten auszuhalten, ist eine wichtige Fähigkeit, die von den Theoretikern des symbolischen Interaktionismus als *Ambiguitätstoleranz* charakterisiert wird. „Die Ambiguitätstoleranz ist die für die Identitätsbildung mutmaßlich entscheidendste Variable, weil Identitätsbildung offenbar immer wieder verlangt, konfligierende Identifikationen zu synthetisieren ... Das Individuum ist gezwungen, sich ständig damit auseinander zu setzen, dass Erwartungen und Bedürfnisse sich nicht decken und dass zwischen persönlichen Erfahrungen und den für sie zur Verfügung stehenden allgemeinen Kategorien eine Lücke klafft" (Krappmann 1993, S. 167).

Konflikte haben eine schmerzliche und eine fruchtbare Seite. Sie können das Selbstwertgefühl verletzen und das Selbstvertrauen erschüttern, indem sie Vertrautes und Liebgewordenes in Frage stellen. Zugleich bedeuten sie aber auch einen Erfahrungs- und Wissenszuwachs. In der Auseinandersetzung mit fremdkulturellen Maßstäben tritt Distanz zum Gewohnten ein, schärft der Lernende sein Wahrnehmungsvermögen und ist zugleich gezwungen, selbst Position zu beziehen, seine eigenen Definitionskriterien offen zu legen und persönliche Standpunkte dezidiert einzunehmen. Er erlebt sich als Persönlichkeit mit einem eigenen Profil, hebt sich von den anderen ab und erstarkt in seinem Selbstbewusstsein.

Hier kommt es auf eine behutsame und unterstützende Gruppenleitung an, die darauf achtet, dass die Beteiligten Respekt und Sachlichkeit zeigen, authentisch bleiben, ihre eigenen Gefühle und Gedanken als solche ausweisen und nicht vorschnell verallgemeinern. Damit sind einige der Hilfsregeln angesprochen, die beispielweise das Konzept der Themenzentrierten Interaktion auszeichnen. Erreicht der Konflikt eine Stufe, wo die Beteiligten nicht mehr in der Lage sind, ihn ohne fremde Hilfe beizulegen, so kann die Konfliktmediation (Johann u.a. 1998, S. 112 ff.;Haumersen, Liebe 1998, S. 135 ff.; Faller 1998, S. 157 ff.; Liebe 1996) ein angemessenes Vorgehen sein. Darüber hinaus ist es wichtig, darauf zu achten, dass Konflikte nicht gleich in der Anfangsphase das Gruppengeschehen dominieren, sondern dann, wenn die Beteiligten mehr Vertrauen zueinander gefasst haben. Ansonsten besteht die Gefahr, dass die Gruppenmitglieder abgeschreckt werden und die Gruppe gesprengt wird.

Um Prozesse interkultureller Kommunikation und Interaktion pädagogisch anzuleiten und zu begleiten, eignen sich Methoden, die die o.a. Haltungen und Verhaltensweisen fördern. Seitens der Gesprächsleitung empfiehlt sich eine nondirektive Methode, die auf Empathie, Authentizität und Akzeptanz gründet, wie sie beispielweise in der klientenzentrierten Gesprächsführung zur Geltung kommt (Rogers 1983, S. 22 ff.). Auch die Themenzentrierte Interaktion (siehe Kapitel 4, „Themenzentrierte Interaktion") sucht in der Balance von Ich, Wir und Es einen ganzheitlichen Lernprozess zu realisieren, der das jeweilige Thema, die Interaktion in der Gruppe und die individuelle Entfaltung gleichermaßen anspricht. Auf Grundlage der Axiome und Postulate von TZI sollen bestimmte Spielregeln die Kommunikation und Interaktion in der Gruppe erleichtern. Alle Ansätze, Übungen und Spiele, die Lernaktivitäten anregen und den Perspektivwechsel ermöglichen, eignen sich für das interkulturelle Lernen (Interaktionstraining, Improvisation, Rollenspiele, Planspiele, Aktionsspiele, Theaterspiel, Konfliktmediation etc.). Einen großen Teil dieser pädagogischen Methoden hat Fritz (1975) in seinem Buch „Interaktionspädagogik" zusammengetragen. In den 90er-Jahren wurden eine Reihe von Büchern herausgegeben, die interkulturelle Übungen und Spiele enthalten (u.a. Rademacher 1991; Losche 1995).

d) Symmetrie und Reziprozität

Für das Gelingen des interkulturellen Austauschs ist es unabdingbar, dass sich die Beteiligten als gleichberechtigte Partner akzeptieren und dass sich alle in gleicher Weise in die Kommunikation einbringen können. Dazu sind bestimmte Regeln einzuhalten, wie z.B. den anderen ausreden zu lassen, ihm/ihr nicht ins Wort zu fallen, den Diskurs nicht autoritär zu bestimmen, auf etwa gleiche Redeanteile zu achten, Themen auszuhandeln, sich nicht abschätzig und diskriminierend über Gesagtes zu äußern und ähnliche Diskursstrategien. Der Austausch wird sofort in empfindlicher Weise gestört, wenn sich einer der Beteiligten als besserwisserisch darstellt oder zum Ausdruck bringt, die höherwertige Kultur zu verkörpern. Das Prinzip der Symmetrie wird auch gestört, wenn die Beteiligten ein bevormundendes oder fürsorgerisches Verhalten an den Tag legen. In diesen Fällen obliegt der Gesprächsleitung die Aufgabe, solche asymmetrischen Kommunikationssituationen transparent zu machen und mit den Beteiligten zu bearbeiten, um schließlich zu Umgangsformen zu kommen, in denen sich die Beteiligten als gleiche Partner akzeptieren und wechselseitig als Individuen mit jeweils einzigartiger Biografie respektieren. Insofern sind „Symmetrie und Reziprozität" oft erst Ergebnis von Gruppenprozessen und müssen im Verlauf der Begegnungen immer wieder hergestellt werden.

Zugleich ist es wichtig, dass die am Prozess Beteiligten gleichermaßen von interkultureller Kommunikation und Interaktion *profitieren*. Das setzt voraus, dass sich alle ihrer Interessen bewusst werden und ihre Ansprüche und Erwartungshaltungen formulieren. Es reicht also nicht aus, wenn die einen eine Chance sehen, beispielsweise ihre Deutschkenntnisse zu verbessern und die anderen aus purem Mitleid mit den „armen Ausländern und Ausländerinnen" oder um sich moralisch als die besseren Deutschen, die „Ausländerfreunde", darzustellen, auf einen Kontakt einlassen. Die Reziprozität, also die Wechselseitigkeit von Interessen und der gemeinsame Nutzen, den man in der Kommunikation sieht, garantieren erst einen erfolgreichen Austausch.

e) Differenzen und Gemeinsamkeiten

In der Begegnung mit anderen und im Vergleich des Eigenen mit dem Fremden (im Sinne des noch Unbekannten) schälen sich nach und nach Differenzen heraus. Fremdheit wird daher von Schäffter (1991, S. 12) als „Beziehungsmodus" bezeichnet. Dabei entsteht Fremdheit nicht nur im Kontakt zu einer anderen Ethnie, sondern auch im Rahmen intrakultureller, mir nicht vertrauter Sozialbeziehungen (Verhältnis zu Homosexuellen, Obdachlosen, Punks etc.). Die Kontaktaufnahme zu anderen lässt die Unterschiede deutlich hervortreten. Erst wenn ein Mensch zu einem anderen in Beziehung tritt, eröffnet sich die Möglichkeit, sich von ihm zu unterscheiden. Er beginnt die Eigenschaften des anderen mit den eigenen zu vergleichen, wobei er seine Beobachtungs- und Bewertungskriterien in der Regel als Norm unterstellt. Die Reaktionen auf Abweichungen von dieser Norm können unterschiedlich sein: Ablehnung und Abwertung bilden dabei den einen Pol des Fremderlebens, während Überhöhung und Überbewertung das entgegengesetzte Extrem darstellen. Dazwischen liegen Gleichgültigkeit und Ignoranz, hinter deren Fassade sich oftmals Ablehnung versteckt. In allen Fällen kann das Fremde in seiner Unterschiedlichkeit nicht akzeptiert werden. Im Fall der Ablehnung, sofern diese nicht Resultat einer begründeten Auseinandersetzung ist, erfolgt ein Abwehrversuch, das Fremde als mit dem Eigenen unvereinbar aus dem eigenen Gesichtskreis auszuschließen. Solche spontanen Abwehrmanöver resultieren häufig aus einer Angst heraus, das Eigene könnte durch das Fremde bedroht sein. Derartige Impulse sind vielfach Ausdruck eines verunsicherten, labilen Selbst, das Abweichendes erst gar nicht zulassen will, weil es sich nicht zutraut, es auszuhalten. Annette Streeck-Fischer stellt eine solche Abwehrhaltung am Beispiel der Mentalität eines ausländerfeindlichen jugendlichen Skinheads dar (1996, S. 67 ff.).

Im Fall der Überbewertung und Überhöhung des Fremden gerät das Fremde zum Ideal- und Wunschbild, in das all jene Sehnsüchte und Hoffnungen gelegt werden, die im Grunde nur Ausdruck einer als unzulänglich erlebten Welt sind. So stellt beispielsweise das „Schwesterliche" an den Beziehungen der Türkinnen untereinander, wie es von einer Interviewperson unseres Projekts lobend hervorgehoben wurde, eine Verklärung der Lebensverhältnisse anderer dar. Solidarität statt Konkurrenz, Gemeinschaft statt Singularisierung, emotionale Nähe statt soziale Kälte – all das, was im eigenen Leben vermisst wird, wird in die Beziehungen der anderen hineinprojiziert und offenbart im Grunde nur die Defizite der eigenen Lebenswelt.

Gleichgültigkeit, im Sinne eines trotzigen „Das geht mich nichts an!" oder als Desinteresse getarnt, versucht zwar Beziehung zu leugnen, nimmt aber in dieser Haltung schon wieder eine Position zum Fremden ein und damit eine Beziehung auf. Insofern stellt sich Gleichgültigkeit als eine Variante des Abwehrverhaltens dar, das auch Berührungsängsten und aggressiven Impulsen entspringen kann. Dadurch verbaut man sich zugleich die Chance, das Fremde kennen zu lernen und neue Erfahrungen zu machen.

Eine wichtige Voraussetzung in der Begegnung mit Fremden ist Offenheit. Die Betroffenen sollten lernen, aufeinander zuzugehen und Nähe zuzulassen. Das setzt eine bewusste Haltung voraus, die sich von der Einsicht leiten lässt, dass Wahrnehmungs- und Deutungsmuster immer relativ sind, einen eigenen Referenzrahmen haben, den es offen zu legen gilt und dass die Relativierung von Positionen nicht zur Auflösung des Selbst, sondern zu einer Pluralisierung des eigenen Meinungsspektrums beiträgt, womit die Basis für eine kritische inhaltliche Auseinandersetzung gegeben ist. Zugleich gilt es sensibel zu werden für die ungeklärten, verdrängten, verletzten und befremdlichen Anteile des Selbst. „Wenn wir *unsere* Fremdheit erkennen, werden wir draußen weder unter ihr leiden noch sie genießen. Das Fremde ist in mir, also sind wir alle Fremde. Wenn ich Fremder bin, gibt es keine Fremden“ (Kristeva 1990, S. 209). Eine solche Haltung ist nicht von Anfang an da, sondern muss erworben werden. Die Fremdheit in sich selbst aufzuspüren stellt einen Lernprozess dar.

Im Zuge dieses Lernprozesses offenbart sich das Eigene wie das Fremde, werden Unterschiede transparent und einer gemeinsamen Reflexion zugänglich. Erst wenn sich Unterschiede herausstellen, lässt sich auch im Vergleich ein gemeinsames Drittes herauskristallisieren.

An dieser Stelle sei nochmals auf Streeck (1985, S. 117) verwiesen, der im Hinblick auf US-amerikanische Forschungen feststellte, dass interkulturelle Begegnung zu Fehldeutungen und ethnischen Abgrenzungen führen kann, aber nicht automatisch dazu führen muss: „Der negative Einfluss von Ethnizität und kulturellen Kodes auf das kommunikative Geschehen scheint demzufolge mehr als eine offene Möglichkeit zu sein. Kodes treiben, dies scheinen diese Ergebnisse zu besagen, ihr Unwesen, solange man sie ihr Unwesen treiben lässt. Wenn die Beteiligten die Frage ‚Wer sind wir?‘ allein mit Ethnizitätskategorien beantworten, die zwischen ihnen eine Trennungslinie ziehen, werden sie, anstatt Missverständnisse metakommunikativ aufzuklären und auszuräumen, diese nur in einer regressiven Spirale wechselseitiger Zuschreibungen von Stereotypen (Rassist – Faulenzer) deuten und diese – jeder für sich – einmal mehr bestätigt finden. Wenn sie stattdessen die kategoriale Basis ihrer Situationsdefinition im Verlaufe ihres Gesprächs so reorganisieren, dass anstelle ihrer Ethnizität Gemeinsames in den Vordergrund rückt, dann etablieren sie nicht nur gemeinsame Wissensbestände, auf die sie deutend und metakommunikativ zurückgreifen können, es kann ihnen sogar gelingen, einen gemeinsamen Interaktionsrhythmus, einen gemeinsamen Kode zu finden.“

In der pädagogischen Arbeit wurden diese Erkenntnisse etwa in der Weise umgesetzt, dass gemeinsame Interessen und Erfahrungen als Ansatzpunkt für Arbeits- und Gesprächskreise gewählt wurden. Als tragfähige Grundlage für den Dialog erwies sich z.B. der Austausch von Erfahrungen, die aus der Arbeitnehmerinnenrolle, Hausfrauenrolle, der Mutterrolle oder dem Älterwerden resultieren. Solche Diskussionen decken Gemeinsamkeiten auf und stellen häufig eine Grundlage für anschließende Solidarisierungsprozesse dar. Auf Basis solcher Verständigungsprozesse, die zugleich die Atmosphäre in einer Gruppe und deren inneren Zusammenhalt verbessern helfen, ist es schließlich auch leichter, Differenzen akzeptieren zu lernen und jedes Individuum in seiner Einzigartigkeit zu respektieren.

f) Solidarität

Die Erkenntnis gemeinsamer Interessen stärkt zugleich das Zusammengehörigkeitsgefühl in einer multikulturellen Gruppe. Dabei handelt es sich um Gemeinsamkeiten, die in den Augen der Betroffenen unabhängig von der Zugehörigkeit zu einer bestimmten Ethnie bestehen. Das Zusammengehörigkeitsgefühl kann sich aufgrund verschiedener Faktoren herstellen. Es kann aus der Zugehörigkeit zu einer bestimmten Alters-, Berufs- oder Standesgruppe, Partei, einem Verein etc. erwachsen. Häufig spielen gemeinsam geteilte Erfahrungen (wie Diskriminierung, Verfolgung, Stigmatisierung oder eine Notsituation), die Einsicht in gesellschaftliche Defizite und der Wunsch nach Veränderung eine Rolle bei der Entscheidung, füreinander einzustehen und die gemeinsamen Interessen ggf. auch außerhalb der Gruppe zum Ausdruck zu bringen und durchzusetzen.

Im Fall von Frauengruppen resultieren Solidarisierungseffekte häufig aus Diskriminierungstatbeständen, die mit der gesellschaftlichen Rolle der Frau zu tun haben. Der Mangel an Kindergartenplätzen; die daraus erwachsenden Hemmnisse, Familie, Kinder und Beruf miteinander zu vereinbaren; die Unterbewertung der Hausfrauentätigkeit; die mangelnden beruflichen Aufstiegschancen für Frauen; die erschwerten Zugänge zum Arbeitsmarkt nach einer Familienphase sind nur einige wenige Benachteiligungen, unter denen Frauen generell zu leiden haben.

Die Aufgabe der Gesprächsleitung besteht nun darin, die Betroffenen dabei zu unterstützen, die gesellschaftlichen Zusammenhänge und Ursachen für ihre Lebenssituation zu verstehen, ihre Bedürfnisse, Interessen und Forderungen zu artikulieren und gegebenenfalls gemeinsame Wege zur Umsetzung der Interessen und Ziele zu erörtern. Es kann allerdings nicht mehr Aufgabe einer pädagogischen Gruppe sein, die von der Gruppe erarbeiteten Ziele durchzusetzen. An diesem Punkt ist selbstständiges politisches Handeln gefragt, wozu sich die Gruppe auf einer anderen Ebene neu organisieren bzw. eine geeignete Organisationsform für ihre Zwecke suchen müsste.

Die o.a. Prinzipien und Ziele interkulturellen Lernens in Gruppen sowie die Methoden, die sich besonders gut für lernaktive Prozesse eignen, sollen in der nun folgenden didaktischen Matrix festgehalten werden. Die Matrix ordnet die Ziele und Methoden verschiedenen Ebenen des interkulturellen Lernens zu: Selbstreflexion, Begegnung/Konflikt und Kooperation, Fremdheitserleben, Solidarität und globales Denken.

Viele der Methoden können auf verschiedenen Ebenen eingesetzt werden; auch bei den Zielen gibt es Überschneidungen. Die Matrix erhebt keinen Anspruch auf Vollständigkeit. Sie ist zur Veranschaulichung des oben Ausgeführten gedacht und unterbreitet eine exemplarische Auswahl von Methoden, Arbeits- und Veranstaltungsformen, die sich für interkulturelle Lernprozesse nach unserer Erfahrung besonders gut eignen.

Matrix interkulturellen Lernens

Ebenen	Ziele	Methoden	Veranstaltungsform
Selbstreflexion	– sich der eigenen kulturellen Geprägtheit bewusst werden; – die ethnozentrische Perspektive kultureller Wahrnehmungs- und Deutungsmuster erkennen; – das historische Erbe aus Nationalismus/Kolonialismus etc. bearbeiten; – Prozesshaftigkeit von Kultur und kultureller Identität erkennen.	– biografische Selbstreflexion (zu den Themen: Selbstbild, Familie, Kindheit, Schule, Ausbildung, Beruf, Normen, Werte, Frauenrolle, Männerrolle etc.); – Übungstypen: z.B. Erinnern durch • Kreatives Gestalten, • Visuelle Impulse (Fotos, Dias, Objekte usw.), • Phantasiereisen, • Schreiben, • Körperarbeit.	– Seminare für ältere Deutsche und Migranten: ➢ „Erinnerungsreise in die 50er-Jahre“: Anhand von persönlichen Fotos rekonstruieren ältere Migranten und Deutsche die erste Phase der Anwerbung und den Beginn des „Wirtschaftswunders“. ➢ Seminar zur interkulturellen Frauenbildung – Riten und Rituale: Fotos, Geschichten und Aussteuergegenstände dienen als Gesprächsanreiz.

Ebenen	Ziele	Methoden	Veranstaltungsform
Begegnung **Konflikt und Kooperation**	– Akzeptanz der anderen als gleichberechtigte Kommunikationspartner; – Interessen und Bedürfnisse austauschen und gemeinsame Interessen eruieren; – Einhaltung von Kommunikationsregeln; – Offenheit; – Neugier; – Positive Wertschätzung der anderen; – Authentizität; – Erkennen von Normen, die soziale Situationen regulieren; – Einsicht in kulturabhängige Rollenstrukturen; – Kenntnisse über das Selbstkonzept der anderen Kommunikationspartner; – Einsicht in den soziokulturellen Hintergrund der anderen; – Ambiguitätstoleranz; – Konflikte aushalten und rationale Formen der Konfliktaustragung erproben; – Gemeinsame Aufgaben bewältigen.	– nicht-direktive Methoden (z.B. klientenzentrierte Gesprächsführung/ Themenzentrierte Interaktion); – Übungen und Spiele aus der Interaktionspädagogik (zum Training der sinnlichen Wahrnehmung, Körperwahrnehmung, zur Förderung des Wir-Gefühls und der Kooperation, Bewusstmachung von Gruppennormen, Auseinandersetzung mit Macht und Rivalität); – Rollenspiele; – Planspiele; – Konfliktmediation; – Theaterspiel (z.B. Theater der Unterdrückten von Boal).	– Städtepartnerschaften, – Studienfahrten, – Tandemkurse im Fremdsprachenbereich, – Projekte (Ausstellung organisieren, etc.), – Exkursionen (z.B. Besuch einer Moschee), – Kochkurs: Austausch von Rezepten und gemeinsames Kochen, – Begegnungsveranstaltung, Beispiel: Sardisches Kulturzentrum – Deutsche wenden ihre Italienischkenntnisse an und die Sarden stellen ihre Kultur vor und erweitern den Nutzerkreis des Clubs.

Ebenen	Ziele	Methoden	Veranstaltungsform
Fremderleben	– Umgang mit Befremdung lernen; – Ethnozentrismus/ Rassismus erkennen; – Stereotype, Vorurteile, Klischees abbauen; – die anderen als gleichberechtigte Partner akzeptieren lernen; – Perspektivenwechsel lernen; – Empathie; – Ambiguitätstoleranz.	– Erlebnispädagogische Ansätze, – szenische Verfahren, – Rollenspiele, – Planspiele, – Ansätze der Interaktionspädagogik.	– Theaterseminar nach der Methode von Boal; – Kreativitätsworkshops.
Solidarität	– gemeinsame Interessen herausfinden und den gesellschaftlichen Hintergrund verstehen; – strukturelle Gemeinsamkeiten der Lebenssituation erkennen; – die anderen als gleichberechtigte Partner akzeptieren; – gemeinsame Aufgaben bewältigen; – füreinander einstehen.	– Zukunftswerkstatt, – Rollenspiele, – Planspiele, – Projekte, – Aktionen.	– Lokalfunkseminar, – Zeitungsworkshop, – Zukunftswerkstatt mit älteren Deutschen und Migrantinnen.
Globales Denken	– strukturelle Ursachen von Migration erkennen; – Kritik an zerstörerischen Globalisierungstendenzen üben; – Antizipation neuer Lebensformen.	– Zeitungstheater (Boal), – Zukunftswerkstatt, – Filme/Videos/ Dias.	– Zukunftswerkstatt, – Theater (Boal), – Studienfahrt.

Veronika Fischer

Das Verständnis der Humanistischen Psychologie von Gruppe und dessen Übertragung auf multikulturelle Gruppen

Das spezifische Wertesystem und die grundlegenden Prinzipien, die die Arbeitsbasis der Humanistischen Psychologie ausmachen, kommen auch in ihrem Verständnis von Gruppe zum Tragen:

„So interessiert man sich weniger für die unbewussten Zusammenhänge oder psychodynamischen Dispositionen – eine Auffassung der Gruppe als ‚black box' und empirische Verhaltensbeschreibung liegt ihr ebenso fern – und akzentuiert stattdessen den unmittelbaren und authentischen Ausdruck der Person als Ganzheit, die Entfaltung von Kreativität, Spontanität und unverwechselbarer Identität im lebendigen Kontakt mit anderen" (Schütz 1989, S. 86).

a) Die Gruppe als Ort der Selbstentfaltung

Die Gruppe bietet einen Raum an, in dem sich Menschen in Interaktion mit anderen entfalten können. Gerade soziale Kompetenzen und interpersonale Fähigkeiten wie kommunikative Kompetenz, Kooperationsfähigkeit, Toleranz etc. lassen sich in Gruppen entfalten. In diesem Sinne ist auch die Gruppe ein Ort der Selbsterfahrung durch andere. Gruppen, deren Teilnehmerinnen verschiedenen Kulturen angehören, können so in einem relativ angstfreien Raum Erfahrungen mit Fremdheit machen. Die Gruppe soll zugleich ein Ort der Freiheit sein, der es jedem Mitglied erlaubt, authentisch zu sein.

b) Die Gruppe als Ort der Veränderung

Unter einer entsprechenden Anleitung sensibilisiert die Gruppe für die Hemmschwellen und Barrieren, die den Kontakt zu anderen erschweren. In den interpersonalen Beziehungen werden Vorbehalte, Skepsis, Ressentiments oder gar Vorurteile transparent, die zwischen den Menschen bestehen und unvoreingenommene Kontakte behindern. Die Bearbeitung dieser Widerstände führt zu Einsichten in die eigenen Denkstrukturen mitsamt der Fehlschlüsse, Stereotype, Klischees und Vorurteile, die das Bild vom anderen verzerren.

Was vielfach gesellschaftlich verwehrt ist, weil es im Alltag kaum Berührungspunkte mit Menschen aus anderen Herkunftsländern gibt, wird in der Gruppe ermöglicht. Sie ist daher auch Ort einer neuen Qualität von Begegnung, die ihren

Mitgliedern Differenzen näher bringt, statt sie immerfort im Vertrauten und Selbstverständlichen zu bestätigen.

c) Die Gruppe als Ort der Selbstverantwortung

Gruppe – im Sinne humanistischer Psychologie – ist keine angenehme „Hängematte", in der die Teilnehmenden passiv verharren. Auch in multikulturellen Gruppen darf es nicht darum gehen, das exotisch Andere zum Objekt wechselseitiger Neugier zu machen. Gerade die multikulturelle Gruppe lässt die Differenzen hervortreten, verdeutlicht im Spiegel der Fremdwahrnehmung die Eigenheiten und Besonderheiten des Selbst, wirft jeden auf sich selbst zurück. Umso wichtiger ist es, sich mit sich selbst auseinander zu setzen, die eigenen Werte, Normen, Vorstellungen, Verhaltensweisen zu reflektieren und – wenn nötig – einer kritischen Revision zu unterziehen. In diesem Sinne verschmelzen die Betroffenen nicht mit einem diffusen Gruppen-Wir, sondern werden sich ihrer selbst bewusst. Damit lernen sie selbstverantwortliche Beziehungen aufzunehmen (zu sich und anderen).

d) Gruppe als Ort kollektiver Bedürfnisbefriedigung

Die Gruppe soll darüber hinaus einen Raum bieten, in dem sich der Einzelne akzeptiert, geschützt und respektiert fühlt, und wo er Menschen findet, denen er vertrauen kann und die ihm aufrichtig begegnen.

Maslow führte in diesem Zusammenhang aus: „Das Studium der Freiheit und der freien Menschen hat in der Sozialpsychologie von heute wenig oder keinen Platz. Wie wird Kultur verbessert? Was sind die guten Auswirkungen des Abweichenden? Wir wissen, dass Kultur niemals ohne Abweichungen Fortschritte machen oder verbessert werden kann. Warum hat man sie nicht mehr untersucht? Warum betrachtet man sie im Allgemeinen als pathologisch? Warum nicht als gesund? Brüderlichkeit und Gleichheit verdienen genauso viel Aufmerksamkeit wie Klasse und Kaste und Herrschaft in der sozialen Sphäre. Warum nicht die religiösen Bruderschaften studieren? Die Konsumentengenossenschaft und Produzentenkooperation? Internationale und utopische Gemeinschaften?" (Maslow 1977, S. 328).

Die multikulturelle Gruppe stellt so etwas wie ein Labor interkulturellen Austausches dar, der von Abweichungen, Differenzen, scheinbar Unvereinbarem lebt. Die Gefahr besteht leicht, dass das Abweichende als defizitär, problembelastet und anormal (im Sinne von pathologisch) bezeichnet wird. Die reale Erfahrung in der multikulturellen Gruppe führt allerdings – bei entsprechender Gesprächsleitung – zu einer Multiperspektivität der Wahrnehmung und zur Relativierung des eigenen Standpunkts. In dem Maße, wie sich diese Haltung bei den Gruppenmitgliedern einstellt, ist ein Boden für Vertrauen und Akzeptanz geschaffen, der Grundlage für einen produktiven Dialog ist.

Veronika Fischer

Gruppenpädagogische Grundsätze für die Arbeit mit multikulturellen Gruppen

Mit dem oben beschriebenen allgemeinen Verständnis von Gruppe lassen sich verschiedene Grundsätze gruppenpädagogischen Handelns verbinden:

a) Bestandsaufnahme: Das in der Gruppe vertretene Spektrum der Lebensbereiche erfassen

Die Gruppenleitung sollte möglichst schon im Vorfeld oder zu Beginn der Gruppe versuchen, durch Vorgespräche, Beratung, Befragung und Beobachtung Informationen über den soziokulturellen Hintergrund der Interessenten zu sammeln. Dabei werden ihr soziologische, psychologische, historische, ökonomische oder auch ethnologische Kenntnisse über die Herkunft der Gruppenmitglieder hilfreich sein. Dieses Wissen versetzt sie in die Lage, sich ein Bild über den Stand der Gruppe zu machen. Sie erfährt auf diese Weise etwas über die Motivation, Interessen und Erwartungen, Herkunft, sprachlichen und bildungsmäßigen Voraussetzungen der Einzelnen. Aus dieser ersten Informationssammlung kann die Leitung schon ein vorläufiges „Gruppenbild" entwerfen, das sie im Zuge des Gruppenprozesses nach und nach vervollständigen und korrigieren kann. In diesem Zusammenhang ist nicht nur das „Hier und Jetzt" der Personen interessant, sondern auch die in der Vergangenheit durchlaufene Entwicklung und die künftigen Pläne und Perspektiven. Jede Person bringt daher ein vielschichtiges Potenzial in die Gruppe ein, das in einem bestimmten Zeitverlauf, in unterschiedlichen Sozialisationsräumen (Familie, Nachbarschaft, peer-group, Schule, Lehre, Beruf etc.) und gesellschaftlichen Kontexten (z.B. durch Migration) erworben wurde und sowohl kognitiv, affektiv als auch körperlich zum Ausdruck kommt.

In der Anfangsphase der Gruppenbildung geht es zunächst darum, herauszufinden, wo die Gruppe steht, d.h. wie heterogen sie ist, welche Unterschiede und Gemeinsamkeiten bestehen (z.B. im Hinblick auf Muttersprachen, Nationalitäten, Alter, Geschlecht, Berufen, Bildungsabschlüssen etc.) und inwieweit die Heterogenität möglicherweise auch Risiken für den Zusammenhalt beinhalten kann (z.B. wenn ein Teil der Interessenten die in der Gruppe beabsichtigte Verkehrssprache nicht spricht).

Als analytisches Instrument zur systematischen Erfassung der Lebensbereiche der Gruppenmitglieder eignet sich ein sozialökologisches Rahmenmodell, das die gegenseitige Abhängigkeit von Person und Umwelt in den Mittelpunkt rückt. Ein Gruppenmitglied wird nach diesem Verständnis nicht als Tabula rasa betrachtet, auf der die Umwelt ihre Eindrücke hinterlässt, sondern als „wachsende dynamische Einheit", die das Milieu, in dem sie lebt – also auch die Gruppe – fortschreitend in Besitz nimmt und umformt. Da aber auch die Umwelt Einflüsse ausübt und so ein Prozess gegenseitiger Anpassung nötig wird, ist das Mensch-UmweltVerhältnis durch Reziprozität gekennzeichnet (Bronfenbrenner 1981, S. 38). Daraus ergibt sich, dass nicht nur das unmittelbare gruppenpädagogische Geschehen das momentane Verhalten der Individuen beeinflusst, sondern auch das weitere Umfeld, in dem sie sich sonst noch bewegen. „Man muss sich die Umwelt aus ökologischer Perspektive topologisch als eine ineinander geschachtelte Anordnung konzentrischer, jeweils von der nächsten umschlossener Strukturen vorstellen" (ebenda).

Nestmann u.a. (1993, S. 34), die ein solches sozialökologisches Rahmenmodell für die Beratung von Migranten entwickelt haben, stützen sich in diesem Zusammenhang auf ein Konzept der Arbeitsgruppe um den Sozialökologen Moos von der Stanford University. Dieses Modell soll im Folgenden auf die gruppenpädagogische Arbeit übertragen werden. Vier zentrale Umweltdimensionen wären demnach zu beachten:

1. Suprapersonale Faktoren

Dabei handelt es sich um übergreifende gemeinsame Charakteristika der Gruppenmitglieder, wie z.B. Geschlecht und Alter, ökonomische Lage, Bildungsstand, geteilte kulturelle Normen und Traditionen, Religionen etc. Diese gemeinsamen Merkmale können auf Seiten der Betroffenen mit ähnlichen Bedürfnissen und gemeinsamen Interessen verbunden sein, die für interne Cliquenbildung von Belang sein können.

2. Soziale Umweltdimension

Auf dieser Ebene werden die sozialen Beziehungen der Menschen untereinander erfasst.

So wird beispielsweise der Alltag in der Migration von bestimmten Kontakten innerhalb einer Migrantengemeinschaft geprägt. Eine spezielle Infrastruktur, die sich durch Geschäfte, Vereine, Gebetshäuser, Kulturgruppen etc. auszeichnet, formt auch die wechselseitigen Beziehungen und sozialen Netzwerke der Migranten. Je nach Position im Gesellschaftsgefüge besteht ein unterschiedlicher Grad an Integration in die deutsche Gesellschaft. Die Kontakte können sporadisch sein und von Isolation zeugen oder häufig und intensiv sein. Auch diese Erfahrungen sind in der Gruppenarbeit zu berücksichtigen, weil sie sich auf die Nähe bzw. Distanz der Teilnehmer zueinander auswirken.

3. Institutionell organisatorische Umweltdimension

Alle Gruppenmitglieder haben während ihrer Sozialisation bestimmte Institutionen durchlaufen. Sie können auf Erfahrungen als Schulkinder, Arbeitskräfte oder Vereinsmitglieder zurückblicken. Organisationen haben ihr Leben wesentlich mitbestimmt. Sie sind auch heute noch Objekte institutioneller Interventionen. Dies trifft Migranten nochmals in besonderer Weise, da sie ausländerrechtlichen Regelungen unterliegen, die u.a. zu einer eingeschränkten Teilhabe institutioneller Dienstleistungen führen und teilweise mit besonderen Belastungen bei der Alltagsbewältigung verbunden sind.

Möglicherweise haben die Gruppenmitglieder bereits Kontakte zu der Erwachsenenbildungseinrichtung gehabt, in der die Gruppe stattfindet. Die Erfahrungen können negativ oder positiv geprägt sein. Migranten haben Institutionen der Erwachsenenbildung oft im Zusammenhang mit Deutschkursen kennen gelernt, denen eher ein ausländerpädagogisches Konzept zugrunde lag und in denen sie von der Kursleitung möglicherweise aus einem Defizit-Blickwinkel wahrgenommen worden sind. Solche institutionellen Vorerfahrungen haben meistens Auswirkungen auf die Erwartungshaltung der Betroffenen und können den Einstieg in den Gruppenprozess beeinträchtigen oder begünstigen.

4. Räumliche Umwelten

Die Region, die ländliche oder städtische Umgebung, der Stadtteil, die Straße und das Wohnhaus beeinflussen das Wohnverhalten und das Wohlbefinden der Betroffenen. Auch die städtebauliche Struktur, der bauliche Zustand der Straßen und Häuser, die Architektur der Stadt, des Wohnhauses und die Einrichtung der Wohnung wirken sich auf die Befindlichkeit der dort Wohnenden aus und beeinflussen die Identifikation mit dem Wohnumfeld, was wiederum auf den Gestaltungswillen der Bewohner zurückwirkt. Migranten sind darüber hinaus von einem Umweltwechsel geprägt.

Sie kommen aus Ländern und Regionen mit anderen Siedlungs- und Bauweisen, die wiederum Auswirkungen auf die sozialen Verkehrsverhältnisse der Individuen haben. Der Wechsel in die Fremde und die Trauer um die verlorene Heimat charakterisieren ein kritisches Lebensereignis, das mit psychischen Belastungen und Stress einhergeht.

Auch die Gruppe findet in einem Raum statt. Das kann eine Schule, ein Bürgerzentrum, eine Volkshochschule oder ein anderes öffentliches Gebäude sein, das bisher kaum von Migranten genutzt wurde. Gerade wenn ein solches Gebäude nicht vertraut ist, kann es bei den Betroffenen Hemmungen auslösen, ein dort angesiedeltes Gruppenangebot aufzusuchen. Auch schulische Gebäude sind oft mit negativen Assoziationen verbunden, weil sie bei Erwachsenen schmerzliche Erinnerungen an die Schulzeit anstoßen.

Gruppenarbeit schließt die Berücksichtigung dieser Umweltdimensionen ein. Der Gruppenprozess unterstützt die Beteiligten zugleich bei der Rekonstruktion ihrer Lebenswelten, indem er sowohl die kritischen Punkte bei der Lebensbewältigung als auch die subjektiven Ressourcen und Stärken offen legt.

b) Die Gruppe als in sich differenziertes Gebilde sehen

Wie aus dem vorangegangenen Punkt bereits hervorgeht, ist die Gruppe kein homogener Block, sondern ein in sich differenziertes Ganzes. Eine angemessene Gruppenleitung verlangt die Berücksichtigung der Individuen ebenso wie die Aufmerksamkeit für die Gesamtgruppe. Weder das eine noch das andere darf aus dem Blick geraten. Die Neigung, von „den Ausländern" oder „den Migranten" zu sprechen, verkennt beispielsweise die Tatsache, dass sich seit der Anwerbung mehrere Generationen herausgebildet haben, die sich in unterschiedlichen Lebenssituationen befinden, über eine andere Lebensgeschichte und Lebensperspektive verfügen. Jede einzelne Person in der Gruppe soll die Chance erhalten, sich gemäß ihrer individuellen Möglichkeiten zu entfalten, die ihr gemäße Förderung zu erhalten und in ihrem So-sein akzeptiert zu werden. Dies geschieht allerdings immer im Kontext der Gruppe und darf diese nicht sprengen.

c) Mit der Stärke arbeiten

Gerade Migranten haben in der Vergangenheit des Öfteren erlebt, dass sie aus einem Defizit-Blickwinkel betrachtet werden. Demnach fehlen ihnen z.B. die nötigen Sprachkenntnisse, Informationen über das wirtschaftliche, rechtliche, politische und soziale System des Aufnahmelandes und die Sicherheit, sich adäquat in der Öffentlichkeit zu bewegen. Pädagogische Maßnahmen zielen daher häufig darauf ab, diese Mängel auszugleichen und Abweichungen der herrschenden Norm anzupassen. Umso wichtiger ist die Erfahrung, wenn die eigenen Stärken, Erfahrungen, Kompetenzen und Ressourcen von der Leitung und den Gruppenmitgliedern wahrgenommen werden. So findet eine Selbstbestätigung statt, wird das Selbstbewusstsein gestärkt. Erst auf dieser Grundlage wächst die Bereitschaft heran, auch Kritik anzunehmen. Aus Ermutigung entsteht eine Atmosphäre des Vertrauens und ein positives Gruppenklima.

d) Die Gruppe bestimmt das Tempo des gemeinsamen Prozesses

Gerade am Anfang bestehen seitens der Gruppenleitung noch Unsicherheiten, worüber die Teilnehmenden sprechen und wie sie arbeiten wollen. Es kann vorkommen, dass sich die Gruppenleitung ein Thema überlegt hat, was sie interessant findet, worauf sich die Gruppenmitglieder dann aber nicht einlassen wollen. Falsch wäre es, etwa aus Angst vor Autoritätsverlust, das Thema gegen die Mehrheit der Teilnehmenden durchsetzen zu wollen.

Vielmehr empfiehlt es sich, die Widerstände mit der Gruppe zu bearbeiten und Themenvorschläge zu sammeln, was als Nächstes bearbeitet werden soll. In diesem Zusammenhang wird es möglicherweise konkurrierende Interessen geben, die austariert werden müssen. Es gilt das Tempo herauszufinden, das die Gruppe gewillt ist, Schritt für Schritt mitzugehen. Ein solcher Prozess ist nur unter Berücksichtigung des Prinzips der Teilnehmerpartizipation realisierbar.

e) Teilnehmerpartizipation

Die Gruppe produziert immer wieder Entscheidungssituationen, die mit Hilfe einer geregelten Entscheidungsfindung zu bewältigen sind. Die Gruppenleitung muss den Teilnehmenden Gelegenheit geben, d.h. vor allem Zeit und Raum zur Verfügung stellen, um solche kollektiven Prozesse einzuüben. Es ist durchaus nicht selbstverständlich, dass Entscheidungsfindungsprozesse rational, fair und für alle nachvollziehbar ablaufen. Bekannt sind solche Formen, in denen sich der Mächtige gegen die Schwächeren durchsetzt, Entscheidungen mit Gewalt herbeigeführt werden, oppositionelle Meinungen diskriminiert, unterdrückt oder ignoriert werden. Demgegenüber gilt es, vernünftige Beschlussverfahren umzusetzen. Mehrheiten müssen Minderheiten respektieren lernen und Minderheiten müssen lernen, sich einem Mehrheitsbeschluss loyal zu beugen. Bei solchen schwierigen Verfahren sind die Gruppenmitglieder auf eine Leitung angewiesen, die sie mit Hilfe kommunikativer Regeln unterstützt, ohne ihnen die Entscheidung inhaltlich abzunehmen und die – wenn dies erforderlich ist – auch Grenzen setzt. Darin besteht u.a. die Kunst des Leitens.

g) Kooperation geht vor Konkurrenz

Konkurrenz bestimmte das schulische Leben, Konkurrenz herrscht auf dem Arbeitsmarkt und am Arbeitsplatz, konkurriert wird um Wohnungen und Güter. Was die Gruppenteilnehmer nicht einzuüben brauchen, ist letztlich der Einzelwettbewerb. Schwieriger steht es um die Zusammenarbeit. So soll wenigstens die Gruppe Anregungen zu gemeinschaftlichem Handeln geben. Dadurch wird die Binnenintegration gestärkt und der Zusammenhalt der Mitglieder gewährleistet.

Literatur

Ahlheim, Klaus/Heger, Bardo: Vorurteile und Fremdenfeindlichkeit. Handreichungen für die politische Bildung. Schwalbach/Ts. 1999

Allemann-Ghionda, Christina: Interkulturelle Bildung. In: ZfPäd., 36. Beiheft 1997, S. 107-149

Amir, Yehuda: Contact hypothesis in ethnic relations. In: Psychological Bulletin, Bd. 71/ Nr. 5/ 1969, S. 319-342

Amt für multikulturelle Angelegenheiten der Stadt Frankfurt (Hrsg.): Begegnen – Verstehen – Handeln. Handbuch für interkulturelles Kommunikationstraining. Frankfurt a.M. 1993
Argyle, Michael: Körpersprache und Kommunikation. Paderborn 1979
Arnold, Rolf: Interkulturelle Berufspädagogik. Oldenburg 1991
Auernheimer, Georg: Einführung in die interkulturelle Erziehung. Darmstadt 1990
Auernheimer, Georg: Struktur und Kultur. Über verschiedene Zugänge zu Orientierungsproblemen und -strategien von Migranten. In: Z.f.Päd., 40. Jg., Heft 1/1994, S. 29-42
Auernheimer, Georg: Einführung in die interkulturelle Erziehung. 2. überarb. und erg. Aufl., Darmstadt 1996
Auernheimer, Georg: Vom Umgang der Pädagogik mit der Migration seit den sechziger Jahren. In: iza. Zeitschrift für Migration und Soziale Arbeit, Heft 3-4/1999, S. 30-32
Banning, Han: Bessere Kommunikation mit Migranten. Ein Lehr- und Trainingsbuch. Weinheim/Basel 1995
Barkowski, Hans: Interkulturelles Lernen oder die Mauer im eigenen Kopf – Überlegungen nach einem Jahrzehnt DfaA. In: Essinger, Helmut/Ucar, Ali (Hrsg.): Erziehung in der multikulturellen Gesellschaft. Versuche und Modelle zur Theorie und Praxis einer Interkulturellen Erziehung. Baltmannsweiler 1984
Beck, Ulrich: Was ist Globalisierung? Irrtümer des Globalismus – Antworten auf Globalisierung. 5. Aufl., Frankfurt a.M. 1998
Beck, Ulrich (Hrsg.): Perspektiven der Weltgesellschaft. Frankfurt a.M. 1998
Besemer, Christoph: Mediation. Vermittlung in Konflikten. Eine Veröffentlichung der Stiftung Gewaltfreies Leben (Königfeld) und der Werkstatt für Gewaltfreie Aktion, Baden (Heidelberg/Freiburg), 4. Aufl. 1997
Borelli, Michele: Hermeneutisch-dialektische Rekonstruktion interkultureller Pädagogik. In: Borelli, M. (Hrsg.): Deutsche Gegenwartspädagogik. Baltmannsweiler 1993, S. 59-68
Breidenstein, Lothar/Kiesel, Doron/Walther, Jörg (Hrsg.): Migration, Konflikt und Mediation. Zum interkulturellen Diskurs in der Jugendarbeit. Frankfurt a.M. 1998
Brewer, Marilynn B.: The Role of Ethnocentrism in Intergroup Conflict. In: Worchel, Stephen/ Austin, William G. (Hrsg.): Psychology of Intergroup Relations. Chicago 1986
Brocher, Tobias: Gruppendynamik und Erwachsenenbildung. Zum Problem der Entwicklung von Konformismus oder Autonomie in Arbeitsgruppen. 16. Aufl., Braunschweig 1982
Bronfenbrenner, Urie: Die Ökologie der menschlichen Entwicklung. Natürliche und geplante Experimente. Stuttgart 1981
Clarke, John u.a.: Jugendkultur als Widerstand. Milieus, Rituale, Provokationen. Hrsg. von Honneth, Axel u.a. Frankfurt a.M. 1979
Demorgon, Jacques/ Molz, Markus: Bedingungen und Auswirkungen der Analyse von Kultur(en) und interkulturellen Interaktionen. In: Thomas, Alexander (Hrsg.): Psychologie interkulturellen Handelns. Göttingen/Bern/Toronto/Seattle 1996, S. 43-86
de Sotelo, Elisabeth: Sozialpädagogische Frauengruppenarbeit unter Berücksichtigung der Arbeit mit Ausländerinnen. In: Gruppenpsychotherapie Gruppendynamik 27/1991, S. 315-331
Diehm, Isabell: Erziehung und Toleranz. Handlungstheoretische Implikationen Interkultureller Pädagogik. In: Z.f.Päd., 46. Jg., Heft 2/2000, S. 251-274
Djafari, Nader: Das Eigene verändern. Interkulturelles Lernen als Thema der Erwachsenenbildung und der PAS. In: Meisel, Klaus/PAS (Hrsg.): Interkulturelles Lernen. Erfahrungen,

Anregungen, Arbeitshilfen, Lesetips. DIE Materialien für Erwachsenenbildung. Frankfurt a.M. 1994

Döring-Seipel, Elke/Sanne, Christoph: Emotionale Intelligenz. In: Gruppendynamik. 30. Jg. Heft 1/1999, S. 37-50

Dollase, Rainer: Pädagogische Strategien des interkulturellen Lernens. Strategien zwischen kulturellem Essentialismus und Ethnizitätsblindheit. In: Dollase, Rainer u.a. (Hrsg.): Politische Psychologie der Fremdenfeindlichkeit. Opfer – Täter – Mittäter. Weinheim/München 1999, S. 279-292

Eder, Gudrun: ‚Soziale Handlungskompetenz' als Bedingung und Wirkung interkultureller Begegnungen. In: Thomas, Alexander (Hrsg.): Psychologie interkulturellen Handelns. Göttingen/Bern/Toronto/Seattle 1996

Erikson, Erik H.: Lebensgeschichte und historischer Augenblick. Frankfurt a.M. 1977

Esser, Hartmut: Ethnische Differenzierung und moderne Gesellschaft. In: Zeitschrift für Soziologie. Heft 17/1988, S. 235-248

Faller, Kurt u.a.: Konflikte selber lösen. Trainingshandbuch für Mediation und Konfliktmanagement in Schule und Jugendarbeit. Mülheim 1995

Fatzer, Gerhard: Ganzheitliches Lernen. Humanistische Pädagogik, Schul- und Organisationsentwicklung. Ein Handbuch für Lehrer, Pädagogen, Erwachsenenbildner und Organisationsberater. 5. Aufl., Paderborn 1998

Fischer, Veronika: Kontakte – Begegnungen zwischen deutschen und ausländischen Frauen. Ein Bericht über interkulturelle Frauenarbeit an der Volkshochschule Oberhausen. In: Schneider-Wohlfart u.a. (Hrsg.): Fremdheit überwinden. Theorie und Praxis des interkulturellen Lernens in der Erwachsenenbildung. Opladen 1990, S. 121-154

Fischer, Veronika: Kontakte und Begegnungen zwischen deutschen und ausländischen Frauen. Zur Konzeption interkultureller Frauenarbeit an einer Volkshochschule. In: Derichs-Kunstmann u.a. (Hrsg.): Die Fremde – Das Fremde – Der Fremde. Dokumentation der Jahrestagung 1992 der Kommission Erwachsenenbildung der DGfE. Beiheft zum Report. Frankfurt a.M. 1993

Fischer, Veronika/Schneider-Wohlfart, Ursula: Interkulturelle Weiterbildung in Nordrhein-Westfalen. Ergebnisse einer schriftlichen Befragung 1994. In: ZEP, Heft 3/1996, 19-22

Fritz, Jürgen u.a.: Interaktionspädagogik. Methoden und Modelle. München 1975

Führing, Gisela: Begegnung als Irritation. Ein erfahrungsgeleiteter Ansatz in der entwicklungsbezogenen Didaktik. Münster/New York 1996

Fuhr, Reinhard/Gremmler-Fuhr, Martina: Faszination Lernen. Transformative Lernprozesse im Grenzbereich von Pädagogik und Psychotherapie. Köln 1988

Gamm, Hans-J.: ‚Interkulturelle Pädagogik' – über die Schwierigkeiten eines Begriffs. In: Interkulturelle Pädagogik. Hrsg. von M. Borrelli. Baltmannsweiler 1986, S. 104

Giddens, Anthony: Der dritte Weg. Die Erneuerung der sozialen Demokratie. Frankfurt a.M. 1999

Greverus, Ina Maria: Ethnizität und Identitätsmanagement. In: Schweiz. Zschr. f. Soziol. 1981, S. 223 ff.

Griese, Hartmut M. (Hrsg.): Der gläserne Fremde. Bilanz und Kritik der Gastarbeiterforschung und der Ausländerpädagogik. Opladen 1984

Grosch, Harald/Leenen, Wolf Rainer: Bausteine zur Grundlegung interkulturellen Lernens. In:

Sonderdruck aus: Bundeszentrale für politische Bildung (Hrsg.): Interkulturelles Lernen. Arbeitshilfen für die politische Bildung. Bonn 1998, S. 29-46

Habel, Edna/Habel, Werner/Karsten, Maria-Eleonora: Ausländerpädagogik, Sprachdidaktik, Berufsvorbereitung – Für einen Perspektivwechsel pädagogischer Konzeptionen. In: Informationsdienst zur Ausländerarbeit Heft 2/1985, S. 42-66

Habermas, Jürgen: Anerkennungskämpfe im demokratischen Rechtsstaat. In: Taylor, Charles: Multikulturalismus und die Politik der Anerkennung. Frankfurt a. M. 1997, S. 147-196

Hall, Edward T.: Intercultural Communication. A Guide to Men of Action. Human Organisation. 1960, Bd. 1, S. 6

Hall, Edward T.: Beyond Culture. New York 1976

Hamburger, Franz: Der Kulturkonflikt und seine pädagogische Kompensation. In: Dittrich, Eckhard, J./Radtke, Frank-Olaf (Hrsg.): Ethnizität. Wissenschaft und Minderheiten. Opladen 1990, S. 311-325

Hamburger, Franz: Weiterbildung von Ausländern und Aussiedlern. In: Tippelt, Rudolf (Hrsg.): Handbuch Erwachsenenbildung/Weiterbildung. Opladen 1994, S. 563-571

Hartfiel, Günter: Wörterbuch der Soziologie. 2. überarb. und erg. Aufl., Stuttgart 1976

Haumersen, Petra/Liebe, Frank: Interkulturelle Mediation. Empirisch-analytische Annäherung an die Bedeutung von kulturellen Unterschieden (Werkstattpapier). In: Breidenstein, Lothar u.a. (Hrsg.): Migration, Konflikt und Mediation. Zum interkulturellen Diskurs in der Jugendarbeit. Frankfurt a.M. 1998, S. 135-156

Heckmann, Friedrich: Die Bundesrepublik – ein Einwanderungsland? Stuttgart 1981

Hettlage, Robert: Der Fremde – Kulturmittler, Kulturbringer, Herausforderer von Kultur. In: Lipp, Wolfgang (Hrsg.): Kulturtypen, Kulturcharaktere. Träger, Mittler und Stifter von Kultur. Berlin 1987, S. 25-44

Holvino, Evangelina: Kleingruppen und soziale Gerechtigkeit. In: Gruppendynamik. Heft 1/1998, S. 37-59

Holzbrecher, Alfred: Wahrnehmung des Anderen. Zur Didaktik interkulturellen Lernens. Opladen 1997

Institut für Sozialforschung: Soziologische Exkurse. Nach Vorträgen und Diskussionen. Frankfurt a.M. 1956

Johann, Ellen/Michely, Hildegard/Springer, Monika: Interkulturelle Pädagogik. Methodenhandbuch für sozialpädagogische Berufe. Berlin 1998

Jungk, Robert/Müllert, Norbert, R.: Zukunftswerkstätten. Mit Phantasie gegen Routine und Resignation. Überarb. und aktualisierte 6. Aufl., München 1989

Kelber, Magda: Was verstehen wir unter Gruppenpädagogik? (1965). In: Müller, C. W. (Hrsg.): Gruppenpädagogik: Auswahl aus Schriften und Dokumenten. Weinheim 1972, S. 127-140

Keupp, Heiner u.a.: Identitätskonstruktionen. Das Patchwork der Identitäten in der Spätmoderne. Reinbek 1999

Kiesel, Doron: Das Dilemma der Differenz. Zur Kritik des Kulturalismus in der Interkulturellen Pädagogik. Frankfurt a.M. 1996

Klafki, Wolfgang: „Schlüsselprobleme" als thematische Dimension eines zukunftsorientierten Konzepts von „Allgemeinbildung". In: Die Deutsche Schule. 3. Beiheft 1995, S. 4-14

Krappmann, Lothar: Soziologische Dimensionen der Identität. Strukturelle Bedingungen für die Teilnahme an Interaktionsprozessen. 8. Aufl., Stuttgart 1993

Krewer, Bernd: Kulturstandards als Mittel der Selbst- und Fremdreflexion in interkulturellen Begegnungen. In: Thomas, A. (1996), S. 147-164

Kristeva, Julia: Fremde sind wir uns selbst. Frankfurt a.M. 1990

Leiris, Michel: Die eigene und die fremde Kultur. Ethnologische Schriften. 2. Aufl., Frankfurt a.M. 1979

Liebe, Frank: Interkulturelle Mediation – eine schwierige Vermittlung. Eine empirisch-analytische Annäherung zur Bedeutung von kulturellen Unterschieden. Berghof Report Nr. 2. Berlin 1996

Losche, Helga: Interkulturelle Kommunikation. Sammlung praktischer Spiele und Übungen. Alling 1995

Maletzke, Gerhard: Interkulturelle Kommunikation. Zur Interaktion zwischen Menschen verschiedener Kulturen. Opladen 1996

Maslow, Abraham A.: Motivation und Persönlichkeit. Olten 1977

Mehrländer, Ursula/Ascheberg, Carsten/Ueltzhöffer, Jörg: Repräsentativuntersuchung 1995. Situation der ausländischen Arbeitnehmer und ihrer Familienangehörigen in der Bundesrepublik Deutschland (im Auftrag des Bundesministeriums für Arbeit und Sozialordnung). Forschungsbericht 263. Bonn 1996

Meueler, Erhard: Didaktik der Erwachsenenbildung. Weiterbildung als offenes Projekt. In: Tippelt, Rudolf (Hrsg.): Handbuch Erwachsenenbildung/Weiterbildung. Opladen 1994, S. 615-628

Mitscherlich, Alexander und Margarete: Die Unfähigkeit zu trauern. Grundlagen kollektiven Verhaltens. München 1967

Moreno, Jakob, L.: Psychodrama und Soziometrie. Essentielle Schriften. Köln 1989

Nestmann, Frank/Niepel, Thomas: Beratung von Migranten. Neue Wege der psychosozialen Versorgung. Hrsg. von der Robert Bosch Stiftung. Berlin 1993

Nestvogel, Renate: Interkulturelles Lernen oder verdeckte Dominanz? Hinterfragung „unseres" Verhältnisses zur ‚Dritten Welt'. Frankfurt a.M. 1991

Nestvogel, Renate: Fremde zwischen Auf- und Abwertung. In: Luchtenberg, Sigrid/Nieke, Wolfgang (Hrsg.): Interkulturelle Pädagogik und Europäische Dimension. Herausforderungen für Bildungssystem und Erziehungswissenschaft. Festschrift zum 60. Geburtstag von Manfred Hohmann. Münster/New York 1994, S. 143-161

Nieke, Wolfgang: Interkulturelle Bildung als unerlässlicher Bestandteil von Allgemeinbildung. Notwendigkeit eines vernünftigen Umgangs mit den Wir-Identitäten. In: Ebenda, S. 39-47

Nieke, Wolfgang: Interkulturelle Erziehung und Bildung. Wertorientierungen im Alltag. Opladen 1995

Otten, Hendrik/Treuheit, Werner (Hrsg.): Interkulturelles Lernen in Theorie und Praxis. Ein Handbuch für Jugendarbeit und Weiterbildung. Opladen 1994

Päd. Arbeitsstelle/Institut für Erwachsenenbildung des DVV (Hrsg.): Interkulturelles Lernen. Erfahrungen, Anregungen, Arbeitshilfen, Lesetips. Frankfurt a.M. 1994

Pankoke, Eckhart: „Wanderer zwischen zwei Welten". Ausländerarbeit im soziokulturellen Feld. In: Archsoz. Arb. 2/88, S. 126-145

Plessner, Helmuth: Mit anderen Augen (1953). In: Plessner, Helmuth: Gesammelte Schriften. Bd. VIII. Conditio humana. Frankfurt a.M. 1983, S. 88-105

Posselt, Ralf-Erik/Schumacher, Klaus: Projekthandbuch: Gewalt und Rassismus. Mülheim a. d. Ruhr 1993

Poyatos, Fernando (Hrsg.): Cross-Cultural Perspectives in Nonverbal Communication. Toronto/Lewiston, NY/Göttingen/Zürich 1988

Prengel, Annedore: Pädagogik der Vielfalt. Verschiedenheit und Gleichberechtigung in Interkultureller, Feministischer und Integrativer Pädagogik. Opladen 1993

Rademacher, Helmolt/Wilhelm, Maria: Spiele und Übungen zum interkulturellen Lernen. Berlin 1991

Radtke, Frank-Olaf: Fremde und Allzufremde – Prozesse der Ethnisierung gesellschaftlicher Konflikte. In: Forschungsinstitut der Friedrich-Ebert-Stiftung (Hrsg.): Ethnisierung gesellschaftlicher Konflikte. Bonn 1996

Reich, Hans H: Interkulturelle Pädagogik – eine Zwischenbilanz. In: Z.f.Päd. Heft 1/1994, S. 9-27

Rogers, Carl R.: Therapeut und Klient. Grundlagen der Psychotherapie. Frankfurt a. M.1983

Sader, Manfred: Psychologie der Gruppe. 7. Aufl., Weinheim/München 2000

Samovar, Larry A./Porter, R. E./Jain, N. C.: Understanding Intercultural Communication. Wadworth Pub. comp. Belmont/Cal. 1981

Sbandi, Pio: Gruppenpsychologie. Einführung in die Wirklichkeit der Gruppendynamik aus sozialpsychologischer Sicht. München 1973

Sbandi, Pio/Vogl, Anna: Die Gruppenperspektive. Ein Beitrag zu einer ‚relationalen' Kommunikations- und Gruppentheorie. In: Gruppenpsychotherapie und Gruppendynamik, Heft 4/88, S. 306-327

Schäffter, Ortfried (Hrsg.): Das Fremde. Erfahrungsmöglichkeiten zwischen Faszination und Bedrohung. Opladen 1991

Scherr, Albert: Die Konstruktion von Fremdheit in sozialen Prozessen. Überlegungen zur Kritik und Weiterentwicklung interkultureller Pädagogik. neue praxis 1/98, S. 49-58

Schindler, Raoul: Das Verhältnis von Soziometrie und Rangordnungsdynamik. In: Kutter, Peter (Hrsg.): Gruppendynamik der Gegenwart. Darmstadt 1981, S. 166-173

Schindler, Raoul: Zum Vokabular von Gruppenorganisation und Rangdynamik. Unveröffentl. Manuskript. Budapest 9/1990

Schneider-Wohlfart, Ursula/Pfänder, Birgit/Pfänder, Petra/Schmidt, Bernd/Landesinstitut für Schule und Weiterbild. (Hrsg.): Fremdheit überwinden. Theorie und Praxis des interkulturellen Lernens in der Erwachsenenbildung. Opladen 1990

Scholl, Wolfgang: Gruppenarbeit: Die Kluft zwischen sozialpsychologischer Theoriebildung und organisationspsychologischer Anwendung. In: Gruppendynamik Heft 4/1997, S. 381-403

Schütz, Klaus-Volker: Gruppenforschung und Gruppenarbeit. Theoretische Grundlagen und Praxismodelle. Mainz 1989

Streeck, Jürgen: Kulturelle Kodes und ethnische Grenzen. Drei Theorien über Fehlschläge in der interethnischen Kommunikation. In: Rehbein, Jochen (Hrsg.): Interkulturelle Kommunikation. Tübingen 1985, S. 103-120

Streeck-Fischer, Annette: Über „Mutanten-Mentalität“ oder die verschiedenen Leben des ausländerfeindlichen jugendlichen Skinhead Bernd. In: psychosozial 19. Jg. Nr. 64, Heft II/1996, S. 67-76

Taylor, Charles: Multikulturalismus und die Politik der Anerkennung. Mit Kommentaren von Amy Gutman u.a. Frankfurt a.M. 1997

Thomas, Alexander: Interkulturelles Handlungstraining in der Managerausbildung. In: Wirtschaftswissenschaftliches Studium. Heft 6. München 1989, S. 281-287

Thomas, Alexander: Grundriß der Sozialpsychologie. Bd. 2. Individuum – Gruppe – Gesellschaft. Göttingen/Bern/Toronto/Seattle 1992

Thomas, Alexander (Hrsg.): Kulturvergleichende Psychologie. Eine Einführung. Göttingen 1993

Thomas, Alexander (Hrsg.): Psychologie interkulturellen Handelns. Göttingen/Bern/Toronto/Seattle 1996

Treibel, Annette: Migration in modernen Gesellschaften. Soziale Folgen von Einwanderung, Gastarbeit und Flucht. 2. völlig neubearb. und erw. Aufl., Weinheim/München 1999

Wahrlich, Heide: Wortlose Sprache – Verständnis und Missverständnis im Kulturkontakt. In: Thomas, Alexander (Hrsg.): Kulturstandards in der internationalen Begegnung. Saarbrücken/Fort Lauderdale 1991, S. 13-39

Weber, Max: Wirtschaft und Gesellschaft. Tübingen 1972

Zöchbauer, Franz/Hoekstra, Henk: Kommunikationstraining. Ein Erfahrungsbericht. Heidelberg 1974

Kapitel IV

Aus der Praxis interkultureller Gruppenpädagogik

Birgit Stimm-Armingeon

Zur Auswahl und zum Einsatz von didaktischen Modellen, Methoden und Arbeitsformen in interkulturellen Veranstaltungen

Methoden in der Erwachsenenbildung: Definition, Funktion und Wirkung

Methoden sind ein „mächtiges" Instrument in der Erwachsenenbildung. Sie ordnen nicht nur das Lerngeschehen (Sachdimension), sondern strukturieren auch Beziehungen (Sozialdimension) (Becher 1998, S. 13 f.). Sie dienen der effektiven Vermittlung von Inhalten und regulieren den Umgang von Menschen in einer Lerngruppe. Methoden werden von der Seminarleitung eingesetzt, um einen Kontakt zwischen dem Lernenden und dem Thema herzustellen. Sie sollen den Erfahrungshorizont der Teilnehmenden erweitern und neue Erfahrungen ermöglichen. Klein (1984, S. 179) beschreibt Methode als Weg, als Schritt oder Anstoß, etwas in Gang zu bringen. Das Ziel heißt grundsätzlich, die Gruppenmitglieder in Arbeit und Prozess einzubeziehen und ihre Entwicklung zu fördern.

Mischke, Raapke und Sielaff (1995, S. 112) bezeichnen Methode als eine Verfahrensweise, wie Lehr- und Lernprozesse gestaltet werden, bzw. wie diese Prozesse gesteuert werden können. Methoden sind jedoch nicht nur Mittel, um bestimmte Erfahrungen zu ermöglichen, sie selbst haben darüber hinaus Eigenwirkungen, die unabhängig vom Inhalt sind. Diese Eigenwirkungen liegen hauptsächlich im Bereich der Gruppendynamik. Da sich viele Methoden genau diese Effekte zunutze machen, muss auch immer damit gerechnet werden, dass bei einzelnen Teilnehmenden zusätzlich nicht vorhersehbare individuelle Wirkungen ausgelöst werden können, z.B. Trauer, Ärger.

Methoden, wie sie in der Erwachsenenbildung üblich sind, regen Lernen auf ganz verschiedenen Ebenen an. Sie bedienen sich neben Informationen auch Gefühlen, Phantasien, Erinnerungen und Bildern sowie der Kommunikation und Aktion. Hierbei findet Lernen nicht als Ergebnis am Ende, sondern während des gesamten Prozesses statt (Becher 1998, 9 ff.). Zum geplanten und zielorientierten Einsatz von Methoden ist eine Methodenkompetenz der Kursleitung unabdingbar. Diese beinhaltet Fähigkeiten und Wissen im Hinblick auf Fragen, wie, wann und für welche Gruppe eine bestimmte Methode zur Anwendung kommt, mit welchen „Nebenwirkungen" zu rechnen ist und wie man Methodenfolgen gestaltet. Ein wesentliches Element neben einem großen Methodenrepertoire ist weiterhin die eigene Erfahrung mit Methoden und deren Wirkungen. Wir orientieren uns im Folgenden an den Prinzipien der Themenzentrierten Interaktion, die ein angemessenes Instrument darstellt, um Methoden auf ihre Einsetzbarkeit überprüfen zu können.

Methoden – Versuch einer Klassifikation

Bei dem Versuch, eine allgemein gültige Methodenklassifikation zu finden, stößt man auf zahlreiche Modelle, die Methoden jeweils von einer anderen Zielrichtung her kategorisieren. Becher (1998) stellt eine Klassifizierungsauswahl zusammen.

Demnach orientiert sich Knoll (1991, S. 76 f.) bei seinem Modell am Prozessverlauf einer Gruppe (Anfang, Arbeitsphase, Ergebnissicherung, Auswertung und Nacharbeit) und am Grundsatz der „wachsenden Intensität“, während Brühwiler (1992, S. 17 ff.) Anwendungsmöglichkeiten als Ordnungsschema zugrunde legt, jedoch ohne dies theoretisch zu begründen. Als Verwendungsmöglichkeiten von Methoden werden von ihm u.a. genannt: Interventionsinstrument, Meinungsbildung, Entscheidungsfindung, Diskussionsanregung, Erfahrungen aktualisieren, heiße Eisen aufnehmen, Informationsverarbeitung, Informationsvermittlung, Lerngruppe thematisieren, Ideen sammeln, Themensuche, Konfliktlösung ... (Becher 1998, S. 18 f.).

Mischke/Raapke/Sielaff (1994, S. 129 f.) sehen in der Methode eine „Verfahrensweise, die den Lehr-/Lernprozess beeinflusst und steuert“ und verwenden die Kategorien Darbietung (Vortragen, Vorzeigen, Vormachen, Vorführen) und Erarbeitung (Gespräch, Diskussion, Lesen, Nachschlagen, Selbstlernen, Erkunden, Experimentieren) als Unterscheidungsmerkmale innerhalb der „Aktionsformen des Lehrens“.

Mit einer weiteren Kategorie, den „Methoden als Organisationsformen des Lernens“ (Großgruppe, Kleingruppe, Partnerarbeit, Einzelarbeit), wechseln Mischke u.a. die Ebene. Die Kategorie „Methode für spezielle Ziele“, z.B. „Methoden zur Ideenproduktion“, stellt eine Art Restkategorie dar. Auch mit ihrer letzten Kategorie „Spielmethoden und gestaltende Methoden“ wird wieder eine andere Klassifizierungsebene eröffnet, nämlich die einer ähnlichen Aktionsform. Aufgrund des ständigen Wechsels der Kategorien halte ich das Modell von Mischke u.a. nicht für sinnvoll.

Becher (1998, S. 21) schließlich schlägt vor, eine Methodenordnung anhand der Lern- und Wirkungsebene vorzunehmen. Sie unterscheidet die Methoden nach zwei Kriterien. In der Sachdimension siedelt sie

– kognitiv-informativ ausgerichtete Methoden (wie z.B. Expertenbefragung, Textarbeit) an.

In der Sozialdimension unterscheidet sie:
- emotional-kreativ ausgerichtete Methoden (wie z.B. Fotos, Rätsel, Collagen),
- auf Eigen- und Fremdwahrnehmung ausgerichtete Methoden (wie z.B. Phantasiereise, Lebenskurve),
- Interaktionsmethoden (hier ist alles gemeint, was sich unter Rollen- und Planspiel sowie Theater fassen lässt).

In Anlehnung an Gugel (1993) führt sie als weitere Kategorie die so genannten „Standardmethoden" an, die zur Strukturierung der verschiedenen Gruppenphasen, zur Visualisierung und zur Auflockerung dienen. Auch hier verlässt sie nach meiner Einschätzung ihre eigene Kategorisierungsebene, weil selbstverständlich auch bei allen anderen vorher genannten Kategorien zu fragen ist, in welcher Phase sie einzusetzen und welche Wirkung sie auf die Gruppe haben. Dasselbe gilt auch für die letzte Kategorie „Standardtechniken" (Einzelarbeit, Gruppenarbeit, Plenum, Vortrag und Moderation), womit eigentlich die Struktur der Methoden gemeint ist, die bei jeder Übung einzeln geklärt werden muss: In welcher Struktur führe ich eine bestimmte Methode durch, als Einzelarbeit, in einer Kleingruppe oder im Plenum?

Ein Hauptproblem, das eine wirklich praktikable Methodenkategorisierung behindert, ist die Tatsache, dass bestimmte Begrifflichkeiten nicht klar definiert sind und von den verschiedenen Autoren unterschiedlich benutzt werden. Ein drastisches Beispiel hierfür ist der Begriff „Interaktionsmethoden". Während Becher hierunter nur darstellende Techniken wie Rollen-, Planspiel, Theater und Pantomime versteht, weitet Fritz (1975) den Begriff auf alle möglichen Methoden aus, die die Interaktion in der Gruppe fördern.

Eine befriedigende und allgemein gültige Methodenklassifikation steht noch aus und kann auch in diesem Zusammenhang nicht geleistet werden. Eine für den Seminaralltag brauchbare Einteilung von Methoden für die Erwachsenenbildung lässt sich meines Erachtens anhand des TZI-Modells (siehe Kapitel 4, „Themenzentrierte Interaktion") vornehmen.

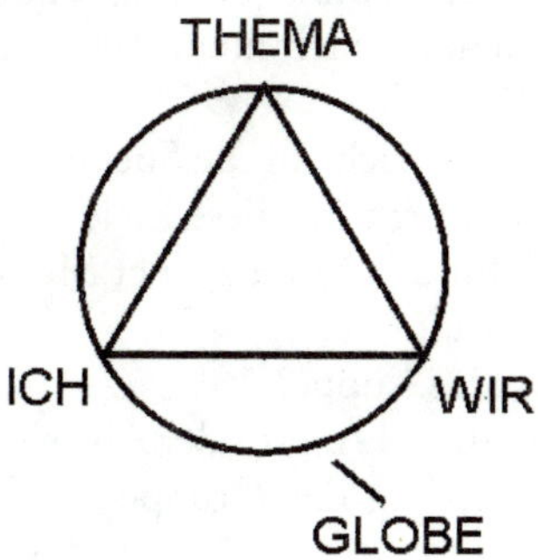

Hierbei lassen wir uns von zwei Fragenkomplexen leiten. Auf welche Spitze des TZI-Dreiecks ist die Methode gerichtet, soll sie:
- die inhaltliche Auseinandersetzung mit dem Thema fördern (themenorientierte Methode),
- den Gruppenprozess in Gang bringen und die Gruppenatmosphäre fördern (gruppenorientierte Methode),
- den Teilnehmenden die Möglichkeit zur Selbsterfahrung bieten (ich-orientierte Methode),
- den Alltag, die Umwelt mit in den Lernprozess einbeziehen (globe-orientierte Methode)?

Klar ist in diesem Zusammenhang, dass immer mehrere Ebenen des Dreiecks angesprochen sind, jedoch eine Ebene im Vordergrund steht. So findet z.B. bei gruppenorientierten Methoden immer auch Selbsterfahrung bei den Einzelnen statt, lassen sich Rollenspiele zur Supervision für Einzelne oder auch zur Verbesserung der Gruppenatmosphäre nutzen, und ein Einzelrollenspiel wird immer Einfluss auf die Gruppe als Ganze haben. Eine zweite Frage, die uns leitete und die sich auch in der Methodenmatrix wiederfindet, ist die Frage, in welcher Gruppenphase welche Methoden am günstigsten anzusiedeln sind.

Zum Einsatz von Methoden: Checkliste für die Erwachsenenbildung

Dem Einsatz einer Methode muss immer eine Zielentwicklung sowie eine Bedingungsanalyse vorausgehen. Methoden sind nicht Selbstzweck, sondern sollten immer zielgerichtet eingesetzt werden. Dabei lautet eine Grundregel: *Zuerst das Ziel und dann die Methode.*

Zielentwicklung heißt, in diesem Fall zu klären:
- Welches Grobziel habe ich für diese Veranstaltung?
- Welches Feinziel leitet mich in dieser Seminarsequenz?
- Woran kann ich erkennen, dass ich mein Ziel erreicht habe bzw. ihm näher gekommen bin?

Sind diese Ziele klar, kann man sich auf die Suche nach einer Methode machen, die zu diesem Ziel passt und durch die diese Ziele erreichbar sind. Des Weiteren ist eine Bedingungsanalyse für den Einsatz einer Methode vorzunehmen:
- Passt die Methode zur Gruppe?
- Wie methodengeübt ist die Gruppe?
- Produziert die Methode zu viel Angst oder Abwehr?
- Wie ist die Zusammensetzung der Gruppe von Alter, Geschlecht, sozialer Schicht?

- Wie groß ist die Gruppe?
- Passt die Methode zum Thema? Dient sie zur Erfüllung des Ziels oder konterkariert sie es? Ist die Methode herausfordernd oder einengend?
- Passt die Methode zu mir als Leiter/Leiterin? Liegt mir diese Methode oder kann ich mich nicht mit ihr identifizieren? Habe ich selbst Erfahrung mit dieser oder einer ähnlichen Methode? Traue ich es mir zu, mit dieser Methode und ihren möglichen „Nebenwirkungen" umzugehen?
- Passt die Methode zu den Rahmenbedingungen und zum Veranstalter? Stimmen die äußeren Rahmenbedingungen wie Raum, Zeit und Material? Wird die Methode von der Einrichtung, die das Seminar veranstaltet, akzeptiert ?

Klein (1984, S. 181) führt hierzu aus: „Methodenentscheidungen müssen mit Voraussetzungen (Teilnehmer und Leiter) korrespondieren, sonst ist das gewünschte Ziel nicht erreichbar. Mit diesem Hinweis möchte ich für eine sorgfältige Auswahl von Methoden plädieren. Wer Methoden einsetzt, sollte ihre möglichen Wirkungen, ihre Voraussetzungs- und Zielperspektiven kennen. Sonst besteht die Gefahr, dass Gruppen aus Unkenntnis oder auch Effekthascherei ihrer Leiter durch deren methodische Entscheidungen in Prozesse gezogen werden, die sie nicht bearbeiten können, oder dass einzelne Teilnehmer mit Problemen konfrontiert werden, ohne dass jemand da wäre, der genügend Sicherheit und Hilfe bei der Aufarbeitung geben könnte."

Als weitere Frage muss nun überprüft werden, ob die Methode zur Gruppenphase passt, in der sich die entsprechende Lerngruppe momentan befindet. Wie in Kapitel 4, „Themenzentrierte Interaktion", näher beschrieben wird, erfordern und ermöglichen die unterschiedlichen Gruppenphasen den Einsatz bestimmter Methoden. Mischke, Raapke und Sielaff (1995, S. 114) plädieren für eine Offenlegung der Methoden im Seminar und weisen ausdrücklich darauf hin, dass Teilnehmende in der Erwachsenenbildung mündige Lernende sind, die ein Recht haben zu wissen, wozu, was und wie sie lernen.

Als nächsten Punkt gilt es nun zu entscheiden, in welcher Struktur die ausgewählte Methode angewendet werden soll, wobei einschränkend erwähnt werden muss, dass bei vielen Methoden die Struktur bereits vorgegeben ist. Hier stehen folgende Möglichkeiten zur Verfügung:

- Plenum,
- Halbgruppe,
- Kleingruppe (verschiedene Größen und Zusammensetzungen),
- Zweiergruppe,
- Einzelarbeit,
- Fishbowl (Kreis im Kreis).

Hierbei ist zu beachten, dass auch die Auswahl der Struktur einen wesentlichen Einfluss auf das Lernergebnis hat. Sind Plenen weniger geeignet zu aktivieren, haben sie jedoch eine wichtige Funktion für das Gruppengefühl. Kleingruppen sind ein wichtiges Instrument für intensiven Erfahrungsaustausch und unterstützen die Ablösung von der Leitung. Einzelarbeit hingegen hat ihre Berechtigung bei selbstreflexiven Prozessen, um nur ein paar Beispiele zu nennen. Auf die besondere Bedeutung und Chance der Gruppenarbeit in der Erwachsenenbildung wurde schon mehrfach hingewiesen. Für die Leitung ergibt sich bei der Gruppenarbeit eine besondere Strukturierungsleistung. So müssen die äußeren Bedingungen wie Räumlichkeiten, Material etc. abgesichert werden. Des Weiteren muss die Umorganisation (Zusammensetzung und Rahmenbedingungen der Gruppenarbeit) sowie die Rückkehr ins Plenum (zeitlicher Rahmen, Präsentation der Gruppenergebnisse) organisiert werden. Mischke, Raapke und Sielaff (1995, S. 148 ff.) beschreiben Weiterbildungsveranstaltungen als eine Abfolge verschiedener Methoden, bei der es darum gehe, „Lernwege zu organisieren“. Dies geschieht nach drei Prinzipien:

1. Prinzip der Stufigkeit des Lernweges (vgl. auch Gruppenphasen)
- Kennenlernen/Überblick,
- Entwicklung persönlicher Bezüge zum Inhalt/Erfahrungen aktivieren,
- Intensive Auseinandersetzung,
- Bilanz und Vergewisserung.

2. Prinzip des Methodenwechsels
- Motivation und Aktivierung,
- unterschiedliche Anforderungen berücksichtigen,
- Methodenvielfalt, um die Fähigkeiten unterschiedlicher Teilnehmender anzusprechen,
- Methodenabfolgen entwerfen.

3. Lernen durch Induktion und Deduktion
- Entwicklung von Regeln aus Einzelfällen (Induktion),
- Überprüfung der Regeln durch Einzelfälle (Deduktion).

Insgesamt ist zu sagen, dass der Einsatz von Methoden nach dem Prinzip der rollenden Planung (Langmaack 1985, S. 149 ff.) anhand von Zwischenauswertungen immer wieder überprüft und gegebenenfalls korrigiert werden muss. Methoden sind eine gute Möglichkeit, den vernachlässigten Elementen des TZI-Dreiecks zu stärkerer Betonung zu verhelfen, um sie wieder in die Balance zu bringen.

Eine besondere Rolle kommt den inzwischen in der Erwachsenenbildung gängigen Techniken aus der Moderationsmethode (Kartenabfrage, Visualisierungstechniken) zu. Sie sollten in das Methodenrepertoire jedes Erwachsenenbildners gehören.

Methoden in der interkulturellen Bildungsarbeit

Der Einsatz von Methoden in der interkulturellen Erwachsenenbildung erfordert einige Überlegungen, die über den allgemeinen Methodeneinsatz in der Erwachsenenbildung hinausgehen. Es gilt zum einen die speziellen Voraussetzungen der Migranten im Bildungsprozess zu beachten (siehe Bestandsaufnahme Kapitel 3, „Gruppenpädagogische Grundsätze ..."). Hier ist es besonders wichtig, die Perspektiven der Migranten, die Frage der Aufenthaltsdauer sowie die Sprachkenntnisse in die methodischen Vorüberlegungen einzubeziehen. Auch erfordert die Gruppenvielfalt im interkulturellen Bereich (Ältere, Jüngere, Frauen, Männer, gemischte Gruppen, verschiedene Religionszugehörigkeit) unterschiedliche methodische Herangehensweisen. In der interkulturellen Bildungsarbeit müssen Bedingungen hergestellt werden, die interkulturelle Kommunikation über das hinaus möglich machen, was im alltäglichen Mit- und Nebeneinander passiert. Geeignete methodische Vorgehensweisen spielen hierbei eine wichtige Rolle, weil sie den Horizont öffnen und die Perspektive verändern können. Als Basis sind die in Kapitel 3, „Gruppenpädagogische Grundsätze ..." beschriebenen Prinzipien und Ziele interkultureller Bildungsarbeit zugrunde zu legen:

- globales Denken,
- Selbstreflexion,
- Interaktion und Kommunikation,
- Symmetrie und Reziprozität,
- Differenzen akzeptieren und Gemeinsamkeiten entdecken,
- Solidarität.

Methoden, die sich mit dem Alltag und der Biografie der Teilnehmenden auseinander setzen (z.B. die im Anschluss beschriebene biografische Methode) eignen sich daher in diesem Zusammenhang in besonderem Maße. Die Teilnehmenden selbst und nicht die Leitung sind die Experten ihres eigenen Lebens. Methoden, die den Alltag zum Inhalt haben, bieten die Möglichkeit, sich im Austausch mit den anderen Gruppenmitgliedern von Vorurteilen, Vorbehalten oder Bildern zu lösen und dem wirklichen Leben der Betroffenen zuzuwenden. Sie ermöglichen den Kontakt auf einer neuen, ganz konkreten Ebene: Verstehen und Verständnis für Einstellungen und Handlungen der anderen Kulturen.

Die unterschiedlichen sprachlichen Voraussetzungen stellen einen weiteren Aspekt dar, der die interkulturelle Bildungsarbeit beeinflusst. Hier hat die Leitung ganz unterschiedliche Möglichkeiten:

1. auf der strukturellen Ebene

Muttersprachliche Leiter und Leiterinnen oder muttersprachliche Kleingruppen (vor allem zu Beginn) können sprachliche Probleme überbrücken helfen.

2. auf der Ebene der Kommunikation und Interaktion in der Gruppe

Der Einsatz nonverbaler Methoden oder von Methoden, die mit weniger Worten auskommen, bietet vielfältige Möglichkeiten, eine andere Verständnisebene zu finden. Methoden, die das Schreiben der deutschen Sprache voraussetzen, sind eher mit Vorsicht einzusetzen und wenn, dann nur in kulturell gemischten Gruppen, in denen dann die Deutschen oder die Migranten, die die deutsche Schriftsprache beherrschen, die Schreibarbeit übernehmen.

Sehr effektiv und bei den Teilnehmenden sehr beliebt (siehe Auswertungen der interkulturellen Frauenseminare) sind darstellende Methoden aller Art wie z.B. Rollenspiele, Boalsches Theater oder Planspiele. Sie ermöglichen, vor allem durch die Technik des Rollentausches, die Wahrnehmung zu sensibilisieren und neue Erfahrungen zuzulassen. Darstellende Methoden bieten des Weiteren den Vorteil, direkte Erfahrungen herbeizuführen und aktiv agieren zu können. Insgesamt ist zu beobachten, dass Rollenspiele die intrinsische Motivation der Teilnehmer/-innen und die Intensität des interkulturellen Dialoges deutlich erhöhen.

Bei der Arbeit mit Medien aller Art (Literatur, Texte, Videos, Filme, Fotos, Alltagsgegenstände etc.) bietet sich eine gute Möglichkeit, mit Material aus den verschiedenen Ländern zu arbeiten. Hier kann es sinnvoll sein, die Teilnehmer/-innen in die Vorbereitung mit einzubeziehen und so ihre Ressourcen (vorhandene Materialien, Ideen zur Gestaltung, spezielle Kenntnisse etc.) zu nutzen.

Beim Input von Informationen bei interkulturellen Seminaren ist es wichtig, möglichst knapp und anschaulich vorzugehen. Folgende Aspekte sind besonders zu beachten:

- kurze inhaltliche Sequenzen, lieber auf mehrere Abschnitte verteilt;
- möglichst einfache Sprache, grammatikalisch nicht zu kompliziert, wenig Fremdwörter;
- frei vorgetragene Inputs;
- klare Gliederungen der Informationen, unterstützt durch Visualisierung (Bilder etc.);
- Raum für Rückfragen sowie die Möglichkeit der Diskussion in Kleingruppen.

Des Weiteren ist zu sagen, dass es gerade in der interkulturellen Bildungsarbeit vorteilhaft ist, strukturelle Bedingungen für eine Verbesserung der Kommunikation zu nutzen. So bietet zum Beispiel die Zusammenstellung von Kleingruppen vielfältige Möglichkeiten. Durch entsprechende Vorgaben der Leitung lassen sich ganz unterschiedliche Mischungen, je nach Gruppensituation und Thema herstellen. So kann es, wie bereits erwähnt, am Anfang zum Warmwerden sinnvoll sein, relativ homogene muttersprachliche Kleingruppen zu bilden. In anderen Phasen hingegen sind möglichst heterogene Gruppen wichtig, um einen regen Austausch zu gewährleisten.

Abschließend möchte ich bemerken, dass die meisten Methoden, die in der Bildungsarbeit üblicherweise eingesetzt werden, ihren Ursprung im westeuropäischen Raum und in dessen philosophischem Hintergrund haben. Sie können auf Mitglieder anderer Kulturkreise immer auch befremdend oder tabuverletzend wirken. So gelten zum Beispiel für viele Japanerinnen ganz andere Interaktionsregeln und Einstellungen zu Fragen von Nähe und Körperlichkeit als für viele Deutsche. Hier gilt es als Kursleitung stets sensibel für das eigene didaktische Verhalten und dessen Wirkung zu bleiben.

Literatur

Becher, Martina: Interaktions-Methoden in der Erwachsenenbildung – Leitfaden und Wegweiser. Deutsches Institut für Erwachsenenbildung. Frankfurt a.M. 1998

Brühwiler, Herbert: Methoden der ganzheitlichen Jugend- und Erwachsenenbildung. Opladen 1992

Fritz, Jürgen: Interaktionspädagogik. Methoden und Modelle. München 1975

Klein, Irene: Gruppenleiten ohne Angst. München 1984

Knoll, Jörg: Kurs- und Seminarmethoden. Ein Trainingsbuch zur Gestaltung von Kursen und Seminaren, Arbeits- und Gesprächskreisen. Weinheim/Basel 1991

Langmaack, Barbara: Wie die Gruppe laufen lernt. Anregungen zum Planen und Leiten von Gruppen. Weinheim/Basel 1995

Mischke, Wolfgang/Raapke, Hans-Dietrich/Sielaff, Lothar: Lerneinheit Methoden und Medien. In: Brokmann-Nooren, Christiane/Grieb, Ina/Raapke, Hans-Dietrich (Hrsg.): Handreichungen für die nebenberufliche Qualifizierung (NQ) in der Erwachsenenbildung. Hrsg. v. der Bundeszentrale für politische Bildung. Weinheim/Basel 1995

Checkliste: Methoden der Erwachsenenbildung

Vorgehen bei der Auswahl einer Methode

1. Zielentwicklung
Erst das Ziel, dann die Methode!
Was soll im Vordergrund der Methode stehen?
- Die Auseinandersetzung mit einem Thema.
- Den Gruppenprozess in Gang bringen/Gruppenatmosphäre verbessern.
- Den Teilnehmern die Möglichkeit zur Selbsterfahrung bieten.
- Die Beschäftigung mit einem gesellschaftlichen Anliegen.

Es sind immer alle Bereiche beteiligt, aber ein Bereich steht im Vordergrund.

2. Bedingungsanalyse
Die Methode muss:

zu *mir* passen.
- Kann ich mich mit der Methode identifizieren?
- Kenne ich diese (oder ähnliche) Methoden aus eigener Erfahrung?
- Kann ich mit der Methode umgehen?
- Was locke ich heraus/habe ich das noch im Griff?

zum *Thema* passen.
- Bin ich überzeugt, dass die Methode dem Ziel dient?
- Ist die Methode herausfordernd oder einengend?
- Passt die Methode zum Thema/oder widerspricht sie ihm?

zur *Gruppe* passen.
- Wie methodengeübt sind die Teilnehmer?
- Macht die Methode zu viel Angst oder produziert sie Abwehr?
- Passt sie zur Gruppenzusammenstellung (z.B. Frauen/Männer)?
- Passt sie zur Gruppe (von der Sprache, vom Stil ...)?
- Aktiviert sie die Gruppe oder macht sie passiv?

zum *äußeren Rahmen* passen.
- Passt sie zum Raum/zur Einrichtung?
- Habe ich die notwendigen Materialien zur Verfügung?
- Wird meine Methode von der Einrichtung akzeptiert?
- Ist der zeitliche Rahmen ausreichend?

zur *Gruppenphase* passen.
- In welcher Phase ist die Gruppe?
- Anfangsphase (ankommen – auftauen – sich orientieren)
- Orientierungsphase (Gärung und Klärung)
- Phase der Arbeitslust und Produktivität
- Schlussphase (Abschluss und Transfer)

Unterschiedliche Phasen erfordern/ermöglichen unterschiedliche Methoden!

Birgit Stimm-Armingeon

Themenzentrierte Interaktion (TZI)

Die Themenzentrierte Interaktion (TZI) wurde in den 50er- und 60er-Jahren von Ruth Cohn, einer jüdischen Psychoanalytikerin, die in die USA emigriert war, entwickelt. „Ihr gedanklicher Ansatz war die Frage, wie die positiven Ichstärkenden Faktoren therapeutischer Arbeitsmethoden auch im alltäglichen Umgang miteinander wirksam werden könnten, um zu ganzheitlichen, die ganze Persönlichkeit entsprechenden Lern- und Arbeitssituationen zu gelangen" (Langmaack 1985, S. 104). TZI zählt zu den Methoden der humanistischen Psychologie und setzt in ihrem Wertesystem auf ein lebenslanges persönliches Wachstum des Menschen durch Selbstaktivierung und Selbstverantwortung. TZI hat, wie im Folgenden beschrieben, eine feste Grundstruktur, kann aber Techniken und Spiele aus anderen Methoden integrieren (wie z.B. Encountertechniken, Interaktionsspiele, Theater- und Rollenspieltechniken).

„Jede Methode, die dem Rahmen der TZI Prinzipien und ihrem expliziten Wertesystem nicht entgegensteht, ist prinzipiell integrierbar" (Cohn 1989, S. 12).

Ruth Cohn hat als deutsche Jüdin, die unter Hitler in die USA emigrieren musste, einen besonderen Zugang zum Thema Fremdenfeindlichkeit und Antisemitismus, wie sie in ihren Büchern „Es geht ums Anteilnehmen" und „Gelebte Geschichte der Psychotherapie" sehr eingehend darstellt. So schreibt sie hier zum Thema Feindbilder: „Wie kann ich und wie können wir sie vermindern? Feindbilder erzeugen Feinde und Feinde frieren Feindbilder ein, die neue Feinde erzeugen, über alle Landesgrenzen und Jahrhunderte hinweg. Feindbilder: Der andere tut es, der Böse. Wir sind gut. Wir würden so etwas nicht einmal träumen! Gehört es zum Wesentlichen von Feindbildern, dass wir Böses auf andere projizieren, weil wir nicht wagen, Böses zu träumen oder unsere Träume zuzugeben? Wir müssen endlich lernen, dass niemand frei von bösen Gefühlen und Gedanken ist, außer wenn er diese verdrängt und sie nun aus dem dunkelsten Loch der Seele herausquellen – als Projektionen, die wir anderen anhängen oder als böse Taten, die wir als gut rationalisieren, statt sie als böse zu träumen" (Cohn 1989, S. 186).

TZI eignet sich in besonderer Weise für die interkulturelle Erwachsenenbildung, da sie als implizit politische Methode die äußeren Bedingungen und Erfahrungen – den Globe – als wesentlichen Faktor für die Gruppenarbeit betrachtet. Offensichtlicher noch als bei anderen Lerngruppen wird die Arbeit vom Globe beeinflusst oder dieser ist sogar explizit oder implizit Thema der Gruppenarbeit. Interkulturelles Lernen ist wie jedes ganzheitliche Lernen immer eine Verbindung von kognitivem und emotionalem Lernen. In interkulturellen Veranstaltungen geht es darum, durch zusätzliche Informationen neue Möglichkeiten zu finden, Verhaltensweisen von anderen zu verstehen und einzuordnen. Wesentlicher sind jedoch die eigene Auseinandersetzung mit dem Fremden, mit eigenen Vorbehalten und Vorurteilen, eine reflektierte Begegnung, das Entdecken von Gemeinsamkeiten und ein Akzeptieren von Unterschieden. TZI eröffnet genau diese Verbindung von Sacharbeit und Selbsterfahrung in der Gruppe.

Umso erstaunlicher ist es, dass man in der TZI- Fachliteratur keine Abhandlungen zum Thema „Interkulturelles Lernen in Gruppen" findet. Lediglich Peter Schulz, Lehrer einer Gesamtschule in Solingen, berichtet in seinem Artikel „Themenzentrierte Arbeit mit einer multikulturellen Gruppe von Jugendlichen" (Schulz 1993, S. 95 ff.) über ein auf Grundlage der TZI durchgeführtes Schülerseminar. Der vorliegende Text stellt somit die erste systematische Aufarbeitung des Themenkomplexes dar.

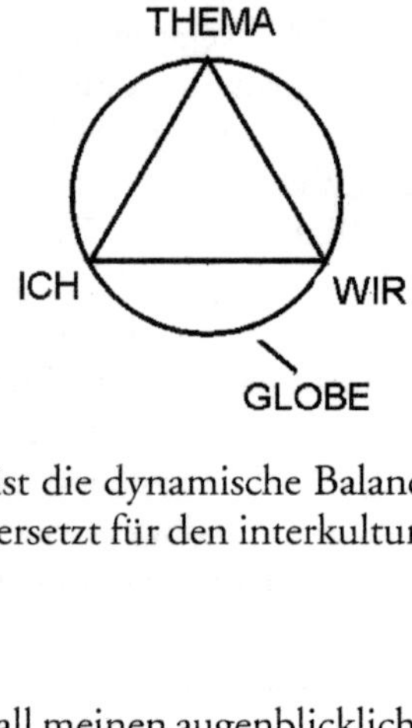

Wichtigstes Strukturelement ist die dynamische Balance der verschiedenen Elemente des TZI-Dreieckes. Übersetzt für den interkulturellen Bereich könnte dies ungefähr Folgendes heißen:

ICH

Ich als Person bin wichtig mit all meinen augenblicklichen Gefühlen, Wünschen, Problemen, Unsicherheiten, Erfahrungen, meinem Glauben, meiner Sprache und meinem kulturellen Hintergrund. Meine Interessen sind wichtig in der Gruppe. Ich werde akzeptiert mit meinen unterschiedlichen kulturellen Werten und Normen. Dies ist eine Erfahrung, die viele Teilnehmende in ihrem Alltag so nicht machen. Oft haben sie das Gefühl, sich Akzeptanz und Wertschätzung erst erarbeiten oder erkämpfen zu müssen.

WIR

Die Lerngruppe und ihre Beziehungen untereinander sind eine wesentliche Grundlage für den Lernerfolg. Wir sind in der Gruppe gleichberechtigt und sind Gebende und Nehmende. Das Gruppenverhalten jedes Einzelnen ist, geprägt durch unsere Kultur- und Sozialisationsbedingungen, möglicherweise sehr unterschiedlich. Dies ist u.a. dadurch bedingt, dass Gruppen eine unterschiedliche Funktion und Bedeutung in den verschiedenen Kulturen haben und unterschiedliche Verhaltensregeln, Tabus, Werte und Normen gelten. Beziehungsstrukturen und das Bild von sozialen Beziehungen prägen Erwartungshaltungen an Gruppen. Auch das traditionelle Geschlechterverhältnis beeinflusst die Atmosphäre in der Gruppe. In vielen Kulturen sind geschlechtsgemischte Gruppen außerhalb der Familie unüblich, zum Teil sogar tabu, jedoch ist die Nähe zum eigenen Geschlecht oft sehr viel größer.

THEMA

Wir arbeiten an einem gemeinsamen Thema. Das Thema ist das gemeinsame Dritte, das uns zusammenhält (Brecht). Dieses gemeinsame Dritte fehlt scheinbar in vielen gesellschaftlichen Situationen unseres Alltags. In inszenierten Gruppen der Erwachsenenbildung besteht die Chance, ein gemeinsames Thema, ein begrenztes gemeinsames Ziel zu entwickeln und zu verfolgen. Anders als in kulturell homogen zusammengesetzten Gruppen existieren in solchen Lernzusammenhängen weniger Selbstverständlichkeiten. Spricht man über das Thema Schule, wird es bei deutschen Teilnehmenden einer bestimmten Generation einen ähnlichen Erfahrungshintergrund geben. Nicht so in einer multikulturellen Arbeitsgruppe; hier wird es erst einmal darum gehen, ein Grundverständnis herbeizuführen und dadurch die Ursachen für unterschiedliche Deutungsmuster verständlich zu machen.

GLOBE

Die Geschichte und die kulturellen Erfahrungen der Einzelnen sind wichtig, sowohl in ihrer Wirkung aus der Vergangenheit, wie auch in aktuellen Erfahrungen. Die verschiedenen Teilnehmerinnen kommen aus unterschiedlichen Systemzusammenhängen, sowohl im Makro- als auch im Mikrobereich. Ein großer Teil unserer ausländischen Teilnehmenden gehören zu einer benachteiligten Minorität unserer Gesellschaft, die nicht dieselben Rechte hat wie die Majorität und sich auch untereinander durch einen unterschiedlichen gesellschaftlichen Status auszeichnet (z.B. rechtliche Unterschiede von Aussiedlern, Arbeitsmigranten und Flüchtlingen). Diese Ungleichbehandlung hat auch Auswirkungen auf die Gruppe. Gilt auch in der Gruppe das Prinzip: „wir sind als Gruppenmitglieder alle gleich“, so bewirkt der Migrantenstatus vielfach auf Seiten der Betroffenen bestimmte Empfindlichkeiten und Misstrauen und seitens der deutschen Gruppenmitglieder zumindest unbewusst Vorbehalte und Abwertungen. Dies gilt es im Auge zu behalten und gegebenenfalls bewusst zu machen. Die Symmetrie und Reziprozität der Beziehungen in der Gruppe ist eine wesentliche Voraussetzung für interkulturelle Lernprozesse. So ist der Globe nicht nur häufig implizit Thema der interkulturellen Erwachsenenbildung, sondern wird oft explizit zum Thema gemacht. Genau hier liegt eine wichtige Chance dieser Arbeitsform.

Die Axiome und Postulate der TZI

Die Themenzentrierte Interaktion basiert auf *drei Axiomen*, Grundannahmen, die sie mit den anderen Methoden der humanistischen Psychologie gemeinsam hat und die Grundbedingung für gleichberechtigtes Lernen in der Erwachsenenbildung sind.

Der Mensch ist eine *psychobiologische Einheit*; intellektuelle, physische und emotionale Bedürfnisse gehören zusammen.

Der Mensch ist gleichzeitig autonom (eigenständig) und interdependent (allverbunden). Je mehr er sich seiner Abhängigkeiten bewusst ist, desto mehr Freiheit hat er. An dieser Stelle wird sehr deutlich, dass wir in der Erwachsenenbildung auf der Grundlage eines westlichen Wertesystems arbeiten, das nicht unbedingt mit dem Wertesystem anderer Kulturen übereinstimmt. So haben zum Beispiel der Wert der Unabhängigkeit und Freiheit in Europa eine ganz andere Bedeutung als in asiatischen Kulturen. Wir orientieren uns in unserer Arbeit an den Menschenrechten und legen dies in den Gruppen auch offen.

Ehrfurcht gebührt allem Lebendigen und seinem Wachstum. Menschen sind in der Lage, sich unabhängig von ihrem Alter weiterzuentwickeln und zu lernen. Dieses Axiom ist auch gerade auf dem Hintergrund der Erfahrungen der Jüdin Ruth Cohn aus der Nazidiktatur zu sehen.

Aus diesen Axiomen ergeben sich *zwei Postulate* für die Gruppenarbeit, die die Symmetrie und Reziprozität in den Beziehungen in der Gruppe gewährleisten:

1. *Sei deine eigene Chairperson* – das bedeutet, dass jede/r Verantwortung für sich selbst trägt und entscheidet, was er/sie sagen will und was nicht. Auch die Entscheidung darüber, wie stark man sich einbringen will, liegt bei jedem selbst. Jeder ist sich gleichzeitig bewusst, dass sich alle anderen Gruppenmitglieder ebenso verhalten. „Nur das zweifache Hinschauen – nach innen und nach außen – verhindert Egoismus, der den anderen vergisst, oder eine Helferhaltung, die sich selbst vergisst“ (Langmaack 1995, S. 106). Selbstverantwortlich für sich zu handeln ist jedoch nicht Voraussetzung, sondern das Prozessziel von Erwachsenenbildung. Hilfreich in diesem Prozess sind muttersprachliche Klein- oder Minigruppen, die Unterstützung bieten, aufgrund kultureller Gemeinsamkeiten Nähe herstellen und zur Bewältigung der fremden Situation hilfreich sein können.
2. *„Kommunikations“störungen haben Vorrang* – dieses Postulat ist besonders wichtig für interkulturelle Gruppen. Störungen sind – obwohl der Begriff dies leicht nahe legt – nicht in einem negativen Sinn zu verstehen. Es geht darum, dass alles,

was den Fluss des Gruppengeschehens hemmt, aufgenommen und für den Prozess nutzbar gemacht wird. Hinter dieser Überlegung steht die Annahme, dass Störungen, werden sie nicht bearbeitet, trotzdem immer wirksam sind und dann in negativer Weise. Die zweite Annahme ist, dass Störungen als Widerstände immer etwas mit dem Thema selbst zu tun haben. Oft wird bei der Bearbeitung der Störung der eigentlich zentrale Punkt des Themas erst deutlich. Interkulturelle Gruppen sind nach unserer Erfahrung besonders störungsanfällig – Fremdheitserfahrungen, kulturell unterschiedliche Deutungen von Situationen, andersartige Kommunikationsmuster, aktuelle Diskriminierungserfahrungen und Vorurteile aufgrund ethnischer Zuschreibungen erhöhen die Wahrscheinlichkeit von Irritationen, Missverständnissen und Fehlkommunikation. Die interkulturelle Gruppe eröffnet die Möglichkeit, diese Erfahrungen offen zu legen und zu thematisieren, was im Alltag aufgrund der ethnischen Segregation meist nicht stattfindet oder vermieden wird. TZI geht davon aus, dass Störungen ein Element der menschlichen Kommunikation sind und dass es wichtig und richtig ist, sie zu thematisieren. Besonders förderlich ist hierbei das Modellverhalten des Gruppenleiters, der durch seine Handlungen die Normen vorgibt. Klärung ist hierbei nicht im therapeutischen Sinne zu verstehen, sondern in einem gruppenpädagogischen Sinne, sodass eine gemeinsame, konstruktive Weiterarbeit gewährleistet ist.

Interkulturelle Erwachsenenbildung fängt dort an, wo Kommunikation im Alltag meistens aufhört. Aufgrund der Separation der Kulturen in unserer Gesellschaft müssen solche Situationen inszeniert werden. TZI ist – im Gegensatz zu anderen gruppendynamischen Verfahren – darum bemüht, durch Strukturierung Unsicherheiten und damit Abwehrhaltungen zu minimieren, um zu einer arbeitsfähigen themenorientierten Gruppe zu kommen (vgl. Kap. „Anfangs- und Schlusssituationen"). Dies ist für die ungewohnte Situation einer interkulturellen Gruppe – die Ängste und Unsicherheiten verstärkt – sehr nützlich und verhindert zusätzliche Frustrationen. Durch die Ich-Stärkung und eine der Situation angemessene Rückmeldung an und von der Gruppe entsteht ein optimales Klima für die Arbeit am Thema. Die Arbeit erweist sich bei Beachtung der vier Elemente des Dreiecks als produktiver, sowohl für den Einzelnen, als auch für die Gruppe als Ganzes.

Hilfreiche Gesprächsregeln

Zusätzlich wurden in der TZI von Ruth Cohn Regeln für das Gesprächsverhalten in Gruppen entwickelt. Diese so genannten Regeln sind nicht als direkte Verhaltensvorschriften zu verstehen, sondern als Orientierung, die durch das Modellverhalten des Leiters oder in Konfliktsituationen gegeben wird. Obwohl sie für jegliche Kommunikation in Gruppen von Nutzen sind, haben sie in interkulturellen Gruppen oft noch einen ganz besonderen Sinn. Hier der Versuch einer Übersetzung:

Vertritt dich selbst in deinen Aussagen; sprich per „Ich" und nicht per „Wir" oder per „man" – ein gemeinsames Wir in interkulturellen Lerngruppen muss erst noch hergestellt, zusätzliche Differenzen müssen erst noch bearbeitet werden. Ausländische Teilnehmende befürchten oft aufgrund entsprechender Erfahrungen, vereinnahmt zu werden (Integrationsdruck). Dies gilt für alle Gruppen, für multikulturelle Gruppen jedoch in besonderem Maße. Jede/r muss erst einmal das Gefühl haben, so akzeptiert zu werden, wie sie/er ist. Jede/r spricht mit eigener Stimme. Hierbei ist zu beachten, dass in solchen Gruppen nicht jedes Wir gleich die ganze Gruppe meint, sondern oft nur die Teilnehmenden des eigenen Kulturkreises; diese Erfahrung stellte sich zum Beispiel in interkulturell zusammengesetzten Frauengruppen heraus.

Wenn du eine Frage stellst, sage, warum du fragst und was deine Frage für dich bedeutet. Sage dich selbst aus und vermeide das Interview – dies ist eine gute Möglichkeit, Bilder, Vorurteile und Phantasien offen zu legen, zu verdeutlichen und zu besprechen. Jedes Gruppenmitglied teilt sich so mit und offenbart einen Teilaspekt seiner Persönlichkeit. Hierdurch wird ein partnerschaftlicher Dialog erst möglich. So kann z.B. die Frage, warum die andere ein Kopftuch trägt, durch eine zusätzliche Erläuterung wie z.B., dass mir das sehr fremd ist und ich es verstehen möchte, es der Gefragten leichter machen zu antworten, weil sie nicht Abwertung, sondern echtes Interesse spürt.

Sei authentisch und selektiv in deinen Kommunikationen! Mache dir bewusst, was du denkst und fühlst und wähle aus, was du sagst und tust! – Jede/r wählt aus, was sie erzählen will und was nicht. Es existiert kein Gruppendruck. Dies ist ein Weg zwischen indifferenter Offenheit und ängstlicher Anpassung. So kann es angebracht sein, ruhigere Teilnehmende direkt anzusprechen und zum Reden zu ermuntern, aber im Anschluss daran auch zu akzeptieren, wenn sie nichts erzählen wollen.

Halte dich mit Interpretationen von anderen so lange wie möglich zurück! Sprich statt dessen deine persönlichen Reaktionen aus! – Wenn ich ausspreche, wie etwas auf mich wirkt, also von mir spreche, verhindere ich Abwehr gegen das, was ich sage – meinem Gesprächspartner wird nichts übergestülpt. Interpretationen im interkulturellen Kontext sind besonders problematisch, da mir oft der gesellschaftliche und kulturelle Rahmen fremd ist. Erst wenn ich Bewertungen transparent mache, lassen sie sich von anderen hinterfragen und relativieren. Auch hier ist jedoch zu beachten, dass es in unterschiedlichen Kulturen verschiedenartige Normen gibt, wen man in welcher Weise kritisieren darf und in welchen Situationen. Dies darf nicht einfach übergangen werden. Hier müssen Modifikationen möglich sein und für alle akzeptable Möglichkeiten entwickelt werden.

Sei zurückhaltend mit Verallgemeinerungen! – Gerade bei Menschen, die aus anderen Kulturen kommen und uns fremd sind, tendieren wir zu verallgemeinernden Aussagen und sprechen beispielsweise von *den* Türken oder *den* Russen. Dies verdeckt jedoch die Tatsache, dass soziale Unterschiede, der Bildungsstand oder die Frage, ob jemand auf dem Land oder in der Stadt aufgewachsen ist, die Identität eines Menschen mindestens genauso prägt wie die Zugehörigkeit zu einer bestimmten Ethnie. Manchmal sind die Binnenunterschiede innerhalb einer Ethnie größer als die Unterschiede zwischen beispielsweise einem deutschen und einem griechischen Lehrer. Diese Tendenz zur Verallgemeinerung traf im Übrigen auf die meisten Teilnehmenden gleich welcher Kultur zu.

Seitengespräche haben Vorrang. Sie stören und sind meist wichtig. Sie würden nicht geschehen, wenn sie nicht wichtig wären. (Vielleicht wollt ihr uns erzählen, was ihr miteinander sprecht) – hier wird an die Störungsregel angeknüpft. Seitengespräche stören die Gruppe, haben aber oft einen für das Thema wichtigen Inhalt. Oft werden Seitengespräche auch geführt, weil Ängste bestehen, den eigenen Beitrag in die Gruppe einzubringen, zum Beispiel aus sprachlichen Gründen. Die Seitengespräche in die Gruppe zu holen, betont die Wichtigkeit jedes Einzelnen, unabhängig von der Ausdrucksfähigkeit.

Nur eine/r zur gleichen Zeit bitte! Wenn mehr als eine/r gleichzeitig sprechen will, verständigt euch in Stichworten über das, was ihr zu sprechen beabsichtigt! Dies ist eine scheinbar lapidare Regel, die jedoch gerade in multikulturell zusammengesetzten Gruppen sehr wichtig ist. Sie betont die Egalität aller Teilnehmenden im Sinne einer Chancengleichheit, auch zu Wort zu kommen, was gerade für Gruppenmitglieder wichtig ist, die Deutsch nur als Zweit- oder Fremdsprache sprechen und daher häufig auf Sprachbarrieren stoßen. Dies führt bei den Betroffenen zu dem Gefühl, es wert zu sein, dass alle anderen aus der Gruppe zuhören. Diese Regel gewinnt darüber hinaus vor dem Hintergrund Relevanz, dass Redegewohnheiten in den verschiedenen Kulturen oft voneinander abweichen.

Beachte Signale aus deinem Körper und achte auf solche Signale auch bei den anderen! – Sie sind ein wichtiges Medium auf der nichtsprachlichen Ebene und haben, gerade in multikulturellen Gruppen, eine besondere Relevanz. Es ist jedoch wichtig zu überprüfen, ob die Interpretation der Körpersignale richtig ist, da nicht alle Körpersignale allgemein gültig sind. So sind zum Beispiel Begrüßungsrituale, Strategien der Kontaktaufnahme oder der nonverbalen Kommunikation sehr unterschiedlich. So gibt es Kulturen, in denen Kopfschütteln, das im deutschen Sprachraum eine Verneinung beinhaltet, „ja" bedeutet. In diesem Zusammenhang bieten nonverbale oder darstellerische Ausdrucksformen, wie zum Beispiel Rollenspiele oder Improvisationstheater, eine gute Möglichkeit, sich solcher Unterschiede bewusst zu werden.

Aspekte der TZI-Leitung

Ein weiterer Aspekt, der für TZI als pädagogisches Modell in multikulturell zusammengesetzten Gruppen spricht, ist das Selbstverständnis der Leiterrolle. Eine multikulturelle Gruppe braucht eine deutlich wahrnehmbare Leitung, die durch Strukturierung Sicherheit vermittelt und Ängste abbaut.

Allerdings geht es in solchen Gruppen nicht darum, als Fachfrau mit allen Kulturen vertraut zu sein und als Expertin über den Dingen zu stehen. Aufgabe der Leitung ist es, Kommunikation und reflektierte Begegnung zu ermöglichen. Experten für die jeweilige Kultur sind die Menschen aus den Ländern selbst. Die TZI-Leitung ermöglicht durch die Vorgabe von Themen und Strukturen sowie durch eine sensible Gesprächsführung die Erreichung der o.a. Ziele interkulturellen Lernens. Es geht darum, aus den Wünschen der Teilnehmenden für den Gruppenprozess handhabbare Themen abzuleiten.

Ein/e TZI-Leiter/in ist ein/e teilnehmende/r Leiter/in. Er/sie ist ein/eTeilnehmer/in mit speziellen Aufgaben, nämlich:

- Gesprächsführung/Moderation, indem Themen und Strukturen vorgegeben werden, die eine reflektierte Kommunikation ermöglichen,
- Steuerung der Gruppendynamik unter Beachtung ihrer Auswirkungen auf Lern- und Arbeitsthemen (Balance des Dreiecks),
- Wächter für die Zeit, das Thema und den Auftrag.

Trotzdem ist ein/e Leiter/in ein/e besondere/r Teilnehmer/in. Leitung setzt immer Normen, sie ist ein Modell dafür, was in der Gruppe erlaubt, erwünscht oder verboten ist. Teilnehmende werden immer nur bereit sein, das von sich an Echtheit und Offenheit zu zeigen, was auch die Leitung durch ihr Verhalten vorgibt. Dies ist eine große Chance für die Gruppenarbeit.

Die Leitung ist auch immer das Ziel von Projektionen und Übertragungen – sie muss sich selbst kennen und in der Lage sein, diese Abwehrmechanismen zu erkennen und angemessen darauf zu reagieren. Besonders günstig für die interkulturelle Erwachsenenbildung sind multikulturelle Leitungsteams. Sie ermöglichen es, schon in der Vorbereitung fremdkulturelle Perspektiven einzunehmen und einiges von dem vorwegzunehmen, was im Gruppenprozess passieren kann.

Phasen des Gruppenprozesses

Ein weiteres Merkmal einer TZI-orientierten Gruppenleitung besteht darin, die jeweiligen Themen, Methoden und Leitungsinterventionen an der entsprechenden Gruppenphase zu orientieren. Die verschiedenen Phasen der Gruppenentwicklung erfordern ein unterschiedliches Maß an Strukturierung und Leitung. Der Phasenverlauf in Gruppen ist jedoch nur ein Element, das die Entwicklung von

Gruppen beeinflusst; viele andere Faktoren, wie zum Beispiel die Persönlichkeit der Leitung und der Teilnehmenden, das Umfeld oder das Thema haben ebenfalls Einfluss auf den Gruppenverlauf. Gruppen, die über einen längeren Zeitraum zusammen sind, weisen jedoch gewisse Gesetzmäßigkeiten im Ablauf auf. Das Wissen über diese Gesetzmäßigkeiten ist hilfreich bei der Planung, Begleitung und Auswertung von Lerngruppen.

Jede Gruppe, die sich neu formiert, muss erst zu einem gemeinsamen Wir werden; Einzelpersonen und Untergruppen bestimmen anfangs das Bild. In interkulturellen Gruppen formieren sich oft ethnische Untergruppen.
Ein Wir entwickeln heißt:
- einander zuhören,
- Gemeinsamkeiten entdecken und Unterschiede akzeptieren,
- Vertrauen schöpfen,
- gemeinsame Ziele entwickeln und verwirklichen (zum Beispiel an einem gemeinsamen Thema arbeiten).

Erst das Bewusstsein „gemeinsam sind wir besser" und ein gemeinsames Ziel machen ein Wir, eine arbeitsfähige Gruppe aus. Die Aufgabe der Leitung besteht darin, die Sachkompetenz der Gruppe (Arbeit am Thema) und die Sozialkompetenz (Umgang miteinander) in einer dynamischen Balance zu halten.

Langmaack (1991, S. 72 ff.) beschreibt die „Entwicklungsphasen von Gruppen" und „ihre Bedeutung für die Vorbereitung, Planung und Leitung". Sie unterscheidet im Unterschied zu anderen Autoren, die differenziertere Modelle konstruieren, vier Hauptphasen. Diese Unterteilung ist praktikabel für die Erwachsenenbildung und unserer Erfahrung nach völlig ausreichend.

Phase 1: Ankommen – auftauen – sich orientieren.
Phase 2: Gärung und Klärung.
Phase 3: Arbeitslust und Produktivität.
Phase 4: Abschluss und Abschied.

Im Folgenden ist der Anfangs- und Schlussphase ein eigenes Kapitel, versehen mit vielen methodischen Anregungen, gewidmet. Die weiteren in diesem Buch beschriebenen methodischen Ansätze wie szenische Verfahren, Zukunftswerkstatt und biografisches Lernen finden ihre Einsatzmöglichkeiten vor allem in den Phasen „Gärung und Klärung" sowie „Arbeitslust und Produktivität". In der Phase „Ankommen – auftauen – sich orientieren" geht es vor allem darum, den Teilnehmenden trotz aller Ambivalenzen einen Zugang zur Gruppe zu ermöglichen. Die Leitung steht im Zentrum der Gruppe und hat vor allem die Funktion, Orientierung und Sicherheit zu vermitteln. Ein positiver Verlauf der ersten Phase ist eine wichtige Voraussetzung für eine gute und produktive gemeinsame Arbeit.

In der Phase „Gärung und Klärung" ist die Gruppe sehr mit sich selbst und ihrer internen Organisation beschäftigt. Die Gruppenmitglieder haben nun mehr Vertrauen zueinander und sind bereit, mehr von sich selbst zu zeigen und für die Durchsetzung ihrer Interessen zu kämpfen. Themen dieser Phase sind Selbstbehauptung, Rivalität und Rollenverteilung sowie die Auseinandersetzung mit der Leitung. In dieser Phase treten vermehrt Krisen und Konflikte zwischen den Teilnehmer/-innen und der Leitung auf. Oft werden diese Themen aus der psychosozialen Ebene auf der Sachebene ausgetragen. „Das eigentliche Ziel dieser zweiten Phase ist die Entwicklung einer sozialen Organisation der Gruppe, nicht der Konflikt. Letzterer kann als Weg angesehen werden, der zu diesem Ziel führt" (Langmaack 1985, S. 84). Der Leitung fällt die Aufgabe zu, diesen Prozess zu begleiten und zu steuern. Auf spielerische Art können Rivalität und Kampf (zum Beispiel in Form von Rollenspielen) zu mehr Nähe und Intimität in der Gruppe führen. Alle Themen, die helfen, Ziele und Interessen abzuklären und mehr Transparenz ins Gruppengeschehen zu bringen, sind diesem Prozess förderlich. Am Ende dieser Phase werden – im Idealfall – Unterschiede und Gemeinsamkeiten sichtbar und von der Gruppe akzeptiert, sie führen zu einem Gefühl der Zusammengehörigkeit und zu einer produktiven Atmosphäre. War am Anfang nur ein äußerer Rahmen, der die Gruppe zusammenhielt, so hat die Gruppe nun zu einer Kohäsion gefunden, die es ermöglicht, mit kulturellen Differenzen produktiv umzugehen.

In der dritten Phase, „Arbeitslust und Produktivität", hat die Gruppe zu einer relativ stabilen Arbeitsfähigkeit gefunden und ist nun offen für Arbeitsthemen. Es ist möglich, ohne ernsthafte Kommunikationsstörungen Aufgaben anzugehen. Die Gruppe ist sich ihrer Unterschiedlichkeit bewusst und versteht diese nicht als Bedrohung der eigenen Kultur, sondern als nutzbringende Bereicherung ihrer Arbeitsaufgabe. Es ist das Gefühl entstanden, dass Ziele gemeinsam leichter zu erreichen sind und die Arbeit effektiver ist.

Die Leitung hat nun eine gänzlich andere Funktion; sie kann sich sehr stark zurückhalten und kommt dem Anspruch der TZI – der Leiter ist ein Teilnehmer mit einer besonderen Funktion – am nächsten. Weiterhin ist die Leitung Hüterin des Prozesses. Auch in dieser Phase sind Missverständnisse, Konflikte und Krisen möglich. Gerade in dieser Phase, in der die Gruppenmitglieder sehr offen und daher verletzlich sind, ist es möglich, dass zum Beispiel Tabus gebrochen werden, ohne dass dies beabsichtigt ist. Dann ist es wichtig, dass diese Irritationen sowohl auf der Sachebene (Welches Tabu wurde verletzt? Welche Bedeutung hat es in dieser Kultur?) wie auf der Gefühlsebene (die Verletzung ernst nehmen und eine Versöhnung und Verständigung herbeiführen) geklärt werden. Hierbei ist zu beachten, dass gerade Irritationen ein wichtiger Motor für Lernprozesse sind. Die andere Kultur dient dann als Spiegel und fördert die Selbstreflexion über die eigene kulturelle Geprägtheit. Es ist in dieser Phase wichtig, sich nicht nur auf die Arbeitsfähigkeit der Gruppe zu verlassen, sondern immer wieder zu überprüfen, ob die Arbeitsstrukturen noch angemessen sind.

Zu jedem Seminar gehört auch die Schlussphase mit Abschluss und Abschied. Das Ende einer Veranstaltung muss von Anfang an mitbedacht und rechtzeitig vorbereitet werden. So wie am Anfang eines Gruppenprozesses die Teilnehmenden zu einem sehr unterschiedlichen Zeitpunkt am Gruppengeschehen beteiligt sind, kommt es auch am Ende zu einer Ungleichzeitigkeit, wann Teilnehmende aus dem Prozess aussteigen.

Der Abschluss eines Seminars ist noch einmal eine kritische Phase, die wieder klare Leitungsstrukturen nötig macht. Störungen aller Art, Torschlusspanik und Transferprobleme bestimmen das Bild.

Matrix für TZI-Seminare

Die vorliegende Matrix ist ein hilfreiches Instrument, eine Veranstaltung der Erwachsenenbildung von der Planung bis zur Auswertung übersichtlich und klar strukturiert im Blick zu behalten. Zuerst einige Erläuterungen zum Umgang mit der Matrix:

Die Spalten 1-7a sind für die Vorbereitungs- und Durchführungsphase bestimmt. In der Spalte 7b kann – mit Hilfe des TZI-Dreiecks – der Prozess mit wenig Aufwand kontrolliert und gegebenenfalls korrigiert werden, z.B. an die Bedürfnisse der Gruppe angepasst werden, ohne das Gesamtziel aus den Augen zu verlieren. Dieses Vorgehen bezeichnet man als rollende Planung.

„Rollende Planung ist im Grunde nur ein anderes Wort für den sich immer wiederholenden Zyklus von Handeln und der Überprüfung der Ergebnisse und der Art des Handelns, um daraus die nächsten Schritte einzuleiten. Ein Zyklus, der natürlich eingebunden ist in die Ziele und die zur Verfügung stehende Zeit. Es ist gewissermaßen der Kreislauf des Lernens, der sich in dieser Folge von Tun und Überprüfen vollzieht“ (Langmaack 1985, S. 151).

Nun zur Matrix im Einzelnen:

Spalte 1: Leitung
Hier besteht die Möglichkeit, bei Teamleitung oder Co-Leitung, einzutragen, wer für diese Einheit verantwortlich ist.

Spalte 2: Sitzung/Zeit
Diese Spalte ist für die zeitliche Strukturierung gedacht.

Spalte 3: Struktur
Unter Struktur versteht man alle Rahmenvorgaben, die der Leiter der Gruppe in der jeweiligen Sitzung gibt. Neben der zeitlichen Einteilung ist hier vor allem die Arbeitsform angesprochen (Einzelarbeit, Zweiergruppen oder andere Teilgruppen wie Halbgruppen, Plenum etc.). Gleichzeitig wird hier festgelegt, wie sich die ent-

sprechende Gruppe bilden soll (nach freier Wahl oder anderen Kriterien). Auch örtliche Vorgaben gehören in diese Spalte.

Spalte 4: Ziel
Welches Ziel hat diese Arbeitseinheit? Wichtig ist es hier, sich ein realistisches Ziel vorzunehmen. Eine exakte Zielvorgabe ist Voraussetzung für eine angemessene Auswahl der Methode.

Spalte 5: Methode
Hier geht es darum, wie das Thema bearbeitet werden soll; durch Reflexion, Rollenspiel, Interview oder Brainstorming, um nur einige der häufigsten Methoden zu nennen. Hierzu existieren vielfältige Methodenhandbücher und der Phantasie ist keine Grenze gesetzt. Allerdings muss das Ziel geklärt sein und überprüft werden, ob die ausgewählte Methode zur Zielerreichung geeignet ist. Außerdem gehört die Art der Präsentation der Ergebnisse in diese Spalte.

Spalte 6: Thema
In dieser Spalte soll das Thema der jeweiligen Sitzung so formuliert sein, dass es ansprechend ist – und zwar genau auf die entsprechende Gruppe zugeschnitten –, dass es klar ist, die Gruppe fordert, aber nicht überfordert. Barbara Langmaack formulierte es einmal in einer Seminarausschreibung so: „Das Thema muss locken und halten, was es verspricht."

Spalte 7: Arbeitsmittel
Hier kann notiert werden, was an Arbeitsmitteln für die entsprechende Sitzung benötigt wird (Plakate, Stifte, Videorekorder, Flipchart, Gegenstände ...).

Spalte 8a und b: Prozess, Planung/Auswertung
Diese beiden Spalten bieten die Möglichkeit, anhand des TZI -Dreiecks in kürzester Form zu überprüfen, ob die verschiedenen Elemente des Dreiecks in der Balance sind. In der Vorbereitungsphase dient es dazu, die Planung zu überprüfen. Während des Prozesses verschafft man sich – im Sinne einer rollenden Planung – einen schnellen Überblick über den Ablauf der Veranstaltung, die Situation der Gruppe und die Ursachen für eventuelle Störungen. Auch für eine Gesamtauswertung sind diese kurzen Zwischenauswertungen hilfreich.

Spalte 9: Bemerkungen
In diese Spalte können stichwortartig Anmerkungen zum Prozess, zur Gruppe und weitere Beobachtungen notiert werden, die für das Verständnis und für die Auswertung von Wichtigkeit sind.

Zur Verdeutlichung befindet sich im Anschluss ein Beispiel zur Verwendung der Matrix. Als Beispiel wurde ein Tagesseminar für Frauen unterschiedlicher Kulturen zum Thema „Familie im interkulturellen Vergleich" ausgewählt.

TZI-MATRIX Interkulturelles Frauenseminar
Familie im interkulturellen Vergleich

Leitung	Sitzung Zeit	Struktur	Methode	Ziel	Thema	Arbeits-mittel	Prozess Planung	Prozess Auswertung	Bemerkungen
	10.00-10.15	Plenum	Gesprächsrunde	Kennenlernen	Ich bin.../ich kenne... (kurze Vorstellung) Begrüßung/ Infos zum Seminar	–	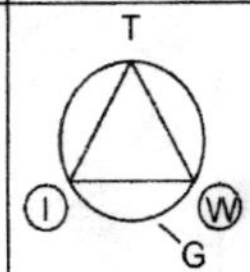	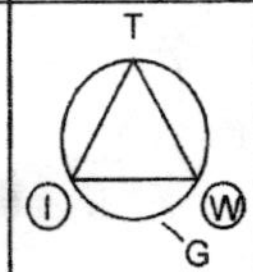	Wiederschens-freude
	10.00-10.45	Plenum mit wechselnden Kleingruppen (KG)	Wechselnde Kleingruppen: Kurzer Austausch in den KG zu Fragen das Thema betreffend	• Aufwärmen • Kennenlernen • 1. Einstieg ins Thema	• zur Geschwister-konstellation - Einzelkind - Ein Geschwister - Mehrere Geschwister • zur Geschwisterposition - Erstgeboren - Sandwich - Letztgeboren • zur Mutter berufstätig/ zuhause • zu den Eltern - gleiche Religion - verschiedene Religionen	–	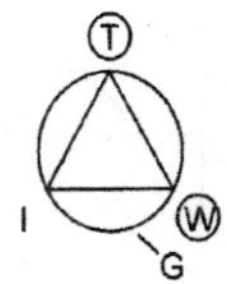	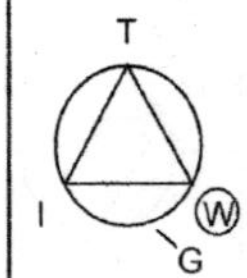	Erstaunen und Freude darüber, dass jede mit fast jeder Gemein-samkeiten hat/ gelöste Stimmung
	10.45-11.00	Einzelarbeit	Paper: Kreis mit vier Schaben Eh: roter Pkt. E:grüner Pkt. F:blauer Pkt. (Übung siehe 4.6. Familienkonstella-tionen))	Selbstreflektion zum Familienbegriff	Wer gehört für mich zur Familie und wie nah ist er/sie mir?	Papier, Stifte: rot/blau/ grün	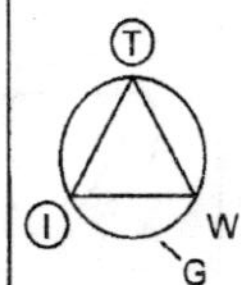	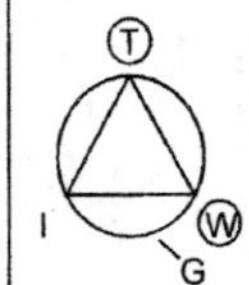	Leichte Irritationen über Arbeitsauftrag. Erstaunen über ganz viele bzw. ganz wenige Punkte bei einzelnen TeilnehmerInnen

LEITUNG	SITZUNG ZEIT	STRUKTUR	METHODE	ZIEL	THEMA	ARBEITS-MITTEL	PROZESS Planung	PROZESS Auswertung	BEMERKUNGEN
	11.00-11.45	KG nach Anzahl der Punkte im innersten Kern	Gespräch	Klärung des Familienbegriffs/ Kulturelle Unterschiede	Was verstehe ich unter Familie?	–	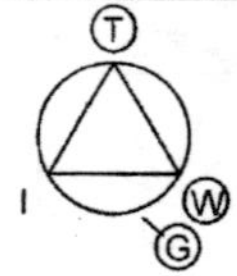	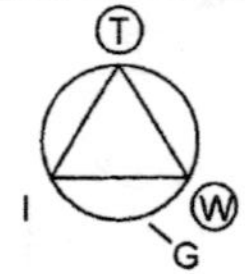	Rückmeldung: Sehr intensiv, gerne mehr.
	11.45-12.30	Plenum	Gespräch	Klärung von Machtstrukturen	Wer ist wichtig in meiner/unserer Familie, wer bestimmt über was	–	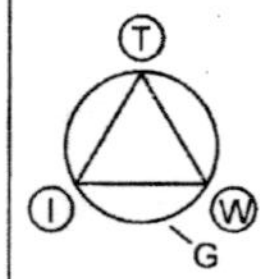	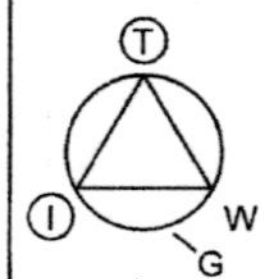	Kulturelle Unterschiede. Sehr deutlich Klein- oder Großfamilie
	12.30-13.00	Plenum	Referat mit Schaubildern und Diskussion	Erweiterung des Blickfeldes/ Relativierung der eigenen Erfahrungen	Die Entwicklung und Veränderung der Familie	Overhead-projector, Folien	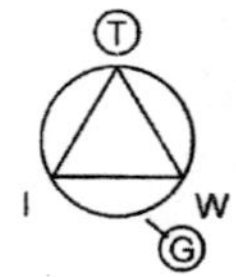	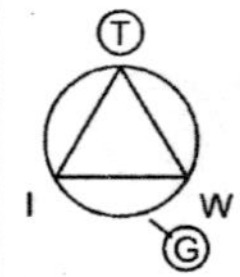	Vergleiche mit eigener Familie werden diskutiert
					Mittagessen				
	14.00-15.00	Plenum; dann KG nach freier Wahl	Gespräch + Auftrag Rollenspiel 1. Spiel eines Konfliktes nach Idee der Gruppe 2. Aussprache Spiel möglicher Lösung	Entwicklung von Alternativen und Perspektiven	Spielszenen entwickeln zum Thema: Macht und Ohnmacht in der Familie	–	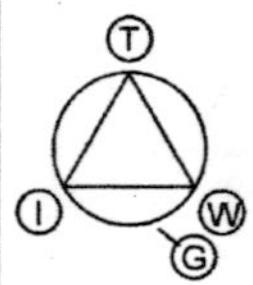	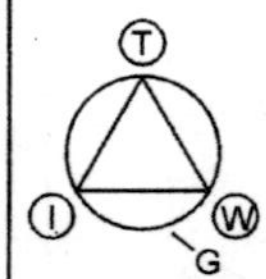	Überwindung notwendig, Übung macht Spaß. Intensiv!
					Kaffeepause				

Leitung	Sitzung Zeit	Struktur	Methode	Ziel	Thema	Arbeitsmittel	Prozess		Bemerkungen
							Plannung	Auswertung	
	15.15-16.00	Plenum Präsentation der KG	Rollenspiel im Fishbowl	Präsentation der Arbeitsergebnisse	Macht und Ohnmacht in der Familie	–	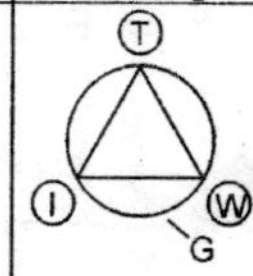	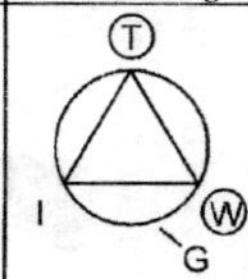	Interesse und Beteiligung! Nähegefühl
	16.00-16.30	Plenum	Blitzlicht	Auswertung Transfer	- Was war mir heute am wichtigsten (1-2 Dinge) - Rückmeldung zum Seminar und an die Leitung	Flipchart	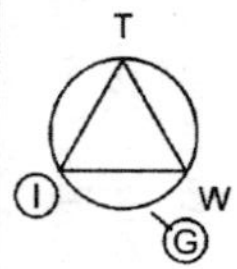	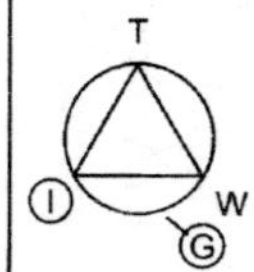	große Vielfalt, insgesamt positiv

Anfangs- und Schlusssituationen am Beispiel der TZI

1. Anfänge in interkulturellen Lerngruppen

Interkulturelle Bildungsarbeit ist der Versuch dort anzufangen, wo alltägliche Begegnungen zwischen den Kulturen meist aufhören. So ist der Anfang in diesen Gruppen ein Anfang im doppelten Sinne. Der Anfang einer neuen Form der Kommunikation unter verschiedenen Kulturen und der Anfang in der konkreten Gruppe selbst.

Viele Charakteristika von Anfangssituationen, die im Folgenden dargestellt werden, gelten für Anfänge in Gruppen ganz allgemein. Es gibt jedoch auch spezielle Merkmale beim Beginn multikultureller Gruppen in der Erwachsenenbildung, die eine besondere Herausforderung an die Struktur und Gestaltung der Anfangssituation bedeuten.

Anfänge sind geprägt durch Fremdheitsgefühle, Ambivalenzen, Unsicherheiten, vom Gefühl der Inkompetenz und von Selbstzweifeln, die sich meist auf der unbewussten Ebene abspielen, sich jedoch auf allen Ebenen des Gruppengeschehens zeigen.

- Werde ich zur Gruppe dazugehören und welche „Kosten" hat dies für mich, muss ich dafür meine Identität aufgeben?
- Welche Beziehungen werden sich zwischen mir und den anderen entwickeln?
- Wie komme ich mit der Leitung zurecht und wird sie mich so akzeptieren, wie ich bin?
- Werden meine Erwartungen an das Seminar erfüllt oder werde ich enttäuscht sein?
- Werde ich in meiner kulturellen Geprägtheit akzeptiert, kann ich diese hier bewahren oder wiederholen sich hier die gesellschaftlichen Erfahrungen, dass Integration verbunden ist mit Anpassung und der Aufgabe der eigenen Kultur?

Geißler (1993, S. 31) bezeichnet Anfangssituationen in Gruppen demnach sehr treffend als „interaktiven Notstand". In dieser ersten Phase, von Langmaack (1985, S. 78) mit den Stichworten „ankommen, auftauen, sich orientieren" beschrieben, geht es darum, den Teilnehmenden – trotz aller Ambivalenzen – einen Zugang zur Gruppe zu ermöglichen. Klein (1984, S. 20 ff.) bezeichnet Akzeptanz und Zugehörigkeit als anthropologisches Grundbedürfnis eines jeden Menschen. Anfangssituationen sind geprägt durch Übertragungen, Projektionen, Vorurteile und Etikettierungen. Vorerfahrungen aus anderen multikulturellen Gruppen, mit anderen Leitern oder Diskriminierungserfahrungen aus Alltagssituationen werden auf die Gruppe übertragen und beeinflussen die Gruppenatmosphäre. Ein Mechanismus, der zu Beginn von Gruppen und verstärkt bei multikulturell zusammenge-

setzten Gruppen greift, ist die vereinfachende Typisierung, die Etikettierung von Fremdem als erstes Orientierungsmittel, um mit Neuem, Unbekanntem umzugehen. Diese Vorurteile und Vorbehalte werden am Anfang nicht ausgesprochen, entfalten jedoch trotzdem ihre Wirkung. „Die Vieldeutigkeit und Kompliziertheit von Anfangssituationen wird durch diese simplifizierenden Schemata reduziert. Das Untypische, das Neue wird (pseudo)vereindeutigt" (Geißler 1983, S. 33). Die Wünsche der Teilnehmenden in der Anfangsphase sind sehr zwiespältig; sie möchten dazugehören, sein wie die anderen, jedoch ihre (auch kulturelle) Identität nicht aufgeben:
- sich öffnen, aber sich nicht angreifbar und verletzlich machen;
- andere Kulturen kennen lernen, aber die eigene Kultur nicht verlieren und verleugnen;
- seine Besonderheiten behalten, aber auch Gemeinsamkeiten mit den anderen Teilnehmenden entdecken.

Charakteristisch für Anfänge ist weiterhin die Auseinandersetzung mit den „Resten", die die Teilnehmenden mitbringen. Vielleicht war es schwierig, von zu Hause loszukommen – ein Kind, das weinte oder der Partner, der nicht mit der Teilnahme am Seminar einverstanden war, die Teilnehmerin besucht zum ersten Mal ein solches Seminar – all diese Reste schwingen in der Anfangsphase mit.

Zu Beginn von multikulturellen Gruppen steht unbewusst die Ethnizität im Vordergrund; die Teilnehmenden tendieren dazu, sich mit anderen Mitgliedern ihrer Herkunftskultur zu Subgruppen zusammenzuschließen. Die Orientierung an Mitgliedern der eigenen Ethnie im Sinne einer Selbstzuschreibung ist durchaus erwünscht und hat eine wichtige Funktion für das Zugehörigkeitsgefühl zur Gruppe. Der zweite wichtige Aspekt, der interkulturelle Austausch, kann in dieser Phase von der Leitung durch methodische Interventionen gefördert werden (wie zum Beispiel kulturell gemischte Kleingruppen).

Eine zusätzliche Unsicherheit in multikulturellen Gruppen stellt die Sprache dar. Werde ich verstanden? Verstehe ich die anderen? Das sind die Fragen, mit denen alle Teilnehmenden, Deutsche und Migranten, beschäftigt sind. Bei den Migranten mischt sich des Öfteren noch das Gefühl der Unzulänglichkeit dazu. Das Reden im öffentlichen Raum ist zudem für viele Frauen – nicht nur für Migrantinnen – eher ungewohnt. Dieser Aspekt sollte jedoch besonders differenziert aufgrund der unterschiedlichen kulturellen Hintergründe betrachtet werden. Der Frage der sprachlichen Verständigung sollte am Anfang besondere Aufmerksamkeit gewidmet werden, da sie auch ein wichtiges Kennzeichen der Wertschätzung für Menschen anderer Kulturen ist. Um sicherzustellen, dass alle verstehen, was gesprochen wird, gibt es vielfältige Möglichkeiten, z.B.: Mehrsprachigkeit, Übersetzung, die Vereinbarung, sofort unterbrechen zu dürfen, wenn etwas nicht verstanden wird, nonverbale Übungen. Oft haben die Migranten die Erfahrung gemacht, dass es lästig ist, wenn sie dauernd nachfragen, oder es ist ihnen peinlich, nicht besser Deutsch sprechen zu können. Die Tatsache, sich – im Gegensatz zu den deutschen Teilnehmenden – in zwei Sprachen verständigen zu können, wird meistens von den Migrant/-innen selbst gar nicht als besondere bilinguale Kompetenz wahrgenommen und entsprechend selbstbewusst nach außen vertreten. Im Gegenteil entschuldigen sie sich eher für die Fehler, die ihnen beim Gebrauch der deutschen Sprache unterlaufen.

Umso wichtiger sind demonstrative Hinweise der Gesprächsleitung, welche Integrationsleistung die Frauen erbracht haben, wenn sie – trotz erschwerter Bedingungen – selbstständig Deutsch gelernt haben.

Nicht nur beim Thema Sprache, auch in anderen Bereichen ist es notwendig, in multikulturellen Gruppen Kommunikations- und Verhaltensregeln zu vereinbaren. Hier bieten sich natürlich die zuvor beschriebenen TZI-Gesprächsregeln an. Darüber hinaus sollte über Konventionen und Regeln gesprochen werden, die die Betroffenen aus Kommunikation und Interaktion in ihrem jeweiligen soziokulturellen Kontext kennen, so z.B. bei der Frage, ob Kritik erlaubt ist, ob man Älteren widersprechen darf, ob man etwas ablehnen darf . Hier besteht die Chance darin, diese Regeln bewusst zu machen und dadurch Verständnis für bestimmte Verhaltensweisen zu ermöglichen. Die Grundfrage des Anfangs, „welche Verhaltensweisen sind hier akzeptabel", wird durch den kulturellen Aspekt ergänzt.

In der Anfangsphase suchen alle Teilnehmenden nach ihrer Position und ihrer Rolle in der Gruppe. Für die Leitung bedeutet dies, dass nicht direkt mit der Bearbeitung des Themas begonnen werden kann, sondern erst die gruppendynamischen Voraussetzungen für ein angstfreies Arbeiten hergestellt werden müssen; klare, eindeutige Strukturen, die angstmindernd sind, fördern dies. Das Verhalten der Leitung sollte weniger fordernd und eher akzeptierend sein. Es sollte Raum gegeben werden für die oben genannten, unausgesprochenen, aber zentralen Themen der Anfangsphase. In dieser ersten Phase steht die Leitung noch sehr im Mittelpunkt der Gruppe. Sie soll anleiten und die Gruppe aus der Unsicherheit herausführen. Strukturelle und inhaltliche Erwartungen richten sich an sie. Unterstützende Interventionen, um die situative Identitätsbedrohung zu minimieren, sind hier gefragt (Geißler 1993, S. 31 ff.). Es ist wichtig, dass die Leitung diese Funktion zu Anfang übernimmt, jedoch gleichzeitig darauf achtet, der Gruppe ihre Verantwortung für den eigenen Lernprozess bewusst zu machen. „Die paradox klingende Aussage, wenn du wenig Zeit hast, nimm dir am Anfang viel davon, erweist sich bei TZI-Seminaren als wichtig. Es sind meist nicht so sehr die Themen, die später blockieren, sondern Beziehungen zwischen den Personen" (Langmaack 1991, S. 142).

In der Anfangsphase wird die Leitung idealisiert, alle Hoffnungen richten sich auf sie, so ist sie auch Garant für das Gelingen des interkulturellen Prozesses. Dies spricht insbesondere die interkulturelle Kompetenz der Leitung an, vor allem Fragen wie:

- Bin ich mir bewusst, wie ich selbst mit Fremdem umgehe; kenne ich meine eigenen diskriminierenden Anteile?
- Gelingt es mir, kulturelle Unterschiede nicht nur als Bedrohung, sondern auch als Reichtum zu verstehen und mich und mein Verhalten hinterfragen zu lassen?
- Bin ich sensibel für interkulturelle Lernsituationen und gelingt es mir, mich von herkömmlichen Interpretationsmustern zu lösen?
- Gelingt es mir, die interkulturelle Kompetenz der Gruppe zu nutzen?

Insgesamt betrachtet, steht in der Anfangssituation die Gruppendynamik im Vordergrund, es existiert wenig Energie für weitergehende Lerninhalte. Die offene Situation des Beginns ermöglicht durch gezielte pädagogische Interventionen neue Erkenntnisse auf eben dieser Ebene.

Spielerische Anfänge ermöglichen eine weniger anstrengende Überwindung von Anfangsscheu und lassen mehr Unmittelbarkeit in der Gruppe entstehen. Auch die nonverbalen Anteile sind förderlich für den Lernprozess in einer multikulturellen Gruppe mit unterschiedlichen Sprachkenntnissen. Als weitere Anforderung an den Dozenten bezeichnet Geißler (1983, S. 104) „... die Integration solcher Übungen, Verfahren und Techniken in den gesamten Ablauf der Veranstaltung. So sollte das ‚Kennenlernen' inhaltlich die Gemeinsamkeit der Situation und die Gemeinsamkeit der zu leistenden Lernarbeit verdeutlichen, um gleichzeitig die Individuen, die den Prozess gestalten, in ihrer Subjektivität sichtbar zu machen."

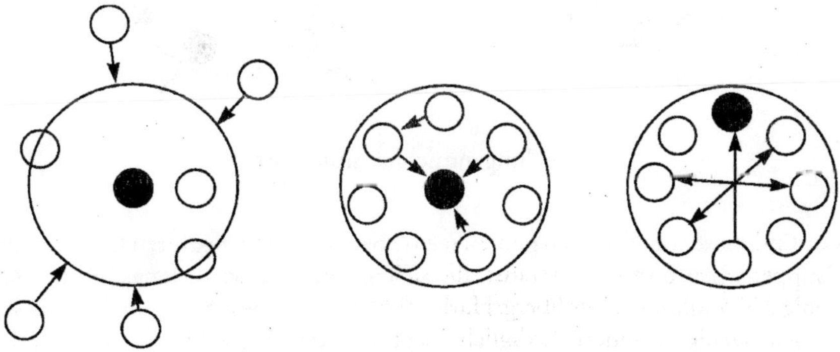

(gelungene Anfangssituation)

„Eine neue Gruppe beginnt nie als Gruppe im Sinne eines echten Wir, sondern entwickelt sich über den mehr oder minder langen Weg von einer Anzahl einzelner

Personen, den einzelnen Ichs, über erste Kontaktaufnahmen zu anderen, über kleinere und wechselnde Untergruppen schließlich zu einem Wir, zu einem Gefüge, dem sich die Teilnehmer emotional zugehörig fühlen. Erst aus einem gemeinsamen Wir-Gefühl heraus wird es für die Teilnehmer möglich, die Anliegen der anderen nicht nur zu hören, sondern auch auf sie einzugehen, Gemeinsamkeiten und Unterschiede zu benennen und zu akzeptieren" (Langmaack 1985, Weinheim/Basel, S. 72 f.)

2. Abschluss und Abschied – Schlusssituationen in der interkulturellen Bildungsarbeit

„In der Endphase gehen wir im Vergleich zur Anfangsphase im TZI-Balancedreieck gewissermaßen in umgekehrter Richtung wieder zurück: Wir schließen die Themen ab, lösen uns vom Wir, vereinbaren vielleicht noch Kontakte mit Einzelnen aus der Gruppe und gehen als Einzelne wieder aus der Gruppe hinaus, jeder auf seinem eigenen Weg" (Langmaack 1985, S. 87).

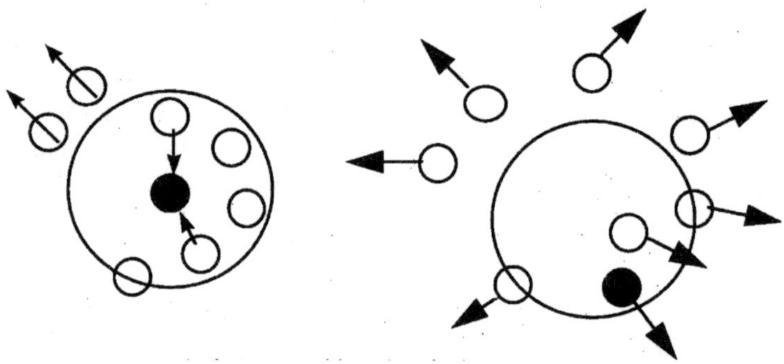

(gelungene Schlusssituation)

Zur Endphase von Gruppen gibt es, relativ betrachtet zur gesamten Literatur über Gruppenarbeit und zur Literatur, die sich auf Fragen des Anfangs bezieht, sehr wenig Abhandlungen (Stollberg/Härle 1989, S. 73). Diese Situation hat sich seither sehr wenig verändert. Lediglich „Schlusssituationen – Die Suche nach dem guten Ende" (Geißler 1992) setzt sich intensiv und explizit damit auseinander. Stollberg und Härle (ebenda) finden dies gar nicht so erstaunlich, haben sie doch in vielen Kursen an sich selbst und den Teilnehmern beobachtet, „welch starkes Tabu auf dem Ende liegen kann. Der Schluss ist für eine Gesellschaft, die das Vorwärts-Schreiten zum Fetisch macht und dabei schon nicht mehr schreitet, sondern rast, etwas Lästiges, Unangenehmes."

Anfänge werden als motivierend, aufbauend und kreativ erlebt, während das Ende oft als belastend, vereinsamend und mit Verlustängsten erfahren wird. Durch das Ende in Gruppen werden vielfältige Abwehrmechanismen kollektiver und individueller Art aktiviert. Diese Abwehrmechanismen sind erlernte, kulturell überformte Strategien, um das Ende zu bewältigen. Als typische Abwehrmechanismen von Gruppen in der Erwachsenenbildung beschreibt Geißler (ebenda, S. 42 ff.):

„Verleugnung der Realität"
Die Gruppe ignoriert die Tatsache des Kursendes, macht Pläne für die Zukunft und agiert die Trennungsangst aus.

„Harmonie"
Die Gruppe möchte sich nicht trennen, hat Angst vor der Vereinzelung und inszeniert das Gegenteil. Trennung verbindet – zum Teil entstehen in Gruppen regelrechte Solidaritätseffekte gegen das herannahende Ende. Bestehende Konflikte werden verleugnet.

„Flucht und Aktivität"
Die Gruppe bricht in Arbeitshektik aus, es wird versucht nachzuholen, was unerledigt ist. Die Flucht in die Arbeit dient dazu, die eigentlich anstehende Trauer zu überspielen. Dies ist ein auch häufig bei Kursleitern anzutreffender Abwehrmechanismus. Andere verabschieden sich innerlich schon früher von der Gruppe oder lassen sich gar nicht erst auf die Gruppe ein, um der Trennung aus dem Weg zu gehen.

Abwehrstrategien haben neben dem kollektiven auch einen individuellen Anteil. Durch Trennungen werden viele individuelle kindliche Erfahrungen aktualisiert, die ebenfalls in den Gruppenprozess hineinspielen. Es ist ein Ziel unserer Bildungsarbeit, das Ende nicht zu erdulden, sondern aktiv handelnd zu vollziehen, um damit wieder frei zu werden für neue Anfänge (ebenda, S. 14).

Am Ende eines Seminars sind vielschichtige Aufgaben von einer Gruppe zu bewältigen: „Vor allem der Abschluss offener sachlicher und psychosozialer Probleme, der Transfer des Gelernten, die Auswertung der geleisteten Arbeit, der Abschied sowie die Vorbereitung auf den Heimweg" (Stollberg/Härle 1989, S. 74). Es geht in dieser Phase darum, die Strukturen und Beziehungen, die zum Aufbau des Wir-Gefühls und damit zur vertrauensvollen Arbeitsatmosphäre nötig waren, wieder unter methodischer Anleitung abzubauen. Hierbei betont Geißler ausdrücklich, dass die Intensität des Zusammenwachsens mit dem psychosozialen Aufwand der Trennungsarbeit korreliert. Dies erklärt, warum bei interkulturellen Veranstaltungen die Schlussphase mit besonderer Sorgfalt geplant und durchgeführt werden muss. In interkulturellen Seminaren erleben die Teilnehmenden oft eine Nähe und Akzeptanz zu Menschen anderer Kulturen, wie sie sie aus ihrem Alltag nicht kennen; man hat sich geöffnet und über Vorbehalte hinweg Kontakt aufgenommen, zugehört und neue Erfahrungen gemacht. Das Ende des Seminars ist oft gleichzeitig das Ende dieser Nähe und bedeutet die Rückkehr in einen Alltag, in dem solche Kontakte nicht mehr möglich sind oder sehr große Anstrengungen erfordern. Es stellt sich nun die Aufgabe, den Transfer zu leisten: Was kann ich in meinem Alltag verändern, mit welchen Hindernissen werde ich zu rechnen haben?

Bezüglich einer anderen Aufgabe in der Schlussphase – die der Trauerarbeit – bietet der interkulturelle Kontext besondere Möglichkeiten. Wie Alexander und Margarethe Mitscherlich in „Die Unfähigkeit zu trauern" (1967) beschrieben haben, haben die Deutschen einen besonders schwierigen Umgang mit Trauer. Um einen anderen Umgang mit den Themen Abschied und Trauer kennen zu lernen, kann „Trauerarbeit" in anderen Kulturen exemplarisch behandelt werden: So könnten beispielsweise unterschiedliche Abschieds- und Trauerrituale in den Seminarablauf integriert werden. Rituale ordnen Übergangssituationen, geben Orientierungen, entlasten und – was im interkulturellen Bereich nicht zu unterschätzen ist – bieten Möglichkeiten zur nonverbalen Kommunikation.

Selbst die bekannteste Form des Abschlusses, das Blitzlicht[1], ist schon eine fast ritualisierte Form und bezieht daraus zugleich ihre entlastende Funktion für die Gruppe.

Schlusssituationen sind wie Anfangssituationen instabile Situationen, in denen Projektionen, Übertragungen, Ängste und Störungen aller Art evident werden. Dies macht eine klare, deutlich wahrnehmbare Leitung erforderlich. Die Leitung hat in dieser Phase eine besondere Verantwortung für die Balance von Gruppenprozess und Struktur. Die Leitung sollte der Gruppe helfen, sich einzeln voneinander zu verabschieden und als Gruppe gemeinsam aufzulösen. Die Rolle der Leitung am Ende ähnelt der in der Initialphase. Stützendes, nicht konfrontatives Verhalten ist gefragt. Es sollten keine neuen Themen eröffnet, sondern alte abgeschlossen werden. Die Gruppe benötigt wieder wesentlich mehr Orientierung. Geißler fasst die oben genannten Punkte unter dem Stichwort „Schlussstriche müssen sauber gezogen werden" treffend zusammen (Geißler 1992, S. 65).

Stollberg/Härle (1989, S. 74) bezeichnen das Ende als „undankbare Arbeit". So ist das Ende nicht nur mit einem Verzicht der Gruppe auf Beziehungen, Leitung und Führung, neuen Erfahrungen und Anerkennung verbunden, sondern ist gleichzeitig das Ende der narzisstischen Befriedigung für den Leiter durch die Gruppe. Auch der Leiter muss sich von der Gruppe trennen; auch hier ist wieder von zentraler Bedeutung, dass der Leiter sich seines Abschiedsverhaltens bewusst ist und in der Lage ist, es zu steuern.

Typisch für die Erwachsenenbildung ist die zeitliche Begrenzung, die von vornherein festgelegt ist, unabhängig davon, ob ein gesetztes Ziel erreicht wurde oder nicht. Das Ende muss von Anfang an mitbedacht und rechtzeitig vorbereitet werden. Hier bieten die kleinen Abschlüsse, die Pausen eine Möglichkeit, das Ende zu „üben". Das Ende einer Lerngruppe kommt nicht plötzlich oder überraschend, sondern ist, zumindest in großen Bereichen, planbar. Der zeitliche Aspekt spielt hierbei eine besondere Rolle. Es ist notwendig, einen ausreichenden Zeitrahmen für den Abschluss eines Seminars einzuplanen. Dies gilt für die planbaren Elemente Abschluss, Trauer, Abschied und Transfer, wie auch für die nicht vorhersehbaren Elemente, die sich aus individuellen oder kollektiven Trauerprozessen ergeben. Die Begrenztheit der Zeit, die von den Teilnehmenden eher als Einschränkung erlebt wird, kann auf eine Gruppe wie eine belebende Provokation wirken, die gemeinsame Zeit mit der Gruppe bewusst zu nutzen. Zeitgrenzen haben realitätsfördernden Charakter.

Zum Thema Transfer und Auswertung noch einige Anmerkungen. Transfer ist auch ein Thema der Schlussphase, aber nicht nur. Die Frage der Übertragung des Erfahrenen und Erlebten in den Alltag muss Thema des gesamten Seminars sein, da interkulturelle Veranstaltungen nicht Selbstzweck sind, sondern das Ziel haben, in die Gesellschaft hineinzuwirken und zu einer Verbesserung der Kommunikation zwischen den Kulturen beizutragen. Transfer ist ein didaktisches Prinzip interkultureller Veranstaltungen. Als besonders wirksame Methode des Transfers haben sich die hier ebenfalls beschriebenen Rollenspiele erwiesen, die sozusagen den Transfer als Probehandeln möglich machen. Geißler (ebenda, S. 109) weist darauf hin, dass der Transfer selbst erst in der Alltagssituation geleistet werden kann, dass im Seminar selbst nur förderliche Bedingungen erarbeitet werden können. Er bezeichnet den Transfer als „Anfang nach dem Schluss".

Zum Thema Auswertung halten wir es für unerlässlich, gemeinsam Erreichtes zu würdigen und den Gruppenprozess auszuwerten. Ich gebe jedoch zu bedenken, dass die Teilnehmer mit einer Seminarauswertung im Sinne einer Seminarkritik und einer Kritik des Leiters oft überfordert sind, zumal die Teilnehmer mit anderen Themen wie Abschied, Trauer und Transfer beschäftigt sind. So halte ich den Vorschlag von Rohner (1992, S. 54) für hilfreich, „die letzte Zeit vor dem Abschied für den Blick nach vorne zu reservieren ... Die auf den Gruppenprozess bezogene Rückschau mit Schluss-Feedbacks auf der Ebene der gruppeninternen Beziehungen platziere ich in der Regel so, dass sie bis zu Beginn der zukunftsorientierten Schlussphase abgeschlossen ist." Auch gebe ich zu bedenken, dass gerade in interkulturellen Seminaren sicherlich selten Kritik am Ende geäußert wird, weil es in vielen Kulturen nicht angemessen ist, seine „Lehrer" zu kritisieren.

Anmerkung

1 Eine Runde, in der jeder Teilnehmer unkommentiert ein Statement abgibt.

Literatur

Belz, Helga (Hrsg.): Auf dem Weg zur arbeitsfähigen Gruppe, Kooperationskonzept von Helga Belz, Prozessberichte aus TZI-Gruppen. Mainz 1988

Birmelin, Rolf/Hahn, Karin/Schraut-Birmelin, Marianne/Schütz, Volker/Wagner, Christel (Hrsg.): Erfahrungen lebendigen Lernens, Grundlagen und Arbeitsfelder der TZI. Mainz 1985

Cohn, Ruth C.: Es geht ums Anteilnehmen – Perspektiven der Persönlichkeitsentfaltung. Freiburg/Basel/Wien 1989

Cohn, Ruth C.: Gelebte Geschichte der Psychotherapie. Zwei Perspektiven. Stuttgart 1987

Cohn, Ruth C.: Von der Psychoanalyse zur Themenzentrierten Interaktion. Stuttgart 1981

Geißler, Karlheinz A.: Anfangssituationen, was man tun und besser lassen sollte. München 1983

Geißler, Karlheinz A.: Schlusssituationen – Die Suche nach dem guten Ende. Weinheim/Basel 1992

Klein, Irene: Gruppenleiten ohne Angst. München 1984

Kröger, Matthias: Themenzentrierte Seelsorge. Über die Kombination Klientenzentrierter und Themenzentrierter Arbeit nach Carl R. Rogers und Ruth C. Cohn in Theologie und schulischer Gruppenarbeit. Stuttgart 1973

Langmaack, Barbara: Themenzentrierte Interaktion. Einführende Texte rund ums Dreieck. Weinheim/Basel 1991

Langmaack, Barbara: Wie die Gruppe laufen lernt. Anregungen zum Planen und Leiten von Gruppen. Weinheim/Basel 1985

Mitscherlich, Alexander und Margarete: Die Unfähigkeit zu trauern. Grundlagen kollektiven Verhaltens. München 1967

Rohner, Peter: Phasentheorie und Gruppenvielfalt. In: Themenzentrierte Interaktion 1/1992, S. 50-56

Schulz, Peter: Themenzentrierte Arbeit mit einer multikulturellen Gruppe von Jugendlichen. In: Themenzentrierte Interaktion 1993, S. 95-103

Stollberg, Elfi/Härle, Gerhard: Über das Beenden von TZI-Gruppen. In: Themenzentrierte Interaktion 1/1989, S. 72-84

Veronika Fischer

Biografisches Lernen

Zu den Begriffen Biografie, Biografiearbeit und biografisches Lernen

Biografien sind u.a. Gegenstand der Biografieforschung, die sich vor allem im Rahmen einer qualitativen Sozialforschung mit Biografien auseinander setzt und diese von unterschiedlichen Disziplinen her erschließt: Sozialpsychologie, Psychologie, Psychoanalyse, Soziologie, Ethnologie, Linguistik, Sprachphilosophie etc.

Das Wort Biografie kommt aus dem Griechischen und setzt sich aus „bios" und „graphein" – „Leben" und „Schreiben" – zusammen, was ins Deutsche übertragen „Lebensbeschreibung" lauten könnte. Schulze (1991, S. 136) macht auf die Doppeldeutigkeit des Biografiebegriffs aufmerksam, die sich im Laufe der Zeit herausgebildet hat, „die Beschreibung eines individuellen Lebens in einem Buch und dieses individuelle Leben selbst. In der ersten Bedeutung handelt es sich um eine bestimmte Sorte von Texten, eine Kombination von Zeichen und Bedeutungen, in der zweiten um ein Stück Lebenswirklichkeit, einen Zusammenhang von Handlungen."

Geht es bei dieser Definition noch um bestimmte Manifestationen gelebten Lebens, die entweder in Form von Texten oder als ein Komplex von Handlungen eine äußere Gestalt gewonnen haben, so beziehen Gudjons u.a. (1994, S. 16) bei ihrer Definition von Biografie die innerpsychischen Vorgänge mit ein und verstehen Biografie „als eine in einem lebenslangen Prozess erworbene Aufschichtung von Erfahrungen, die bewusst oder unbewusst geronnen in unser Handeln eingehen."

Die Autoren betonen hierbei, dass sich ihrem Verständnis nach Erfahrung nicht nur auf eine kognitive Dimension reduziere, sondern als ganzheitlicher Vorgang zu begreifen sei, der den Körper und das gesamte Spektrum „sinnlicher, vorbewusster, unbewusster und rationaler" Potenziale einschließe (ebenda). Im Rückbezug auf psychoanalytische Theoriebildung wird auch den Erinnerungen an die frühe Kindheit eine erhebliche Bedeutung zugemessen. Darüber hinaus machen sie darauf aufmerksam, dass Biografien immer in einen historisch gesellschaftlichen Kontext eingebunden sind.

Baacke (1993, S. 52) fasst einige Grundannahmen über Biografien zusammen, die Biografieforscher teilen, auch wenn sie unterschiedlichen Disziplinen angehören:

1. Biografien sind komplex. Sie umfassen mehrere aufeinander bezogene, einander zum Teil durchdringende und hierarchisch bestimmte Dimensionen (z.B. Individuum – Lebenswelt, Phasen – Krisenpunkte, Gesellschaft – Welt).
2. Biografien schließen subjektive Verarbeitungsformen von Interaktionen ein, sind allerdings zugleich in eine äußere Welt eingebettet.
3. Biografie vollzieht sich in Raum und Zeit. Die zeitliche Dimension umfasst Vergangenheit, Gegenwart und Zukunft. Der Raum – folgt man einer sozialökologischen Sicht – beinhaltet das Mikrosystem ebenso wie das Meso-, Exo- und Makrosystem.
4. „Biografien werden in der Regel angesehen als Entfaltung eines Grundplans, in dem auch vergangene Erfahrungen fortwährend restrukturiert werden. Dies macht den *Identitätspunkt* der Biografie aus: Ich erkenne mich als jemand, der ich war, bin und sein werde (als kontinuierlich) in Bezug auf andere, die an sich und mit mir ebenso handeln." (Vgl. dazu das psychoanalytische Phasenmodell Eriksons, 1966; die Entwürfe der kognitiven Entwicklungspsychologie von Piaget bis Kohlberg.)
5. Da Biografien nicht unmittelbar zu erschließen sind, sind Forscher wie Erwachsenenbildner im Wesentlichen auf ihre Vertextung angewiesen (Autobiografien, Fallgeschichten, Erzählungen, Transkriptionen narrativer Interviews etc.). „Zwischen Textstruktur und Lebensstruktur bestehen Entsprechungen, die es erlauben, ein Leben auf der Folie eines Textes zu verstehen oder sogar zu erklären" (ebenda, S. 53).

Inwieweit eignen sich nun diese Definitionen und Grundannahmen dazu, den Begriff „Biografiearbeit", der sich in unserem Zusammenhang auf eine gruppenpädagogische Methode bezieht, zu bestimmen?

In der Bildungsarbeit, die Biografien in den Mittelpunkt ihres methodischen Handelns stellt, geht es im Wesentlichen um das individuelle Leben, das in der Rückschau von den Betroffenen selbst rekonstruiert wird, das zugleich mit der Gegenwart verglichen und zu ihr in ein Verhältnis gesetzt wird und das auch auf künftige Perspektiven befragt wird. Vergangenheit, Gegenwart und Zukunft machen in gleichem Maße die zeitliche Dimension der Biografiearbeit aus, wobei sowohl die jeweilige Autobiografie des sich Erinnernden als auch die Biografien anderer (der Gruppenmitglieder bzw. anderer Zeitgenossen) eine Rolle spielen können.

Dieser Vorgang der Rekonstruktion, des Erinnerns und Nacherlebens erfolgt nicht nur auf schriftlichem Wege. Das würde die Biografiearbeit in ihrer didaktischen Bandbreite zu sehr einschränken. Die Teilnehmenden einer Bildungsveranstaltung beschreiben ihr Leben bzw. Ausschnitte oder einzelne Ereignisse aus ihrem Leben mit unterschiedlichen Darstellungsmitteln, z.B. mündlich, schriftlich, visuell, szenisch, pantomimisch etc. Dabei entstehen schriftliche Texte, mündliche Erzählungen, Interviews, Bilder oder Szenen, je nachdem, wie didaktisch vorgegangen wird.

Die Biografien, die im Rahmen solcher Erwachsenenbildungsveranstaltungen entstehen, sind immer Geschichten, die der Erzählende aus seiner ganz subjektiven Sicht, durch den Filter seiner Einstellungen und persönlichen Perspektive wiedergibt. Möglicherweise ist einiges erfunden, geschönt, abgeändert und weicht daher vom tatsächlichen Lebensverlauf ab. Doch bei der Biografiearbeit geht es nicht um die detektivische Kleinarbeit der Rekonstruktion des faktischen Verlaufs einer Lebensgeschichte, wie er beispielsweise in der Textsorte eines schriftlichen Lebenslaufs dokumentiert wird, sondern um den Verarbeitungsprozess selbst. Den Betroffenen wird Raum und Zeit gegeben, sich mit den verbliebenen Erinnerungen des gelebten Lebens im Sinne einer Selbstbildung auseinander zu setzen. Sie erhalten Gelegenheit, unter pädagogischer Anleitung auch an kritische Lebensereignisse zu rühren, schmerzliche Erfahrungen anzusprechen, Ungeklärtes zur Sprache zu bringen, verschüttete Sinnzusammenhänge aufzudecken und Linien nachzuzeichnen, die dem Ganzen Kohärenz verleihen. Im Hinblick auf das beteiligte Individuum haben wir es mit biografischem Lernen zu tun. Marotzki (1991, S. 192) nennt diese Form der subjektiven Besinnung auch „Biografisierung". „Eine sinnstiftende Biografisierung gelingt nur dann, wenn es gelingt, in retrospektiver Einstellung Zusammenhänge herzustellen, die es erlauben, Ereignisse und Erlebnisse in sie einzuordnen und Beziehungen untereinander wie auch zur Gesamtheit herzustellen. Auf diese Weise arbeiten wir ständig daran, unser Leben konsistent zu machen, Linien in das *Material unserer Vergangenheit* zu legen, die ordnen und Zusammenhänge stiften." Gelingt diese Sinnstiftung nicht, zerfallen die Erinnerungen in disparate Teile, es kristallisiert sich kein roter Faden heraus, was schließlich zu einer Sinnkrise führt. Gerade demente alte Menschen oder Psychatriepatienten scheitern vielfach an dem Versuch, den sinnstiftenden Zusammenhang herzustellen.

Bei der Biografiearbeit, die biografische Lernprozesse anstößt, begleitet und im Gruppenprozess auswertet, steht die persönlichkeitsstärkende und identitätsfördernde Wirkung des Erinnerns im Vordergrund. Allerdings reduziert sich dieser Ansatz nicht auf eine Art persönlicher Nabelschau. Das individuelle Erinnern ist wiederum in einen Gruppenprozess eingebunden, der ins Bewusstsein rufen kann, dass eine Biografie, so einzigartig sie erscheint, auch immer Teil eines historisch gesellschaftlichen Kontextes ist. An diesem Punkt erweist sich Biografiearbeit zugleich als politische Bildung, erhält der Einzelne Gelegenheit, aus seiner subjektiven Befangenheit herauszutreten und nachzuvollziehen, an welchen Knotenpunkten sich seine eigene Lebensgeschichte mit den Linien des kollektiv gelebten Lebens verknüpft. Im Vergleich mit den Erinnerungen der anderen Gruppenmitglieder werden Gemeinsamkeiten im Sinne eines kollektiven Schicksals interpretierbar.

Lebenslauf und Lebenszyklus als Gegenstand sozialwissenschaftlicher Forschung

Eine erzählte Lebensgeschichte bezieht sich – wenn sie keine reine Fiktion ist – in der Regel auf tatsächlich gelebtes Leben. Eine geläufige Bezeichnung in der Alltagssprache ist dafür der Begriff Lebenslauf. Als Textsorte erfordert die Abfassung eines Lebenslaufs vom Autor Genauigkeit und Nachprüfbarkeit etwa bei der Angabe verschiedener Daten, die vielfach durch Dokumente zu belegen sind (Geburts- und Heiratsurkunde, Abschlusszeugnisse, Einstellungsbescheide etc.). Biografie, alltagssprachlich verstanden als Lebenslauf, meint das, was an einer Biografie objektivierbar ist, was auch statistisch erfasst werden kann.

Im Zuge gesellschaftlicher Prozesse, die zu einer weitgehenden Freisetzung des Individuums aus ständischen und lokalen Bindungen und dem Verlust herkömmlicher Werte, Normen und Wissensbestände geführt haben – was in der Soziologie mit dem Begriff „Individualisierung" tituliert wird –, erhält auch der Lebenslauf eine zentrale Bedeutung. Nicht mehr eine stabile Lebenslage verbürgt Orientierung und Einbindung, sondern ein verlässlicher und erwartbarer Lebenslauf. „Die so freigesetzten Individuen werden (...) in einer neu entstehenden sozialen Struktur gebunden, nämlich der des Lebenslaufs" (Kohli 1986, S. 432).

Losgelöst aus alten patriarchalisch bevormundenden Strukturen, erweist sich nun die Freiheit des Einzelnen zugleich als Zwang, das Leben selbst zu managen. Sei es im Privatbereich, im Beruf oder in der Öffentlichkeit, dem Einzelnen werden immer wieder persönliche Entscheidungen im Hinblick auf seine Lebensplanung abverlangt.

Insbesondere die Soziologie interessiert sich v.a. seit den 80er-Jahren für die Erforschung des Lebenslaufs. Hoerning verweist auf zwei Dimensionen, die das theoretische Interesse der Soziologie an der Biografie kennzeichnen:

„1. Die *makrosoziologische* Perspektive der Biografie, bei der es um die gesellschaftlichen Kräfte geht, die formend und prägend auf den biografischen Verlauf einwirken (Institutionalisierung des Lebenslaufs).
2. Die *mikrosoziologische* Perspektive der Biografie, bei der es darum geht, die Regeln zu erkennen, nach denen sich Menschen im Verlauf ihres Lebens gerade diese (und keine anderen) gesellschaftlichen Gegebenheiten für ihren Lebensvollzug aneignen (Individualisierung und biografische Sozialisation)."

Biografieforschung eröffnet den Sozialwissenschaften einen Zugang zur sozialen Wirklichkeit, bei dem die Individualität des Akteurs berücksichtigt bleibt und diese Individualität sozial verursacht und strukturiert gedacht wird (Lamnek 1995, S. 329). Lebenslauf wird hier verstanden im Sinne eines Regelsystems, das eine zentrale Dimension des Lebens ordnet. „Das lebenszeitliche Regelsystem lässt sich auf zwei unterschiedlichen Realitätsebenen aufsuchen: Zum einen auf derjenigen der Bewegung der Individuen durch das Leben im Sinn von Positionssequenzen bzw. ‚Karrieren', zum anderen auf derjenigen ihrer biografischen Perspektiven und Handlungen. Lebenslauf als Institution bedeutet also zum einen die Regelung des sequenziellen Ablaufs des Lebens, zum anderen die Strukturierung der lebensweltlichen Horizonte bzw. Wissensbestände, innerhalb deren die Individuen sich orientieren und ihre Handlungen planen" (Kohli 1985, S. 3). Lebenslauf beinhaltet u.a. bestimmte zeitliche Abschnitte im Leben eines Menschen, die unterschiedlichen Rollen, die er annimmt und die institutionellen Zusammenhänge, in denen er sich bewegt.

In ähnlicher Weise bringt der Begriff „Lebenszyklus" eine Aufeinanderfolge von Phasen zum Ausdruck, nach denen sich das Leben von der „Wiege bis zur Bahre" vollzieht.

Zu einzelnen Phasen des Lebenszyklus – wie Säuglingsalter, Kindheit, Jugend, Erwachsenenalter/Berufsleben/Familienleben, Ruhestand – existieren zahlreiche Untersuchungen, die unterschiedliche Aspekte dieser Phasen akzentuieren. Dabei werden Fragen der Abgrenzung der Lebensalter (Altersgruppen, -stufen, -phasen) ebenso thematisiert wie Fragen des Übergangs von einer Phase in die andere mit der damit verbundenen Übernahme, Aufgabe, Überformung und Veränderung von Rollen.

Die innere Dynamik dieser Entwicklung wird in der wissenschaftlichen Diskussion unterschiedlich bestimmt. So spricht Erikson (1966) von „Wachstumskrisen", Havighurst (1972) von „Entwicklungsaufgaben", Glaser/Strauss (1971) von „Statuspassagen" und Loch (1979) von „curricularen Situationen". Allen Versuchen, den menschlichen Lebenszyklus zu ordnen, liegt die Annahme zugrunde, dass es eine bestimmte Regelhaftigkeit gibt, nach der menschliches Leben abläuft, die auf näher zu bestimmenden Ordnungsprinzipien beruht.

Es geht wesentlich um die Frage, „welche gesellschaftlichen Steuerungen und kollektiven Lebenslaufmuster in den individuellen Biografien sichtbar werden, und gleichzeitig geht es darum, zu untersuchen, wie Individuen diese gesellschaftlichen Steuerungen und kollektiven Lebenslaufmuster verändern" (Hoerning 1991, S. 22 f.).

Darüber hinaus stellt sich die Frage, wie jemand über die verschiedenen Lebensphasen hinweg so etwas wie eine lebensgeschichtliche Identität und Kontinuität bei einem ständigen Wandel der Anforderungen aufbauen kann.

Im Unterschied zur Biografiearbeit, die das Individuum und seine subjektiv erlebte Geschichte in den Mittelpunkt stellt, ist hier das Individuelle nur als Variation eines allgemeinen Musters interessant. Nicht das Individuum ist das Thema soziologischer Biografieforschung, sondern das soziale Konstrukt „Biografie“ (Fischer/Kohli 1987, S. 26).

Das wissenschaftliche Interesse richtet sich auf Allgemeines, Regelhaftes, Gesetzmäßiges, auf soziale oder psychische Konstrukte.

Bevor wir näher auf die Biografiearbeit eingehen, soll im Folgenden auf einige Resultate sozialwissenschaftlicher Forschung eingegangen werden, die sich vor allem mit dem Tatbestand der „biografischen Unsicherheit“ auseinander gesetzt hat. Der darin aufscheinende gesellschaftliche Hintergrund macht deutlich, welchen Belastungen die Individuen in ihrer Lebensplanung ausgesetzt sind und welcher pädagogischen bzw. therapeutischen oder sozialpädagogischen Unterstützung sie bedürfen, um im Leben handlungsfähig zu bleiben. Im Folgenden soll es um die Frage gehen, welcher Stellenwert einer Biografiearbeit vor dem Hintergrund einer gesellschaftlichen Entwicklung zukommt, die sich zunehmend durch Unübersichtlichkeit, Risiken und Unwägbarkeiten für die Lebensplanung auszeichnet. Dies soll ausschnittweise an Berufsbiografien, Biografien im Wandel der Familie und Migrationsbiografien illustriert werden, wobei die folgenden Ausführungen nur bestimmte Trends andeuten, da eine ausführliche Darstellung den Rahmen dieses Kapitels sprengen würde.

Biografie und Biografiearbeit vor dem Hintergrund gesellschaftlicher Entwicklungen

Insbesondere in der soziologischen Diskussion wird die biografische Unsicherheit als ein „charakteristisches Merkmal der Moderne, ja eine gesellschaftliche Basiserfahrung“ bezeichnet (Beck-Gernsheim 1998, S. 163). Dafür werden unterschiedliche Faktoren verantwortlich gemacht, die sich auf die Lebensläufe der Individuen unterschiedlich auswirken. Einige sollen im Folgenden erwähnt werden:

Ökonomische Faktoren und ihre Auswirkungen auf die Erwerbsbiografie

Die Wachstumsdynamik des Kapitals, die ständig technologische Neuerungen nach sich zieht und mit Rationalisierungsschüben verbunden ist, führt zu erhöhter Flexibilität und Mobilität der Arbeitskraft bis hin zu einem Migrationsdruck, zur Freisetzung großer Teile der Arbeitnehmerschaft und einem zunehmenden Sockel an Dauerarbeitslosigkeit. Für den Einzelnen kann dies u.a. bedeuten: Arbeitslosigkeit im Jugendalter, verspäteter Eintritt in den Arbeitsmarkt, unterbrochene Erwerbsbiografie, steigender Zwang zur Mobilität, Arbeitsmigration, Trennung von Wohn- und Arbeitsort (living-apart-together-Beziehungen), Vorruhestandsregelungen oder Zwang zur Existenzgründung außerhalb staatlicher und tarifvertraglich zugesicherter sozialer Sicherungssysteme.

Ausbildungs- und Erwerbsbiografien haben ihre überschaubare, antizipierbare, geordnete Chronologie verloren. Es ist weder prognostizierbar, ob ein Auszubildender eine Lehrstelle bekommt, ob er diese Lehrstelle in seinem Wunschberuf bekommt, ob er einen Arbeitsplatz in seinem Ausbildungsberuf erhält, noch ist vorhersehbar, wie oft er gegebenenfalls einen Arbeitsplatz wechseln muss. Der Eintritt in das Erwerbsleben verzögert sich vielfach, der Zeitpunkt, sich vom Elternhaus abnabeln zu können, seinen Lebenserwerb selbstständig zu bestreiten, eine Familie zu gründen etc., verschiebt sich für viele junge Erwachsene nach hinten (Shell-Studie 1997, S. 14). Für viele Jugendliche ist diese Veränderung deutlich spürbar und schlägt sich in einem entsprechenden Lebensgefühl nieder. Die Shell-Studie 2000 kommt in diesem Zusammenhang zu dem Ergebnis, dass der Beruf nicht mehr die vorgegebene Ordnung ist, „in die man sich einfügt und integriert, sondern ein selbst gewähltes Lebenskonzept, für das man sich persönlich einsetzen muss“.

So wie der Zeitpunkt zum Eintritt in das Erwerbsleben nicht mehr genau zu bestimmen ist, so wird für viele ältere Erwachsene der Austritt aus dem Erwerbsleben vorverlegt. Eine wachsende Zahl von Erwerbstätigen unterliegt Vorruhestandsregelungen und muss vorzeitig aus dem aktiven Arbeitsleben ausscheiden (Backes 1998).

Die Erwerbsbiografien „zerfransen“ daher zunehmend an ihren Enden und werden diskontinuierlich. Die Aufeinanderfolge bestimmter Phasen wie Ausbildung/Beruf/Ruhestand ist in dieser Linearität in der Regel nicht mehr beobachtbar. Stattdessen kann die Berufstätigkeit durch Phasen der Arbeitslosigkeit, der Umschulung, Fortbildung, Neuorientierung etc. unterbrochen werden. Eine langfristige, vorausschauende Planung wird dadurch unmöglich. Der Einzelne ist mit vielen Unwägbarkeiten und Risiken konfrontiert, auf die er nicht vorbereitet ist.

Lebensläufe im Wandel der Familienkonstellationen

Längst ist die Familie nicht mehr die stabile soziale Einheit, die dem Einzelnen verlässliche Beziehungen im Zuge seines Sozialisationsprozesses anbietet. Seit Mitte der 60er-Jahre ist die Familie in den hoch entwickelten Industriegesellschaften einem Wandel unterworfen. Die Geburtenrate sinkt, die Heiratsneigung geht zurück, die Scheidungsrate steigt, die Zahl nicht-ehelicher Lebensgemeinschaften wächst, was insgesamt zu einer Ausdifferenzierung und Pluralisierung der Lebens- und Beziehungsformen führt (Peuckert 1999, S. 10). Die traditionelle Kleinfamilie ist längst nicht mehr die alleinige familiale Lebensform, andere sind hinzugetreten und verlangen dem Individuum entsprechende Entscheidungen im Hinblick auf Lebensstil und Beziehungsform ab. Nicht nur die Beziehungsform ändert sich, auch die innere Ausgestaltung der Partnerschaft, die Neudefinition der Geschlechterrollen, die Verantwortlichkeiten für die Erwerbsarbeit, Kindererziehung und Haushaltsführung müssen immer wieder neu ausgehandelt werden und sind nicht mehr von vornherein festgelegt.

Migrationsbiografien

Bezeichnenderweise hat die Biografieforschung ihren Ausgangspunkt bei der Erforschung von Migrationsbiografien genommen. In diesem Zusammenhang wird immer wieder auf das umfangreiche Werk von Thomas/Znaniecki „The polish peasant in Europe and America" (1890-1920, überarbeitete Ausgabe 1927) verwiesen. Die beiden polnischen Forscher beschäftigten sich mit den Schwierigkeiten kultureller Anpassung, die Auswanderer aus Polen beispielsweise in den USA hatten, im Übergang von einer ländlich-traditionalen in eine moderne Kultur. Von Interesse waren dabei vor allem die subjektive Seite dieses Neuorientierungs- und Anpassungsprozesses und die besonderen Anforderungen, die sich mit der Verarbeitung der objektiven Gegebenheiten (values) und der Herausbildung angemessener Verhaltensweisen und Situationsdeutungen (attitudes) für die Individuen ergeben (Lamnek 1995, S. 331 ff.). Migrationsbiografien zeugen in einer extremen Form von den Unsicherheiten, denen Individuen ausgesetzt sein können. Ihr Studium ist in besonderer Weise interessant, um Rückschlüsse auf die Ressourcen und Energien zu ziehen, die ein Individuum aufbringen kann, um verschiedene gesellschaftliche Einflüsse auszubalancieren. Bereits Erikson erkannte 1950 angesichts der eigenen Emigrationserfahrungen, dass „wir uns gerade zu einem geschichtlichen Zeitpunkt mit der Identität beschäftigen, da diese problematisch geworden ist. Und zwar beginnen wir damit in einem Lande, in dem sich eben aus allen den durch die Einwanderer importierten Identitäten eine Super-Identität bilden will ... Das Studium der Identität wird daher in unserer Zeit zu einer genauso strategischen Frage, wie es das Studium der Sexualität zu Freuds Zeiten war ... Identitätsprobleme gehören zum psychischen Gepäck von Generationen neuer Amerikaner, die ihre Heimat hinter sich gelassen hatten" (1977, S. 44).

Migration, im Sinne der Verlagerung des Lebensmittelpunktes von einem Land in ein anderes, ist für den Wanderer mit einer tiefen Zäsur in seinem Lebenslauf verbunden (vgl. Treibel 1999, S. 19 ff.). Er gibt nicht nur einen vertrauten geografischen Raum auf, sondern auch einen Sprach- und Kulturraum, ein Netzwerk sozialer Beziehungen (Familie, Verwandtschaft, Nachbarschaft etc.) und ein Gemeinwesen mit einer bestimmten sozialpolitischen Struktur (Stadt, Dorf, Siedlung). Der neue Lebensabschnitt beginnt daher mit einer Reihe von Neuorientierungen, wie dem Fremdspracherwerb, der Konkurrenz um Arbeitsplätze und

Wohnungen, der Auseinandersetzung mit nicht vertrauten Normen, Werten und Regeln im Alltag und der Positionierung im Sozialsystem, das – wie in der Bundesrepublik – dem so genannten Ausländer einen bestimmten Rechtsstatus zuweist, womit nur einige der notwendigen Umstellungen benannt sind, die der Zuwanderer zu leisten hat.

Damit ist auch schon eine wesentliche Anforderung benannt, mit der sich ein Zuwanderer im Aufnahmeland konfrontiert sieht. Die aufnehmende Gesellschaft erwartet Anpassung an die vorgegebenen Strukturen und erzeugt damit auch einen mehr oder weniger großen Druck. Der Migrant sieht einerseits unumgängliche Erfordernisse, denen er Folge leistet und andererseits die Gefahr, von der aufnehmenden Gesellschaft so vereinnahmt zu werden, dass er seine subjektiv empfundene kulturelle Eigenständigkeit verliert. Verfolgt man Migrantenbiografien, so pendeln diese häufig – je nach Phase des Aufenthalts und sozialem Bereich – zwischen Integration in die Mehrheitsgesellschaft und Rückzug in die ethnische Enklave, zwischen Anpassung an Bestehendes und Widerstand gegen den von der Gesellschaft erzeugten Assimilationsdruck.

„Als zunächst temporäre Wanderer und Wanderinnen befinden sich diese Menschen in der Zwischenposition der *Fremden*. Erst die Aufgabe ihrer aus Sicht der Aufnahmegesellschaft ‚zweifelhaften Loyalität' (Schütz 1972, S. 68) und die Lockerung der Bindungen an die Heimat ermöglichen eine allmähliche Anpassung. Allerdings kann dieser Prozess, der von der Annäherung an die Fremde über die Ablösung von der Heimat bis zur Anpassung an die Fremde führt, ein schwieriger Balanceakt sein.

Gemessen am dreistufigen Assimilationsmodell von Richardson (1957) *(Isolation – Akkomodation – Identifikation)* befand sich die erste Generation in der ersten Phase des Aufenthalts (d.h. vor der Niederlassung) in der *Isolation* (von der Aufnahmegesellschaft). Die *Akkomodation* (äußerliche Anpassung, Arrangement mit den Einheimischen) wurde mit der Niederlassung erreicht. Eine *Identifikation* mit der Aufnahmegesellschaft (für Richardson sind Assimilation und Identifikation gleichbedeutend) findet bisher nicht statt (Treibel 1999, S. 153).

Migrationsbiographien können von Phasen der Remigration ins Herkunftsland, der Rückkehr nach Deutschland oder dem Pendeln zwischen Herkunfts- und Aufnahmeland (z.B. im Fall von Rentnern) durchsetzt sein.

Migrationsbiografien verknüpfen sich immer häufiger mit den Biografien Einheimischer. Die Zahl der bikulturellen Ehen und Partnerschaften wächst. „Denn im Zeitalter von Mobilität, Massenverkehr und Wirtschaftsvernetzung wächst die Zahl derer, die über den Radius der Herkunftsgruppe hinaus mit Menschen anderer Gruppen arbeiten und leben; die aus den unterschiedlichsten Gründen (ob Armut, Hunger, Verfolgung; oder Ausbildung und Beruf, Reisen und Neugier) ihre Heimat verlassen, für kürzere oder längere Zeit, vielleicht auch für immer; die Ländergrenzen überschreiten, hier geboren werden, da aufwachsen, dort heiraten und Kinder bekommen“ (Beck-Gernsheim 1998, S. 154). Im Jahr 1995 hatten bereits 19,2 % der Geborenen einen ausländischen Vater und/oder eine ausländische Mutter.

Eindeutige Zuordnungen im Sinne ethnischer oder nationaler Zugehörigkeit sind vor allem für die nachfolgenden Generationen nicht mehr möglich, auch wenn sich die Betroffenen häufig diese Frage stellen. So konstatiert der Schriftsteller Feridun Zaimoglu: „Es sind die Zeiten eingeläutet, in denen jede Abstammung an den persönlichen Lebensentwürfen zerschellt. Jenseits der Zuschreibungsmodelle der Ausländerbetreuungsindustrie, die für sich immer noch das Meinungsmonopol beansprucht, sind die Deutschländer, die eingewanderten und die hier geborenen Türken nicht nur längst in der bundesdeutschen Gesellschaft angekommen. Sie kämpfen um eigene Spielräume und verweigern den professionellen Ausländerfreunden die Stereotype mit Wiedererkennungswert. Wie wollen nicht mehr mit Abstammungs- und Verortungsfragen gequält werden“ (Spiegel reporter 2/2000, S. 24 f.).

Migrationsbiografien, bikulturelle Partnerschaften und daraus erwachsene Familienkonstellationen entziehen sich eindeutigen Zuordnungen, belasten damit aber auch zunehmend das Identitätsmanagement der Betroffenen, die sich nämlich ihrerseits einer Gesellschaft ausgesetzt sehen, die trotz zunehmender Internationalisierungstendenzen noch in nationalstaatlichem Denken verfangen ist.

Allein an diesen drei Beispielen wird klar, dass Lebensläufe zunehmend unübersichtlicher, verschlungener und komplizierter werden. Sie zeichnen sich in wachsendem Maße durch Diskontinuität, Risiken, Brüche und den Zwang zu Neuorientierungen aus. Dem Individuum wird ein kompliziertes Identitätsmanagement abverlangt, in dessen Verlauf es sich immer wieder ähnliche Fragen stellen muss, wie zum Beispiel: Was will ich? Wohin gehöre ich? Zu wem gehöre ich? Wie soll es weitergehen?

In dem Maße, wie die Unübersichtlichkeit des Lebenslaufs zunimmt, entsteht der Zwang, sich immer häufiger im eigenen Koordinatennetz der Biografie zu verorten und sich seiner selbst zu vergewissern, um Perspektiven für die Zukunft zu entwickeln und handlungsfähig zu bleiben. Das erfordert einen selbstreflexiven Prozess, der entweder im privaten oder im öffentlichen Raum, der selbstständig oder professionell angeleitet, der in Therapie, Beratung oder auch in der Erwachsenenbildung erfolgen kann.

Biografiearbeit kann daher eine sinnvolle Unterstützung bei der Wahrung von Ich-Identität sein. „Die gelungene Ich-Identität bedeutet jene eigentümliche Fähigkeit sprach- und handlungsfähiger Subjekte, auch noch in tief greifenden Veränderungen der Persönlichkeitsstruktur, mit denen sie auf widersprüchliche

Situationen antworten, mit sich identisch zu bleiben. Allerdings müssen die Merkmale der Selbstidentifikation intersubjektiv anerkannt sein, wenn sie die Identität einer Person sollen begründen können. Das Sich-Unterscheiden vom anderen muss von diesem anderen anerkannt sein" (Habermas 1974, S. 24).

Diese selbstreflexive Leistung ist von allen Individuen in der Moderne zu erbringen, sie ist allerdings beim Migranten und seinen Angehörigen um einiges komplizierter.

Bei dem Bestreben, Ich-Identität zu wahren, sind Migranten – insbesondere der ersten Generation – einer besonderen Spannung ausgesetzt, die sie zeit ihres Lebens begleitet. Im Übergang vom Herkunfts- ins Aufnahmeland gelingt ihnen häufig nicht die Identitätspassage, da sie in der neuen Kultur Teile ihrer Biografie nicht unterbringen können. Andererseits haben sie sich von ihrer Herkunftskultur ebenfalls entfremdet, werden dort nicht mehr als Einheimische akzeptiert und fühlen sich nicht mehr integriert. So sind sie doppelt fremd: „Das Bild des Dauerpendlers, der schließlich zwischen allen Stühlen sitzt, trifft etwas Richtiges. Immer gerade die Welt ist Gegenstand der Identifikation, die man nicht bewohnt" (Hettlage 1987, S. 40). Gerade ältere Migranten müssen mit diesem Identitätsdilemma umgehen lernen und das komplexe Wechselspiel von Abstoßung und Anziehung verarbeiten lernen (Pankoke 1988, S. 134).

Anders stellt sich die Situation bei der hier aufgewachsenen Generation der Kinder der Zugewanderten dar. Ihr Lebensmittelpunkt ist die Bundesrepublik, aber sie sehen sich gerade von der Mehrheitsgesellschaft mit ethnischen Zuschreibungen konfrontiert, die nicht ihre sind. So werden häufig Kategorien bemüht, die sich holzschnittartig zwischen vermeintlich homogenen „Volksgemeinschaften" bewegen (hier deutsch – da türkisch), aber „die Konfliktlinien verlaufen innerhalb der fälschlicherweise als homogen gekennzeichneten Kulturblöcke". „Was haben, bitte schön, eine aufgeklärte Alevitin und ein frommer Gebetsvorsteher gemeinsam?" (Zaimoglu in Spiegel reporter 2/2000). Die Vielfalt der Lebensentwürfe, Milieus, Stile, Bildungs- und Berufskarrieren etc. ist nicht durch eine Kategorie, nämlich die der ethnischen Zugehörigkeit – die selbst wiederum nicht eindeutig ist –, zu bannen.

Biographiearbeit kann in allen hier beschriebenen Fällen eine sinnvolle Hilfestellung bieten, um selbstreflexive Prozesse einzuleiten und zu unterstützen, indem sie die Betroffenen befähigt, einen Evaluierungs- und Orientierungsrahmen für ihr Handeln zu erstellen.

Kade (1997, S. 116) fordert, dass die Erwachsenenbildung im Zuge lebenslangen Lernens Angebote entwickeln muss, die die Individuen dabei unterstützen, „die in der Moderne an sie gestellte Forderung der Dynamisierung ihrer Biografien einzulösen" und mit den damit verbundenen Chancen und Risiken produktiv umzugehen.

Sie sollte allerdings bei der Wahl ihrer Themen und Methoden die besondere Ausgangssituation, die Lebens- und Bedürfnislagen der betroffenen Individuen berücksichtigen.

Erwachsenenbildung und Biografiearbeit

Nittel (1995, S. 110) weist darauf hin, dass das „biografische Lernen" gemessen an anderen pädagogischen Ansätzen noch eine vergleichsweise junge Geschichte hat. „Sieht man einmal von der Methode des wechselseitigen Erzählens der Lebensgeschichte von Bauern, Arbeitern und Studenten in der schlesischen Arbeitslagerbewegung in der Weimarer Republik ab (vgl. Feidel-Mertz 1977; Rosenstock-Huessy/von Trotha 1931), so sind organisierte Formen der biografischen Selbstreflexion in der Geschichte der Erwachsenenpädagogik kaum identifizierbar." Dies spiegelt sich auch in der Erwachsenenbildungsforschung wider, die einerseits die Erträge der Biografieforschung für die Erwachsenenbildung untersucht hat (u.a. Alheit 1990; Tietgens 1991; Faulstich-Wieland, Nuissl, Siebert, Weinberg Hrsg. 1996) und die zum anderen die Diskussion zu Fragen des biografischen Lernens in der Praxis der Erwachsenenbildung vorangetrieben hat. Hier sei vor allem auf die beiden Veröffentlichungen des Landesinstituts für Schule und Weiterbildung (NRW) aus den Jahren 1990 und 1995 verwiesen.

Es lassen sich unterschiedliche Beweggründe für die Einführung der Biografiearbeit/des biografischen Lernens in die Erwachsenenbildung ausmachen. Einige seien im Folgenden erwähnt:

1. Im biografischen Lernen als einem selbstreflexiven Prozess verwirklicht sich das didaktische Prinzip der „Teilnehmerorientierung" (Siebert 1996, S. 103 ff.). Die so strukturierten Bildungsprozesse nehmen ihren Ausgangspunkt beim Subjekt des Lernenden, rücken seine Biografie in den Mittelpunkt und machen dessen Betroffenheit, Erfahrungen, Deutungen, Gefühle und Erleben zum Thema des Lerngeschehens. Das Eingehen auf Biografie beinhaltet eine „Umkehrung der pädagogischen Blickrichtung und Intentionalität (...) einen Wechsel des Standpunkts vom lehrenden zum lernenden Subjekt" (Schulze 1993, S. 35).
2. Das Eindringen von Methoden der Humanistischen Psychologie in die Erwachsenenbildung hat auch das Interesse am biografischen Lernen verstärkt. Vertreter einer Humanistischen Pädagogik, wie Heinrich Dauber (1997, S. 11), verweisen auf ihr gewandeltes Verständnis von Pädagogik „als dialogische Begleitung in Prozessen der Subjektwerdung: Persönlichkeitsbildung und Weltaneignung zugleich. Pädagogische Praxis soll aufrichten statt unterrichten".
   Im Mittelpunkt Humanistischer Pädagogik steht der Mensch, der gleichermaßen in Kontakt ist mit seinem inneren Erleben wie seiner äußeren Umwelt.

Dazu bedarf es einer bestimmten Haltung, die mit Authentizität, Empathie und Akzeptanz (Rogers 1983, S. 23 ff.) beschrieben wird, was auch im Kontext biografischen Lernens in der Gruppe von Bedeutung ist.

3. Es gibt ein neu erwachtes Interesse an kollektiver Geschichte in Form von persönlich erlebten Geschichten (Dauber 1999, S. 43). Biografisches Lernen ist in diesem Zusammenhang Ausdruck eines Perspektivenwechsels. Geschichte wird nicht in Form eines Sachwissens aus Geschichtsbüchern erschlossen, sondern aus der subjektiv erlebten Sicht, „quasi von unten", als „Geschichte der kleinen Leute". Dauber sieht darin eine neue Lernkultur: „Während die Individuen in den modernen Industriegesellschaften in sozialer Hinsicht immer isolierter leben und gemeinschaftsbildende Rituale fast völlig verschwunden sind, bildet sich gleichzeitig ein historisch neues Interesse an persönlich erlebter Geschichte heraus. Dies gilt sowohl für Gemeinden, die Geschichtswerkstätten einrichten, wie für Institutionen wie Altersheime, in denen Erzählkreise gebildet werden" (1999, S. 43).

   Biografiearbeit hat bereits Ende der 70er-Jahre im Rahmen so genannter Geschichtswerkstätten Einzug in die Erwachsenenbildung gehalten.

   So etwa in Recklinghausen-Hochlarmark geschehen, wo 1978 unter dem Motto „Wissen Sie noch ... ? Hochlarmarker erzählen von früher" ein Volkshochschularbeitskreis gegründet wurde, der die Geschichte des Bergarbeiterstadtteils Hochlarmark aus der Sicht und gelebten Erfahrung der Stadtteilbewohner rekonstruierte (Lachauer 1985, S. 250).

   Mit dieser Form der Erwachsenenbildung tritt zugleich eine qualitative Wende in den Lehr- und Lernprozessen ein. So geht es beispielsweise bei der Verarbeitung von Geschichte nicht mehr länger nur um vermeintlich objektive Daten, um die Geschichte als eine Kette ferner Ereignisse, die von Monarchen, Führern, Helden und Staatslenkern gesteuert wird, sondern auch und vor allem um Alltagsgeschichte, um die subjektiv erfahrene Geschichte, kurz: um einen Perspektivwechsel, der die eigene Betroffenheit in den Blick nimmt und die erlebte Alltagsrealität reproduziert. Geschichte wird quasi „von unten" betrachtet und Geschichtsschreibung demokratisiert, indem die Betroffenen ihre eigenen Wahrnehmungen und Interpretationen einbringen. Niethammer drückt diese neue Sichtweise folgendermaßen aus: „Wir beginnen uns vielmehr für uns selbst und für die Herkunft der eigenen Lebensbedingungen, Verhaltensweisen, Deutungsmuster und Handlungsmöglichkeiten zu interessieren ... In dieser Dimension des Alltäglichen, deren schon äußere Geschichte nur mühsam und mit methodischer Phantasie zu erschließen ist, wird nach der Subjektivität derer gefragt, die wir als Objekt der Geschichte zu sehen gelernt haben, nach ihren Erfahrungen, ihren Wünschen, ihrer Widerstandskraft, ihrem schöpferischen Vermögen, ihren Leiden" (1980, S. 9).

An diese Tradition knüpfen verschiedene Arbeitskreise in Erwachsenenbildungseinrichtungen an, die beispielsweise die Geschichte der Arbeitsmigration am Beispiel ihrer Kommune und der dort lebenden deutschen Arbeiter und Arbeitsmigranten zu rekonstruieren versuchen. Auch diese Arbeitskreise sind Geschichtswerkstätten, die anhand mitgebrachter Fotos, alter Zeitungsausschnitte, Gegenstände, Briefe und anderer Dokumente subjektive Zugänge zum Thema Migration und Zuwanderergesellschaft erschließen wollen. Als interessant hat sich in diesem Zusammenhang immer wieder die unterschiedliche Sichtweise von Deutschen und Zuwanderern herausgestellt, die sich auf das gleiche Ereignis bezog (Einarbeitung der Migranten im Betrieb, gemeinsames Essen in der Kantine, Entlohnung, Wohnsituation etc.).

4. Die Auseinandersetzung mit dem Strukturwandel der Gesellschaft und den daraus erwachsenen Anforderungen an die Erwachsenenbildung führt zu der Frage, wie das Individuum die sozialen Veränderungen innerlich verarbeitet, mit vorhandenen Erfahrungen in Verbindung bringt und schließlich bewältigt. Biografisches Lernen verschafft Orientierungshilfen und vermittelt Krisenbewältigungskompetenzen. Alheit nennt diese Fähigkeit „Biografizität“, „die Fähigkeit, moderne Wissensbestände an biografische Sinnressourcen anzuschließen und sich mit diesem Wissen neu zu assoziieren“(Alheit 1990, S. 66).
5. Im Kontext einer Diskussion um „lebenslanges Lernen“ gewinnt biografisches Lernen als ständiger Prozess der Selbstvergewisserung im Lebenszyklus an Gewicht. Dies setzt allerdings einen Begriff vom „lebenslangen Lernen“ voraus, der sich nicht bloß auf Prozesse beruflicher Qualifizierung verengt, sondern dem Konzept der Identität besonderes Interesse schenkt. Mit diesem Konstrukt ist eine Verfasstheit des Menschen gemeint, die es ihm erlaubt, sich selbst als kontinuierlich zu erfahren und zwar dadurch, dass er vor sich und anderen dieses Bild der Kontinuität rekonstruiert und von anderen entsprechende Kontinuität erwartet. „Identität ist insofern Ausdruck einer psychosozialen Befindlichkeit: Sie konstituiert sich durch Interaktion und Kommunikation mit anderen, geht aber nicht notwendig darin auf. In einer Zeit, da ‚Sinn‘ (Sinn des Lebens, eines Berufs, des Schulbesuchs, einer Beziehung usf.) nicht als vorgegeben erfahren wird, sondern als Produkt einer gesellschaftlichen Konstruktion der Wirklichkeit, ist die Identität für viele eine wesentliche Bürgschaft dafür, dass Sinnkonstruktion noch möglich ist. Kein Zweifel, dass Biografien wieder am ehesten erlauben, die hier skizzierten Fragen zu behandeln“ (Baacke 1993, S. 47). In diesem Sinne ist biografisches Lernen u.a. für die Frauenbildung als Chance genutzt worden. Es wird als ein Verdienst der Frauenbewegung der 70er-Jahre gewertet, dass Frauen „in selbstorganisierten Lerngelegenheiten über sich selbst Auskunft geben, ihren Lebenszusammenhang in seiner strukturellen Verankerung in der patriarchalischen Gesellschaft analysieren und Grenzüberschreitun-

gen zu mehr Selbstständigkeit und Selbstbestimmung wagen" (Borst 1997, S. 76). Solche Lernprozesse schließen die Bearbeitung unbewusster Strukturen und Emotionen in die Reflexion ein.
Biografisches Lernen im Zuge lebenslangen Lernens ist einerseits ein Lernen, das sich in der Lebensgeschichte selbsttätig vollzieht und dabei nicht unbedingt auf Institutionen angewiesen ist, und es ist Lernen, das im Rahmen institutionalisierter Strukturen als bewusste Aneignung von und Auseinandersetzung mit der eigenen Lebensgeschichte erfolgt. Dabei sind die Einrichtungen der Erwachsenenbildung nur ein Lernraum neben vielen anderen. „Empirisch setzt sich das lebenslange Lernen aus einer Vielzahl hochgradig kontextbezogener, situativer, punktueller und disparater Praktiken der Inanspruchnahme von institutionellen, massenmedialen und lebensweltlichen Bildungsangeboten zusammen" (Kade 1997, S. 119).

6. Im Zusammenhang lebensbegleitenden Lernens ist auch der Blick für die Chancen und Krisen der *Lebensübergänge* geschärft worden. In der Erwachsenenbildung haben sich in diesem Zusammenhang Bildungsangebote etabliert, die verschiedene lebensgeschichtliche Übergänge thematisieren, etwa den Ausstieg aus dem Beruf und Eintritt in den Ruhestand, den Abschied von der Familienphase in Verbindung mit der Hausfrauen- und Mutterrolle und der Wiedereinstieg in das Erwerbsleben, die Scheidung vom Ehepartner bzw. Trennung vom Lebensgefährten und der Eintritt in das Singledasein. Diese Übergänge werden häufig als kritische Lebensereignisse erlebt oder erzeugen zumindest Irritationen und Verunsicherungen, weil sie u.a. mit veränderten Rollen und Verhaltensanforderungen einhergehen wie dies beispielweise bei der Übernahme der Elternrolle, einer Leitungsrolle oder einer veränderten Berufsrolle der Fall ist. Auch Migration als Übergang von einer Gesellschaft in eine andere kann als Beginn einer neuen lebensgeschichtlich bedeutsamen Phase begriffen werden, die in manchen Fällen einen krisenhaften Verlauf nimmt. Umgekehrt kann auch die Frage der Remigration insbesondere für ältere Arbeitsmigranten von lebensgeschichtlicher Bedeutung und folglich auch zum Anlass biografischer Selbstreflexion werden. In pädagogischer Hinsicht zielt Biografiearbeit dann auf Krisenprävention in Form von Erfahrungsaustausch und gemeinsamer Beratung, Diskussion verschiedener Optionen, Stabilisierung und Neuorientierung. Sie unterstützt die Betroffenen dabei, die biografische Perspektive zu überdenken, ggf. umzustrukturieren und neu zu entwerfen.
7. Mit dem demographischen Wandel und der Zunahme der älteren Bevölkerung hat die Altersbildung an Bedeutung gewonnen, die den älteren Menschen bei der Auseinandersetzung mit dem Alterungsprozess unterstützen soll (Kade 1994). Die Auseinandersetzung mit Fragen des Alterns, die im Rahmen biografischer Arbeit erfolgt, hat drei Dimensionen: Die Rückschau auf das vergan-

gene Leben und das verstehende Nachvollziehen, warum ich so geworden bin, wie ich bin; die Verortung im Hier und Jetzt, verbunden mit der Definition aktueller Aufgaben und Funktionen, und schließlich, im Hinblick auf die Zukunft, die Skizzierung anzustrebender Perspektiven. So nennt Erikson (1995, S. 83 f.) den vorherrschenden Zug der Altersphase „Integrität", ein Gefühl von Kohärenz und Ganzheit, was nicht einfach zu erreichen ist, „weil mit dieser Phase ein *Verlust von Steuerungen* in allen drei organisierenden Prozessen verbunden ist: Im Soma die durchgehende Schwächung von tonischem Zusammenspiel in Bindegewebe, Blutgefäßen und Muskelsystem, in der Psyche der allmähliche Verlust der Kohärenz des Gedächtnisses in der Erfahrung von Vergangenheit und Gegenwart, im Ethos die Bedrohung durch einen plötzlichen und nahezu gänzlichen Verlust verantwortlicher Funktionen im generativen Zusammenspiel."
Da die Bedeutung der Biografie im Alter zunimmt, kommt der Biografiearbeit in der Altersbildung eine Schlüsselstellung zu. Gerade im Alter ergibt sich im Hinblick auf die Endlichkeit des Lebens das Bedürfnis, eine Lebensbilanz zu ziehen und Rechenschaft über das Erreichte abzulegen. Diesem Interesse sind u.a. Erwachsenenbildungsprojekte in den 80er-Jahren entgegengekommen. So berichten beispielsweise Osborn u.a. (1997, S. 7 ff.) von dem 1983 in London gegründeten gemeinnützigen Verein *Age Exchange* (Austausch mit dem Alter), dessen Arbeit auf dem von Robert N. Butler (USA) entwickelten Konzept der „life review" (Lebensrückschau) basiert, „dass viele Menschen im Alter ein Bedürfnis verspüren, ihrem verflossenen Leben Sinn zu geben. So dient das Erinnern der Versicherung eigener Identität und eigenen Wertes. Es ist gleichzeitig auch der Versuch, sich am Ende des Lebens mit seinem Schicksal auszusöhnen und interpretatorisch die Diskrepanz aufzuheben, die sich wohl bei den meisten Menschen zwischen den Hoffnungen und Träumen der Jugend und dem tatsächlichen Verlauf des Lebens ergibt" (ebenda, S. 10). *Age Exchange* hat u.a. Projekte mit Immigranten aus den einstigen britischen Kolonien, Einwanderern aus Irland und jüdischen Bewohnern des Londoner Ostens durchgeführt. Angesichts des rapiden kulturellen Wandels nutzten die älteren Migranten die Gelegenheit, ihre Lebensgeschichten und kulturellen Deutungsmuster der nachfolgenden Generation als eine Art Vermächtnis weiterzugeben (ebenda, S. 13).

Biografiearbeit in multikulturellen Gruppen

An diesem Punkt stellt sich nun die Frage, warum Biografiearbeit auch für interkulturelle Lernprozesse geeignet ist. Behrens-Cobet und Buschmeyer (1990, S. 99) äußern in diesem Fall ihre Bedenken mit dem Hinweis, der biografische Ansatz ginge „primär vom Selbstverständnis der anwesenden Personen aus (...), das

Verständnis für andere Kulturen zu erreichen, ist nicht ,in einem Aufwasch' zu leisten." Wir teilen diese Skepsis nicht, da wir nicht von einer Dichotomie in eigene, vertraute Kultur auf der einen und fremde, andersartige Kultur auf der anderen Seite ausgehen: „Fremde Kulturen, wie sie bei uns durch Arbeitsimmigranten aus der Türkei oder aus Griechenland präsent sind, liegen bei den meisten Gruppenmitgliedern offenbar außerhalb ihres Koordinatensystems kultureller Orientierungen und Interessen" (ebenda). Die Biografiearbeit – das hat unsere Seminarpraxis gezeigt – wird gerade zutage fördern, dass die Kulturen der anderen so „fremd" und unverständlich nicht sind. Sie wird darüber hinaus transparent machen, dass sich sowohl die Lebenswelten der deutschen als auch der nicht-deutschen Teilnehmenden durch eine Vielfalt der Lebensstile, Religionen, politischen Einstellungen, Weltanschauungen, Bildungspotenziale, beruflichen und sozialen Erfahrungen etc. auszeichnen. Dabei werden sich – unabhängig von der ethnischen Zugehörigkeit – kreuz und quer durch eine Gruppe hindurch Gemeinsamkeiten und Differenzen herausstellen.

Die eingetretene gesellschaftliche Segregation, die in bestimmten gesellschaftlichen Teilbereichen zu Isolation und Ausgrenzung ethnischer Minoritäten geführt hat und die häufig mit Berührungsängsten und Unsicherheiten im Verhältnis zueinander verbunden ist, erschwert zwar eine interkulturelle Bildungsarbeit und baut Hemmschwellen im Zugang zu interkulturellen Bildungsveranstaltungen auf, darf aber nicht als Argument gegen das biografische Lernen verwandt werden. Sind deutsche und nicht-deutsche Teilnehmer und Teilnehmerinnen erst einmal in einer Gruppe zusammengeführt, so besteht die Chance biografischen Lernens gerade darin, die Fäden und Verbindungslinien aufzuzeigen, die das Leben der Beteiligten durchziehen. Gerade die biografische Arbeit ist in der Lage, im „Fremden" das „Eigene" aufzuspüren und umgekehrt im „Eigenen" das „Fremde", mir nicht Vertraute, Verdrängte oder Verschüttete aufzudecken.

- Die Biografiearbeit hat also den Vorzug, im Besonderen, in der einzelnen Biografie das Allgemeine, die verbindenden Strukturmuster aufzudecken. Sie eröffnet zudem eine anthropologische Sicht, indem sie Lebenssituationen, Lebenphasen, Rollen und Ereignisse aufdeckt, die alle Gruppenmitglieder als Menschen, unabhängig von ihrer ethnischen Zugehörigkeit, betreffen: Die Einsicht in die existenziellen Basiserfahrungen, die sich etwa im Durchlaufen der unterschiedlichen Lebensphasen Kindheit, Jugend, Erwachsenendasein, Alter herausstellen; der Tatbestand der Erziehungsbedürftigkeit; der Zwang zur materiellen Reproduktion durch Arbeit; die Erfahrung und das Erleben der Sexualität etc. – all diese anthropozentrisch ausgerichteten Reflexionen richten das Interesse auf Grundlagen menschlichen Daseins und begünstigen möglicherweise ein Gefühl der Verbundenheit. Darüber hinaus werden bei der Rekonstruktion von Lebensläufen auch immer wieder ähnliche Probleme oder

Krisensituationen deutlich, die im Alltag zu bewältigen sind, z.B.: Unsicherheiten bei der Kindererziehung, Spannungen in der Partnerschaft oder Ehe oder Angst vor Arbeitsplatzverlust. Die Erfahrung, dass nicht nur ich, sondern auch andere von Krisen und Risiken betroffen sind, führt möglicherweise auch zu solidarischen Effekten untereinander.

- Weiterhin besteht ein Vorteil der Biografiearbeit darin, dass sie kein abstraktes Sachwissen voraussetzt. Die unterschiedlichen Bildungsvoraussetzungen der Gruppenmitglieder, die allein schon durch die kulturell unterschiedlichen Bildungssysteme bedingt sind, würden zu Kommunikations- und Verständigungsbarrieren führen. So haben alle Gruppenmitglieder den gleichen Ausgangspunkt, nämlich ihre persönliche Biografie, an der sie im Kontext der Gruppe arbeiten. Gefragt sind keine formalen Wissensbestände, die über Schullaufbahnen erworben wurden, sondern Erfahrungen, die im Zuge der Alltagsbewältigung in unserem Gedächtnis aufgeschichtet wurden.
- Weiterhin stellt der Alltagsbezug einen Vorteil der biografischen Arbeit dar. Er erleichtert gerade Menschen, die die deutsche Sprache nicht perfekt beherrschen und die nicht das deutsche Schulsystem durchlaufen haben, den Zugang zum Erzählten, weil sich durch ihn viele Überschneidungssituationen ergeben. Was andere erzählen, erhält durch den Alltagsbezug Anschlussstellen, in die sich der Zuhörende „einklinken" kann. Er identifiziert Vertrautes, wodurch sich die Erlebnisse und Erfahrungen der anderen leichter entschlüsseln lassen und für die eigene Erfahrung zugänglicher werden. Möglicherweise werden dadurch auch „Aha-Erlebnisse" ausgelöst, die die eigene Erinnerung stimulieren.

Konzeptionelle Grundlagen

Das von uns angewandte Konzept der Biografiearbeit zielt primär auf einen praktischen Lernprozess und ist daher eine didaktische Methode. Dennoch kann man sagen, dass diese Methode von der Biografieforschung profitiert. Unser Konzept geht auf verschiedene theoretische Wurzeln zurück:

a) die sozialwissenschaftliche Biografieforschung,
b) Ansätze der Humanistischen Psychologie – insbesondere die von uns oben beschriebene Themenzentrierte Interaktion.

Im Rahmen der Biografiearbeit und im Zuge biografischen Lernens in der Gruppe können die Ergebnisse sozialwissenschaftlicher Biographieforschung für die Interpretation bewältigter Alltagssituationen, Lebensphasen oder kritischer Lebensereignisse genutzt und für die Identitätsentwicklung fruchtbar gemacht werden.

Die praktische Arbeit in der Gruppe basiert auf dem Ansatz der TZI von Ruth Cohn und orientiert sich daher an den Axiomen, Postulaten und Hilfsregeln der TZI. Sie ist zwar auf die Balance von ICH – ES – WIR im GLOBE ausgerichtet, nimmt aber ihren Ausgangspunkt in der Regel beim ICH, ist also bei den einzelnen Individuen in der Gruppe und deren lebensweltlichem Hintergrund.

Außerdem beachtet unser Konzept der Biografiearbeit ein wichtiges Postulat der Handlungsforschung, indem die Lernenden ihren Selbsterforschungsprozess selbst in die Hand nehmen. Es gibt nicht die klassische Spaltung in ein Subjekt, das forscht (sich aber zugleich aus Objektivitätsgründen aus dem Prozess heraushält), und ein Objekt, das erforscht wird und anschließend nicht über die Ergebnisse wissenschaftlichen Arbeitens verfügt. Beim biografischen Lernen sind die Lernenden Subjekte ihres eigenen Selbstaufklärungsprozesses; sie sind nicht bloße Datenlieferanten für fremde Zwecke, sondern Spurensucher in eigener Sache.

Ziele der Biografiearbeit im Kontext der multikulturellen Gruppe

Gewordenheit erkennen und Eigenverantwortung übernehmen

Gudjons (1994, S. 34) weist darauf hin, dass sich oft erst im Zuge der biografischen Selbstreflexion die Erkenntnis herausschält, dass ich zwar immer meinte, im Vollbesitz meines Wissens über die eigene Biografie zu sein, dass dieses Wissen aber trügerisch ist, weil ich erst beim Erinnern auf Lücken, bisher Verborgenes, Wirres oder „Ungereimtheiten" stoße. „Bei genauerem Hinsehen zeigt sich dann aber oft, dass die einzelnen gewussten ‚Fakten' eher den Charakter einer Ansammlung von Daten eines äußerlich eindimensionalen ‚Lebens*laufes*' haben, während sie erst im Prozess der Reflexion zur ‚Lebens*geschichte*' werden." Allein der Akt des Erzählens in einer Gruppe zwingt den Biografieträger, seine Geschichte oder einzelne Episoden daraus in einen sinnvollen, für sich und andere verständlichen Zusammenhang zu bringen, seine Zuhörerschaft an seine Themen heranzuführen und einzelne Handlungen und Begebenheiten nicht nur in eine zeitliche Chronologie zu bringen, sondern ihren inneren Zusammenhang so zu erklären, dass neben der zeitlichen Kontinuität auch die Kohärenz des Erlebten transparent wird. „Diese Konstruktionsarbeit an einem inneren Zusammenhang der Selbsterfahrungen ist unabdingbar, meint Frosh (1991). Nach einem Durchgang durch die psychoanalytisch/psychiatrische Literatur kommt er zu dem Schluss, dass es darum gehen muss, Freiheitsgrade und Strategien der Selbstentwicklung aufzuzeigen, statt sich in der Zelebration der Auflösung des Selbst zu erschöpfen ... Nicht der Kampf um die Kohärenz der Selbsterfahrung ist psychotisch, sondern die Verweigerung, die Nichtaufnahme dieses Kampfes: Der Kampf mag in der Spätmoderne schwieriger geworden sein, aber er ist unabdingbar, um der Gefahr der Auflösung zu begegnen" (Keupp 1999, S. 94). Keupp (1999, S. 102) spricht in diesem Zusammenhang auch von einer „narrativen" Identität, die sich durch die Erzählungen einer Person herstellt.

Selbst bei der Arbeit an Biografien, die sich durch tiefe Zäsuren und Wendepunkte auszeichnen, wie dies bei Migrationsbiografien der Fall ist, lässt sich durch Reflexion ein roter Faden wiederherstellen und die Einsicht gewinnen, dass der Einzelne trotz aller Wechselfälle des Lebens hinweg der Gleiche geblieben ist. Fragen nach den Motiven für die Auswanderung und den durch sie erlebten Verlusten und Gewinnen ermöglichen dem Erzählenden Bilanz zu ziehen und sich des Sinns seiner so tief greifenden Lebensentscheidung zu vergewissern. Eine solche Selbstvergewisserung beinhaltet eine Art retrospektiven Aneignungsprozess des vergangenen Lebens und ist oft mit dem Gefühl verbunden, das gegenwärtige Leben wieder in den „Griff" zu bekommen und seine künftige Steuerung und Kontrolle wieder „in die eigene Hand zu nehmen".

Prägnant drückt dies Heiko Ernst (1994, S. 20) in seiner Feststellung aus, dass die wichtigste Geschichte, die ein Mensch erzählen kann, die Geschichte seines Lebens sei: „So wie kürzere Erzählungen helfen können, die täglichen Erfahrungen und Erlebnisse zu begreifen und ihnen einen Sinn zu verleihen, so bedeutsam ist die Lebensgeschichte für die Struktur und Qualität der eigenen Existenz."

Selbst wenn sich dieses befriedigende Gefühl der Selbstgewissheit nicht herstellt, hat Erinnern seinen Sinn. Gerade bei älteren Migranten stellen sich oft Selbstzweifel ein, ob die Migration ein richtiger Schritt war. Viele haben sich geistig nie vollkommen mit der neuen „Heimat" identifiziert und schwanken im Alter zwischen Rückkehrabsicht und Verweilzwängen (in der BRD lebende Kinder, schlechter Gesundheitszustand, ungeklärte Versorgung im Alter, Entfremdung von der Heimat usw.). Erinnerungsarbeit kann über diese Zweifel und möglichen Fehlentscheidungen nicht hinwegtäuschen. Sie kann Ungeklärtes und Illusionäres bewusst machen und einer Bearbeitung zuführen. Doch auch ein solch schmerzhafter Prozess kann entlastende Funktion haben. Darauf macht Kähler (1997, S. 306 f.) in Anknüpfung an einen Gedankengang von Filipp aufmerksam „Negative biografische Anteile auf freiwilliger Basis in einer Vertrauen schaffenden Atmosphäre mit anderen Menschen teilen zu können, kann erleichternd wirken. (...) Dies gelingt am ehesten dann ..., wenn genügend Gelegenheit gegeben ist, ‚von seinen guten, respektablen Seiten zu berichten', da dann Selbstachtung und Selbstwertgefühl gestärkt und damit die Voraussetzungen geschaffen werden, sich auch den Schattenseiten der Lebensgeschichte zuzuwenden. Lebensrückschau dient dazu, sich der eigenen Herkunft und Vergangenheit bewusst zu werden, das eigene Leben in seinen positiven und negativen Ausschnitten zu akzeptieren und befriedigende Antworten auf die Frage zu finden, ‚wozu' man eigentlich gelebt hat" (Filipp 1996).

Selbst- und Fremdbilder vergleichen und Perspektivwechsel vornehmen

Gerade die Biografiearbeit in multikulturellen Gruppen gibt Gelegenheit, abseits aller gegenseitigen, oft kulturalistisch gefärbten Deutungsmuster zunächst einen Eindruck von der eigenen Identitätsauslegung der jeweils Betroffenen zu gewinnen. Das öffnet den Blick dafür, wie sich die Betroffenen selbst sehen, zu welchen Identitätskonstruktionen sie greifen und wie vielfältig diese in der Regel sind. Stereotype und Klischees sowohl über die eigene als auch die andere Ethnie lassen sich auf diese Weise leicht entkräften. Das soll an einem Beispiel illustriert werden:

Im Rahmen des bereits erwähnten Projekts „Deutsche und Ausländer gemeinsam: Aktiv im Alter" fand ein Wochenendseminar zum Thema „Älterwerden früher und heute" statt. Der biografische Einstieg wurde mit einer Übung gemacht, bei der die Teilnehmer und Teilnehmerinnen (ältere deutsche und türkische Männer und Frauen) die Anzahl der Mitglieder ihrer Herkunftsfamilie mit einem farbigen Punkt markierten, der in den Umriss eines stilisierten Hauses eingeklebt wurde. Die Übung war mit Rücksicht auf die geringen Deutschkenntnisse der anwesenden Migranten und ihrer Ehefrauen ausgesucht worden. Sie bot einen visuellen Anreiz, sich nicht nur mit der Anzahl der Familienmitglieder, sondern auch mit der Struktur der Familie im Hinblick auf die unterschiedlichen Generationen, Rollen, Autoritäten, Funktionen etc. auseinander zu setzen. Im Verlauf der Arbeit wurde deutlich, dass die Herkunftsfamilien der Migranten in der Regel größer waren als die der deutschen Familien, dass es sich häufig im Unterschied zu den deutschen Familien um Mehrgenerationenhaushalte handelte, in denen auch die Großelterngeneration lebte.

Im Zuge der Gruppendiskussion wurden verklärte Sichtweisen und positiv überhöhte Deutungen, die im Zusammenhang mit dem Familienbild standen, gerade gerückt. Einerseits wurde von den Deutschen und auch den Türken/Türkinnen der Familienzusammenhalt der türkischen Familie als positives Charakteristikum genannt. Bestimmte Werte wie die wechselseitige Fürsorge, der Respekt vor dem Alter, die Akzeptanz und Wertschätzung des Alters wurden positiv hervorgehoben. Andererseits stellte sich heraus, dass die ältere Generation in der Türkei – insbesondere in ländlichen Gebieten – auf das familiäre Netz angewiesen ist, weil es keine Strukturen der Altenhilfe gibt, wie wir sie aus der Bundesrepublik kennen. Die Familie muss für die Versorgung der Alten aufkommen, weil die entsprechende soziale Infrastruktur und Versicherungssysteme fehlen. Sie ist daher so etwas wie eine Altersversicherung und der Generationenvertrag sieht die Pflege und Versorgung durch die jüngere Generation vor. Dieser Zusammenhang rückte das teilweise verklärte Familienbild in ein realistischeres Licht. Es wurde schließlich auch deutlich, dass die anwesenden Migranten eine solche Versorgung auch von ihren Kindern erwarten, obwohl deren Lebensbedingungen mit denen der Herkunftsfamilie nicht vergleichbar waren (Berufstätigkeit der jungen Frauen, kleine Mietwohnungen, andere Werte und Normen).

An diese Reflexionen schloss sich eine Gesprächsrunde an, in der die Anwesenden zu der Frage Stellung bezogen, ob sie von ihren Kindern gepflegt werden wollten oder nicht. Pro und Contra wurden abgewogen: Die Mehrzahl der älteren Deutschen wünschten sich zwar häufigen und intensiven Kontakt zu ihren Kindern, wollten ihnen aber keineswegs zur Last fallen, hatten eher Angst, das Verhältnis zu den Kindern dadurch zu strapazieren bis hin zu der Meinung, dass im Fall der Pflege eine professionelle Kraft kompetenter und versierter mit dem Kranken umgehen könne.

Die türkischen Migranten behaupteten an einem Punkt der Diskussion, die Deutschen würden sich gar nicht mehr um ihre Alten kümmern und sie in Heime abschieben. Diese Äußerung wurde von den anwesenden Deutschen in der Verallgemeinerung nicht akzeptiert. Eigene Beispiele wurden angeführt, aus denen hervorging, dass man sich umeinander kümmerte, auch wenn man nicht zusammen wohnte. Der Hinweis, dass nur ca. 3 % der älteren Bevölkerung in Heimen wohne, machte deutlich, dass der größte Teil der Älteren offenbar entweder allein oder bei Angehörigen lebt.

Nachdem ein Film über ein Altersheim gezeigt worden war, zeigten sich die älteren Migranten eher befremdet über eine solche Form des Wohnens, fügten aber erklärend hinzu, dass sie einen derartigen Film zum ersten Mal gesehen hätten und sich mit dieser Form der Unterbringung und Versorgung erst einmal auseinander setzen müssten. Die Mehrzahl der Deutschen gaben ebenfalls zu verstehen, dass sie sich nicht mit einem Leben im Heim anfreunden könnten und andere flexible und ambulante Versorgungsformen bevorzugten, die eine möglichst lange Selbstständigkeit in der eigenen Wohnung gewährleisten.

An diesem Punkt stellte sich wieder eine Einigkeit unter den Gruppenmitgliedern her, die bei der anschließenden Kleingruppenarbeit viele Vorschläge zusammentrugen, die als Hilfe zur Selbsthilfe gedacht waren.

Das Beispiel macht deutlich, dass biografische Erfahrungen – wie beispielsweise die Lebensweise in einer Mehrgenerationenfamilie – Werte, Normen und Erwartungshaltungen gegenüber der jüngeren Generation prägen. Dabei übertragen die Betroffenen oft ihre lebensgeschichtlich erworbenen Muster auf die Zukunft, ohne zu sehen, dass die alten Maßstäbe auf die neue Situation nicht mehr so ohne weiteres übertragbar sind. Zugleich ermöglicht die gemeinsame Reflexion in der Gruppe eine Relativierung der eigenen Deutungsmuster. Vielleicht erkennen die Betroffenen an der Reaktion der anderen, dass ihre Maßstäbe nicht mehr passen und einer Revision bedürfen. Lebensgeschichtliche Blockierungen und Hindernisse zur Entwicklung neuer Lösungswege werden auf diese Weise erkannt.

Allein der Austausch unterschiedlicher Deutungsmuster entfaltet vor den Augen der anwesenden Gruppenmitglieder ein ganzes Spektrum pluralistischer Meinungen. Unter der Maßgabe entsprechender Diskussionsregeln, wie wir sie aus der TZI kennen, kann sich eine Haltung der Offenheit, Toleranz und ein differenziertes Urteil gegenüber alternativen Lebensentwürfen herausbilden.

Soziale Bindungen und Zugehörigkeit erkennen

Biografiearbeit hilft den Einzelnen, sich in der Welt zu verorten. Sie stößt Reflexionen zu der Frage an, wo ich hingehöre, welchen Gruppen ich angehöre und inwieweit ich mich neu orientieren will. Sie verdeutlicht auch, dass sich mit jeder Statuspassage gegebenenfalls auch Gruppenzugehörigkeiten und soziale Einbindungen verändern. So bedeutet beispielsweise das Jugendalter den Zutritt zu einer bestimmten peer-group, der Eintritt in den Beruf den Zugewinn eines Kollegenkreises, der Wechsel in ein anderes Viertel neue Nachbarschaften, der Wechsel von einem Land in ein anderes die Eingliederung in eine andere Gesellschaft. Solche Übergänge beinhalten Verlust und Gewinn zugleich. Sie erfordern eine Neuorientierung und Auseinandersetzung mit anderen Gruppennormen, -werten, -konflikten, -strukturen und -regeln. Kade (1994, S. 57) macht darauf aufmerksam, dass die Auseinandersetzung mit Biografien nicht nur eine Frage der Selbstvergewisserung sei, sondern auch eine der Zugehörigkeit. „Identität wie soziale Zugehörigkeit werden durch biografisches Erzählen gesichert und bestätigt". In radikaler Weise formuliert dies Gossiaux: „Aus anthropologischer Sicht ist die Identität eine Beziehung und nicht, wie die Umgangssprache meint, eine individuelle Eigenschaft. Deshalb ist die Identitätsfrage nicht ‚Wer bin ich?', sondern ‚Wer bin ich im Verhältnis zu den Anderen, wer sind die Anderen im Verhältnis zu mir?' Das Konzept der Identität ist untrennbar vom Konzept der Alterität" (zit. in Keupp 1999, S. 95).

Zugehörigkeit stellt sich durch gemeinsame Praxen her, denen ich mich durch Erzählen vergewissere. Dabei wird deutlich, dass jeder Mensch unterschiedlichen Gruppen angehört, die sich durch unterschiedliche Praxen auszeichnen. Die Einsicht in diese Pluralität verschafft die Erkenntnis, dass es eindeutige Zuordnungen nach allgemeinen Kategorien wie Nationalität, Ethnie, Schicht, Konfession etc. nicht mehr gibt. Es gibt schwarze Deutsche, die muslimischen Glaubens sind oder Jugendliche aus türkischen Familien mit deutschem Pass etc., es gibt für viele Menschen inzwischen nicht nur eine Heimat, sondern verschiedene Wahlheimaten. Letzteres gilt nicht nur für Migranten, sondern auch für Deutsche, die von ihrem Partner getrennt, an einen anderen Arbeitsort verschlagen wurden oder die im Ausland arbeiten.

An dieser Stelle sei zur Illustration auf ein interkulturelles Seminar für Frauen hingewiesen, das in Oberhausen unter dem Titel „Heimat ist dort, wo man sich nicht erklären muss" von der VHS und der örtlichen Arbeitsgemeinschaft Arbeit und Leben durchgeführt wurde. Ausgehend von einem Fragebogen von Max Frisch (Heimat – Ein Fragebogen) setzten sich die Teilnehmerinnen mit ihrem Heimatverständnis auseinander. Heraus kamen eine Reihe unterschiedlichster Definitionen, die eine Fülle von Sichtweisen zum Thema Heimat offenbarten. Heimat wurde bestimmt als:

- *Geburtsort/dort, wo ich lebe/dort, wo mein Herz warm wird/Sicherheit/Gerechtigkeit/wo ich verstanden und akzeptiert werde/wo man meine Sprache spricht und versteht/wo ich ein seelisches Zuhause habe/wo ich gebe und angenommen werde/wo ich Veränderungen akzeptieren kann/womit ich mich identifizieren kann/wo ich mich gut auskenne/die Musik, die ich liebe/wo ich mich nicht erklären muss/wo Freunde sind/wo die Menschenrechte akzeptiert werden.*

Eine Griechin erklärte im Anschluss an diese Seminarsequenz, dass sie Heimat immer nur in Verbindung mit ihrer Nation, mit Griechenland, also einem eng umrissenen, durch territoriale Grenzen definierten Raum gesehen habe und dass sie „richtig erleichtert sei", Heimat nun unabhängig davon bezeichnen zu können. Nach ihrer herkömmlichen Definition sei sie in Deutschland immer heimatlos gewesen, jetzt könne sie Heimat neu bestimmen.

An diesem Beispiel wird deutlich, wie wichtig das Gefühl der Zugehörigkeit und sozialen Bindung ist und dass „Heimat" nicht bloß ein geografischer, sondern auch ein kollektiver Begriff ist.

Stärken entdecken und Zukunftsperspektiven entwickeln

Der Vorteil der Biografiearbeit in der Gruppe gegenüber der biografischen Selbstreflexion eines einzelnen Individuums (etwa in Form der Tagebucheintragungen) liegt darin, dass ein breites Spektrum biografischer Erfahrungen zutage tritt, das die Vielschichtigkeit, Variantenvielfalt und Kompexität unterschiedlicher Lebensläufe und Lebensentwürfe zum Ausdruck bringt. Dies stellt auch eine Bereicherung für die Gruppenmitglieder dar, die nicht nur auf ihre eigene Erfahrung zurückgeworfen sind, sondern von den Erfahrungen der anderen gegebenenfalls profitieren können.

Eine Teilnehmerin eines interkulturellen Frauenseminars antwortete in einem Interview auf die Frage, was ihr denn in Erinnerung an die Frauenseminare besonders gut im Gedächtnis haften geblieben sei: „Ja, besonders toll fand ich die Stärke vieler Frauen, ja dieses Durchsetzungsvermögen, also den Kulturkreiswechsel zu bewältigen und gleichzeitig noch etwas aufzubauen: Familie, teilweise auch Beruf oder Weiterbildung ... also das hat mich schon sehr beeindruckt!"

In der Gesamtschau unterschiedlicher Biografien wird deutlich, wie beispielsweise bestimmte Statuspassagen, Rollenwechsel, Krisen oder andere Ereignisse individuell bewältigt wurden. Dabei treten nicht nur die Schwächen, sondern auch die persönlichen Stärken und Ressourcen zum Vorschein, die dabei halfen, eine Situation zu meistern. Energie, Durchsetzungskraft, der Wille zum Durchhalten, Optimismus, Belastbarkeit, Einsatzfreude oder Loyalität können für andere durchaus Modellcharakter haben und eine Haltung des Respekts und der Hochachtung gegenüber den Leistungen des Erzählenden bewirken. Dies wiederum bestärkt den Erzählenden in seinem Selbstwertgefühl. Durch die wertschätzende Reaktion der anderen auf seine Biografie erlebt sich der Einzelne als stark und selbstbewusst. Gerade für Menschen, die sich durch ihre gesellschaftliche Stellung eher als marginalisiert erleben, bedeutet ein solches Erfolgserlebnis oft die Wiederentdeckung verschütteter, längst vergessener Fähigkeiten (Stark 1996, S. 52) und den Mut künftiges Leben selbstbewusster zu gestalten. Geschichten von „gelungenem Leben", Engagement, leidenschaftlichem Einsatz für eine Sache können wiederum andere mitreißen oder dazu animieren, Ähnliches zu tun. Solche Geschichten stecken an, stimulieren und bringen möglicherweise Entwicklungen bei den Zuhörenden in Gang, die in Handlungsperspektiven münden. Insofern eröffnen sich zwei Lernrichtungen für die Betroffenen. Der Biografieträger wird ermutigt, aus seinen Erfahrungen Energie zu schöpfen und mit Zuversicht Zukunft zu gestalten. Die Gruppenmitglieder nehmen sich manche Biografie zum Vorbild und ziehen daraus Schlüsse für die eigene Perspektive.

Aus dem oben Gesagten geht hervor, dass biografisches Lernen keineswegs strukturblind ist und sich auf einen regressiven Prozess in die Innerlichkeit beschränkt. Biografisches Lernen beinhaltet sozusagen die Chance, über die Auseinandersetzung mit der eigenen Geschichte auf allgemeine Strukturen zu stoßen und die Interdependenzen der eigenen Biografie mit den historisch gesellschaftlichen Stukturen zu erkennen. Erinnerungsarbeit erschließt sozusagen in der Rekonstruktion der Mikrostrukturen (familiäre Netze, face-to-face-Beziehungen) zugleich die Einflüsse des Makrobereichs (ökonomische, politische, rechtliche, kulturelle Strukturen).

Der Vorwurf, der der Biografiearbeit manchmal gemacht wird, dass sie nämlich gesellschaftliche Problemlagen individualisiere, lässt sich daher nicht mehr aufrechterhalten. Sie gibt vielmehr Gelegenheit, in der individuellen Biografie die gesellschaftlichen Prägungen aufzuzeigen und besser verstehbar zu machen.

Verstehen in der Gruppe

Mit diesen Zielen korrespondieren drei unterschiedliche Ebenen des Verstehens, die Gudjons (1994, S. 35) in Anlehnung an Baacke (1985) folgendermaßen zusammenfasst:

„1. *Nachvollziehendes Verstehen* als Erschließung von Erfahrungen, die unmittelbar dem Bewusstsein/der Erinnerung zugänglich sind.
2. *Analytisches Verstehen* als Erschließung der ‚Tiefenstruktur' einer Erinnerung. Diese Ebene schließt eine selbstreflexive Anwendung theoriegeleiteter Deutungen ein.
3. *Entwerfendes Verstehen* als Betrachtung alternativer Handlungsmöglichkeiten/-entwürfe mit der Perspektive, ‚Lernchancen für das Individuum' zu eröffnen."

Die Aufgabe der Gruppenleitung besteht nun darin, quasi als „Wächterin" des Gruppenprozesses und der in der TZI beschriebenen Regeln, diese unterschiedlichen Formen des Verstehens zu unterstützen. In Anlehnung an hermeneutische Verfahren wird dies auch als ein mäeutischer Prozess begriffen. Die Gesprächsleitung konfrontiert den Erzählenden nicht etwa mit irgendwelchen Interpretationen und Erklärungen, die sie aus irgendeinem Sachwissen ableitet, sondern sie leistet lediglich „Geburtshilfe" und unterstützt den Biografieträger zunächst einmal dabei, seine Gedanken zum Ausdruck zu bringen und seinen eigenen roten Faden zu finden. Die Gruppenleitung hat auch die Aufgabe, den Erzählenden vor Grenzverletzungen (bohrendes Nachfragen trotz Widerständen des Erzählenden; Abwertungen, Beleidigungen etc.) zu schützen. Erst im Verlauf der Gruppenarbeit treten in der Regel die zweite und dritte Ebene des Verstehens hinzu.

Als Gruppengeschehen impliziert Biografiearbeit auch immer Kommunikation. Sie erhält ihren Fortgang durch das Wechselspiel von Erzählenden und Hörenden, Fragenden und Antwortenden, durch eine Verzahnung von Phasen der Präsentation und Intervention, Darstellung und Reflexion.

In einer solchen Situation stellt sich Vertrauen her, wenn die Zuhörenden von der Aufrichtigkeit der erzählenden Akteure und der Erzählende von der Empathie und akzeptierenden Haltung der übrigen Gruppenmitglieder überzeugt sind. Eine solche vertrauensvolle Atmosphäre schließt Neugier nicht aus, vorausgesetzt diese schlägt nicht in ein distanzloses Ausfragen und Erforschen des anderen um. Kommunikationshemmend können auch gut gemeinte Ratschläge sein, die vom erzählenden Gruppenmitglied leicht als eine Einmischung in seine inneren Angelegenheiten und schulmeisterliche Besserwisserei verstanden werden können. Auch voreilige Schlüsse, Interpretationen, Verallgemeinerungen und Bewertungen des Gesagten sollten vermieden werden. Interpretationen können – wenn sie den Kern einer subjektiven Aussage treffen und zum richtigen Zeitpunkt sensibel eingebracht werden – durchaus unterstreichen, was der Erzählende meint und ihn bestärken. Sie erzeugen jedoch Abwehr, wenn sie unangemessen und zeitlich unangebracht sind. Oft dienen sie nur der Selbstbestätigung und Profilierung in der Gruppe. Deshalb sollte die Gruppenleitung darauf achten, dass die Anwesenden eher ihre spontanen Reaktionen äußern und aussagen, was das Erzählte in ihnen ausgelöst hat. Eine wichtige Regel im Umgang miteinander sollte sein, dass jedes Gruppenmitglied als Experte seiner Biografie anzusehen ist, für die es selbst Verantwortung trägt und für die es selbstständig Perspektiven entwickelt. Der Betroffene bestimmt die Auswahl und Reihenfolge beim Erzählen und entscheidet, in welchem Maße und mit welcher Tiefe er sich mitteilen will.

Sowohl in der biografischen Selbstdarstellung als auch in der Kommunikation über das Erzählte werden Deutungen geäußert und ausgetauscht. Der Erzählende interpretiert aus der Rückschau Episoden aus seinem Leben. Dabei greift er zu Erklärungen, die aus seiner heutigen Sicht abgeleitet sind. Er fügt möglicherweise Details hinzu, beschönigt manches, lässt vielleicht Einzelheiten weg und gibt Zusammenhänge verzerrt wieder. „Um sich in einer komplexen Realität orientieren und verorten zu können, um sich in widersprüchlichen Anforderungen und Erfahrungen nicht zu verlieren, entwickeln Menschen Deutungsmuster, die ihnen oft selbst nicht voll bewusst sind und als ‚Alltagstheorien' sowohl ‚Richtiges' wie ‚Falsches' enthalten" (Gudjons 1994, S. 32). Diese Deutungsmuster dienen dazu, der eigenen Lebensgeschichte einen Rahmen und eine innere Konsistenz zu verleihen, sie zu ordnen und ihr einen Sinn zu geben. Um handlungsfähig zu bleiben, werden dabei auch häufig Widersprüche und Unstimmigkeiten verdrängt.

So halten viele ältere Migranten immer noch an der Idee einer Rückkehr fest, obwohl ihr heutiges Leben eher für den Verbleib in Deutschland spricht. Viele bedienen sich der „Rückkehrillusion" als Denkfigur, um sich nicht eingestehen zu müssen, dass das ursprüngliche Migrationsprojekt, das auf Zeit geplant war und dazu dienen sollte, in der Heimat ein Leben in Wohlstand zu begründen, gescheitert ist. Solche Deutungsmuster verleihen der Lebensplanung einen Sinn und dienen ein Stück weit auch der eigenen Psychohygiene. Sie sind nicht nur Denkkonfigurationen, die sich ein einzelnes Individuum ausgedacht hat, sondern können Sinninterpretationen einer ganzen Generation sein. Dies aufzudecken kann im Zuge biografischer Arbeit sinnvoll sein. Auch in diesem Zusammenhang wird wieder deutlich, dass Biografiearbeit möglicherweise an schmerzliche Punkte rührt. Sie sollte so behutsam vorgehen, dass das Individuum immer noch sein eigenes Tempo bestimmen kann und in der Lage ist zu entscheiden, wie weit es zu solchen heiklen Themen vordringen will.

Methodisches Vorgehen

Es gibt Veranstaltungstypen, die ausschließlich oder zumindest vorrangig auf biografische Arbeit ausgerichtet sind. Dazu gehören beispielsweise Geschichtswerkstätten in der Tradition der „Oral history" oder Kurse unter dem Motto „Lebensgeschichte und Geschichte". Am häufigsten werden ausgewählte Sequenzen innerhalb eines Seminars, Kurses oder Gesprächskreises durch Biografiearbeit strukturiert, um den Bezug zu den Erfahrungen, Lebenswelten und Deutungsmustern der Teilnehmenden herzustellen und lebendiges Lernen zu ermöglichen. Im Folgenden stellen wir unseren Ansatz vor.

Selektives themenorientiertes Vorgehen

Biografiearbeit – so wie wir sie verstehen – hat nicht den gesamten Lebenslauf zum Gegenstand. Das würde nicht nur den zeitlichen Rahmen einer Bildungsveranstaltung sprengen, sondern auch die selbstreflexive Kapazität der einzelnen Gruppenmitglieder überlasten. Wir sind in unseren Seminaren daher themenorientiert vorgegangen, haben einzelne Ausschnitte, Phasen, Statuspassagen oder Lebensalter thematisiert oder den Lebenslauf unter bestimmten Aspekten und Fragestellungen bearbeitet. Dabei war es auch wichtig, die Interessen und Bedürfnisse der jeweiligen Gruppe im Auge zu behalten, um dem Prinzip der Teilnehmerorientierung gerecht zu werden. Mit einer Gruppe von Frauen unterschiedlicher Nationalität haben wir anders gearbeitet als mit einer Gruppe älterer Menschen.

Mögliche Themenkreise und Fragen:

Ursprungsfamilie/Verwandtschaft:
Wer sind meine Vorfahren?
Woher stammen sie?

Meine Eltern und Geschwister

Welche Position in der Geschwisterfolge habe ich inne?
Was ist aus meiner Familie geworden?
Welche Beziehung habe ich zu den einzelnen Familienmitgliedern?
Wo leben meine Verwandten?
Welche Familienereignisse sind für mich wichtig?

Heimat

Wo komme ich her?
Wie lange habe ich dort gelebt, wo ich geboren wurde?
Habe ich meinen Geburtsort verlassen?
Bin ich umgezogen? Warum?
Welche Beziehung habe ich zu den Orten, an denen ich gelebt habe?
Was bedeutet ein Ortswechsel für mich?
Bin ich schon einmal in ein anderes Land gezogen?
Wie habe ich dies erlebt?
Wo lebe ich jetzt und wie fühle ich mich dort?

Kindheit

Wo und wie bin ich aufgewachsen?
Wo, wie und mit wem habe ich gespielt?
Wie habe ich meine Eltern erlebt?
Wie bin ich erzogen worden?

Schule/Ausbildung

Wie lange bin ich zur Schule gegangen?
Wie waren die Erziehungs- und Unterrichtspraktiken der Lehrer/-innen?
Wie habe ich Schule erlebt?

Geschlecht/Geschlechterrollen

Wie wurde ich als Mädchen bzw. Junge in Familie/Schule/Ausbildung behandelt?
Gab es deutliche geschlechtsspezifische Unterschiede in der Erziehung?
Wie ist mein Selbstbild als Frau/Mann?
Hat sich meine Geschlechterrolle mit der Zeit verändert?

Partnerschaft

In welcher Art von Beziehung lebe ich?
Handelt es sich um eine bikulturelle Beziehung?
Habe ich geheiratet und welche Bedeutung hatte dies für mich?
Wie wurde die Heirat gefeiert? (Rituale)
Wie tragfähig ist die Partnerschaft heute?

Eigene Familie

Wurde eine eigene Familie gegründet?
Wie groß ist die Familie?
Erlebe ich die Familie als belastend oder bereichernd?
Welchen Stellenwert haben die Kinder für mich?
Wie sehe ich meine Rolle in der Familie (als Mutter, Hausfrau, Vater)?
Gibt es eine Familienhierarchie?

Wohnen

Wo habe ich im Laufe meines Lebens gewohnt?
Wie zufrieden war ich mit meiner Wohnsituation?
Wie war ich in die Nachbarschaft eingebunden?
Welchen Anteil habe ich am Leben im Stadtteil genommen?
Unterscheidet sich die Wohnsituation in der neuen Heimat von der im Ursprungsland?

Arbeit

Musste ich zwecks Arbeitsaufnahme auswandern?
Wo habe ich überall gearbeitet?
War die Arbeit befriedigend?
Welchen Belastungen war ich ausgesetzt?
Habe ich Entlassung und Arbeitslosigkeit erlebt? Muss ich mit Vorruhestandsregelungen rechnen?
Wollte ich nach einer Familienphase wieder in den Beruf einsteigen?
Welche Berufswünsche ließen sich nicht realisieren?
Bin ich durch meinen Beruf ausreichend abgesichert?

Alter

Wie habe ich den Austritt aus dem Erwerbsleben und den Eintritt in den Ruhestand erlebt?
Wie erlebe ich das Altern?
Wie gestalte ich die Altersphase?
Sehe ich für mich neue Tätigkeitsfelder?
Wie sieht mein soziales Netz aus?
Wie erlebe ich das Altersbild in der Öffentlichkeit?
Sehe ich in puncto Altersbild Unterschiede zwischen meiner Herkunftskultur und der des Aufnahmelandes?
Wie erlebe ich die Großelternrolle?

Öffentlichkeit

Habe ich mich in Vereinen, Parteien, Kirche etc. engagiert?
Suche ich nach neuen Feldern bürgerschaftlichen Engagements?
Verleihe ich meiner Meinung öffentlich Ausdruck (Lokalfunk, Mitarbeit in einer Zeitung etc.)?

Mit diesen Themenkreisen sind nur einige wenige Inhalte angesprochen, die im Rahmen der Gruppenarbeit zur Sprache kommen können. Entscheidend ist, dass die Gruppenleitung in enger Verbindung zu den Teilnehmenden die interessanten und bewegenden Fragen herausarbeitet. Das kann in Form von Vorgesprächen, in der Einzelberatung oder im Anschluss an einzelne Veranstaltungen erfolgen, wenn es sich um eine Veranstaltungsreihe oder ein größeres Veranstaltungsprojekt handelt.

So kristallisierten sich im Rahmen eines interkulturellen Bildungs- und Begegnungsprojekts unter dem Titel „Deutsche und Ausländer gemeinsam: Aktiv im Alter" u.a. folgende Seminarthemen heraus:

- Familienbeziehungen in unterschiedlichen Kulturen,
- Altwerden früher und heute,
- Altwerden als Mann und als Frau,
- Altwerden in unterschiedlichen Kulturen,
- Jung und Alt – Beziehungen zwischen den Generationen.

Alle ausgewählten Themen boten Möglichkeiten eines biografischen Zugangs und setzten an den Erfahrungen und der Lebenswelt der Teilnehmenden an.

Übungsvielfalt

Es empfiehlt sich, Übungen auszuwählen, die unterschiedliche Zugänge zum Thema eröffnen und die die Teilnehmenden nicht auf eine Art der biografischen Bearbeitung einschränken. Unterschiedliche Zugänge zu einem Thema sprechen auch unterschiedliche Sinne, Wahrnehmungs- und Ausdrucksweisen an. Die einen drücken sich lieber kreativ in einer Collage aus, die anderen bevorzugen den biografischen Text, das szenische Spiel, Bewegung, Pantomime, Dialog oder Meditation. Die Übungsvielfalt entspricht einem ganzheitlichen Lernverständnis, das sowohl kognitive, affektive und sensomotorische Lernvorgänge umfasst und das Sehen, Hören, Riechen, Schmecken und Tasten einbezieht.

Vorsicht ist allerdings beim Einsatz von schriftlichen Texten oder Schreibanlässen geboten, wenn Teilnehmer und Teilnehmerinnen in der Gruppe sind, die aus unterschiedlichen Gründen über wenig schriftsprachliche Kenntnisse und Erfahrungen verfügen. Das trifft u.a. auf Migranten der ersten Generation zu, die sich in der deutschen Schriftsprache oft nicht gut oder gar nicht auskennen.

Kleingruppenarbeit

Viele Übungen eignen sich zur Durchführung in Partner- oder Kleingruppenarbeit.

Die Gruppenarbeit schafft einen Rahmen dafür, dass Teilnehmende in einer überschaubareren Beziehungskonstellation untereinander schneller ins Gespräch kommen, sich intensiver austauschen können und auf diese Weise näher kennen lernen, als dies in einer Großgruppe der Fall ist. Kleingruppen schaffen daher schneller eine vertrautere Atmosphäre.

Innerhalb einer multikulturellen Gruppe besteht zu Anfang auch die Möglichkeit, für eine begrenzte Zeit eine muttersprachliche Gruppe zu bilden, die den Teilnehmenden Gelegenheit bietet, in der Sprache, die sie beherrschen und flüssig sprechen, ins Gespräch zu kommen, um den Einstieg in die Gesamtgruppe müheloser zu schaffen.

Phasen des pädagogisch angeleiteten Erinnerns

Der Impuls

Der Einstiegsimpuls kann unterschiedliche Sinne ansprechen und visueller, verbaler, haptischer, olfaktorischer oder auditiver Art sein, z.B. in Form eines Bildes, einer Frage/Aufforderung, eines Objektes, eines Geruchs, einer Melodie oder – mehrere Anreize umfassend – in Form einer Phantasiereise erfolgen, die den Einzelnen in eine nachdenkliche, meditative Stimmung versetzt. Es sollte eine angstfreie Atmosphäre erzeugt werden, die dazu ermuntert, sich an Vergangenes heranzuwagen, und die Bereitschaft aufschließt, sich mit Zurückliegendem zu beschäftigen.

Dieser Einstiegsimpuls darf keine suggestive Wirkung haben, nicht wertend, festlegend, und direktiv die Betroffenen in eine bestimmte Richtung drängen. Der erste Impuls sollte Freiheit zur Besinnung und selbstreflexiven Erschließung der

Vergangenheit geben. Er muss allerdings anregend genug sein, um innere Prozesse in Gang zu setzen.

Der Anstoß zum Erinnern richtet sich daher immer – bleibt man in der Terminologie der Themenzentrierten Interaktion – auf das Ich. Hier nimmt biografische Arbeit ihren Ausgangspunkt. In dieser Phase bleibt jedes Gruppenmitglied bei sich und der eigenen Erfahrungs- und Erinnerungswelt.

Die selbstreflexive Phase

Nach dem Einstiegsimpuls ziehen sich die Gruppenmitglieder zunächst in sich selbst zurück, spüren den eigenen Erinnerungen nach, rekonstruieren einzelne Ereignisse, Phasen und Abschnitte ihres Lebens. In dieser Phase ist jeder/jede mit sich selbst beschäftigt. Je nachdem, welches Vertrauen zu den übrigen Gruppenmitgliedern besteht und wie ausgebildet das Feingefühl und die Kompetenz der Gruppenleitung sind, wagen sich die Einzelnen mehr oder weniger weit zu den Tiefenstrukturen ihrer Erinnerungen vor.

Die Phase der Selbstoffenbarung

Nun treten die Teilnehmenden wieder aus der Phase der Innerlichkeit heraus und teilen ihre Erinnerungen mit. Dazu können sie sich unterschiedlicher Ausdrucksformen bedienen, z.B. einer Erzählung, einer Collage, eines Gedichts, eines Briefs etc. Gerade diese Formen erleichtern es manchen Gruppenmitgliedern, ihre Mitteilungsschwelle zu überwinden. In manchen Fällen ist an dieser Stelle auch eine Partner- und Kleingruppenarbeit sinnvoll, um sich zunächst in einer intimeren Atmosphäre auszutauschen.

Das vergleichende Gruppengespräch

Im Gruppengespräch erhalten die Anwesenden Gelegenheit zum Vergleich der persönlichen Erinnerungen. Gemeinsamkeiten und Unterschiede kristallisieren sich heraus. Zugleich ergeben sich Schnittstellen, um eine Verbindung von Subjektivem und Objektivem herzustellen. Dies geschieht, indem sowohl die Wissensbestände der Gruppenmitglieder aktiviert werden, als auch die Gruppenleitung ihr soziologisches, psychologisches, ethnologisches, historisches oder politisches Wissen einbringt und damit ein allgemeines Gerüst anbietet, in das die subjektiven Erfahrungen gegebenenfalls eingeordnet werden können. An dieser Stelle wird sozialwissenschaftliche Biografieforschung für biografisches Lernen fruchtbar gemacht. Individualität wird in diesem Zusammenhang als eine soziale Tatsache begriffen, die einerseits durch persönliche Erfahrungen geformt, andererseits in soziale Muster eingewebt ist. Gudjons (1994, S. 29) warnt allerdings in diesem Zusammenhang vor der Gefahr, den subjektiven Erinnerungen willkürlich abstrakte Kategorien überzustülpen, was rasch zu einer stereotypen Verallgemeinerung und Klassifizierung von subjektiv Erlebtem führen kann. „Die Verbindung/ Vermittlung von Subjektivem und Objektivem darf also nicht abstrakt geschehen. Sie ist vielmehr in den jeweils individuell erfahrenen, real-historischen ‚Verknotungen' en détail aufzuspüren, und ‚jeder dieser Knotenpunkte muss von beiden Perspektiven her lesbar sein'" (Lorenzer 1979, S. 132).

Ein solcher Prozess ist vielfach mit schmerzhaften Kränkungen oder Widerständen verbunden, wenn das Erinnerte auf Ablehnung stößt. Je nach Gruppenzusammensetzung (Ethnie, Alter, Geschlecht, Migrationshintergrund, Schicht etc.) stoßen beim Gruppengespräch bisweilen konträre weltanschauliche, politische Ansichten aufeinander, die Konfliktstoff beinhalten. Nun liegt es an der Moderation, z.B. eine Verbindung von subjektiv Erlebtem und den Wissensbeständen unterschiedlicher Fachdisziplinen herzustellen, um den Betroffenen ein gedankliches Gerüst anzubieten, damit sie gegebenenfalls ihre Erfahrungen einordnen und besser verstehen können.

Kompetenzen der Gruppenleitung

Die Gruppenleitung muss einerseits den Prozess als Ganzen im Blick haben, andererseits eine besondere Sensibilität dafür entwickeln, wo sich ein Gruppenmitglied affektiv befindet.

Dazu bedarf es einer *empathischen* Grundhaltung. An Mimik, Körperhaltung, Gestik, Sprache, Stimme und Stimmung ist ablesbar, mit welcher emotionalen Beteiligung und Betroffenheit ein einzelnes Gruppenmitglied mit der eigenen Vergangenheit beschäftigt ist. Es ist möglich, dass die biografische Selbstreflexion mit Angst und Abwehr verbunden ist. Dann wäre es falsch, dem Betroffenen mit Nachdruck irgend etwas entlocken zu wollen. In einer solchen Situation darf das Gruppenmitglied nicht bedrängt werden. Die Gesprächsleitung muss in der Lage sein, einen solchen Widerstand zu erkennen und zu akzeptieren, d.h., sie sollte dem Betroffenen das Gefühl vermitteln, dass er so weit gehen kann, wie er will und jederzeit Raum und Zeit erhält, um weiterzugehen. Auch hier gilt das Postulat aus der TZI, dass jede Person ihre eigene Chairperson ist.

Insofern empfiehlt sich auch für die Biografiearbeit der in der TZI propagierte partizipative Leitungsstil. Gemeinsame biografische Arbeit, die mit einer intensiven persönlichen Annäherung verbunden ist, kann nicht durchgeführt werden, wenn die Leitung abstinent bleibt und außerhalb des Gruppengeschehens steht. Sie nimmt vielmehr emotional Anteil an den Erinnerungen der Gruppenteilnehmer und -teilnehmerinnen und drückt z.B. ihre innere Verbundenheit aus, indem sie die persönlichen Erlebnisinhalte der Beteiligten paraphrasiert. Sie unterstützt den Verstehensprozess und ermutigt dazu, sich auf die Ergründung der Tiefenstrukturen des Erlebten einzulassen. Umgekehrt darf sich die Leitung auch nicht zu stark von den Emotionen der anderen gefangen nehmen lassen, indem sie vielleicht eigene Gefühle auf andere projiziert und so die nötige Distanz zum Gruppenprozess verliert. Um leitungsfähig zu bleiben, bedarf es der Umsicht, Übersicht, Prozesskontrolle und Interventionskompetenz. Um ein Gespür für unterschwellige Stimmungen und Gefühle zu entwickeln und die Differenz von eigener Betroffenheit und fremden Affekten wahrnehmen zu können, ist der Gruppenleitung zu raten, an Selbsterfahrungsseminaren teilzunehmen. Auf jeden Fall sollte sie bei der Auswahl der Übungen darauf achten, dass sie ihre eigenen Kompetenzen nicht überschreitet. Wer z.B. eine Phantasiereise aussucht, sollte bereits unter Anleitung Erfahrungen damit gemacht haben und wissen, welche Emotionen dadurch gegebenenfalls ausgelöst werden, die es entsprechend aufzufangen und zu bearbeiten gilt.

Insgesamt nimmt die Leiterin/der Leiter eine „schwierige Zwischenposition ein: Einerseits strukturiert er/sie die Arbeit, bereitet vor, moderiert, führt das Gespräch, andererseits ist er/sie persönlich mit der eigenen Geschichte einbezogen“ (Gudjons 1994, S. 59).

Eine angemessene Gesprächsführung erfordert von der Leitung die Fähigkeit, richtig zuzuhören und an den entsprechenden Stellen des Erzählflusses die Aufmerksamkeit auf bestimmte Fragen zu lenken:

- Was nehme ich am Erzählenden wahr? Was drückt seine/ihre Körperhaltung, Gestik, Mimik, Sprache, Art zu sprechen aus?
- Was löst derjenige bei mir aus (Gefühle, Phantasien, Ideen ...)?
- Kann ich dem roten Faden des Erzählten folgen?
- Was fällt mir zum Erzählten ein?

Grundsätzlich gelten alle unter der TZI ausgeführten Postulate und Hilfsregeln bei der Gesprächsführung.

Die meisten Autoren und Autorinnen weisen auf die Gefahr hin, dass biografisches Arbeiten leicht die Grenze zur Therapie überschreitet, weil sie sich letztlich in einem Grenzbereich zwischen Pädagogik und Psychotherapie bewegt. Vogt (1996, S. 54) hebt deshalb die Schwerpunkte biograpfischer Arbeit hervor und unterstreicht,

„– dass weder die Aufarbeitung von schwereren, früheren Konflikten und traumatischen Erfahrungen
- noch die Bewältigung einer aktuellen psychosozialen Problemsituation
- noch die Förderung der Wahrnehmung und des Ausdrucks situativer Gefühle im Vordergrund stehen.“

Zwar werden solche Themen immer wieder berührt, es kann aber nicht darum gehen, sie bearbeiten und lösen zu wollen, sondern es geht lediglich darum, ihr Vorhandensein aufzuzeigen.

Biografische Arbeit kann therapeutische Wirkung haben, sie zielt aber nicht darauf ab.

Literatur

Alheit, Peter: Biographizität als Projekt. Der biographische Ansatz in der Erwachsenenbildung. Bremen 1990 (Werkstattberichte des Forschungsschwerpunkts „Arbeit und Bildung“, Bd. 12)

Baacke, Dieter/Schulze, Theodor: Aus Geschichten lernen. Zur Einübung pädagogischen Verstehens. Mit Beiträgen von G. Bittner u.a. Neuausgabe. Weinheim/München 1993

Baacke, Dieter: Biographie. Soziale Handlung, Textstruktur und Geschichten über Identität. In: Baacke, Dieter/Schulze, Theodor (Hrsg.): Pädagogische Biographieforschung. Weinheim/ Basel 1985

Backes, Gertrud M./Clemens, Wolfgang: Lebensphase Alter. Eine Einführung in die sozialwissenschaftliche Altersforschung. Weinheim/München 1998

Beck-Gernsheim, Elisabeth: Was kommt nach der Familie? Einblicke in neue Lebensformen. München 1998

Behrens-Cobet, Heidi: „Waren es ‚schöne' Zeiten?“ Gesprächskreise über die 20er- und 30er-Jahre im Ruhrland-Museum Essen. In: Landesinstitut für Schule und Weiterbildung (Hrsg.): Biographisches Lernen. Erfahrungen und Reflexionen. Bearbeitet von Hermann Buschmeyer und Heidi Behrens-Cobet unter Mitarb. von A. Baumgärtner u.a. Soest 1990, S. 45-73

Borst, Eva: Frauenbildung und Subjektwerdung. In: Faulstich-Wieland, H./Nuissl, E./Siebert, H./Weinberg, J. (Hrsg.): Literatur und Forschungsreport Weiterbildung Nr. 39/Juni 1997. Thema: Lebenslanges Lernen – Selbstorganisiert?, S. 69-78

Braun, Susanne: Biographisches Lernen als Methode in der Erwachsenenbildung. In: Faulstich-Wieland u.a. (Hrsg.): Literatur und Forschungsreport Weiterbildung Nr. 37/Juni 1996. Frankfurt a.M. (Thema: Biographieforschung und Biographisches Lernen), S. 109-115

Bundesarbeitsgemeinschaft Arbeit und Leben (Hrsg.): Deutsche und Ausländer gemeinsam: Aktiv im Alter. Ein interkulturelles Bildungs- und Begegnungsprojekt. Düsseldorf o.J.

Cohn, Ruth C.: Von der Psychoanalyse zur themenzentrierten Interaktion. Von der Behandlung einzelner zu einer Pädagogik für alle. 13. erw. Aufl., Stuttgart 1997

Dauber, Heinrich: Neue Lernkulturen. In: E. Nuissl u.a. (Hrsg.): Literatur - und Forschungsreport Weiterbildung Nr. 44/Dezember 1999, S. 38-47

Erikson, Erik H.: Identität und Lebenszyklus. Drei Aufsätze. 15. Aufl., Frankfurt a.M. 1966

Erikson, Erik H.: Der vollständige Lebenszyklus. 3. Aufl., Frankfurt a.M. 1995

Erikson, Erik H.: Lebensgeschichte und historischer Augenblick. Frankfurt a.M. 1977

Ernst, Heiko: Psychotrends. Das Ich im 21. Jahrhundert. München 1996

Fischer, Veronika/Kallinikidou, Desbina: Den Perspektivwechsel lernen – Interkulturelle Bildungsarbeit mit Frauen. In: Engel, Monika/Menke, Barbara (Hrsg.): Weibliche Lebenswelten – gewaltlos? Analysen und Praxisbeiträge für die Mädchen- und Frauenarbeit im Bereich Rechtsextremismus, Rassismus, Gewalt. Münster 1995, S. 200-211

Fischer, Wolfram/Kohli, Martin: Biographieforschung. In: Voges, W. (Hrsg.): Methoden der Biographie- und Lebenslaufforschung. Opladen 1987, S. 23-50

Glaser, Barney/Strauss, Anselm: Status passage. Chicago 1971

Gudjons, Herbert/Pieper, Marianne/Wagener, Birgit: Auf meinen Spuren. Das Entdecken der eigenen Lebensgeschichte. Vorschläge und Übungen für pädagogische Arbeit und Selbsterfahrung. 3. Aufl., Hamburg 1994

Habermas, Jürgen: Können komplexe Gesellschaften eine vernünftige Identität ausbilden? In: Habermas/Henrich: Zwei Reden. Aus Anlaß des Hegel-Preises. Frankfurt a.M. 1974

Havighurst, R. J.: Developmental tasks and education. New York 1972

Hettlage, Robert: Der Fremde – Kulturmittler, Kulturbringer, Herausforderer von Kultur. In: Lipp, Wolfgang (Hrsg.): Kulturtypen, Kulturcharaktere. Träger, Mittler und Stifter von Kultur. Berlin 1987, S. 25-44

Hoerning, Erika M. u.a.: Biographieforschung und Erwachsenenbildung. Bad Heilbrunn 1991

Jugendwerk der Deutschen Shell (Hrsg.): Jugend 2000. Bd. 1. Opladen 2000

Jugendwerk der Deutschen Shell (Hrsg.): Jugend '97. Zukunftsperspektiven. Gesellschaftliches Engagement. Politische Orientierungen. Opladen 1997

Kade, Jochen/Seitter, Wolfgang: Lebenslanges Lernen. Mögliche Bildungswelten. Erwachsenenbildung, Biographie und Alltag. Opladen 1996

Kade, Jochen: Riskante Biographien und die Risiken lebenslangen Lernens. In: Faulstich-Wieland, H. u.a. (Hrsg.): Literatur- und Forschungsreport Weiterbildung Nr. 39/1997, S. 112-124

Kade, Sylvia/DIE: Altersbildung. Ziele und Konzepte. Frankfurt a.M. 1994

Kähler, Harro D.: Zur Zukunftsorientierung im Empowerment. Plädoyer für einen anderen Umgang mit der Zeitperspektive. In: Soziale Arbeit 9/1997, S. 303-307

Keupp, Heiner u.a.: Identitätskonstruktionen. Das Patchwork der Identitäten in der Spätmoderne. Reinbek 1999

Keupp, Heiner: Sich selbst erzählen in einer posttraditionalen Gesellschaft. In: gruppenanalyse 1/99, S. 7-32

Kohli, Martin: Die Institutionalisierung des Lebenslaufs. Historische Befunde und theoretische Argumente. In: KZfSS Jg. 37/1985, S. 1-29

Kohli, Martin: Normalbiographie und Individualität. Zur institutionellen Dynamik des gegenwärtigen Lebenslaufregimes. In: Friedrichs, J. (Hrsg.): 23. Deutscher Soziologentag 1986. Sektions- und Ad-hoc-Gruppen. Opladen 1986, S. 432-435

Lachauer, Ulla: Geschichte wird gemacht. Beispiele und Hinweise, wie man am eigenen Ort ‚Geschichte machen' kann. In: Niethammer, Lutz u.a. (Hrsg.): „Die Menschen machen ihre Geschichte nicht aus freien Stücken, aber sie machen sie selbst". Einladung zu einer Geschichte des Volkes in NRW. 2. Aufl., Berlin/Bonn 1985, S. 250-264

Lamnek, Siegfried: Qualitative Sozialforschung. Bd. 2. Methoden und Techniken. 3. korr. Aufl., Weinheim 1995

Landesinstitut für Schule und Weiterbildung (Hrsg.): Biographisches Lernen. Erfahrungen und Reflexionen. Bearb. v. H. Buschmeyer und H. Behrens-Cobet. Soest 1990

Landesinstitut für Schule und Weiterbildung (Hrsg.): Lebensgeschichte und Politik: Erinnern – Erzählen – Verstehen. Methodische Zugänge zum biographischen Lernen. Bearb. v. H. Buschmeyer. Soest 1995

Loch, Werner: Lebenslauf und Erziehung. Essen 1979

Lorenzer, Alfred: Die Analyse der subjektiven Struktur von Lebensläufen und das gesellschaftlich Objektive. In Baacke, Dieter/Schulze, Theodor (Hrsg.) 1993, S. 239-255

Marotzki, Winfried: Bildungsprozesse in lebensgeschichtlichen Horizonten. In: Hoerning, Erika M. 1991, S. 182-205

Marotzki, Winfried: Erziehungswissenschaftliche Biographieforschung. In: ZfE 3/99, S. 325-341

Meulemann, Heiner: Stichwort: Lebensverlauf, Biographie und Bildung. In: ZfE 3/99, S. 305-324

Nittel, Dieter: Interpretationswerkstätten – Ein Fortbildungsinstrument für Mitarbeiter/innen in Veranstaltungen zum „biographischen Lernen". In: Landesinstitut 1995, S. 110-121

Osborn, Caroline/Schweitzer, Pam/Trilling, Angelika: Erinnern. Eine Anleitung zur Biographiearbeit mit alten Menschen. Freiburg i. Breisgau 1997

Pankoke, Eckhart: „Wanderer zwischen zwei Welten". Ausländerarbeit im soziokulturellen Feld. In: Archsoz. Arb. 2/88, S. 126-145

Peuckert, Rüdiger: Familienformen im sozialen Wandel. 3. völlig überarb. und erw. Aufl., Opladen 1999

Rogers, Carl R.: Therapeut und Klient. Grundlagen der Gesprächspsychotherapie. Frankfurt a.M. 1983

Ruhe, Hans Georg: Methoden der Biografiearbeit. Lebensgeschichte und Lebenbilanz in Therapie, Altenhilfe und Erwachsenenbildung. Weinheim/Basel 1998

Schütz, Alfred: Der Fremde. Ein sozialpsychologischer Versuch. In: ders.: Gesammelte Aufsätze. Bd. 2: Studien zur soziologischen Theorie. Den Haag 1972, S. 53-69 (Original von 1944)

Schulz, Wolfgang (Hrsg.): Lebensgeschichten und Lernwege. Anregungen und Reflexionen zu biographischen Lernprozessen. Baltmannsweiler 1996

Schulze, Theodor: Biographisch orientierte Pädagogik. In: Baacke, Dieter/Schulze, Theodor 1993, S. 13-40

Siebert, Horst: Didaktisches Handeln in der Erwachsenenbildung. Didaktik aus konstruktivistischer Sicht. Neuwied/Kriftel/Berlin 1996

Stark, Wolfgang: Empowerment. Neue Handlungskompetenzen in der psychosozialen Praxis. Freiburg i. Breisgau 1996

Tietgens, Hans: Ein Blick der Erwachsenenbildung auf die Biographieforschung. In: Hoerning, Erika M. 1991, S. 206-223

Treibel, Annette: Migration in modernen Gesellschaften. Soziale Folgen von Einwanderung, Gastarbeit und Flucht. 2. völlig neu bearb. und erw. Aufl., Weinheim/München 1999

Vogt, Annette: Das Leben in die eigene Hand nehmen – Biographisches Lernen als gezielte Arbeit am eigenen Lebenslauf. In: Schulz, Wolfgang (Hrsg.) 1993, S. 37-56

Birgit Stimm-Armingeon

Szenische Verfahren

Szenische Verfahren – Definition, Ursprung und Geschichte

Heute gehören szenische Verfahren, hier vor allem das Rollenspiel, zu den etablierten pädagogischen Methoden, die in ganz unterschiedlichen Feldern, im psychologisch-therapeutischen, im pädagogischen sowie im kommerziellen Bereich, in der Managerschulung oder auch in Ausbildungssituationen genutzt werden. Szenische Verfahren werden, so Coburn-Staege (1977, S. 97), vor allem für zwei Hauptzwecke verwendet, als Problemlösemethode und als Methode zur Verbesserung der Interaktion.

Das Rollenspiel, das bekannteste und gängigste Verfahren szenischer Arbeit, wurde in den 60er- und 70er-Jahren im Rahmen der kompensatorischen Erziehung, wo es vor allem im Bereich des sozialen Lernens und des Unterrichts eingesetzt wurde, sozusagen wieder entdeckt. Die Ursprünge liegen jedoch sehr viel früher und auf ganz unterschiedlichen Gebieten. Aus Sicht der Theaterpädagogik sind vor allem die Commedia del Arte sowie das Lehrtheater Brechts zu nennen. Aus politischer Sicht spielten das proletarische Kindertheater Walter Benjamins in den 20er-Jahren und – ganz zentral – das Theater der Unterdrückten des Brasilianers Augusto Boal eine wichtige Rolle. Im pädagogisch-psychologischen Bereich hatten die Arbeiten Jakob L. Morenos, der schon 1911 Rollenspiel und Stegreiftheater in gruppentherapeutischen Prozessen einsetzte, eine herausragende Bedeutung. Auch andere therapeutische Verfahren, wie die Gestalttherapie von Perls, die Gesprächstherapie von Rogers und die Verhaltenstherapie mit ihren unterschiedlichen Vertretern, hatten Einfluss auf die Entwicklung des Rollenspiels. Inzwischen stellen szenische Verfahren kein einheitliches Bild mehr dar, weil sich ganz unterschiedliche methodische Ansätze entwickelt haben.

Grundlage für die Entwicklung des Rollenspiels war die Beobachtung des Kinderspiels und der Spielfreude der Kinder. Scheller (1998, S. 21) bezeichnet die Nachahmung im kindlichen Rollenspiel als die zentrale und älteste Form des Lernens und betont vor allem den ganzheitlichen Charakter dieser Lernform. Er erläutert weiterhin, dass menschliches Lernen und damit auch Veränderungen in Szenen stattfinden. Szenisches Spiel ist für ihn eine Möglichkeit, Denk- und Verhaltensmuster zur Darstellung zu bringen und sich mit inneren psychischen und äußeren sozialen Haltungen auseinander zu setzen, und zwar mit allen Sinnen, was sich vor allem in Situationen anbietet, in denen die Begriffssprache nicht ausreicht (ebenda S. 25 ff.). Er hebt in diesem Zusammenhang auch die Bedeutung der szenischen Reflexion hervor. Sie „zwingt zur Konkretion, zur Sichtbarmachung von Haltungsnuancen und zur Diskussion unterschiedlicher Wahrnehmungen. Dabei kommen natürlich auch Erlebnisse, Gefühle und Standpunkte der Beobachter mit ins Spiel. (...) Selbst- und Fremdwahrnehmung geraten in Widerspruch und können an konkreten Verhaltensweisen präzisiert, überprüft und geklärt werden."

Der Hauptteil der wissenschaftlichen Theoriebildung stammt, wie viele andere Gruppenmethoden, aus den 70er- und 80er-Jahren. In den letzten zwanzig Jahren wurde das Rollenspiel vor allem als Praxismethode weiterentwickelt und verfeinert. So fallen auch die meisten Definitionsversuche für das Rollenspiel in die 70er-Jahre. Für Schützenberger (1976, S. 22) gehört „das Rollenspiel zu den pädagogischen Aktionsmethoden, die ein lebendiges Lernen fördern." Sie unterscheidet das Rollenspiel als pädagogische, gegenüber dem Psychodrama als therapeutische Methode, aber sowohl das Soziodrama, das Rollenspiel als auch das Psychodrama sind Aktionsmethoden, die der Erkundung der Erlebnisinhalte eines Menschen dienen. Sie definiert „Rollenspiel als Lernhilfe in Bezug auf zwischenmenschliche Beziehungen, zum indirekten Angehen später zu behandelnder wirklicher Konflikte über fiktive Konflikte, durch Darstellung von vielerlei Rollen, meist traditioneller, familiärer oder beruflicher Art" (ebenda S. 61).

Nickel (1972, S. 6) sieht das Rollenspiel als eine Möglichkeit für Pädagogen, das, was sie vermitteln wollen, „im handelnden Vollzug" erproben zu lassen. Coburn-Staege betont vor allem den sozialen Aspekt des Rollenspiels und sieht in ihm eine „Handlungstechnik, um soziale Prozesse zu fördern und soziale Kompetenzen zu ermöglichen" (1977, S. 74 ff.).

Insgesamt möchte ich hervorheben, dass szenische Verfahren zuallererst eine Gruppenmethode sind, die in, mit und durch die Gruppe arbeiten. Durch die Initiierung von Selbstwahrnehmung in der Gruppe leisten sie eine wesentliche Voraussetzung für die Empathie der Gruppenmitglieder. Szenische Methoden sind Verfahren, die einer deutlichen und aktiven Leitung bedürfen.

Rollentheoretische Überlegungen unter besonderer Berücksichtigung des Migrationshintergrundes

Die Rollentheorie stellt keine einheitliche Theorie dar, sondern untergliedert sich in unterschiedliche Schulen. Den verschiedenen Theorien gemeinsam ist die Annahme, dass ein Zwang zur sozialen Rolle besteht. Dennoch ist es möglich, Rollen zu interpretieren, auszugestalten oder einzelne Rollen abzulehnen. Es ist jedoch nicht möglich, keine Rolle einzunehmen. Während der konventionelle Rollenbegriff davon ausgeht, dass sich gesellschaftliches Zusammenleben desto problemloser gestaltet, je eindeutiger und klarer Rollenerwartungen formuliert sind und dass es darum geht, vorgegebene Rollen zu erlernen und zu internalisieren, geht das revidierte Rollenmodell, das auf Grundannahmen des Symbolischen Interaktionismus basiert, von weniger eindeutigen, sogar widersprüchlichen Erwartungen an Rolleninhaber aus. Es schließt auch die Möglichkeit ein, dass nicht alle Bedürfnisse befriedigt werden können. Ziel ist es, in der Lage zu sein, aufgrund neuer Interaktionserfahrungen Verhalten verändern zu können (vgl. Nickel 1972, S. 40 ff.).

Fähigkeiten wie Empathie (die Kompetenz, sich in andere einzufühlen), Rollendistanz (die Fähigkeit, Anforderungen an die eigene Rolle zu erkennen, auszuwählen, zu hinterfragen und zu modifizieren) und Ambiguitätstoleranz (die Fähigkeit, Doppeldeutigkeit und Widersprüche auszuhalten) sind Grundkompetenzen des revidierten Rollenbegriffes.

Drietzel (1984, S. 70 ff.) sieht in der Rolle die Nahtstelle zwischen Individuum und Gesellschaft, und Krappmann (1972, S. 39) geht davon aus, dass es für „den Zusammenhalt einer Gesellschaft und für den Fortbestand nötig ist, die Kooperation innerhalb und zwischen verschiedenen Gruppen zu sichern. (...) Die Rollentheorie weist nämlich darauf hin, dass Menschen nur dann erfolgreich miteinander kommunizieren und kooperieren können, wenn sie zu einer gemeinsamen Interpretation der Situation, in der sie einander begegnen, und zu einer zutreffenden Einschätzung ihrer gegenseitigen Erwartungen gelangen können."

Unter einer sozialen Rolle versteht man ein ganzes Bündel von normativen Erwartungen in Interaktionssituationen (vgl. Drietzel 1984, S. 70 ff.). Rollenerwartungen sind nicht an einzelne Menschen, sondern an Positionen gebunden. Diese Positionen sind teils auf Dauer angelegt, zeitlich befristet oder kurzfristig und nur mit einer konkreten Funktion verknüpft (z.B. Kursleiterin).

Jeder Mensch hat eine Vielzahl von Rollen auszufüllen. Unsere moderne Gesellschaft ist geprägt von einem immer komplexer werdenden Rollenhaushalt, den das einzelne Individuum bewältigen muss. Bei diesem Rollenmanagement geht es darum, Intrarollenkonflikte (Konflikte zwischen den verschiedenen Rollensegmenten eines Menschen) und Interrollenkonflikte (Konflikte zwischen verschiedenen Rollen), wenn möglich, zu vermeiden oder zumindest auszubalancieren. Zudem ist zu beachten, dass unterschiedliche Menschen unterschiedliche Erwartungen mit bestimmten Rollen verknüpfen. Zur Ausbalancierung dieser Divergenzen stehen eine Reihe von Möglichkeiten zur Verfügung: Zum Beispiel räumliche und zeitliche Trennung der Erwartungen, Offenlegung des Widerspruchs, Solidarisierung mit anderen Betroffenen, Entzug, Anpassung an Rollen, die mit Sanktionen verbunden sind.

Rollen können die Gesamtperson betreffen (z.B. Mutter), sich auf einen mit einer Position verbundenen Teilbereich beziehen (z.B. Berufsrolle) oder auch nur für eine bestimmte Interaktionssituation (z.B. Kursleiterin) gelten (vgl. Drietzel

1984, S. 75). Weiterhin unterscheidet Drietzel psychische Rollen (die Aggressive), Primärrollen (Mutter) und kulturelle Rollen (Deutsche). Shaftel, Shaftel und Weinmann (1973) unterscheiden weiterhin Rollen, die für ein ganzes Leben gelten, wie die Geschlechterrolle; Rollen, die auf lange Zeit angelegt sind (Eltern) und Rollen, die zeitlich begrenzt sind. Sie weisen auch auf die historisch und kulturelle Bedingtheit von Rollen hin.

Die meisten Menschen sind sich in ihrem alltäglichen Handeln nicht bewusst, dass sie „Rollen spielen". „In neuen oder ungewöhnlichen Situationen allerdings, wo die Rolle nicht klar ist, wird man plötzlich der Rollenanforderungen gewahr, und man überlegt sich, welches Verhalten angebracht ist. Fehlen einem Menschen Kenntnisse über die notwendigen Rollenerwartungen, ist er nicht dazu imstande, diese Rolle zu spielen. Kenntnisse können nur durch Erfahrungen erworben werden" (Shaftel 1973, S. 92 f.).

Die Situation von Migranten ist durch einen zum Teil umfangreicheren und vielschichtigeren Rollenhaushalt gekennzeichnet, der den Individuen zusätzliche Integrationsleistungen abverlangt. Dieser ist gekennzeichnet durch:

- große Unterschiede in Rollenerwartungen zwischen der Herkunfts- und der Aufnahmekultur;
- Rollenerwartungen, die sich teils widersprechen oder aus persönlichen oder kulturellen Gründen nicht annehmbar sind;
- einen ständigen Wechsel zwischen verschiedenen Kulturen, den damit verbundenen unterschiedlichen Rollenerwartungen an dieselbe Rolle (z.B. als Mutter in einer türkischen Familie und in einem deutschen Kindergarten);
- die Auseinandersetzung mit unklaren, unbekannten, verwirrenden oder vieldeutigen Rollenerwartungen (z.B. Stereotype oder Klischees über Türken);
- die Auseinandersetzung mit starren und festgeschriebenen Rollenerwartungen, die schwierig aufzulösen sind;
- Festhalten an Werten durch die Migranten selbst, die in den Herkunftskulturen oft schon längst überkommen sind.

Ein weiteres Konfliktpotenzial steckt (vgl. Shaftel 1979, S. 96 ff.) in der Zugehörigkeit zu unterschiedlichen Gruppen, eine Situation, die vor allem Migranten der zweiten und dritten Generation verstärkt betrifft. Dabei gibt es die Möglichkeit, als „Borderline members" am Rande verschiedener Gruppen zu stehen oder in Form einer „Doppelmitgliedschaft" zu beiden Gruppen zu gehören. All diese Themen werden in interkulturellen Angeboten evident und beeinflussen den Gruppenprozess.

Über die besondere Eignung szenischer Verfahren für interkulturelle Lernprozesse

Szenische Verfahren bieten nach unserer Erfahrung eine ganze Reihe von positiven Möglichkeiten für die interkulturelle Bildungsarbeit. In der interkulturellen Erwachsenenbildung geht es nicht nur um die Ermöglichung von Kontakt, sondern um die Verbesserung der Qualität dieses Kontaktes und um eine Intensivierung der Auseinandersetzung. Diese Förderung der Interaktionsfähigkeit zwischen Angehörigen verschiedener Kulturen erfordert:

- direkte Erfahrbarkeit kultureller Unterschiede,
- Metakommunikation über diese Erfahrungen.

Beide Elemente sind integrale Bestandteile aller szenischen Verfahren. Durch den Einsatz unterschiedlicher Ausdrucksmittel wie Sprache, Gestik, Mimik und Bewegung wird das Bild der anderen Kultur konkret und ganzheitlich erfahrbar. Wie schon im Kapitel „Zur Auswahl und zum Einsatz von didaktischen Modellen, Methoden und Arbeitsformen ..." beschrieben, bieten sich alle Methoden, die sich nicht nur auf sprachliche Äußerungen reduzieren, für interkulturelle Lernprozesse an, nicht zuletzt aufgrund der unterschiedlichen Sprachkenntnisse. Ein weiterer Vorteil ist, dass in szenischen Darstellungen auch Unbewusstes, so z.B. auch abgewehrte oder abgespaltene Verhaltensweisen, zutage kommt.

„Im Alltag sorgen die Abwehr und Integrationsmechanismen von Alltagswahrnehmung und -bewusstsein schon häufig im Vorfeld dafür, dass das Neue und Fremde gar nicht erst wahrgenommen wird" (Scheller 1998, S. 19 f.). Szenische Verfahren bieten unter diesen erschwerten Kommunikationsbedingungen die Möglichkeit, wirklich miteinander in Kontakt zu kommen und dies auch in wörtlichem Sinne. Kulturelle Konflikte und Unterschiede sind nicht störend, sondern Basis für gemeinsame Erfahrungen unter den Stichworten Bewusstmachung und Reflexion von Alternativen. Verschiedene Methoden des Rollenspiels wie die Übernahme fremder Rollen, Rollentausch oder Sharing fördern die Einfühlung in andere Menschen, Rollen und Kulturen. So kann ein Perspektivenwechsel unter den Kulturen stattfinden.

Durch die Suche nach gemeinsamen Lösungen und Erprobung alternativer Verhaltensweisen in einer interkulturellen Konfliktsituation können Solidaritätserfahrungen in der Gruppe gemacht werden. In einer solchen Situation sollte die Leitung Deutungen möglichst vermeiden bzw. wenn sie erfolgen, diese offen legen. Sie sollte ihr Hauptaugenmerk auf das richten, was sie wahrnimmt und ein Gespür für Unterschwelliges und nicht Sichtbares entwickeln.

Zusammenfassend lässt sich sagen, dass szenische Methoden in der interkulturellen Bildung nicht an Defiziten arbeiten, sondern an der Kreativität und der Gestaltungsfähigkeit der Teilnehmenden ansetzen. Sie ermöglichen einen interkulturellen Austausch auf der Ebene der Aktion und dienen als Grundlage für weitergehende Gespräche.

Im Folgenden soll anhand zweier szenischer Ansätze, die sich in der interkulturellen Bildungsarbeit nach unseren Erfahrungen besonders bewährt haben, der Einsatz solcher Verfahren näher erläutert werden.

1. Das pädagogische Rollenspiel

Grundlagen, Ziele und Formen

„Im Rollenspiel wird anders gelernt. Da der Lernimpuls vom Lernenden ausgeht, seine Diskursfähigkeit den Anstoß gibt, seine Bewegungen und Gefühle eine große Rolle spielen, müssen die Lernformen anders als die üblichen sein" (Tillmann/Pörtner 1999, S. 3).

Das pädagogische Rollenspiel grenzt sich deutlich gegen therapeutische und gegen rein trainierende Ansätze des Rollenspiels ab. Pädagogisches Rollenspiel ist nicht die Einübung, Stabilisierung und Verinnerlichung erwünschter Rollen, sondern eher das Gegenteil (vgl. Mävers/Volk von Bialy 1995, S. 24 ff.). Pädagogisches Rollenspiel hat emanzipatorische Funktion. Als Methode der Humanistischen Psychologie geht es im Rollenspiel nicht um die unreflektierte Übernahme von Normen und Werten, sondern darum, den Menschen zu befähigen,

- seine Rolle kritisch zu überdenken;
- seinen Handlungsspielraum im Sinne von Kreativität, Selbstbestimmung und gesellschaftlicher Verantwortung zu erweitern;
- Empathie, Rollendistanz und Ambiguitätstoleranz zu fördern.

Hauptziel des pädagogischen Rollenspiels ist es, gestörte oder gehemmte Kommunikationsfähigkeit wieder in Bewegung zu bringen und die Diskursfähigkeit der Menschen zu fördern.

„Störungen und Verwicklungen sind in ihrem Kern Impulse, die auf Freiheit, Würde und Veränderung zielen und die das Individuum nicht anders äußern kann. Sie als Krankheiten zu betrachten und zu behandeln heißt, diesen Kern zu leugnen. Leiterinnen und Leiter von Rollenspielgruppen müssen begriffen haben, dass ihr Ausgangspunkt immer Verwicklungen sind. Sie heilen keine Krankheiten, sondern sie helfen, Verwicklungen so zu bewegen, dass Entwicklungen eingeleitet werden" (ebenda S. 2).

Das pädagogische Rollenspiel orientiert sich an der Lebenswelt und dem biografischen Hintergrund der Teilnehmer und Teilnehmerinnen. Es zielt darauf ab, durch verschiedene Elemente Situationen realitätsgerecht nachzuerleben, sich empathisch in das Gegenüber einzufühlen, einen anderen Blickwinkel einzunehmen und gegebenenfalls in Form von Probehandeln Neues auszuprobieren. Das pädagogische Rollenspiel ist handlungsorientiert und ein Verfahren, das die Gruppe als Medium nutzt. Die Gruppe hat im pädagogischen Rollenspiel ganz unterschiedliche Funktionen – als Spiegel durch die Zuspieler und rückmeldenden Zuschauer, als Beobachter mit konkreten Einzelaufträgen, durch die Identifikation mit den Protagonisten oder dem Thema im Sharing. Rollenspiele können klärenden, rekonstruierenden, trainierenden oder wunscherfüllenden Charakter haben (vgl. Mävers/Volk von Bialy 1995, S. 9 ff.).

Bezogen auf pädagogisches Handeln bezeichnen Mävers und Volk von Bialy das Rollenspiel als eine Methode, sich kritisch mit Kulturwerten auseinander zu setzen. Das sinnliche Erleben dieser „Kulturqualitäten" im Rollenspiel ermöglicht es, interkulturelle Situationen zu verstehen, sich wertkritisch damit auseinander zu setzen und gegebenenfalls zu verändern. Sie fassen den Kulturbegriff hier sehr weit (ebenda S. 10) und verstehen darunter:

- wie die Einzelnen mit sich umgehen (Individualkultur),
- wie Menschen ihr Miteinander in Gruppen gestalten (Gruppenkultur),
- wie die Gesellschaft sich entwickeln sollte, damit sich die Individuen als Mitglieder unterschiedlicher Gruppierungen selbst- und fremdverantwortlich entfalten können (Gesellschaftskultur).

Das pädagogische Rollenspiel unterscheidet drei Prototypen des Rollenspiels:

- Das Protagonisten-Rollenspiel, bei dem eine Person als Protagonist mit ihrem Anliegen im Mittelpunkt steht und von der Gruppe bei der Lösung ihres Problems unterstützt wird. Hier stehen Selbsterfahrung und Klärung mit Unterstützung von Gruppe und Leitung im Vordergrund. Mävers und Volk von Bialy (1995, S. 114 ff.) bezeichnen das Protagonisten-Rollenspiel als „angeleitetes Kommunikationsexperiment".
- Das Gesamtgruppenrollenspiel, bei dem die gesamte Gruppe aktiv spielend mitwirkt. Kennzeichen dieses Typs ist eine vorgegebene Spielsituation, eine Vorstrukturierung und selbstgewählte Rollen.
- Das Erzählrollenspiel, das auf Basis von Texten (Literatur, Märchen, Bibel, Koran etc.) ein für die Gruppe relevantes Thema im Rollenspiel aufarbeitet.

Wichtig ist zu beachten, dass diese Formen, wie oben schon erwähnt, Prototypen sind und selten in Reinkultur vorkommen. Mävers und Volk von Bialy (ebenda, S. 12 f.) empfehlen eine „prozessgerechte Kombination der Grundtypen ..., eine situationsgerecht spontane Mischung und Abfolge von zwei bis drei Typen."

Vor allem der Typ des Gesamtgruppenrollenspiels empfiehlt sich, so Mävers und Volk von Bialy, als geeignete Form für interkulturelle Bildungsprozesse. Nach unseren Erfahrungen bieten sie sich vor allem für solche Gruppen an, in denen kulturelle Kontraste nicht offensichtlich sind, sondern durch dramaturgische Mittel hergestellt werden müssen. So wurde von uns dieser Typ des Rollenspiels vor allem in der Antirassismusarbeit verwendet, wo wir es häufig mit kulturell homogenen Gruppen, z.B. mit Deutschen zu tun haben.

Explizites Ziel des Gesamtgruppenrollenspiels ist die Erfahrung intra- und interkultureller Spannungen (ebenda, S. 17), wie dies auch schon Moreno (1989, S. 52) in seinen Ausführungen zum Soziodrama beschrieb. „Das Problem besteht darin, wie man eine kulturelle Ordnung mit Hilfe dramatischer Methoden ins Blickfeld rücken kann. Beobachtungen und Analyse sind unangemessene Werkzeuge für das Erforschen der differenzierten Aspekte interkultureller Beziehungen. (...) Tief greifende Handlungsmethoden sind unerlässlich. Letztere haben sich darüber hinaus von unbestreitbarem Wert und als unersetzlich erwiesen, weil sie in der Form des Soziodramas mit einem Schlag die Konflikte, die zwischen zwei getrennten kulturellen Ordnungen entstanden sind, sowohl erforschen als auch behandeln können und zur gleichen Zeit und durch die gleiche Handlung daran gehen können, die Haltung der Mitglieder einer Kultur gegenüber Mitgliedern einer anderen Kultur zu verändern."

Beim Gesamtrollenspiel steht noch stärker die Gruppe und ihre Aktivierung im Vordergrund. „... Es geht darum, allen Teilnehmer/-innen Gelegenheit zu geben, sich gleichsam als sich selbst leitende Protagonist/-innen in möglichst ungewohnten Rollen und herausfordernd kontrastiven soziokulturellen Kontexten experimentell neu zu erleben, um auf diese Weise die Begrenztheit des eigenen Rollenverhaltens zu erfahren und die Chance zu erhalten, aus festgefahrenen Rollenmustern, starren Gewohnheiten und kultureller Enge auszubrechen" (Mävers/Volk von Bialy 1995, S. 18).

Auch das Protagonistenrollenspiel eignet sich vor allem für die Fortbildung von Multiplikatoren in der Arbeit mit deutschen und ausländischen Klienten, um interkulturelle Konfliktsituationen zu bearbeiten und Handlungsalternativen zu entwickeln.

Das Erzählrollenspiel setzt eine gewisse sprachliche Kompetenz und Sicherheit voraus. Ist diese vorhanden, kann über diese Methode durch religiöse Texte, Literatur oder Märchen ein neuer Zugang zu fremden Kulturen erreicht werden.

Methodisches Vorgehen

Vom Ablauf her lässt sich das pädagogische Rollenspiel in Anlehnung an das Modell von Tillmann/Pörtner (1999, S. 5-21) in sieben Phasen aufteilen.

1. Aufwärmen/Wahrnehmungsübungen.
2. Vorbereiten einer Szene – Thema und Überschrift – Finden und Aufbau einer Szene – Finden der Mitspieler und Vorstellen der Personen.
3. Vorspielen der Szene unter Einsatz verschiedener Methoden wie Schnitt, Rollentausch, Beiseitetreten.

4. Rückmeldungen der Protagonisten, der Zuspieler und aus der Gruppe (Sharing, Rollenrückmeldungen) und erweiternde Methoden wie Spiegeln und Erinnerungsarbeit.
5. Spielen einer veränderten Szene gegebenenfalls unter Einsatz der Methoden Doppeln und Verleihen einer Szene.
6. Entlassen aus der Rolle.
7. Nachbesprechung.

Wie schon im letzten Abschnitt beschrieben, haben wir gute Erfahrungen mit einer Zwischenform zwischen Protagonistenrollenspiel und Gesamtgruppenrollenspiel gemacht. Ich werde diese Form im Folgenden als Kleingruppenrollenspiel bezeichnen. Die Gesamtgruppe wird bei dieser Form je nach Größe in mehrere Kleingruppen aufgeteilt, die gleichzeitig ein Rollenspiel vorbereiten. Die Gruppen erhalten ein gemeinsames Rahmenthema, das sie jeweils mit konkreten Situationen ausfüllen müssen, um es anschließend im Plenum vorzuspielen. Die Rollen in diesen Kleingruppen sind von den Teilnehmenden frei gewählt.

Scheller (1998, S. 37 f.) hebt in seinen Ausführungen die Notwendigkeit von Vorübungen in den Bereichen Wahrnehmung, Vorstellung, Phantasie, Körpererfahrung und Sprache hervor, um die Teilnehmer und Teilnehmerinnen zu lockern und auf das Rollenspiel vorzubereiten. So erläutert er z.B. zum Thema Wahrnehmung: „Wahrnehmungsübungen helfen über intensive Sinneserlebnisse die Fähigkeit der Spieler zu erweitern, die sinnlich wahrnehmbaren Anteile, die die soziale Situation beeinflussen, zu erkennen und zu erleben" (ebenda, S. 38). Hier bieten sich auch viele der Methoden an, wie sie in dem Abschnitt über das Improvisationstheater von Boal beschrieben sind.

Mit sich selbst und anderen in Kontakt zu kommen, ist Thema der Aufwärmphase.

Die Vorbereitung einer Szene geschieht im Einzelrollenspiel durch den Protagonisten und im Kleingruppenrollenspiel durch die Vorgabe einer Überschrift, die Gruppe oder Teilgruppe sucht nach einer dazu passenden Szene. Beim Einzelrollenspiel wählt der Protagonist die Zuspieler aus, beim Kleingruppenrollenspiel entscheiden sich die Teilnehmenden selbst für eine Rolle. Die Szene wird aufgebaut durch den Protagonisten oder im zweiten Fall durch die Gruppe. Im Einzelrollenspiel werden die Zuspieler durch den Protagonisten in ihre Rolle eingestimmt, im Kleingruppenrollenspiel werden die Rollen kurz skizziert und die Szene eventuell einmal durchgespielt. Es folgt das Vorspielen der Szene in der Gesamtgruppe. Hier hat die Rollenspielleitung eine direktive Funktion. Sie kann das Spiel mit einem Schnitt unterbrechen, dem Protagonisten durch Beiseitetreten zu einer neuen Sichtweise verhelfen oder durch Rollentausch dem Gegenüber Empathie vermitteln.

Bei der Rückmelderunde halten wir es für wichtig, dass diejenigen, die emotional am meisten engagiert sind – das sind die Protagonisten und die Zu- bzw. Mitspieler – zuerst die Möglichkeit erhalten, ihre Befindlichkeit zu äußern. Erst dann äußert sich die Gruppe in Form eines Sharing (Ich teile mit dir ...), um die Spieler zu entlasten und ihnen deutlich zu machen, dass sie nicht allein mit diesem Problem sind. Es folgt die Rückmeldung aus den identifizierten Rollen.

Danach ist das Spielen einer aufgrund der Rückmeldungen veränderten Szene möglich. Bei dieser Neukonstruktion der Szene kann das Handlungsrepertoire durch Doppeln, Verleihen einer Szene oder Rollenwechsel erweitert werden. Vor der Nachbesprechung des Rollenspiels in der Gruppe ist es unbedingt erforderlich, die handelnden Personen aus ihren Rollen zu entlassen, „sodass normale Begegnungen jenseits der Rollenvorgabe in der Gruppe wieder möglich werden" (Mävers/Volk von Bialy 1995, S. 74).

Bei der Form des Gesamtgruppenrollenspiels „geht es um das Erleben und Dingfestmachen von Kulturkontrasten. Kulturkontrasterlebnisse werden dadurch ermöglicht, dass in zwei – selten mehr – Teilgruppen Kulturvereinbarungen getroffen werden, durch die eine in unterschiedlichen Handlungen der Spielenden deutlich werdende polare Spannung erzeugt wird. Die Spielenden werden vor die Situation gestellt, mit der Kontrastkultur der jeweils anderen Gruppe in irgendeiner Weise umzugehen" (Mävers/Volk von Bialy 1995, S. 74).

Diese Form eignet sich vor allem, um Grunderfahrungen ganzer Gruppen oder Teilgruppen lebendig werden zu lassen (z.B. die Asylanträge der einen Gruppe werden immer wieder abgelehnt/die andere Gruppe verfügt über die Macht darüber). Hier ist es möglich, realistische Situationen wie die oben genannte auszuwählen, aber es können auch sehr stark verfremdete Geschichten eingesetzt werden.

Die Wahl der Teilgruppe erfolgt durch die Teilnehmenden selbst. Die Leitung jedoch sollte anregen, diese Wahl noch einmal zu überdenken und zu hinterfragen, welche Motive die Wahl geleitet haben. Eine freundliche Ermutigung der Leitung, einmal die Gegenrolle zu spielen, kann hier hilfreich sein. Bei der Auswertung eines Gesamtgruppenrollenspiels sollte die Übertragung der gemachten Erfahrungen auf alltägliche Kulturkontrasterlebnisse im Mittelpunkt stehen. Dies sollte, so Mävers und Volk von Bialy (vgl. 1995, S. 76 f.), im Bereich der emotional-sozialen Wahrnehmung (Reaktion auf die fremde Kultur, Erfahrung der eigenen Subkultur, Heraus- oder Überforderung, Nähe oder Distanz) sowie der kognitiv-strukturierenden Wahrnehmung (Erkenntnisse über die andere Kultur, was war fremd, was vertraut) liegen.

Wie aus den qualitativen Interviews mit den langjährigen Teilnehmerinnen der interkulturellen Frauenseminare hervorgeht, sind es gerade die Rollenspiele und andere szenische Verfahren, die die intensivsten und nachhaltigsten Erfahrungen bei den Frauen hinterlassen haben. Ganz im Sinne der Zielsetzung des pädagogischen Rollenspieles betonen die Frauen, dass bei dieser Methode mehr Gefühle, vielfältigere Aspekte zum Vorschein kommen und die szenische Darstellung prägnanter und anschaulicher sei. Die Möglichkeit des Einfühlens in eine andere Kultur wird als zentrale Erfahrung benannt. Nicht zuletzt scheint der Spaß, den das „Theaterspielen" macht, den Lerneffekt zu unterstützen.

Begriffe des pädagogischen Rollenspiels

Protagonist:

Hierunter wird die Person verstanden, die im Einzelrollenspiel ihre „Problemsituation" mit Hilfe einer szenischen Darstellung in und mit der Gruppe klären möchte.

Zuspieler:

Dies sind die Personen, die vom Protagonisten für die Rollen des Spiels ausgewählt werden. Sie haben primär unterstützende Funktion und sollen dem Protagonisten möglichst realitätsgerechte Stichwörter geben. Sie werden vom Protagonisten in ihre Rolle eingewiesen.

Schnitt:

Die Leitung eines Rollenspiels hat jederzeit die Möglichkeit, das Rollenspiel zu unterbrechen, um durch methodische Interventionen weitere Erlebnisebenen zu eröffnen oder korrigierend einzugreifen, wenn das Rollenspiel zu scheitern droht.

Beiseitetreten:

Dies ist die Möglichkeit für den Protagonisten, aus dem Spiel herauszutreten und die Situation von außen zu betrachten, um aus dieser Perspektive neue Erkenntnisse zu erhalten.

Rollentausch:

Dabei handelt es sich um eine der zentralen Techniken des Rollenspiels. Der Rollentausch hat rekonstruierende und empathische Funktion. Beim Rollentausch wechselt der Protagonist mit dem Zuspieler die Rolle und auch den Standort. Ziel ist es, durch diese Technik festgefahrene Interaktionen aufzulösen.

Doppeln:

Die Leitung oder andere Gruppenmitglieder stellen sich hinter den Protagonisten, begeben sich quasi in dessen Rolle und sprechen für ihn. Der Protagonist hat die Möglichkeit, diese Sätze aufzunehmen, weiterzuführen oder zu verwerfen, wenn sie nicht seinem Gefühl entsprechen. Doppeln dient dazu, den Zugang zu verdeckten Gefühlen zu erleichtern.

Erinnerungsarbeit:

In manchen Rollenspielen wird deutlich, dass die Situation nicht in der Gegenwart zu klären ist, sondern dass es notwendig ist, in der Vergangenheit nach Ursachen zu suchen. Hier kann es sinnvoll sein, ein zweites Rollenspiel, das z.B. eine Kindheitsszene zum Inhalt hat, einzuschieben, um die Gegenwart dann unter einem neuen Blickwinkel betrachten zu können.

Sharing:

Dies ist eine wichtige Möglichkeit, den Protagonisten wieder in die Gruppe zurückzuführen und die einzelnen Mitglieder der Gruppe mit ihren Gefühlen zu beteiligen. Durch die Formel „Ich teile mit dir die Erfahrung ...“, wird dem Protagonisten deutlich, dass er mit seinem Problem nicht alleine ist.

Verleihen einer Szene:

Bei dieser Technik können Gruppenmitglieder dem Protagonisten andere Handlungsmöglichkeiten anbieten, indem sie eine andere Version des Rollenspiels spielen. Der Protagonist entscheidet jedoch selbst darüber, ob diese verliehene Szene eine Handlungsmöglichkeit für ihn darstellt.

Entlassen aus der Rolle:

Durch eine deutliche Handlung oder Aussage müssen am Ende des Rollenspiels die Protagonisten sowie die Zuspieler aus ihren Rollen entlassen werden, damit sie unbelastet von ihren Rollen wieder als Personen am Gruppengeschehen teilnehmen können.

2. „Theater der Unterdrückten“ nach Augusto Boal

Ursprung und Zielsetzung

Boal begann 1956 in Brasilien mit seiner Theaterarbeit. Bis zu diesem Zeitpunkt gab es in Brasilien nur das traditionelle, aus Europa importierte Theater, das nichts mit der realen Situation der großen Mehrheit der Bevölkerung zu tun hatte und nur für eine reiche Minderheit gespielt wurde. Inspiriert durch Brechts Lehrtheater und unter dem Eindruck der Militärdiktaturen und Repression in Brasilien und anderen Ländern Lateinamerikas entwickelte Boal mit seinem „Teatro de Arena de Sao Paulo“ das „Theater der Unterdrückten“. Er ging damit in die Dörfer oder spielte vor Analphabeten in den Slums der Städte. Es ging Boal darum, die individuelle und gesellschaftliche Situation der Menschen zu thematisieren, die Unterdrückung sichtbar zu machen und die Befreiung zu proben. Boals Theaterarbeit kann parallel gesehen werden zu Freires Befreiungspädagogik und zu Strömungen der Befreiungstheologie Lateinamerikas.

Der Zuschauer, in der traditionellen Theatervorstellung ein passives Wesen, sollte durch die von Boal entwickelten neuen Darstellungstechniken zum Protagonisten, zum Subjekt werden, das agiert und verändert. Theater sollte sich nicht nur mit der Vergangenheit, sondern auch mit der Zukunft beschäftigen, die Realität nicht nur interpretieren, sondern sie auch verändern (vgl. Boal 1989, S. 68 f.). Auch Boals Vorstellung vom Schauspieler war eine gänzlich andere. Der Schauspieler handelt nicht stellvertretend für das Publikum, sondern ist Teil eines gemeinsamen Prozesses. Es geht Boal um eine größtmögliche Annäherung an den Zuschauer, wobei es ihm wichtig ist, dass die Zuschauer zwischen den Polen Einfühlung und Reflexion ihre kritische Distanz behalten können. Zu Anfang hat Boal hierfür in seinen Stücken einen so genannten „Joker" eingesetzt, der in Kontakt zum Publikum jederzeit berechtigt war, das Theaterstück zu unterbrechen, das Publikum zu befragen und die Szene mit Veränderung wiederholen zu lassen.

Boal ließ sich durch zwei Staatsstreiche, 1964 und 1968, nicht von seinem Vorhaben abbringen. Er änderte die Orte seiner Aufführungen, arbeitete weitgehend mit improvisierten Kulissen und improvisierter Technik, entwickelte neue Formen wie das Zeitungstheater, fing wieder an Klassiker zu spielen und wandte deren politische Aussagen auf die brasilianische Wirklichkeit an. Erst 1971, nachdem er verhaftet und gefoltert und erst auf internationalen Druck wieder freigelassen worden war, verließ er Brasilien und ging ins Exil nach Argentinien. In Argentinien entwickelte er die Form des unsichtbaren Theaters und bei Alphabetisierungskampagnen in Peru das Statuen- und Forumtheater. 1976 wanderte er nach Europa aus, zuerst nach Portugal (das südamerikanischste Land Europas nach Aussagen Boals), dann nach Schweden, Italien und schließlich Frankreich. Seit 1986 lebt er wieder in Brasilien. Nach der Relevanz des „Theaters der Unterdrückten" für Europa gefragt, meinte Boal (1989, S. 68), „hier in Europa gibt es solche Gräuel nicht mehr. Aber das heißt noch lange nicht, dass es nicht auch in Europa Unterdrückte und Unterdrücker gibt. Und wenn es Unterdrückung gibt, dann besteht auch die Notwendigkeit eines Theaters der Unterdrückten – und das meint: Eines Theaters der Befreiung. Die Unterdrückten müssen zu Wort kommen. Nur sie selbst können ihre Unterdrückung zeigen. Sie müssen ihre eigenen Wege zur Freiheit entdecken, sie selbst müssen die Handlungen proben, die zur Freiheit führen. Wer sagt: ‚Hier in Europa gibt es keine Unterdrückten', ist ein Unterdrücker. Frauen, Gastarbeiter, Farbige, Arbeiter, Bauern sagen nicht, hier gibt es keine Unterdrückung. Es ist eine andere Unterdrückung und zu ihrer Abschaffung sind andere Mittel erforderlich als in Lateinamerika. Das Theater der Unterdrückten bietet keine Befreiungsrezepte an, Theater der Unterdrückten heißt Auseinandersetzung mit der konkreten Situation, es ist Probe, Analyse, Suche." Dieses Zitat, vom Tenor heute sicherlich etwas befremdlich und aus seiner Entstehungszeit her verständlich, macht deutlich, dass Boal unter Unterdrückung nicht nur die brutalen Formen der Diktaturen versteht, sondern auch die subtileren Formen struktureller Gewalt in demokratischen Systemen.

Formen des Boalschen Theaters

Boal sieht eine Schwierigkeit darin, einem Menschen, der mit dem Medium Theater wenig Kontakt hatte, zu zeigen, „wie man mit den komplexen Ausdrucksmitteln des Theaters umgeht" (Boal 1989, S. 46 ff.). Für ihn ist der Körper das zentrale Ausdrucksmittel. Die Entwicklung vom Zuschauer zum Handelnden geschieht in vier Stufen:

1. Seinen Körper kennen lernen
Hierbei geht es um die Wahrnehmung der Möglichkeiten und Grenzen des eigenen Körpers. Durchaus beabsichtigt ist es hier, das Gefühl dafür zu schärfen, wie der eigene Körper durch spezielle Arbeiten „deformiert" oder durch kulturelle oder geschlechtsspezifische Tabus beschränkt ist. Dies soll durch spezielle Übungen erreicht werden, die die Wahrnehmung schärfen, wie z.B. ein Wettlauf im Zeitlupentempo oder das Manipulationsspiel, bei dem ein Partner der Hand des anderen überallhin mit der Nase folgen muss.

2. Seinen Körper ausdrucksfähig machen
Es gilt, die körperliche Ausdrucksfähigkeit, die bei vielen Menschen zugunsten des verbalen Ausdrucks verkümmert ist, durch spielerische Anregungen zu verbessern. Dazu bieten sich diverse Ausdrucksspiele an wie z.B. das Tier- oder Berufsspiel, bei dem Zettel verteilt werden, auf denen jeweils zwei gleiche Tiere oder Berufe verzeichnet sind, und die Mitspieler, nachdem sie sich in ihre Rolle eingespielt haben, ihren Partner suchen müssen.

3. Theater als Sprache
Während es bei den ersten beiden Stufen in erster Linie um den körperlichen Ausdruck geht, steht nun die teils verbale, teils nonverbale Auseinandersetzung mit einem Thema im Mittelpunkt. Formen hierfür sind die „simultane Dramaturgie", bei der ein Zuschauer einem Schauspieler eine Szene vorgibt, die dieser simultan umsetzen muss. Die Zuschauer werden in das Spiel mit einbezogen, indem sie weitere Lösungsvorschläge anbieten, die von den Schauspielern gespielt werden. Weitere Formen dieser Stufe sind das Statuen- und das Forumtheater, bei dem die Distanz zwischen Schauspieler und Zuschauer gänzlich aufgehoben wird (Beschreibung dieser Methoden im Anschluss).

4. Theater als Diskurs
Hiermit sind öffentliche Theaterformen gemeint, „nicht fertige Theateraufführungen, Experimente, von denen man zwar weiß, wie sie beginnen, aber nicht, wie

sie enden, denn der Zuschauer ist frei von seinen Fesseln, agiert selbst und wird schließlich selbst zum Hauptdarsteller" (Boal 1989, S. 58). Die bekannteste und gleichzeitig umstrittenste Form ist das unsichtbare Theater, bei dem in einem öffentlichen, möglichst bevölkerten Raum eine vorher abgesprochene Szene inszeniert wird, ohne dass das Publikum weiß, dass es in einem Theaterstück mitspielt.

Methodisches Vorgehen

Die bekanntesten Techniken des Boalschen Theaters sind häufig in der interkulturellen Bildungsarbeit erprobt worden und eignen sich unter anderem deshalb so gut für diese Arbeit, da sie an den – für die Migration typischen – Unterdrückungssituationen ansetzen und das Ziel haben, die Teilnehmenden zu aktivieren, da sie die Einzigen sind, die ihre Situation verändern können.

Zeitungstheater

Dies ist eine ganz einfache Form des Boalschen Theaters, die ohne viel Vorbereitung und ohne weitere Vorkenntnisse umgesetzt werden kann. Sie eignet sich vor allem dazu, durch einen veränderten Umgang mit Zeitungsmeldungen ein aktuelles Problem auf den Punkt zu bringen. Allen Techniken des Zeitungstheaters ist gemeinsam, dass eine Meldung aus dem Kontext der Zeitung herausgenommen wird, so dass ihr Realitätsgehalt decouvriert wird und Verzerrungen und Manipulationen offensichtlich werden. Einige Formen des Zeitungstheaters sind:

- einfaches Vorlesen: Die Assoziationen der Zuschauer sollen durch langsames und pointiertes Lesen angeregt werden.
- vervollständigendes Lesen: Ergänzen von Meldungen, um den Inhalt deutlicher zu machen, z.B. war eine Wahlparole Strössners in Paraguay: „Wer die Freiheit liebt, wählt Strössner" – man könnte ergänzen, sonst hast du vielleicht bald keine mehr.
- gekoppeltes Lesen: Lesen von verschiedenen sich widersprechenden Meldungen aus der Zeitung, z.B. politische Verfolgung im Sudan und ein Umfrageergebnis, dem zufolge mehr als die Hälfte aller Deutschen denken, die meisten Flüchtlinge seien aus wirtschaftlichen Gründen in der Bundesrepublik.
- pantomimisches Lesen: Lesen einer Meldung, ergänzt durch eine kontrastierende pantomimische Darstellung. Ein Schauspieler verliest die Rede eines Ministers anlässlich des Welthungergipfels und sitzt zugleich an einem reich gedeckten Tisch.

Das Zeitungstheater lässt sich in der interkulturellen Arbeit sehr gut verwenden, um einen Einstieg in aktuell diskutierte Themen zu finden.

Widerstand gegen Unterdrückung

„Offen oder versteckt, Unterdrückung findet täglich und überall statt. Eine Rasse unterdrückt die andere, eine Klasse die andere, der Mann unterdrückt die Frau, die

Alten unterdrücken die Jungen. Jedermann kann sich an einen Augenblick in seinem Leben erinnern, da er sich unterdrückt fühlte und gegen seine eigenen Interessen handelte. Und jedermann kann lernen, Widerstand gegen Unterdrückung zu leisten" (ebenda, S. 39).

Diese Technik soll den Mitspielern vor allem zwei Dinge vermitteln: Unterdrückung als solche erst einmal wahrzunehmen und einzusehen, dass Widerstand gegen Unterdrückung immer möglich ist. Unterdrückung muss nicht hingenommen werden. Konkret sieht diese Technik folgendermaßen aus: Ein Gruppenmitglied erinnert sich an eine konkrete Unterdrückungssituation aus dem Alltag und spielt diese als Protagonist mit Hilfe anderer Mitspieler möglichst realistisch nach. In einer zweiten Szene widersteht es der Unterdrückung und hält ihr stand. In der dritten Szene wird ein Rollentausch mit dem schlimmsten Widersacher vorgenommen, um aus dieser Sicht Hinweise für das weitere Handeln zu erhalten. Diese Technik setzt immer am Einzelfall an und versucht erst im anschließenden Gespräch die Situation zu verallgemeinern.

Statuentheater

Das Statuentheater ist eine weitgehend nonverbale Methode und dadurch besonders geeignet für interkulturelle Prozesse.

Der Ablauf: Ein Mitspieler gestaltet nach einem vorgegebenen oder von der Gruppe entwickelten Thema aus den anderen Teilnehmern und Teilnehmerinnen eine Skulptur, um eine bestimmte Unterdrückungssituation darzustellen. Ist der Bildhauer fertig, wird die Gruppe nach ihrer Meinung gefragt. Jedes Gruppenmitglied hat nun die Möglichkeit, die Statue zu verändern, und zwar so lange, bis das Bild von der Gesamtgruppe als „kollektive Vorstellung" (ebenda, S. 53) der Realität akzeptiert wird. In einem zweiten Schritt wird das Standbild von der Gruppe nach dem gleichen System so verändert, dass es ihrer Idealvorstellung entspricht. Das sollte rasch und ohne Worte geschehen. „Ausgehend von diesen beiden Bildern soll das Übergangsbild entstehen, d.h., die Teilnehmer sollen zeigen, wie sie vom realen zum idealen Bild gekommen sind. Wir haben eine Wirklichkeit vor uns, die wir verändern wollen. Wie können wir sie verändern?" (ebenda, S. 54). Dieses Übergangsbild ist oft für die Lösung eines Problems zentral, da in ihm gegebenenfalls neue Wege sichtbar werden. Als weitere Variante ist es möglich, die Figuren zu bitten, selbst ihre Unterdrückungssituation durch eine Bewegung zu verändern. Um auch hier wieder den Prozess sichtbar zu machen, sollte die Bewegung in Zeitlupe durchgeführt werden. Das Statuentheater macht es möglich, durch den körperlichen Ausdruck Gedanken sichtbar zu machen, die durch Sprache nicht auszudrücken sind.

In einem interkulturellen Frauenseminar zum Thema Familie wurden die anwesenden Frauen gebeten, eine Statue zum Thema Familie zu gestalten. Eine Iranerin formte aus neun Teilnehmerinnen eine Großfamilie, wie sie sie aus ihrem Herkunftsdorf kannte. Auf der einen Seite platzierte sie die weiblichen Familienangehörigen, die mit der Zubereitung einer Speise beschäftigt waren. Dieser Gruppe gegenüber saßen die männlichen Familienangehörigen mit dem ältesten Mitglied an der Spitze. In die Mitte, sozusagen als Bindeglied zwischen Männen und Frauen, setzte sie die Kinder. Im Anschluss an diese Sequenz diskutierten die Teilnehmerinnen, wie diese Großgruppe auf sie wirkte und was in ihr zum Ausdruck komme.

Unterschiedliche Eindrücke, Themen und Kommentare kamen zur Sprache: die Trennung in Frauen- und Männergesellschaft, die bestimmende Rolle der Frau im Haushalt und der Einfluss des männlichen Patriarchen nach außen, die soziale Funktion der Großfamilie, die Integration der Älteren in den Haushalt, die Unterschiede zwischen den Familienstrukturen auf dem Land und in der Stadt etc.

Im Anschluss daran formte eine deutsche Teilnehmerin eine Familienskulptur. Sie bediente sich nur drei Teilnehmerinnen, um eine Kleinfamilie nachzubilden. Die drei Personen – Vater, Mutter, Kind – wurden nebeneinander gesetzt. Im Unterschied zur der vorangegangenen Skulptur sahen sich die Familienmitglieder nicht in die Augen. Ihr Blick war auf einen Hocker vor ihnen gerichtet, auf dem ein fiktiver Fernsehapparat stand. Dieses Familienbild löste eine heftige Diskussion über die Sprachlosigkeit aus, die in vielen Familien herrscht und die Familienmitglieder entzweit. Die Skulptur brachte eine Beziehungslosigkeit und Gefühlsarmut zum Ausdruck, die die Gefahr in sich birgt, dass die Familie in Konflikt- und Krisensituationen auseinanderbricht. Die hohen Scheidungsraten seien nur ein Indiz für diese Entwicklung. Die Arbeit an den Familienskulpturen erwies sich als äußerst produktiv, da die Teilnehmerinnen, ausgehend von einem sinnlich wahrnehmbaren Gebilde, Assoziationen zu einem abstrakten Thema, nämlich den Familienstrukturen in verschiedenen Kulturen, entwickeln konnten.

Forumtheater

Das Forumtheater gibt den Teilnehmenden die Möglichkeit, in eine Handlung einzugreifen und sie zu verändern. Eine Kleingruppe entwickelt eine kurze Szene, die sie der Gesamtgruppe vorspielt. Wieder werden die Zuschauer nach ihrer Meinung befragt. Alternative Lösungsvorschläge sollen jedoch nicht verbal beschrieben, sondern direkt gespielt werden, indem der Zuschauer seine Rolle direkt mit dem Protagonisten bzw. der Protagonistin wechselt. Hierdurch hat er die Möglichkeit, seine Idee unmittelbar in die Praxis umzusetzen und auf ihre Praxistauglichkeit zu überprüfen. Die Lösungsansätze und das Verhalten der Spieler werden in Form von Metakommunikation im Forum mit der Gesamtgruppe diskutiert. „Dem Zuschauer, Mitwirkenden muss klar werden, dass es an ihm liegt, die Wirklichkeit zu verändern“ (ebenda, S. 85). Das Forumtheater erweitert das Handlungsrepertoire der Mitspielerinnen und bereitet durch die Realitätsprüfung auf ähnliche Alltagssituationen vor. Für mich selbst war ein Forumtheater bei einer Multiplikatorenfortbildung sehr eindrücklich und hilfreich. Wir improvisierten dort eine Szene in einem Bus, in der ein junger Migrant in rassistischer Weise belästigt wurde. Wir spielten verschiedene Handlungsvarianten durch (Mitfahrende ignorierten die Belästigung, nahmen den Migranten in Schutz, baten ihm einen Platz an, stellten sich schützend vor ihn etc.), prüften sie auf ihre Wirkung und diskutierten sie. Kurze Zeit später passierte mir eine ähnliche Situation in einer Straßenbahn. Die Erfahrung aus dem Forumtheater machte mich, im Gegensatz zu früheren Situationen, handlungsfähig. Nachdem ich geistig schnell einige Handlungsalternativen durchgespielt hatte, konnte ich mich für eine, für mich selbst nicht bedrohliche, entscheiden und zur Verblüffung der Angreifer mit Erfolg durchführen.

Im Rahmen des Seminars „Darüber spricht man nicht! – Tabus in unterschiedlichen Kulturen" wurde das Forumtheater als Darstellungsform eingesetzt. Die Teilnehmerinnen bekamen den Arbeitsauftrag, in Kleingruppen über Situationen zu diskutieren, in denen sie einen Tabubruch begangen haben, und eine Situation zur szenischen Darstellung im Plenum auszuwählen. Eine Gruppe führte eine Szene vor, die im Badezimmer spielt. Die Mutter duscht. Das Badezimmer ist nicht abgeschlossen. Nacheinander kommen die Kinder herein und wollen etwas von der Mutter. Schließlich stürzt der empörte Vater ins Bad und macht der Ehefrau Vorwürfe, weil er der Ansicht ist, dass es gegen alle Regeln des Anstands verstoße, wenn sich die Mutter ihren heranwachsenden Söhnen nackt zeige. Die Szene wird eingefroren und eine Teilnehmerin aus dem Plenum wechselt die Hauptdarstellerin aus, um die Szene in einer abgewandelten Form nachzuspielen. Sie setzt den Ehemann kurzerhand vor die Tür. In einer dritten Variante schickt die Mutter ihre Söhne aus dem Badezimmer und schließt die Tür ab, um nicht gestört zu werden. In der anschließenden gemeinsamen Diskussion weist eine Frau aus Taiwan darauf hin, dass es z.B. in Japan üblich sei, dass die ganze Familie, Männer und Frauen, Alt und Jung zusammen ein Bad nehme. Eine Deutsche meinte, sie würde es vom Alter der Kinder abhängig machen, ob sie sich ihnen nackt zeige. Eine Italienerin gab zu bedenken, dass mit dem Tabu auch die Faszination wachse, das Verbotene zu tun. Ihr kleiner Bruder habe immer heimlich durch das Schlüsselloch der Badezimmertür geschaut, um seine Mutter beim Baden zu beobachten. Das Forumtheater machte deutlich, wie breit das Spektrum der möglichen Verhaltensweisen ist und dass die angebotenen Lösungen je nach Einstellung und moralischen Normen variieren. Die Teilnehmerinnen wurden auf diese Weise mit Werten und Normen konfrontiert, die ihren eigenen Standards widersprachen und mussten dazu Position beziehen. Das szenische Spiel fordert den Perspektivwechsel geradezu ein und fördert Rollendistanz und Ambiguitätstoleranz.

Verstecktes Theater

Das „Versteckte Theater" ist eine sehr anspruchsvolle Form Boalschen Theaters, die jedoch für Tagesseminare oder Gruppen, die sich nicht sehr vertraut sind, nicht geeignet ist. Vorstellbar ist ihr Einsatz vor allem im Fortbildungs- oder Multiplikatorenbereich und bei politischen Aktionen.

Bei dieser Form bereitet eine Gruppe von „Schauspielern" eine Szene vor, die sie in der Öffentlichkeit inszeniert. Jeder beliebige Schauplatz kann zur Bühne werden. Die Vorbereitungsgruppe legt eine Szene fest, eine klar umrissene Konfliktsituation, die in den unterschiedlichsten Varianten durchgespielt wird, um auf die möglichen Reaktionen der Zuschauer vorbereitet zu sein. Die Szene, zum Beispiel ein rassistischer Angriff im Bus, um bei dem obigen Beispiel zu bleiben, wird ohne Wissen der Zuschauer, die damit zu Mitspielern werden, inszeniert. Ziel ist es, durch solche Aktionen Erfahrungen zu vermitteln, Missstände öffentlich zu machen und die Zuschauer zum Nachdenken und Diskutieren anzuregen.

Literatur

Boal, Augusto: Theater der Unterdrückten. Übungen und Spiele für Schauspieler und Nicht-Schauspieler. Frankfurt a.M. 1989

Coburn-Staege, Ursula: Lernen durch Rollenspiel. Frankfurt a.M. 1977

Drietzel, Hans-Peter: Rollentheorie. In: Heigl-Evers: Kindlers Psychologie des 20. Jahrhunderts. Sozialpsychologie. Weinheim/Basel 1984, S. 70-77

Krappmann, Lothar: Lernen durch Rollenspiel. In: Nickel, Hans Wolfgang/Klewitz, Marion (Hrsg.): Kindertheater und Interaktionspädagogik. Stuttgart 1972, S. 37-57

Mävers, Wolfram/Volk von Bialy, Helmut: Rollenspielpädagogik. Entwicklungsperspektiven für ein erlebensbegründetes Lern- und Lehrverfahren. In: Pädagogisches Rollenspiel. H. 29/39/1995, S. 5-106

Moreno, Jakob L.: Psychodrama und Soziometrie. Köln 1989

Nickel, Hans Wolfgang: Theaterrolle, Rollentheorie, Interaktionspädagogik. In: Nickel, Hans Wolfgang/Klewitz, Marion: Kindertheater und Interaktionspädagogik. Stuttgart 1972, S. 67-72

Nickel, Hans Wolfgang: Rollenspielbuch. LAG Spiel- und Amateurtheater NW. Recklinghausen 1972 (Hrsg.)

Schützenberger, Anne: Einführung in das Rollenspiel. Stuttgart 1976

Shaftel, Fanny/Shaftel, George/Weinmann, Wolf: Rollenspiel als soziales Entscheidungstraining. München 1973

Tillmann, Jan/Pörtner, Hella: Rollenspiel. Ein Beitrag zur Methode der Sozialarbeit und zur Methodologie der Sozialwissenschaft (unveröffentlichter Vorabdruck 1999)

Veronika Fischer

Zukunftswerkstatt

Ursprung und Geschichte

Das Konzept der Zukunftswerkstatt wurde im deutschen Sprachraum durch die Arbeit des Zukunftsforschers Robert Jungk bekannt, der sich u.a. auf Ansätze von Dennis Gabor (Inventing the Future), Alvin Toffler (Anticipatory Democracy) und Danilo Dolci stützte (Lutz 1992, S. 32). Jungk und Müllert, die im Jahre 1981 ihre praktischen Erfahrungen mit diesem Arbeitsansatz in Buchform veröffentlichten, sahen in der Zukunftswerkstatt eine Methode, um Betroffene aus breiten Kreisen der Bevölkerung zu einer konstruktiven Mitarbeit an der Lösung drängender Zukunftsprobleme zu animieren. Die Arbeit an Zukunftsperspektiven sollte nicht länger den Eliten aus Wirtschaft, Parteien, Regierung, Militär oder Wissenschaft vorbehalten sein, sondern den von diesen Gestaltungsprozessen weitgehend ausgeschlossenen Bürgerinnen und Bürgern nahe gebracht werden. „Das Versagen der grandiosen Zukunftsvisionen des Kapitalismus, des Sozialismus, der Technokratie, des Sozialstaats und der Weltreligionen führte dazu, dass dezentrale, lokale und regionale Konzepte der Selbstbestimmung und Selbsthilfe als schneller erreichbar und durchsichtbarer für alle erkannt worden sind“ (Jungk/Müllert 1997, S. 9).

Insbesondere Gruppen aus der Ökologie- und Friedensbewegung griffen die Methode auf und trugen zu ihrer Verbreitung bei.

Die ersten Praxisversuche erfolgten in den 60er-Jahren, waren meist noch wenig strukturiert und beschränkten sich aufgrund ihrer Kürze (als Nachmittags- oder Abendveranstaltung) und der hohen Teilnehmerzahl auf eine Kritiksammlung und relativ allgemeine Lösungsvorschläge. Methodisch orientierten sie sich vielfach an der Moderationsmethode von Managementtrainings: Brainstorming, Poster und Kärtchentechnik, kombiniert mit Elementen thematischer Assoziation. Oft waren sie kurze, spontan herbeigeführte Zusammenkünfte vor Ort, im Betrieb, in der Schule oder auf der Straße.

Aus der Kritik der Anfangsversuche entwickelten sich in den 70er-Jahren neue Formen der Durchführung. Die Teilnehmerzahl wurde auf 20 bis 30 Personen begrenzt, ein Drei-Phasenmodell (Kritik–Utopie–Umsetzung) entwickelt, das den Ablauf der Zukunftswerkstatt strukturierte, die Veranstaltungsdauer auf zwei bis vier Tage verlängert und die Rolle der Gruppenleitung überdacht. Die Werkstätten wandten sich überwiegend an Student/-innen bzw. akademisch vorgebildete Adressaten, vereinzelt auch an Betriebsgruppen und Bürgerinitiativen.

Die dritte Generation der Zukunftswerkstatt bildete sich in den 80er-Jahren heraus und ist durch die Anwendung von Methoden aus der humanistischen Psychologie und der „Human Potential Bewegung" geprägt (Lutz 1992, S. 34). Übungen aus der Gestalttherapie, Bioenergetik, dem Psychodrama oder der Themenzentrierten Interaktion gehen über das bisher rein diskursiv bestimmte Arbeitskonzept hinaus. Die Vertreter dieser neuen Strömung hoben die Vorteile hervor, die durch die „Spannung zwischen Intellekt und Intuition, zwischen Idee und Emotion" und die Verbindung von kognitiven, affektiven und handlungsorientierten Lernprozessen erreicht würde. Das Ablaufschema von Kritik-, Utopie- und Umsetzungsphase blieb als Kernstück des Modells erhalten.

Die 90er-Jahre zeichnen sich vor allem durch eine weitere Differenzierung und Professionalisierung der Arbeit aus. Es erscheinen weitere Veröffentlichungen, die einzelnen Arbeitsschritte, die das Vorgehen strukturieren, werden verfeinert (Dauscher 1998) und die Fortbildung von Leitungspersonal für Zukunftswerkstätten vernetzt. Darüber hinaus werden neue Anwendungsfelder erschlossen wie z.B. Senioren-Netzwerke (Diakonie 1997) oder interkulturelle Veranstaltungen.

Eignung der Zukunftswerkstatt für interkulturelle Lernprozesse

Wie bereits im dritten Kapitel erörtert, sind interkulturelle Lernprozesse nicht bloß auf eine face-to-face-Interaktion zu beschränken, sondern auf übergeordnete globale Zusammenhänge zu beziehen, die sich u.a. durch weltweite Migrationsprozesse ergeben. Interkulturelles Lernen impliziert allein schon durch die beteiligten Akteure, die auf Migrationsbiografien zurückblicken können, globales Denken. Auch die Zukunftswerkstatt setzt bei globalen Fragen an, wovon eine das friedliche Zusammenleben in der Einen Welt betrifft, das immer mit Kommunikation und Interaktion zwischen Partnern unterschiedlicher kultureller Herkunft verbunden ist. Das friedliche, tolerante, diskursfähige Miteinander von Angehörigen unterschiedlicher Kulturen ist daher nicht nur eine innergesellschaftliche Aufgabe, sondern transnational zu leisten. Sie wird allerdings in der Zukunftswerkstatt unter Laborbedingungen lokal erprobt. So formuliert Müllert (1992, S. 44) als ein zentrales Anliegen der Zukunftswerkstatt: „Ermöglichen, wie Menschen mit stark voneinander abweichenden Meinungen doch konstruktiv zusammenarbeiten können." Der Einsatz spielerischer, intuitiv-kreativer, phantasiefördernder, visualisierender Methoden bietet eine Vielzahl von Ausdrucksmöglichkeiten, die gerade nicht-deutschen Gruppenmitgliedern auch Möglichkeiten eröffnet, sich nonverbal in differenzierter Weise auszudrücken. Das „Schaffen eines hierarchiefreien Raumes" (ebenda) begünstigt die Gleichheit der Kommunikationspartner und die Wechselseitigkeit im Austausch (siehe 3. Kapitel). Schließlich bietet die Zukunftswerkstatt einerseits ein Forum zur Kritik der gegenwärtigen Verhältnisse, aber auch ein Instrument zur Antizipation neuer Lebensformen, die auf Vernunft, Frieden und kultureller Selbstbestimmung beruhen. Sie ist ein Labor für Demokratieentwürfe.

Ziele

- *Selbstbestimmung und Mitbestimmung*
  Die Menschen sollen sich mehr und mehr aus fremdbestimmten Zwängen lösen und lernen, ihre Geschicke wieder selbst zu bestimmen. Sie sollen in der Zukunftswerkstatt Strategien erarbeiten, sich einzumischen und öffentlich Gehör zu verschaffen, um ihr demokratisches Recht auf Mitgestaltung der eigenen Zukunft offensiv wahrnehmen zu können.
- *Kritikfähigkeit*
  Die Teilnehmenden sollen angeregt werden, die Kritik an bestehenden Verhältnissen zu präzisieren und auf eine für alle Beteiligten annehmbare Grundlage zu stellen
- *Phantasiefähigkeit und Kreativität*
  Das Lernkonzept der Zukunftswerkstatt soll ermutigen, gewohnte Denkmuster, Handlungsschablonen und Routinen zu verlassen, verdrängte Wünsche und Träume offen zu legen und soziale Phantasien für eine humanere Zukunft zuzulassen.
  Die Mitglieder einer Werkstatt sollen zu gesellschaftlichen Gegenentwürfen, sozialen Erfindungen, konkreten Utopien und Ideen angeregt werden. Durch Werken, Experimentieren, Formulieren, Konstruieren, Malen, Bauen oder anderes Tun soll die Annäherung an Neuartiges und Ungewöhnliches herbeigeführt werden.
- *Realitätssinn*
  Die Teilnehmenden sollen in der Lage sein, den Transfer ihrer Utopien in die Realität zu leisten. Sie sollen genügend Realitätssinn entwickeln, um ihre Phantasien konkret werden zu lassen und handlungsfähig zu bleiben.
- *Selbstorganisation und Selbsthilfe*
  Bei der Umsetzung der Zukunftsvorhaben in die Praxis bedarf es in der Regel auch kollektiver Zusammenhänge. Daher sollen die Mitglieder einer Zukunftswerkstatt auch Strategien kennen lernen, sich in Interessensgruppen zusammenzuschließen, um gegebenenfalls ihre Interessen gemeinschaftlich durchzusetzen (Müllert 1992, S. 51).

„Zusammengefasst sind Zukunftswerkstätten zu begreifen als
- ein Demokratisierungsinstrument, durch das jedem Interessierten ein Mitspracherecht gewährt wird,
- eine Plattform, von der aus eine maßgebliche Bürgerbeteiligung möglich wird,

– eine Chance für die sonst Sprachlosen, ihre Bedürnisse und Sehnsüchte auszudrücken,
– eine Herausforderung an die staatlichen und wirtschaftlichen Institutionen, die aus der Bevölkerung kommenden Lösungsvorschläge und Erfindungen ernst zu nehmen und aufzugreifen" (Müllert 1992, S. 46).

Konzeption/Ablaufschema

Die Phasen der Zukunftswerkstatt

Die Zukunftswerkstatt besteht in ihrem Kern aus der Kritik-, Phantasie- und Verwirklichungsphase. Umrahmt wird sie in der Regel von einer Vorbereitungs- und Nachbereitungsphase, die in sich nochmals differenziert sein können. Der Kritikphase geht in der Regel auch eine Orientierungs- und Kennenlernphase voraus, die Nachbereitungsphase kann mit einer Begleitung der Nachfolgeaktivitäten verbunden sein.

Ihre Urheber betonen, dass Zukunftswerkstätten auch spontan entstehen können und nicht unbedingt einer größeren Vorbereitung bedürfen. Ursprünglich waren es ja vielfach Kurzveranstaltungen, die einen Nachmittag oder Abend ausfüllten. Sie sollten so flexibel und einfach durchführbar sein, dass sie auch in einer Kneipe, im Betrieb oder im Freien stattfinden konnten. Mit der Zeit haben sich längere Veranstaltungsformen entwickelt, die auch 3 bis 5 Tage umfassen können und in der Regel mit einer längeren Vorbereitung einhergehen.

Die Vorbereitungsphase

In diese Phase fallen alle Aktivitäten der didaktischen Planung :

– *Festlegung und Ankündigung des Themas*
  Wenn eine bestehende Gruppe bereits ein Anliegen hat und dazu eine Zukunftswerkstatt durchführen will, so geht es im Grunde darum, das Thema aufzugreifen und im Sinne der Gruppe zu formulieren. Hier verwirklicht sich ein zielgruppenorientierter Ansatz.
  Eine andere Variante besteht darin, dass die Initiatoren der Zukunftswerkstatt ein öffentlich diskutiertes, die Zukunft der Bevölkerung betreffendes Thema ankündigen und über Medien dafür werben. Dies ist eher ein klassischer angebotsorientierter Ansatz.
– *Hintergrundinformationen*
  Mit der Einladung zur Zukunftswerkstatt kann Informationsmaterial verschickt werden, mit dem sich die Interessenten inhaltlich auf das Thema vorbereiten können. Es handelt sich dabei nicht um die Vorwegnahme der Gruppendiskussion, sondern um Informationen, die die komplexen Hintergründe

eines Themas beleuchten sollen und Hilfestellungen für eine Meinungsbildung darstellen. Auch während der Durchführung der Werkstatt sollten ggf. Materialien mit Hintergrundinformationen bereitgehalten werden (Videofilme, Fachliteratur, Broschüren etc.).

– *Raumbeschaffung*
  Der Raum sollte genügend Platz für Kleingruppen, Stuhlkreis und Pinnwände lassen. Es ist auch praktisch, wenn an den Wänden Freiflächen für Plakate bzw. Korktafeln oder Leisten vorhanden sind, um Papierbögen anheften zu können. Je nach Bedarf sind Kleingruppenräume erforderlich.
– *Arbeitsmaterial*
  Die Leitung der Zukunftswerkstatt sollte große Papierbögen, Notizzettel, Filzstifte, Heftzwecken, Pastellkreiden, Klebeband und Klebepunkte bereitstellen. Zusätzliche Materialien wie Tücher, Hüte, Kleidungsstücke für Verkleidungsaktionen, alte Zeitschriften für Collagen oder Musikkassetten zur Entspannung und Animation können die Phantasiephase unterstützen. Mit einem Fotoapparat werden die Ergebnisse der Gruppenarbeit dokumentiert.
– *Vorbesprechung bzw. Orientierungsphase innerhalb der Werkstatt*
  Eine Vorbesprechung kann hilfreich sein, um die Leitung und das Konzept der Werkstatt kennen zu lernen, die Teilnehmer und Teilnehmerinnen miteinander bekannt zu machen, die Motivation und Erwartungshaltung der Anwesenden zu erfahren, das Thema auf die Interessen der Teilnehmenden abzustimmen und die organisatorischen Rahmenbedingungen (Ablauf- und Zeitschema, Unterbringung, Verpflegung etc.) abzuklären. Sollte ein gesonderter Termin nicht eingeplant werden können, so fallen diese Gespräche in die Orientierungsphase vor Beginn der Kritikphase.

Die Kritikphase

Die Kritikphase bietet Gelegenheit, Unmut, negative Erfahrungen, Beschwerden und kritische Meinungen zum Thema zusammenzutragen. Die Äußerungen sollten spontan vorgetragen und direkt auf Papierbögen notiert werden.
Ausgangsfragen:
– Was ärgert mich/stört mich/behagt mir nicht an der jetzigen Situation?
– Was macht mir dabei Angst?
– Was gefällt mir nicht an meinem eigenen Verhalten?
– Was habe ich zu kritisieren?

Regeln für die Kritikphase:
– Jede Kritik ist willkommen!
– Keine Zensur oder Kommentierung der Äußerungen!
– Kritik spontan und in Stichworten äußern!

- Keine Lösungsvorschläge machen!
- Keine Debatten führen!

Nach der Sammlung der Kritikpunkte wird eine Auswahl der wichtigsten Äußerungen getroffen. Die einzelnen Punkte werden gebündelt und gewichtet, gegebenenfalls werden Themenkreise festgehalten. Die Phase dient dazu, die vorrangig zu bearbeitenden Themen herauszukristallisieren.

Methode: Der Themenspeicher

Thema	Punkte	Rang

Im Themenspeicher werden alle Themen aufgelistet. Anschließend werden pro Person 7 Klebepunkte verteilt, mit denen die Themen markiert und anschließend nach der Häufigkeit der erreichten Punktzahl gewichtet werden können.

Beispiel:
Unter dem Thema „Deutsche und AusländerInnen gemeinsam: Älterwerden als Chance“ stand eine Zukunftswerkstatt, die von der örtlichen Arbeitsgemeinschaft „Arbeit und Leben“ und der VHS in Oberhausen durchgeführt wurde. Die Zukunftswerkstatt war die Schlussveranstaltung einer Reihe von Seminaren, Exkursionen und Einzelveranstaltungen, die im Rahmen eines Modellprojekts zum Thema „Deutsche und Ausländer gemeinsam: Aktiv im Alter“ stattgefunden hatten. Im Zuge dieses Projekts hatten sich eine Reihe von Kontakten zwischen den älteren Migranten und Deutschen ergeben. Nun ging es um die Frage, wie man künftig Kontakt zueinander halten wollte, welche gemeinsamen Interessen, Bedürfnisse und Anliegen im Hinblick auf das Älterwerden bestanden und welche Projekte gegebenenfalls zur Weiterentwicklung der bestehenden Beziehungen angegangen werden sollten.

Kritik- und Beschwerdephase
Ausgangsfrage: Denken Sie an Ihr Älterwerden. Was stört, ärgert, behindert Sie in Ihren Aktivitäten, kurzfristigen Vorhaben und Zukunftsplänen? Was kritisieren Sie?

Beispiele aus der Gruppenarbeit

Gruppe 3
- Ältere Menschen fühlen sich verwaltet, besonders Behinderte.
- Ältere ausländische Mitbürger fühlen sich durch Sprachschwierigkeiten ausgegrenzt.

- Manche Ältere, Alleinerziehende und Arbeitslose werden in unserer Gesellschaft in die neue Armut abgedrängt.
- Ausländer und Deutsche öffnen sich gegenseitig nicht genug.
- Die soziale Kälte in unserer Gesellschaft nimmt zu.
- Die Zukunftsaussichten für die Jugend sind ziemlich schlecht.
- In unserer Ellbogengesellschaft fühlen sich ältere Menschen ausgegrenzt.
- Kinder und Enkelkinder haben keine Zeit für ihre Eltern und Großeltern.
- Weder Nachbar noch Hausbesitzer waren gewillt, mir einen Rollstuhlplatz zu bewilligen.

Gruppe 4

- Zukunftsangst,
- Heimatlosigkeit,
- Tradition und Kultur verloren,
- Respektlosigkeit bei der Jugend,
- das Bestreben, sich darzustellen, besonders im Fernsehen und in der Politik,
- Zunahme der Drogensucht und Gewalt,
- der Verlust ethischer Werte,
- das Umsichgreifen des Egoismus,
- Rücksichtslosigkeit gegenüber anderen Personen im Privatleben und Beruf,
- das Verlorengehen des Begriffs Nächstenliebe.

Unser Ärger in vier Sätzen zusammengefasst – Ergebnisse aus allen vier Arbeitsgruppen:

1. Uns ärgert, dass wir allein gelassen werden und es nicht schaffen, auf andere zuzugehen.
2. Uns ärgert, dass wir im Alter, wenn wir körperlich und geistig hilflos sind, keine Kontakte aufbauen können.
3. Uns ärgert, dass jeder nur an sich denkt (Egoismus) und keiner Zeit hat.
4. Uns ärgert, dass die ethischen Werte verloren gegangen sind – Achtung gegenüber Mitmenschen, Respekt gegenüber anderen Kulturen, Religionen, Solidarität mit Schwächeren.

Wenn das Gegenteil wahr wäre (positive Wendung):

1. Ich zeige Offenheit (frühzeitig), höre dem anderen zu und er mir auch, dabei mache ich den ersten Schritt.
2. Ich sorge frühzeitig für gute Nachbarschaft und gute Bekannte, die auch kommen, wenn ich krank und hilflos bin.
3. Wir kommen gut miteinander aus und haben Zeit füreinander.

4. Es gibt mehr Gemeinschaftssinn, mehr Achtung gegenüber Menschen anderer kultureller Herkunft, Toleranz anderer Werte, Normen, Religionen, Solidarität mit den Schwächeren.

Übergang zur Phantasiephase

1. Positive Umformulierung

Der erste Schritt zur Entwicklung neuer Perspektiven und alternativer Lebensentwürfe ist die Umkehrung der Kritik, wie sie das obige Beispiel zeigt. Die positive Wendung der Kritik kann verbal oder nonverbal erfolgen (z.B. als Pantomime oder Collage). Auf diese Art und Weise konzentrieren sich die Mitglieder der Zukunftswerkstatt nochmals auf die Essenz ihrer kritischen Äußerungen, kehren diese aber in ihr Gegenteil um und lassen sich damit schon ansatzweise auf mögliche Gegenvorstellungen ein, die für die Phantasiephase nützlich sein können.

2. Symbolische Beseitigung

Die Teilnehmenden bilden einen Kreis. In der Mitte steht ein Papierkorb. Alle werden gebeten, die für sie besonders belastenden Problempunkte aufzuschreiben. Auf ein Zeichen der Gruppenleitung werden die Zettel zerknüllt und in den Papierkorb geworfen.

3. Negative Überspitzung

In diesem Fall wird die Frage gestellt: „Was könnte gemacht werden, damit alles noch schlimmer wird?“ Dazu verfassen die Teilnehmenden einen Artikel. Nachdem die Artikel vorgelesen worden sind, fragt die Moderatorin, was denn an Positivem in der Überspitzung steckt. Auf diese Art und Weise wird bei den Mitgliedern der Zukunftswerkstatt Phantasie im Sinne einer ironischen Übertreibung geweckt. Wenn sich die Teilnehmenden auf diese Übung einlassen und keine Widerstände entwickeln, kann sich ein spielerisches Interesse an dem Ausmalen eines Negativ-Szenarios entwickeln. Es besteht aber auch das Risiko, dass sich eine eher depressive Stimmung aufbaut, die den Übergang zur Phantasiephase erschwert.

Die Utopie- oder Phantasiephase

In der Phantasiephase geht es darum, dem eben noch kritisierten Zustand Wünsche, Visionen, Gegenentwürfe, Ideen, Utopien entgegenzusetzen. Nun soll die Werkstattgruppe dazu animiert werden, sich – ohne die sonst üblichen oft selbst auferlegten Denkverbote und Vorbehalte – ganz der Phantasie zu öffnen. Das Entscheidende dieser Phase ist, sonst Undenkbares zu denken und auszusprechen. Diese Ideen können mit allen möglichen kreativen Mitteln zum Ausdruck gebracht werden.

Ausgangsfrage: „Stellt euch vor, ihr habt unbegrenzt Geld, Macht und Zeit zur Verfügung – welchen Traum würdet ihr euch erfüllen?"

Regeln:
- Die Wirklichkeit spielt jetzt keine Rolle.
- Jede Idee gehört dazu, ist willkommen.
- Uns ist im Denken alles erlaubt.
- Das Verrückte ist gerade gut genug.
- Alles wird aufgegriffen und weitergesponnen.
- Wir diskutieren nicht, sondern lassen zunächst unserer Phantasie und Spiellust freien Lauf.

Methoden zur Einstimmung in die Phantasiephase

1. Rundgeschichte

Bei einer Rundgeschichte wird ein Stuhlkreis gebildet. Einer nach dem anderen erzählt einen Ausschnitt aus seiner künftigen Realität.

2. Musik und Bewegung

Körperliche Verspannungen werden bei dieser Einstimmungsübung gelöst. Musik soll dazu animieren, sich allein oder in Paaren bzw. Gruppen im Raum zu bewegen. Es geht hierbei nicht um das Nachvollziehen einstudierter Schrittfolgen, sondern um Improvisation und ein Sich-treiben-Lassen von der Musik.

3. Malen

Auch diese Übung kann mit Musik verbunden werden. Alle erhalten Pastellkreiden. Auf dem Boden wird ein großer Papierbogen ausgebreitet. Eine Person beginnt mit dem Malen, die anderen machen mit, sobald sie für sich einen Ansatzpunkt finden

4. Landschaft mit Gegenständen

Die Gruppenmitglieder werden zu einem Spaziergang außerhalb des Tagungshauses aufgefordert (15-20 Minuten) und gebeten, einen Gegenstand mitzubringen, der einen Wunsch für die Zukunft symbolisieren soll. Im Sitzungszimmer wird ein Papierbogen ausgebreitet, auf dem die Gegenstände abgelegt werden sollen. Jeder kommentiert seinen Fund.

5. Phantasiereise

Die Teilnehmenden werden gebeten, sich bequem hinzusetzen oder hinzulegen, die Augen zu schließen und sich von der Moderatorin auf eine Reise in die innere Welt der eigenen Phantasie begleiten zu lassen. Die Moderatorin spricht einen

Text, den jeder vor seinem inneren Auge nachvollzieht. Leise Musik kann diese meditative Phase unterstützen.

Die Phantasiereise kann einen Bezug zum Thema herstellen: Zum Beispiel kann es sich um

- eine Ballonreise handeln, die uns alles aus einer Vogelperspektive sehen lässt,
- eine Zeitreise, die uns in die Zukunft versetzt,
- eine Rakete, die die Mitreisenden auf einen fernen Planeten bringt oder
- ein Schiff, das zu einer entfernten, zauberhaften Insel segelt.

Was ist zu beachten?

- Die Moderatorin sollte Erfahrung mit Phantasiereisen haben.
- Die Teilnehmenden sollten über genügend Deutschkenntnisse verfügen, um den Worten der Moderatorin folgen zu können.
- Der Anleitungstext sollte einfach und in eine Bildersprache umsetzbar sein.
- Wie jeder Einzelne dem Text folgt, ist individuell sehr unterschiedlich. Darauf sollte zu Anfang hingewiesen werden.
- Der Vortrag sollte langsam und ruhig sein. Pausen geben den Teilnehmenden Gelegenheit, die inneren Bilder aufsteigen zu lassen.
- Der Vortrag sollte einen realen Ausgangspunkt haben, an den alle anknüpfen können. Er sollte ohne Brüche, gut nachvollziehbar aufgebaut sein und einen deutlich erkennbaren Schluss haben.
- Die Moderatorin sollte genügend Gestaltungsspielräume für die Phantasie der Mitreisenden lassen.

6. Verkleiden und Schminken

Durch diese Methode erhalten die Gruppenmitglieder Gelegenheit, in andere Rollen zu schlüpfen und Alltagsroutinen abzulegen. Sie können eine andere Identität annehmen und Verhaltensweisen erproben, die sie sich im Alltag nicht erlauben würden.

Beispiel: Bei einer Zukunftswerkstatt zum Thema „ECU, EURO – das kann doch nicht alles gewesen sein" (Landesinstitut für Schule und Weiterbildung/Forum Unna) hatte die Moderatorin einen Koffer mit Schleiern, Tüchern, Hüten und Stoffen mitgebracht, aus dem sich die Mitglieder der Werkstatt etwas aussuchen konnten. Sie hatten zuvor eine kleine Papierflagge mit den Nationalfarben eines europäischen Staates gezogen und sollten nun eine phantasievolle Kopfbedeckung basteln, die irgendeinen symbolischen Bezug zu dem jeweiligen Staat haben sollte. So entstanden phantastische, teilweise skurrile Kreationen, die unterschiedliche Deutungen und emotionale Reaktionen bei den Beteiligten auslösten. Die Atmosphäre wurde durch einen anschließenden Tanz noch gelöster.

7. Theater, Pantomime, Statuen

Auf diese Weise können Szenen erprobt werden, die eine phantasievolle Antizipation zukünftiger Situationen ermöglichen.

Zusammenfassend ist im Hinblick auf die Einstimmung in die Phantasiephase zu sagen, dass eine sorgfältige Auswahl unter Berücksichtigung der jeweiligen Teilnehmergruppe nötig ist. Der Einstieg kann misslingen, wenn die Gruppe den Eindruck gewinnt, sie stehe unter Leistungsdruck oder wenn die Übungen zu ungewohnt sind (Beispiel Phantasiereise) und zu Verklemmungen führen. Es kann auch sein, dass die Teilnehmenden sich aufgrund des spielerischen Charakters der Übungen nicht ernst genommen und infantilisiert fühlen. Insofern wird der Werkstattleitung Flexibilität und Sensibilität abverlangt, was bedeuten kann, dass sie vom eigenen Konzept abgeht und ggf. auf eine andere Übung als die vorgesehene zurückgreift.

Zur Weiterführung und Vertiefung der Phantasiephase werden verschiedene Übungen eingesetzt und so aufeinander abgestimmt, dass sich nach und nach eine kreative Atmosphäre herstellt, in der die Gruppenmitglieder schließlich zur Formulierung und Darstellung ihrer Wünsche und Ideen kommen.

Ein mögliches Ablaufschema:

Nach der Einstimmung in die Phantasiephase geht es darum, eine erste Liste utopischer Ideen und Wünsche aufzustellen. Dies kann in Form eines Brainstormings erfolgen:

Beispiel aus dem Seminar „Deutsche und AusländerInnen gemeinsam: Älterwerden als Chance"
Ausgangsfrage: Wie wünschen Sie sich das Älterwerden in einer multikulturellen Gesellschaft?
Erste Wunschliste:
- *auch im Alter noch die Jugend verstehen können,*
- *ohne Leiden sterben,*
- *ein Recht, auszuwählen, wo wir sterben,*
- *Freude und Wohlbefinden sollen das Lebensgefühl bestimmen,*
- *Zuversicht und Hoffnung sollen wieder „aufblühen",*
- *Kraft zum Kämpfen, damit viele unterschiedliche Kulturen friedlich zusammenleben,*
- *der behinderte Mensch soll mehr als Mensch gesehen werden,*
- *die Menschen sollten sich in ihrer Verschiedenheit akzeptieren.*

Durch das Brainstorming können Wünsche, die schon vorhanden sind, abgerufen werden. Es ist eine zeitsparende und einfache Form der Ideensammlung und kann als Grundlage für eine sich anschließende wieder eher spielerische Phase dienen.

Die Ergebnisse der Brainstormingphase werden wieder unter Oberbegriffen gebündelt und ggf. in Themenkreisen zusammengefasst. Diese Themenkreise werden auf Plakaten notiert, die an verschiedenen Stellen im Seminarraum aufgehängt werden. Die Mitglieder der Werkstatt begeben sich nun zu dem Plakat, dessen Thema sie gerne aufnehmen und weiterbearbeiten wollen. So kommt es für die weitere Arbeit zur Bildung von Kleingruppen, die sich in der Folgezeit intensiv mit der Ausgestaltung eines utopischen Entwurfs befassen.

Bei der kreativen Weiterentwicklung der Ideen können die Teilnehmenden zu unterschiedlichen Mitteln greifen, zum Beispiel:
a) Geschichten erfinden,
b) Collagen erstellen,
c) Bilder malen,
d) einen Entwurf basteln,
e) Theater spielen,
f) Sketche entwickeln,
g) Szenen pantomimisch darstellen,
h) einen Tanz improvisieren.

Beispiel aus der Zukunftswerkstatt „Deutsche und AusländerInnen gemeinsam: Älterwerden als Chance“:
Die Gruppen bereiteten in der Utopiephase ein Rollenspiel vor. Die Mitglieder einer Gruppe traten in verschiedenen Landestrachten auf, die sie sich aus bereitgelegten Tüchern und Kleidungsstücken zusammengestellt hatten. Sie trafen sich in einem interkulturellen Zentrum für Jung und Alt, wo sie sich über ihre Kleidungsgewohnheiten und Sitten austauschten. Sie überlegten, wie sie in der Öffentlichkeit mehr Akzeptanz für ihre Kulturen herstellen könnten. Aus einem Radio im Hintergrund verkündete ein Nachrichtensprecher, dass Ali Özdemir, 44 Jahre, Sohn türkischer Eltern, soeben zum Bundeskanzler gewählt worden sei.
Auswertung:
Nachdem die Gruppen ihre Ergebnisse im Plenum präsentiert haben, rufen die Zuschauer den Moderatorinnen die Wünsche und Ideen zu, die die Darstellungen in ihnen ausgelöst haben. Dann ergänzen die Mitglieder der Arbeitsgruppen die Wunschlisten.
Übergang zur Verwirklichungsphase:
- Die interessantesten Ideen aus der Utopiephase können anschließend mit Punkten versehen und gewichtet werden.
- Einzelne, besonders faszinierende Ideen werden herausgegriffen.
- Alle Ideen werden aufgeschrieben und zu Clustern weiterverarbeitet.

Fragen, die diese Arbeitssequenz steuern können:
- Welcher Wunsch, welches Interesse steckt hinter der Idee?

- Gibt es etwas Vergleichbares schon?
- Hat es so etwas in der Vergangenheit schon einmal gegeben?
- Was könnte die Idee noch bedeuten?

Die Verwirklichungsphase

Mit der Verwirklichungsphase beginnt die Rückkehr in die Gegenwart. Jetzt werden die tatsächlichen Rahmenbedingungen gesellschaftlichen Handelns wieder relevant. Die politischen Machtverhältnisse, die wirtschaftlichen Zwänge, Gesetze und örtlichen Gegebenheiten treten wieder ins Blickfeld. Nun müssen die Durchsetzungsmöglichkeiten für die utopischen Entwürfe geprüft werden. Hindernisse sind durch Befragen von Experten, durch Aneignung zusätzlicher Informationen und Kreativität auszuräumen.
Mögliche Ergebnisse:

- Neue Perspektiven und Orientierungen werden erarbeitet, die nicht unbedingt in einen Handlungsentwurf münden (z.B., wenn es um die Verbesserung der zwischenmenschlichen Beziehungen zwischen Deutschen und Migrant/-innen geht).
- Forderungen werden aufgestellt, die an den Stadtrat, Betriebsrat oder ein anderes demokratisches Gremium weitergeleitet werden.
- Projekte werden geplant und mit einem Zeitplan versehen.

Bei Zukunftswerkstätten – das betonen alle Autoren – geht es nicht unbedingt darum, ein fertiges Projekt zu entwickeln, sondern es geht um einen ersten Schritt, Neues zu wagen und sich für alternative Ideen zu öffnen und sei dieser erste Schritt auch noch so klein (Müllert 1992, S. 49).

Spielregeln:

- am Thema arbeiten,
- realistisch die Durchsetzungsbedingungen prüfen,
- praktisch und konkret werden.

Ergebnissicherung:

Wenn die Teilnehmenden aus der Werkstatt persönliche Erkenntnisse ziehen wollen, wie z.B. bei dem Thema interkulturelle Kontakte, kann jeder seine Konsequenzen in einem Brief an sich schriftlich festhalten. Dieser Brief wird in einen Umschlag gesteckt und mit der eigenen Adresse versehen. Nach zwei oder drei Wochen, wenn die Erinnerungen an die Werkstatt ein wenig „gesackt“ sind, schickt die Moderatorin den Brief zu und die Empfänger haben Gelegenheit, sich nochmals ihrer Vorhaben zu erinnern und selbst zu überprüfen, was sie bereits umgesetzt haben.

Werden in der Werkstatt Projekte vereinbart, so sind Nachbereitungssitzungen zur Diskussion und Kontrolle der Aktivitäten sinnvoll. In diesem Zusammenhang gilt es Ziele, Umsetzungsformen und Zeitpläne auszuarbeiten. Entscheidend ist allerdings, dass die Gruppe die Leitung solcher Projekte selbst in die Hand nimmt.

Die Rolle der Gruppe in der Zukunftswerkstatt

Die Gruppe als Katalysator

Wenn aus einer bestehenden Gruppe der Wunsch erwächst, für eine bestimmte Frage oder ein Problem eine Lösung zu suchen, dann spielt diese Gruppe (Bürgerinitiative, Flüchtlingsinitiative etc.) die Rolle eines Katalysators für die Durchführung der Werkstatt. In diesem Fall ist von einer hohen intrinsischen Motivation und Lernbereitschaft auszugehen, die sich positiv auf das Lernklima auswirken kann.

Die Gruppe als Forum der Kritik

Durch die Gruppe wird erst eine multiple Sicht auf das zu lösende Problem ermöglicht. Es ergeben sich viele unterschiedliche Blickwinkel und Standpunkte, aus denen sich die Kritik ergibt (insbesondere in der Krititikphase). Den bestehenden Singularisierungstendenzen wird die Gruppe als gemeinschaftlicher Zusammenhang entgegengesetzt. Das Gefühl der Vereinzelung, mit den eigenen Problemen allein dazustehen, wird augehoben. Die Teilnehmenden machen die Erfahrung, dass auch andere unter ähnlichen Belastungen leiden und dass sich der Problemdruck auf viele Betroffene verteilt.

Die Kritikphase trägt gleichzeitig zur Relativierung überzogener, ungerechtfertigter, polemischer oder vorurteilsbehafteter Standpunkte bei, indem sie eine multiperspektivische Sicht erzeugt. Die Gruppenmitglieder erhalten Gelegenheit zum vergleichenden Abwägen. Durch Auswahlverfahren werden konsensfähige Kritikpunkte herausgefiltert. Die kathartische Wirkung des Alles-sagen-Könnens wird erlebt.

Die Gruppe als kreatives Labor

Insbesondere die Utopiephase eröffnet einen Ideenreichtum und die Einsicht, dass Zukunft zu einem facettenreichen Gesamtentwurf verschmelzen kann, der viele Lösungswege ermöglicht. Es gibt nicht die eine Lösung, sondern verschiedene Lösungswege.

In dieser Phase entsteht ein starkes Gruppen-Wir. Das Sich-Hineinversetzen in eine utopische Situation bindet alle kreative Energie der Gruppe und vermittelt zugleich die Erfahrung, wie produktiv gemeinschaftliche Arbeit sein kann.

Die Gruppe als Aktionsbündnis und Solidargemeinschaft

Auch diese Erfahrung wird durch die Zukunftswerkstatt möglich. Zur Umsetzung von Aktionen als Ergebnis der Werkstatt bedarf es einer Gruppe mit gemeinsamen Zielsetzungen, die die einzuleitenden Schritte arbeitsteilig angeht. Hier erweist sich die Gruppe auch als soziales Netz, das gegenseitige Unterstützung, Anerkennung und Akzeptanz verspricht.

Literatur

Burow, Olaf-Axel: Die Individualisierungsfalle. Kreativität gibt es nur im Plural. Stuttgart 1999

Dauber, Heinrich: Neue Lernkulturen. In: Nuissl, E. u.a. (Hrsg.): Literatur und Forschungsreport Weiterbildung Nr. 44/Dez. 1999, S. 38-47

Dauscher, Ulrich: Moderationsmethode und Zukunftswerkstatt. 2. verb. Aufl., Neuwied/Kriftel/Berlin 1998

Diakonie Düsseldorf (Hrsg.): Netzwerkarbeit. Leitfaden und Dokumentation. Düsseldorf 1997

Gugel, Günther: Methoden Manual II: „Neues Lernen". Tausend neue Praxisvorschläge für Schule und Lehrerbildung. Weinheim/Basel 1998

Hufer, Klaus-Peter: Politische Erwachsenenbildung. Strukturen, Probleme, didaktische Ansätze – Eine Einführung. Schwalbach/Ts. 1992

Jungk, Robert/Müllert, Norbert: Zukunftswerkstätten. Mit Phantasie gegen Routine und Resignation. Überarb. und aktualisierte Neuausgabe. 6. Aufl., München 1997

Lutz, Rüdiger: Erfahrungen mit Zukunftswerkstätten – eine Zwischenbilanz. In: Landesinstitut für Schule und Weiterbildung (Hrsg.): Zukunftsphantasien (k)ein modischer Trend!? Reader zum Lern-Konzept Zukunftswerkstatt. 2. Aufl., Soest 1992, S. 29-39

Müllert, Norbert R.: Über Wünschen und Träumen gewohnte Denk- und Handlungsschablonen verlassen. In: Landesinstitut 1992, S. 43-63

(Eine breite Literaturauswahl zum Thema bietet die Internationale Bibliothek für Zukunftsfragen, Robert-Jungk-Stiftung, A 5020 Salzburg, Imbergstr. 2.)

Desbina Kallinikidou

Ausgewählte Übungen zum interkulturellen Lernen

Im Folgenden werden einige Beispiele zu den o.g. Methoden und Arbeitsformen aufgeführt. Dabei ist festzuhalten, dass die Kategorien Anfangs-/Schlusssituationen, biografisches Lernen und szenische Verfahren sich überschneiden, da sie sich auf verschiedene Ebenen beziehen. Die Rubrik Anfangs-/Schlusssituationen nimmt Bezug auf den zeitlichen Verlauf des Gruppenprozesses, während das biografische Lernen eine inhaltliche Kategorie darstellt und szenische Darstellungen allein durch die szenische Form definiert werden. So kann z.B. eine Form der szenischen Darstellung durchaus als Übung für eine Abschlusssituation aufgeführt sein und biografische Elemente enthalten. Die Überschneidungen dieser Kategorien sind unter dem Stichwort „Anmerkungen" vermerkt.

Anfangssituationen

TITEL:	**Wanderer sind wir alle**
Beschreibung:	Eine große Weltkarte wird im Gruppenraum befestigt. Die Kursleitung fordert die Teilnehmenden auf, mit Stecknadeln zu markieren, wo sie ursprünglich herkommen und wo sie heute leben. Man kann diese Aufgabe bei Bedarf auch noch auf die Herkunft der Eltern ausweiten. Jede/r steckt seine Nadeln und gibt Erläuterungen dazu ab. Der Übersichtlichkeit halber kann man die Nadeln einer Person jeweils noch mit einem Wollfaden verbinden.
Zielgruppe:	Alle Gruppen, die multikulturell zusammengesetzt sind.
Ziel:	Kennenlernen der Wanderungsgeschichte der anderen. Medium, um über Migrationserfahrungen zu sprechen. Gemeinsamkeiten deutlich machen, fast alle haben ihre Heimat irgendwann einmal verlassen (eigene oder vorige Generation).
Gruppengröße:	Bis ca. 25 Personen.
Dauer:	Pro Person ca. 5 Minuten.

Material: Eine große Weltkarte oder Europakarte, je nach Gruppenzusammensetzung,
– Stecknadeln,
– Wollfaden.

Anmerkungen: Gute Kennenlernübung.
Möglichkeit, Gemeinsamkeiten herzustellen über die Erfahrungen, die man macht, wenn man seine Heimat verlässt.
Weltkarte sollte im Raum hängen bleiben, um diesen Erfahrungshintergrund sinnlich deutlich werden zu lassen.
Biografisches Lernen: Migrationsgeschichte.

TITEL: **Partner-Memory**

Beschreibung: Die Seminarleitung verteilt Memorykarten und gibt Anleitung.
Alle Teilnehmenden gehen mit ihrer Memorykarte im Raum umher und tauschen sie permanent untereinander aus. Auf ein akustisches Zeichen hin suchen sich alle Personen mit der gleichen Memorykarte. Die Seminarleitung stellt eine Frage, die im Partnerinterview beantwortet wird.
Nach ca. 3 Minuten wird auf ein Zeichen der Seminarleitung hin der Ablauf mit anderen Fragen wiederholt.
Die Fragen können entweder zur Person sein und/oder zum Thema hinleiten.

Zielgruppe: Gruppen, die sich gar nicht oder nicht gut kennen.

Ziel: Aufwärmen und Kennenlernen,
neue Kontakte ermöglichen, Mischen der Gruppe,
Einführung ins Thema.

Gruppengröße: Ab 12 Personen.

Dauer: 15-30 Minuten.

Material: – Memorykarten,
– genügend Raum, um sich zu bewegen.

Anmerkungen: Sehr anregend, lässt das Eis schnell schmelzen.
Führt innerhalb kürzester Zeit zu vielen Kontakten.
Vorher bestehende Subgruppen lassen sich gut auflösen.
Biografisches Lernen.

TITEL:	**Gruppenzugehörigkeiten**
Beschreibung:	Die Teilnehmenden gehen im Gruppenraum umher. Die Kursleitung stellt verschiedene Fragen und die Teilnehmenden ordnen sich jeweils zu unterschiedlichen Gruppen zusammen. In den Gruppen besteht jeweils für ca. 3 Minuten die Möglichkeit zum Austausch. Beispiel: Geschwisterkonstellation oder -position, Mutter berufstätig oder nicht, Eltern aus gleicher Region oder nicht?
Zielgruppe:	Für alle Teilnehmergruppen geeignet, wenn die Fragen an das jeweilige Thema und die Gruppe angepasst werden.
Ziel:	Erkennen, dass Kultur nicht die einzige Variable ist, die eine Person definiert, sondern zum Beispiel auch die oben genannten Variablen und weitere.
Gruppengröße:	Mindestens 10 Personen. Sehr gut geeignet für Großgruppen.
Dauer:	Variabel je nach Anzahl der Fragen.
Material:	– Raum, der groß genug ist, um sich darin zu bewegen; – vorher formulierte Fragen.
Anmerkungen:	Man kann dieses Spiel auch so variieren, dass die Teilnehmenden selbst auch Fragen stellen können. Eine weitere Variation ist, Fragen zu stellen und die Teilnehmenden in Ja- und Neingruppen Aufstellung nehmen zu lassen. Biografisches Lernen: Rollenreflexion.

TITEL:	**Gegenstände mitbringen**
Beschreibung:	Die Teilnehmenden werden im Vorfeld, zum Beispiel in einem Brief, gebeten, einen Gegenstand mitzubringen, der einen Bezug zu ihrem Partner hat. Der Gegenstand sollte dem Partner sehr wichtig sein, aus dessen Ursprungsland stammen und seine Kultur symbolisieren. Die Teilnehmenden werden in der Anfangsrunde gebeten, den Gegenstand und den Bezug zum Partner und damit auch ein Stück weit den Partner selbst vorzustellen.
Zielgruppe:	Personen, deren Partner aus einer anderen Kultur kommen als sie selbst.

	Alle Teilnehmergruppen, die jemanden vorstellen wollen, der im Seminar nicht anwesend ist.
Ziel:	Lebendiges Vorstellen einer nicht anwesenden Person. Der Gegenstand erleichtert das Reden, vor allem in Anfangsituationen.
Gruppengröße:	Bis ca. 25 Personen, sonst ist es nicht mehr möglich, der Fülle an Informationen zu folgen.
Dauer:	Pro Person durchschnittlich 2-3 Minuten.
Material:	Die mitgebrachten Gegenstände.
Anmerkungen:	Besonders gut geeignet für Anfangssituationen, auch bei Gruppen, die sich schon kennen, da über die mitgebrachten Gegenstände neue Aspekte hinzukommen. Die Leitung sollte unbedingt darauf achten, dass die Beiträge der einzelnen Teilnehmenden nicht zu lang geraten, damit alle die gleiche Aufmerksamkeit erhalten. Biografisches Lernen.

TITEL:	**Begriffsklärung**
Beschreibung:	Ein Begriff, der im Mittelpunkt der thematischen Auseinandersetzung steht, wie z.B. Heimat oder Ehre, wird in den Raum gestellt. Die Teilnehmenden werden gebeten, den Begriff auf der Grundlage ihrer Kenntnisse und Erfahrungen spontan mit Hilfe von Assoziationen zu definieren.
Zielgruppe:	Interkulturelle Gruppen.
Ziel:	Begriffsklärung und Schaffung einer gemeinsamen Informationsebene. Austausch über unterschiedliche Bedeutungen von Begriffen in verschiedenen Sprachen und Kulturen. Sowohl kulturell als auch persönlich bedingte unterschiedliche Interpretationen kommen zur Sprache. Es wird z.T. deutlich, welche Interpretation kulturell und welche persönlich geprägt ist.
Gruppengröße:	Variabel; je größer und heterogener die Gruppe ist, desto vielfältiger sind die Ergebnisse.
Dauer:	Mindestens 10 Minuten.

Dauer: Die Dauer dieser Einheit hängt von der Komplexität des Begriffs ab und davon, inwiefern die Diskussion eine thematische Aufarbeitung sein soll.

Material: Der Begriff kann mit Hilfe von Karikaturen oder Sprichwörtern oder einer Kurzdefinition in den Raum gestellt werden.

Anmerkungen: Die Übung eignet sich für einen thematischen Einstieg in einer Anfangssituation.

TITEL: **Begrüßungsspiel**

Beschreibung: Jede/r Teilnehmende zieht ein vorgefertigtes Kärtchen. Alle Teilnehmenden führen die angegebene Begrüßung aus und versuchen im Kreis der anderen Teilnehmenden denjenigen zu finden, der die gleiche Begrüßungsart ausführt. Während dieser Phase darf nicht gesprochen werden.
Wenn sich alle Paare oder Gruppen gefunden haben, kann eine Diskussion zu folgenden Fragen angeschlossen werden: Welche Begrüßungsform waren angenehm/unangenehm? Warum? Gab es irgendwelche Begrüßungen, die anders verstanden wurden? Was für Gefühle kamen bei ungewohnten Formen der Begrüßung auf? Wie hätten die Einzelnen gerne spontan reagiert?

Zielgruppe: Alle Gruppen, die als spielfreundlich eingeschätzt werden.

Ziel: Auflockerung der Gruppensituation zu Beginn.
Gegenseitiges Kennenlernen.
Einstieg in eine Diskussion über unterschiedliche Verhaltensweisen in verschiedenen Kulturen.

Gruppengröße: Je größer die Gruppe, desto spaßiger das Begrüßungsspiel.

Dauer: Je nach Größe der Gruppe ca. 15-30 Minuten.

Material: Vorgefertigte Kärtchen mit verschiedenen Begrüßungsritualen.

Anmerkungen: Quelle: Losche, Helga: Interkulturelle Kommunikation. Sammlung praktischer Spiele und Übungen. Alling 1995, Seite 112. Die Begrüßungszeremonien sind zum größten Teil entnommen aus: Argyle, M. 1979, Seite 81 f.

Du gehörst zu den:	Kupfer-Eskimos
Sie begrüßen sich durch:	Faustschlag gegen Kopf und Schulter
Du gehörst zu den:	Eipo auf Neuguinea
Sie begrüßen sich durch:	Schweigen
Du gehörst zu den:	Dani auf Neuguinea
Sie begrüßen sich durch:	minutenlanges Umarmen und Tränen der Rührung und Erschütterung
Du gehörst zu den:	Loango
Sie begrüßen sich durch:	Händeklatschen
Du gehörst zu den:	Assyrern
Sie begrüßen sich durch:	Kleider hergeben
Du gehörst zu den:	Deutschen
Sie begrüßen sich durch:	gegenseitiges Händeschütteln
Du gehörst zu den:	Indern
Sie begrüßen sich durch:	Handflächen aneinander legen, vor den Körper halten und sich leicht verbeugen
Du gehörst zu den:	Lateinamerikanern
Sie begrüßen sich durch:	den Kopf auf die rechte Schulter des Partners, drei Schläge auf den Rücken, dann Kopf auf die linke Schulter des Partners, drei Schläge auf den Rücken
Du gehörst zu den:	Mongolen
Sie begrüßen sich durch:	sich gegenseitig die Wangen beriechen und sich mit den Nasen berühren und reiben
Du gehörst zu den:	Japanerinnen
Sie begrüßen sich durch:	Handflächen auf die Oberschenkel legen und verbeugen.

TITEL:	**Werteskala**
Beschreibung:	Es werden je nach Gruppengröße 2 oder mehrere kleinere Gruppen gebildet. Jede Gruppe erhält ein vorbereitetes Plakat und Karten, auf denen Werte wie z.B. Erziehungsziele festgehalten sind. Die Karten werden in doppelter Ausführung ausgegeben, in zwei unterschiedlichen Farben. Die Gruppen werden aufgefordert, die Erziehungsziele in eine Rangfolge zu bringen, und zwar in eine für die Erziehung von Jungen und eine andere für die Erziehung von Mädchen. Am Ende sollen in jeder Gruppe 2 Plakate mit einer Rangfolge der Erziehungsziele für Mädchen und Jungen vorliegen. Nach der Gruppenphase werden die Gruppenergebnisse im Plenum vorgestellt und diskutiert.
Zielgruppe:	Beliebig.
Ziel:	Diskussion unterschiedlicher Werte in unterschiedlichen Kulturen.
Gruppengröße:	Da überwiegend in kleineren Untergruppen gearbeitet werden kann, eignet sich diese Übung auch für größere Gruppen von bis zu 50 Personen.
Dauer:	Für die Diskussion in den Gruppen sollten 30 bis 45 Minuten Zeit vorhanden sein. Die Diskussion in Plenum braucht ebenso 30 bis 45 Minuten.
Material:	– Vorgefertigte Karten mit Werten bzw. Erziehungszielen: Zärtlichkeit, Durchsetzungsvermögen, Aufgeschlossenheit, teilen können, Toleranz, Zivilcourage, selbstständiges Denken, Hilfsbereitschaft, Haushaltsführung, Kritikfähigkeit, Wissensdurst, Ehrgeiz, Disziplin, Konfliktfähigkeit, Handarbeiten, Bescheidenheit, handwerkliches Können, Computerkenntnisse, politisches Interesse, Technikverständnis – Plakate zum Aufkleben der Rangfolge – Klebstoff – Stifte
Anmerkungen:	Diese Übung zielt auf die Diskussion von unterschiedlichen Prioritäten bei der Erziehung von Mädchen und

Jungen. Sie ist jedoch generell auch übertragbar auf Wertigkeiten in anderen Bereichen und eignet sich besonders gut für die Diskussion von unterschiedlichen Vorstellungen und Prioritäten.
Biografisches Lernen: eigene Werte und ihre Entstehung.

Erziehungsziele:
- Zärtlichkeit,
- selbstständiges Denken,
- Durchsetzungsvermögen,
- Aufgeschlossenheit,
- Hilfsbereitschaft,
- Haushaltsführung,
- Flexibilität,
- Kritikfähigkeit,
- teilen können,
- Wissensdurst,
- Toleranz,
- Ehrgeiz,
- Zivilcourage,
- Disziplin,
- Konfliktfähigkeit,
- Handarbeiten,
- Computerkenntnisse,
- politisches Interesse,
- Bescheidenheit,
- Technikverständnis,
- handwerkliches Können.

Schlusssituationen

TITEL: **Ich wünsch dir was**

Beschreibung: Am Ende des Seminars werden die Teilnehmenden aufgefordert, den anderen Teilnehmenden Wünsche mit auf den Weg zu geben. Dies sollte nach Möglichkeit in schriftlicher Form erfolgen, damit jeder die an ihn gerichteten Wünsche mitnehmen und später noch einmal nachlesen kann. Es ist aber auch möglich, die Wünsche nur mündlich vorzutragen.

Variante: Die Teilnehmenden schenken sich symbolisch etwas, das sie mündlich beschreiben, z.B. Früchte, Blumen, ein Gericht, ein Getränk etc.

Zielgruppe: Personen mit guten Sprachkenntnissen.

Ziel: Das Seminar zu einem positiven Abschluss bringen, indem sich die Teilnehmenden nochmals bewusst aufeinander beziehen müssen.

Gruppengröße: Maximal 20 Personen.

Dauer: Pro Person 2-3 Minuten.

Material: Papier und Stifte für die schriftliche Variante.

TITEL: Ein Brief an mich selbst

Beschreibung: Jede/r Teilnehmer/in erhält einen frankierten Briefumschlag und ein Blatt Papier.
Die Kursleitung bittet die Teilnehmenden einen Brief an sich selbst zu schreiben, in dem sie notieren, was sie sich von diesem Seminar gerne merken möchten, was ihnen besonders wichtig war, was sie auf keinen Fall vergessen möchten.
Die Teilnehmenden erhalten 10-15 Minuten Zeit zur Erfüllung der Aufgabe und stecken den Brief anschließend in den Briefumschlag, verschließen und adressieren ihn an sich selbst.
Die Kursleitung nimmt die Briefe an sich und bringt sie nach ca. drei Wochen zur Post.

Zielgruppe: Alle Teilnehmergruppen.

Ziel: Unterstützung der Langzeitwirkung von Lerneffekten/ Nachhaltigkeit der Lernergebnisse.
Eigene Auswertung der Teilnehmenden, es können auch Lernergebnisse notiert werden, die nicht öffentlich werden sollen.

Gruppengröße: Diese Übung ist unabhängig von der Gruppengröße einsetzbar.

Dauer: Ca. 15 Minuten.

Material:
- Stifte,
- Schreibpapier,
- frankierte Umschläge.

Anmerkungen: Die Übung eignet sich gut zur individuellen Auswertung von Seminaren.
Meist löst diese Übung zuerst etwas Befremden aus, da man normalerweise keine Briefe an sich selbst schreibt, macht dann aber den meisten Spaß. Kommt der Brief nach drei Wochen bei den Adressaten an, haben die meisten ihn bereits vergessen. Die langfristige Rückmeldung auf diese Übung ist sehr positiv.

TITEL: **Ein Ritus für uns**

Beschreibung: Bildung von Kleingruppen.
Aufgabenstellung: Gibt es eine Situation, für die kein angemessener Ritus zur Verfügung steht? Entwickelt einen solchen Ritus in Form eines Rollenspiels in eurer Kleingruppe und präsentiert ihn im Plenum.
Inszenieren der Riten im Plenum, z.T. unter Einbeziehung der Gesamtgruppe mit anschließender Diskussion.

Zielgruppe: Personen aller Altersstufen.

Ziel: Gemeinsame Entwicklung eines Ritus, der passend für die Gruppe und zeitgemäß ist.

Gruppengröße: Höchstens 25 Personen in Kleingruppen à 5 Personen.

Dauer: Entwicklung des Ritus: 30-45 Minuten.
Etwa ebenso lange für die Präsentation der Gruppenergebnisse im Plenum und Diskussion.

Material: Muss sich die Kleingruppe gegebenenfalls selbst zusammensuchen.

Anmerkungen: Gut für die Gruppenatmosphäre.
Gut geeignet für die Schlussphase, da in der Übung Transferelemente enthalten sind.

TITEL: **Seminarthermometer**

Beschreibung: Die Seminarleitung verteilt an die Teilnehmenden jeweils vier Klebepunkte und fordert sie auf, diese auf einer vorbereiteten Wandzeitung aufzukleben.
Die vorbereitete Wandzeitung hat vier Skalen, ähnlich wie

Beschreibung: bei einem Thermometer, unter den Skalen stehen beispielsweise folgende Aussagen:
- Ich fand die Gruppe ...
- Ich habe etwas Neues gelernt.
- Die Leitung fand ich ...
- Der Rahmen war für mich ...

Jede Skala hat ein rotes/positives Ende und ein blaues/negatives.
Die Teilnehmenden positionieren die Klebepunkte entsprechend ihrem Empfinden.
Abschließend betrachtet die Gruppe die beklebten Skalen. Die Teilnehmenden haben Gelegenheit, ihre Position zu begründen oder zu erläutern. Die Seminarleitung hat die Möglichkeit, Fragen zur Erläuterung zu stellen.

Zielgruppe: Diese Methode ist prinzipiell für alle Gruppen geeignet.

Ziel: Mit Hilfe dieser Methode ist es möglich, in kurzer Zeit von allen Teilnehmenden eine Rückmeldung auf die Veranstaltung zu bekommen.

Gruppengröße: Wenn die Gruppe sehr groß ist (über 30 Personen), besteht die Gefahr, dass die Rückmeldung zu pauschal ausfällt, ohne dass Erläuterungen möglich sind.

Dauer: 10 Minuten für das Kleben der Punkte und Diskussionszeit nach Bedarf.

Material:
- Klebepunkte,
- vorbereitete Wandzeitungen.

TITEL: **Was ich dir raten würde**

Beschreibung: In Kleingruppen werden zu einem für die Veranstaltung zentralen Thema persönliche Empfehlungen erarbeitet wie z.B.: „Wann ist es sinnvoll, ein Tabu zu brechen?“
Die Empfehlungen aller Kleingruppen werden in schriftlicher oder mündlicher Form ins Plenum eingebracht und anschließend diskutiert.

Zielgruppe: Gruppen, in denen eine etwas vertrautere Atmosphäre vorherrscht.

Ziel: Transfer von Kleingruppenergebnissen ins Plenum.

Gruppengröße:	Bis ca. 25 Personen, Kleingruppen à ca. 5 Personen.
Dauer:	Pro Gruppe ca. 5 Minuten.
Material:	Evtl. Stifte und Papier, um die Empfehlungen schriftlich festzuhalten.
Anmerkungen:	Die Kursleitung sollte darauf achten, dass es sich lediglich um Empfehlungen handelt und nicht um Verhaltensvorschriften. Gut geeignet für die Schlussphase zum Transfer der Ergebnisse.

Biografisches Lernen

TITEL:	**Familienkonstellationen**
Beschreibung:	Jede/r Teilnehmende erhält eine Vorlage (Modell s.u.). Die Kursleitung bittet die Teilnehmenden darin einzutragen, wer alles zu ihrer Familie zählt und wie nah ihnen diese Personen stehen (Einzelarbeit). Nun werden die Bilder der Einzelnen in Kleingruppen bearbeitet, die Kleingruppen werden nach der Anzahl der Punkte im innersten Kreis gebildet. Anhand der Bilder werden die unterschiedlichen Familienbegriffe deutlich. Für die anschließende Auswertung im Plenum sind vertiefende Fragen günstig, zum Beispiel: Welche Konstellationen sind helfend, welche sind einschränkend? Wer ist wichtig in meiner Familie?
Zielgruppe:	Alle Gruppen, deren Thema Beziehungskonstellationen sind.
Ziel:	Förderung des interkulturellen Verständnisses. Kennenlernen unterschiedlicher Familienvorstellungen.
Gruppengröße:	Bis ca. 25 Personen. Bei größeren Gruppen die Auswertung nur in Kleingruppen durchführen, kurze Rückmeldung im Plenum.
Dauer:	5-10 Minuten pro Person.
Material:	– Matrix zu Familienkonstellationen, – Stifte.

Anmerkungen: Sehr anschauliches Bild über unterschiedliche Beziehungskonstellationen.
Als Einstiegsübung geeignet.

TITEL: **Was Zeit für mich bedeutet**

Beschreibung: Jede/r Teilnehmer/in erhält zwei Plakate mit einem leeren Kreis mit den jeweiligen Überschriften: Realität bzw. Wunsch.
Im ersten Kreis trägt jede/r in Form eines „Zeitkuchens" die zeitliche Aufteilung eines Werktages ein (z.B. 30 % Arbeitszeit, 30 % Schlaf etc.).
Im zweiten Kreis stellt jede/r die Zeiteinteilung dar, die er/sie sich wünscht.
Die Zeitkuchen werden im Plenum vorgestellt.
Es folgt eine Diskussion zu der Frage:
Wie komme ich stufenweise von der Realität zum Wunschbild?
Wie war die Zeiteinteilung, als ich noch im Herkunftsland lebte?
Gibt es Unterschiede im Umgang mit Zeit je nach Herkunftskultur?
Schließlich werden die Teilnehmenden aufgefordert, eine konkrete Veränderung zu planen.

Zielgruppe: Teilnehmende, die sich schon etwas kennen.

Ziel: Sich über Umgang mit Zeit bewusst werden, realistischer Stufenplan zur Veränderung.

Gruppengröße: Nicht zu groß, ca. 10 Personen.

Dauer: Einzelarbeit ca. 30 Minuten,
zur Vorstellung im Plenum 20 Minuten pro Person.

Material:
- Papier, Stifte,
- Lineal, Zirkel.

Anmerkungen: Als biografische Methode kann diese Übung sehr intensiv werden, da sie an verdrängte oder verleugnete Bereiche rührt bzw. Veränderungen zunächst einmal schwierig erscheinen.
Die Kursleitung sollte darauf vorbereitet sein und unbedingt darauf achten, dass positive Perspektiven (wenn auch nur in sehr kleinem Rahmen) entstehen.

TITEL:	**Wochenende – heute und früher**
Beschreibung:	In Einzelarbeit werden zwei Collagen hergestellt zu folgenden Themen: – mein Wochenende als Kind, – mein Wochenende heute. Vorstellung der Ergebnisse im Plenum: Was gefällt mir daran? Was gefällt mir nicht? Was möchte ich ändern? Eine konkrete Idee zur Veränderung entwickeln und auf eine Karte schreiben und zu Hause gut sichtbar aufhängen.
Zielgruppe:	– Paare, – Familien, – Einzelpersonen.
Ziel:	Biografisches Lernen: Was prägt mein Wochenendverhalten? Wie kann ich mehr Lebensqualität für mich entwickeln?
Gruppengröße:	Ca. 10-12 Personen, Gruppe nicht zu groß.
Dauer:	Ca. ½ Stunde Einzelarbeit.
Material:	– Zeitschriften, – Kleber, Schere, – Plakate, evtl. Fotos.
Anmerkungen:	Gut geeignet für bikulturelle Paare.

TITEL:	**Meine Großmutter/mein Großvater und ich im Vergleich**
Beschreibung:	Die Teilnehmenden bilden Kleingruppen von 4-6 Personen. Jede Gruppe bekommt zwei Plakate, auf denen bereits ein Raster für die zu bearbeitenden Fragen vorgegeben ist. Zunächst beschäftigen sich die Frauen mit dem Porträt ihrer Großmutter und die Männer mit dem Porträt ihres Großvaters. Dabei werden folgende Fragen gestellt und die Antworten in das Raster eingetragen: – Wie hieß sie/er? – Wie viele Kinder hatte sie/er?

	– War sie Hausfrau oder hatte sie einen anderen Beruf? – Welchen Beruf hat er ausgeübt? (Bis zu welchem Alter?) – Lebte sie/er im eigenen Haushalt? – Lebte sie bei ihren/seinen Kindern oder im Altersheim? – Wie sah ihr/sein Tagesablauf aus? – Hatte sie/er Hobbys? – Wurde sie/er in der Familie respektiert? – War sie/er krank? Anschließend beantworten alle die gleichen Fragen in Bezug auf ihre eigene Situation. Die Ergebnisse werden in der Gruppe im intergenerativen und interkulturellen Vergleich diskutiert und anschließend mit Hilfe der Plakate in die Plenumsdiskussion eingebracht.
Zielgruppe:	Die Fragestellung kann in Hinsicht auf unterschiedliche Zielgruppen variiert werden: meine Mutter, mein Vater, ich. Eine Bereitschaft zum biografischen Austausch muss vorhanden sein.
Ziel:	Soziale Entwicklungen im Laufe der letzten zwei oder drei Generationen anhand der eigenen Familiengeschichte erkennen.
Gruppengröße:	Jeweils 4-6 Teilnehmende pro Kleingruppe.
Dauer:	90 Minuten Gruppenarbeit und Plenum.
Material:	– Vorbereitete Wandzeitungen für 1. Porträt – meine Großmutter, mein Großvater. 2. Mein Porträt. – Stifte.
Anmerkungen:	Biografisches Lernen.

Szenische Darstellung

TITEL:	**ABC-Rollenspiel**
Beschreibung:	Es werden Kleingruppen von je vier Personen gebildet. Jede Kleingruppe erhält ein Aufgabenblatt, auf dem unterschiedliche Konfliktsituationen beschrieben sind, wie z.B.: Frau Yilmaz (A) liegt in einem Mehrbettzimmer im Kran-

kenhaus und erhält permanent Besuch von ihren Verwandten und Bekannten. Frau Müller (B), die im selben Zimmer liegt, fühlt sich davon belästigt. Sie spricht mit der Krankenschwester (C) darüber, bevor sie Frau Yilmaz anspricht.
Drei Kleingruppenmitglieder übernehmen die vorgegebenen Rollen, das vierte Mitglied nimmt eine Beobachterposition ein.
Die Gruppe spielt die Szene, anschließend spiegelt der Beobachter, wie er die Szene empfunden hat. Die Darsteller geben ebenfalls Rückmeldungen.
In weiteren Schritten werden die Rollen getauscht, bis jedes Gruppenmitglied jede Rolle einmal eingenommen hat.

Im Plenum spielt jede Kleingruppe eine Variante vor und skizziert den Prozess, der in ihrer Gruppe stattgefunden hat.

Zielgruppe: Gruppen, die relativ wenig Erfahrungen mit szenischen Darstellungen haben und deshalb eine starke Anleitung brauchen.

Ziel: Entwicklung von unterschiedlichen Verhaltens- und Konfliktlösungsmöglichkeiten,
Einüben des Perspektivwechsels.

Gruppengröße: Maximal ca. 20 Personen.

Dauer: 45 Minuten Kleingruppenarbeit,
60 Minuten Plenum.

Material:
– vorbereitete Aufgabenblätter,
– Kleingruppenräume.

Anmerkungen: Das ABC-Rollenspiel ist eine Methode, die in ähnlicher Form z.B. vom Amt für Multikulturelle Angelegenheiten der Stadt Frankfurt am Main 1993, S. 157-160 beschrieben wird, wobei hier auf die Beobachterrolle verzichtet und empfohlen wird, den Kleingruppen folgende Fragen aufzugeben:
– Ist es gelungen, in die jeweilige Rolle zu schlüpfen?
– Welche Stereotype bzw. Klischees wurden deutlich?
– Was war der interkulturelle Konflikt?
– Welche Lösungen gab es?
Die Antworten auf diese Fragen können die Grundlage der Plenumsdiskussion bilden.

TITEL:	**Geschlechterquiz**
Beschreibung:	Die Gruppe teilt sich in Kleingruppen. Jede Gruppe erhält ein Aufgabenblatt, auf dem eine konkrete Situation vorgegeben ist bzw. auf dem mehrere konkrete Situationen zur Auswahl gestellt werden, wie z.B. folgende: Stellt euch vor, ihr seid in einem S-Bahn-Abteil. Die Fahrgäste sind Männer und Frauen, Jungen und Mädchen. Wie verhalten sie sich? Gibt es typische Verhaltensweisen für Männer und Frauen? Versetzt euch in diese Situation und spielt die Szene in eurer Gruppe nach. Ihr schaut euch im Kreis befreundeter Paare ein Fußballspiel an. Wie verhalten sich Männer und Frauen während des Spiels? Gibt es Unterschiede? Ihr befindet euch in einer Clique von Jugendlichen. Die Gruppe hat sich in einer Kneipe getroffen. Wie verhalten sich junge Männer und junge Frauen? Während des Rollenspiels darf nicht gesprochen werden! Die Kleingruppen spielen die Situation, für die sie sich entschieden haben, in voneinander getrennten Gruppenräumen und diskutieren sie. Die Kleingruppen kommen im Plenum zusammen und führen dort ihre Szenen vor, ohne zu sprechen. Die Plenumsgruppe versucht zu erraten, welche Rollen Männer und welche Frauen darstellen sollen. Es findet eine Diskussion im Plenum über nonverbale geschlechterbezogene Verhaltensweisen statt.
Zielgruppe:	Geschlechtshomogene und geschlechtsheterogene Gruppen.
Ziel:	Geschlechterbezogene Körpersprache erkennen und diskutieren.
Gruppengröße:	Ca. 25 Personen.
Dauer:	45 Minuten in Kleingruppen, 45 Minuten im Plenum.
Material:	Kein Material erforderlich.
Anmerkungen:	Es kann sinnvoll sein, geschlechtshomogene Kleingruppen zu bilden.

In der Diskussion sollte die Seminarleitung darauf achten, dass in den Szenen nicht nur Klischees von männlichem/weiblichem Verhalten dargestellt werden und kulturbezogene Aspekte zur Sprache kommen.

TITEL: **Rollenspiel**

Beschreibung: Die Gruppe teilt sich in Kleingruppen auf.
Jede Kleingruppe erhält ein Aufgabenblatt, auf dem eine konkrete Situation vorgegeben ist, wie z.B.:
Es ist Sonntag. Die Familie ist bei den Großeltern zum Mittagessen eingeladen. Schon bald gibt es Ärger, denn die Kinder benehmen sich nicht so, wie die Großeltern es erwarten. Eskommt zu einem Gespräch mit allen Beteiligten (Großeltern, Eltern, Kinder) ...
oder:
Es ist Sonntag. Die Ehefrau möchte am Abend mit ihrer Freundin ins Kino. Er hat eine Verabredung mit seinen Freunden. Für beide sind die Verabredungen wichtig. Wer bleibt bei den Kindern, die am nächsten Morgen früh in die Schule müssen? Es kommt zu einem Gespräch mit allen Beteiligten.
Jedes Gruppenmitglied sollte eine Rolle übernehmen. Bei Bedarf können weitere Rollen erfunden werden.
Die Teilnehmenden werden gebeten, die Situation in ihrer Kleingruppe zu diskutieren, die Szene in getrennten Gruppenräumen zu spielen und zu überlegen, ob es eine Lösung für den Konflikt gibt.
Dabei sollte jedes Gruppenmitglied eine Rolle übernehmen.
Die Kleingruppen spielen ihre Szene im Plenum vor. Die Szenen werden nach der Vorführung im Plenum diskutiert.

Zielgruppe: Gruppen, die nicht sehr viel Erfahrung mit Rollenspielen haben.

Ziel: Diskussion von Konflikten anhand konkreter Beispiele, gemeinsame Suche nach kreativen Lösungsmöglichkeiten.

Gruppengröße: Ca. 25 Personen.

Dauer: 45 Minuten Kleingruppenarbeit, 45 Minuten Plenum.

Material: Kein Material erforderlich.

TITEL:	**Statuentheater: Familie**
Beschreibung:	Die Teilnehmenden werden aufgefordert, sich zu überlegen, wie sie ihre Herkunftsfamilie in einer Skulptur darstellen würden. Nach einer kurzen Reflexionsphase (5 Min.) werden Freiwillige gesucht, die eine solche Skulptur im Plenum vorstellen würden. Die Freiwilligen treten in die Mitte und wählen aus der Gesamtgruppe Personen aus, mit denen sie die Familienskulptur bauen wollen. Die Zusammenstellung der Skulptur erfolgt nonverbal. Der/die Bildhauer/in führt die jeweilige Person zu ihrem Platz und „modelliert" die Körperhaltung nach seinen/ihren eigenen Vorstellungen. Kopf-, Arm- und Beinhaltung werden in die entsprechende Position gebracht. Ist die Skulptur vollendet, werden die übrigen Gruppenmitglieder gefragt, wie die Familienskulptur auf sie wirkt. Schließlich äußern sich die Bildhauerin bzw. der Bildhauer und die Personen, die „modelliert" wurden, zu ihren Eindrücken.
Zielgruppe:	U.a. auch gut geeignet für Teilnehmende mit geringen Sprachkenntnissen in der jeweiligen Zielsprache.
Ziel:	Über einen nonverbalen Prozess komplexe Sachverhalte visuell zum Ausdruck zu bringen.
Gruppengröße:	Max. 30 Personen.
Dauer:	Ca. 30 Minuten für den Bau einer Skulptur mit anschließender Diskussion.
Material:	Kein Material erforderlich.
Anmerkungen:	Es empfiehlt sich, vor dem Skulpturenbau eine Reihe von Aufwärmübungen vorzuschalten (siehe Kapitel zur Theaterpädagogik nach A. Boal).

Kapitel V

Zielgruppen in der interkulturellen Bildungsarbeit

Veronika Fischer

Interkulturelle Frauenbildung

Verschiedene Programmauswertungen von Erwachsenenbildungseinrichtungen (Schneider-Wohlfart 1990, Fischer/Schneider-Wohlfart 1996) ergaben, dass interkulturelle Erwachsenenbildung hauptsächlich Frauenbildung ist. Bereits 1985 kam eine Evaluation von Weiterbildungsprogrammen zu dem Ergebnis, dass sich über ein Drittel der Veranstaltungen gezielt an Frauen richtete (Schneider-Wohlfart/Fischer 1990, S. 61 f.), ein Trend, der in der Untersuchung von 1994 (Fischer/Schneider-Wohlfart 1996) bestätigt wurde. Hauptamtliche pädagogische Mitarbeiterinnen geben als Grund dafür die zeitliche Flexibilität von nicht berufstätigen Frauen an, die durch solche Veranstaltungen eher ansprechbar seien als berufstätige und die zugleich aufgrund ihrer relativen Isoliertheit im Haushalt soziale Kontakte wünschen.

Unsere Befragung im Frühjahr 1999 ergab, dass die Teilnehmerinnen häufig über face-to-face-Kontakte auf die Veranstaltungen aufmerksam wurden. Genannt wurden Kontaktpersonen, die sozusagen die Rolle eines „Türöffners" innehatten und den Anstoß zum Seminarbesuch gaben, z.B.:

- Kursleiterinnen von Kursen aus dem Bereich „Deutsch als Fremdsprache";
- Kursteilnehmerinnen, die bereits einmal an einem Frauenkurs teilgenommen hatten;
- pädagogische Mitarbeiterinnen der Einrichtungen;
- Sozialarbeiterinnen;
- Migrationsberaterinnen von Wohlfahrtsverbänden.

Da sich Frauen als besonders ansprechbare Zielgruppe für interkulturelle Bildungsarbeit erwiesen haben und die meisten Erfahrungen in diesem Bereich mit Frauenbildung gemacht wurden, sei diesen Veranstaltungen im Folgenden ein eigenes Kapitel gewidmet.

Die Autorinnen blicken dabei auf eine längere Zeitspanne zurück, in der sie Erfahrungen mit interkultureller Frauenarbeit gemacht haben. Ausgangspunkt sind Gesprächs- und Arbeitskreise ab 1984 (u.a. eingebettet in ein Entwicklungsprojekt des Landesinstituts für Schule und Weiterbildung NRW 1990), die zum Teil bis zu drei Jahre dauerten; Kernstück unserer Auswertung sind schließlich 13 Frauenseminare mit insgesamt 236 Teilnehmerinnen, die im Zeitraum von 1993 bis 1999 durchgeführt und evaluiert wurden.

Im Rahmen der Evaluation wurde mit den Teilnehmerinnen, die an fünf und mehr Seminaren teilgenommen haben, ein problemzentriertes, ca. einstündiges qualitatives Interview durchgeführt. Im Rahmen dieses Interviews ging es um
- die Motive für den Seminarbesuch,
- bisherige Erfahrungen mit Menschen aus anderen Kulturen,
- Fremdheitsgefühle im Umgang mit Frauen aus anderen Kulturen,
- Art des Zugangs zum Seminar,
- Themen und Methoden, die auf Anklang gestoßen sind,
- nachhaltige Auswirkungen auf Einstellungen und Verhalten.

Die Ergebnisse dieser Interviews werden an den entsprechenden Stellen referiert.

Bevor die Ergebnisse der Evaluation vorgestellt werden, sollen zunächst Grundlagen interkultureller Frauenbildung behandelt werden. Das betrifft die Frage, inwieweit durch die Kategorie Geschlecht bereits Gemeinsamkeiten unterstellt werden können, die alle Frauen einigen, und inwieweit weibliche Lebenszusammenhänge Ausgangspunkt für eine erfahrungs- und bedürfnisorientierte Frauenbildung sein können. Anschließend geht es um die Motive der interviewten Frauen für den Seminarbesuch, um Prinzipien und Ziele interkultureller Frauenbildung und schließlich um die Bewertung der Veranstaltungen durch die interviewten Frauen.

Geschlechterverhältnisse und weibliche Lebenszusammenhänge als Ausgangspunkt interkultureller Frauenbildung

Ein gesellschaftliches Individuum, das in ein bestimmtes System von Institutionen, Organisationen, Gruppen und interpersonalen Beziehungen hineingeboren wird, wird gleichzeitig mit den vorgegebenen Deutungsmustern dieser Gesellschaft konfrontiert, welche ihm Zugang zu den verschiedenen Kulturen verschaffen. Diese Deutungsmuster sind zum Teil geschlechtsspezifisch strukturiert. So werden Mädchen in ein bestehendes System von Vorstellungen, Werten und Normen hineingeboren, die der weiblichen Rolle gesellschaftlich zugeschrieben werden und ihnen eine bestimmte Position im Gesellschaftsgefüge zuweisen. Umgekehrt besteht die Möglichkeit im Prozess geschlechtsspezifischer Sozialisation, in Kritik und Opposition zum Gegebenen, vorgefundene Strukturen und Bedeutungsmuster zu verändern. Die Spielräume für Veränderungen sind allerdings je nach Macht und Durchsetzungsvermögen der jeweiligen Gruppe und dem Zusammenspiel historischer Kräfte mehr oder weniger groß.

Die Veränderungschancen von gesellschaftlichem Status und geschlechtsspezifischer Rolle der Frau sind zur Zeit – zumindest in der Bundesrepublik – eher als gering einzuschätzen, weil Männer immer noch an den entscheidenden Schaltstellen der Macht sitzen und Strukturveränderungen eher bremsen. Darüber hinaus gibt es keine nennenswerte weibliche Opposition, die mit Nachdruck gegen die bestehenden Diskriminierungen vorgehen würde.

Weibliche Lebenszusammenhänge sind wesentlich durch dieses Macht- und Hierarchiegefälle und eine entsprechende Benachteiligung geprägt. Frauen verfügen über weniger Macht und Selbstbestimmung, arbeiten mehr, verdienen weniger und tragen mehr Verantwortung. Seager u.a. (1986/1998) haben versucht, die Schlechterstellung von Frauen anhand ihres Frauenatlas weltweit aufzuzeigen, machen allerdings zugleich deutlich, dass es trotz des weltweit zu konstatierenden Diskriminierungstatbestandes von Frauen reale Unterschiede gibt. Sie gehen folglich nicht davon aus, dass Frauen eine homogene Gruppe bilden, sondern dass ihre Lebenslage durch zusätzliche Merkmale geprägt wird, die je nach Land, ökonomischer Gesellschaftsformation, wirtschaftlicher Lage, Klasse, Kaste, Schicht und Gruppe differieren.

Für die Analyse weiblicher Lebenszusammenhänge ist es daher wichtig, die Kategorie Geschlecht immer auch auf der Folie gesellschaftlicher Strukturen zu sehen. Selbst die Lebensgeschichte eines Individuums ist von der „Zugehörigkeit zu mehreren, sich vielfach überschneidenden Kollektiven geprägt. Fast jede Person gehört gleichzeitig inferiorisierten und dominierenden Kollektiven an. Manche Personen gehören in mehrfacher Hinsicht unterlegenen bzw. überlegenen Gruppierungen an. Kulturelle Kollektive sind also keineswegs einfache, homogene, harmonische Gebilde. Sie sind grundsätzlich meist zugleich von tiefgreifenden Antagonismen, handfesten Interessengegensätzen, Konflikten und Kämpfen einerseits sowie von starken kollektiven historischen und gesellschaftlichen Erfahrungen, engen Bindungen und kulturellen Gemeinsamkeiten andererseits durchzogen" (Prengel 1994, S. 143). Folgen wir dieser Argumentation, ist es auch wichtig, nicht von Kultur, sondern von Kulturen zu reden, die in einer Gesellschaft zu einem bestimmten historischen Zeitpunkt im Spiel sind. Diese Kulturen existieren nicht bloß beziehungslos nebeneinander, sondern stehen in Dominanz- und Unterordnungsverhältnissen zueinander, treten in Konkurrenz und Konflikt miteinander. So etwa weist E. Gutiérrez Rodríguez (1996, S. 166) auf die Kritik schwarzer Feministinnen in den USA hin, die die ausschließliche Fixierung des weißen US-Feminismus auf das Geschlechterverhältnis und Patriarchat als ausschließlichen gemeinsamen Feind und Aggressor (Combahee River Collective 1979) als falsch herausstellen. „Diese Reduktion auf ein einziges Herrschaftsverhältnis gebe die soziale Situation schwarzer Frauen nicht wieder (Hull u.a. 1982, S. 13 ff.). Denn der Alltag von ‚Black Women' und ‚Women of Colour' könne nicht auf der Grundlage eines einzigen Verhältnisses beschrieben und analysiert werden. Viel eher müsse die Unterdrückung bzw. Verzahnung unterschiedlicher Unterdrückungsverhältnisse wie z.B. Rassismus und Klassenverhältnis deutlich gemacht werden."

Für Zuwanderinnen in der Bundesrepublik gilt in ähnlicher Weise, dass allein durch das Ausländergesetz verschiedene Benachteiligungen gegeben sind, die existenzielle Rechte wie z.B. die des Aufenthalts, der politischen Demonstration, der Wahl, des beruflichen Zugangs zu Ämtern im Staatsdienst einschränken. Darüber hinaus fällt die Vielfalt der Migrationstypen auf. So unterscheiden wir beispielsweise Arbeitsmigrantinnen, Aussiedlerinnen, Flüchtlinge (politisch Verfolgte, Bürgerkriegs- und Kriegsflüchtlinge, „Katastrophenflüchtlinge" etc.), Heiratsmigrantinnen, Au-pair-Mädchen, Austauschstudentinnen. Butler macht darauf aufmerksam, dass „ ... das Insistieren auf der Kohärenz und Einheit der Kategorie ‚Frau(en)' ... praktisch die Vielfalt der kulturellen und gesellschaftlichen Überschneidungen ausgeblendet" hat, in denen die mannigfaltigen Reihen von „Frauen" konstruiert werden (Butler 1991, S. 34).

Weibliche Lebenszusammenhänge sind also in dieser Komplexität Ausgangspunkt und Grundlage interkulturellen Lernens in der Frauenbildung. Interkulturelle Frauenbildung lebt wesentlich vom Bewusstmachen der Gemeinsamkeiten und Differenzen der Lebenssituation von Frauen. Einige dieser gemeinsamen Erfahrungsbereiche, die im Rahmen interkultureller Frauenbildung thematisiert werden können, seien exemplarisch genannt:

Partnerschaft/Ehe/Familie

In diesem Zusammenhang ist es interessant, die Geltung der Ehe in den verschiedenen Gesellschaften zu überprüfen, aus denen die Frauen einer Lerngruppe stammen. In den industrialisierten Ländern ist die institutionelle Geltung der Ehe rückläufig. Alternative Lebensgemeinschaften nehmen zu. Die daraus erwachsenen Familienformen werden pluraler. Struktur und Größe der traditionellen Familie sind im Wandel begriffen. Die Menschen heiraten später oder gar nicht und die Ehen sind weniger stabil. Die Wiederverheiratungsraten sind insbesondere für Frauen gesunken, und Familien mit einem allein erziehenden Elternteil machen derzeit 10 bis 25 % aller Familien aus (BMFSFJ 1996). Die Haushaltsgrößen gehen zurück, da die Kinderzahl abnimmt. In diesem Zusammenhang stellt sich die Frage, inwieweit dieser Trend auch für weniger industrialisierte Gesellschaften gilt und welche Familienstrukturen dort vorherrschen.

Sexualität und Verhütung

Von den meisten Frauen wird erwartet, dass sie für Geburtenkontrolle sorgen. Die Wahl der Methode wird jedoch von Faktoren beeinflusst, auf die die Frauen wenig Einfluss haben, wie z.B. die staatliche Bevölkerungspolitik, Geburtenkontrollprogramme, religiöse Tabus (z.B. gegenüber Schwangerschaftsunterbrechung), die Entscheidungsgewalt des Mannes, wirtschaftliche Strukturen und die Distribution von Verhütungsmitteln.

Erziehung

Werte und daraus abgeleitete Normen bestimmen Erziehungsziele und -stile. Gerade im Hinblick auf geschlechtsspezifische Erziehung ist der Vergleich der vielfach unterschiedlichen Männer- und Frauenbilder interessant, die in Erziehung Eingang finden. Auch gehen in die Erziehungspraktiken die jeweils eigenen Erfahrungen mit den Erziehungsstilen der Eltern ein. Darüber hinaus bestimmen unterschiedliche Einstellungen zur öffentlichen Kleinkinderziehung das mütterliche Verhalten.

Bildung

Bildung gilt als entscheidender Faktor, um an gesellschaftlichen Prozessen aktiv mitwirken zu können. Gebildete Frauen heiraten später, möchten weniger Kinder haben, wenden mit größerer Wahrscheinlichkeit wirksame Methoden der Empfängnisverhütung an, haben bessere Chancen auf dem Arbeitsmarkt und verfügen über mehr Möglichkeiten, ihr Auskommen über Erwerbstätigkeit zu verbessern (BMFSFJ 1996).

Frauenarbeit

Frauen arbeiten in der Regel länger als Männer. Sie gehen einer Erwerbstätigkeit nach, erledigen den Haushalt und kümmern sich um die Kinder. Mütter haben vielfach keine Zeit für Weiterbildung, die ihr Selbstbewusstsein heben oder ihnen die Arbeit erleichtern könnte. Mehrarbeit und Vielseitigkeit der Frauen wird nirgendwo finanziell oder sozial anerkannt. In vielen Ländern arbeiten Frauen als unbezahlte Familienarbeitskräfte. Ihre Arbeit erscheint kaum in Statistiken. Schätzungsweise ein Drittel aller Frauenarbeit wird offiziell nicht erfasst. Die Berufsskala für Frauen ist wesentlich kleiner als die für Männer. In jedem Land und jeder Region gibt es Tätigkeiten, die als spezifische Frauensache gelten. In manchen Ländern sind fast alle Bankangestellten Frauen und werden fast alle Schreibarbeiten von Frauen erledigt. In anderen Ländern gelten die Tee- und Baumwollernte als Frauenarbeit. In Lateinamerika und der Karibik gibt es fast nur weibliches Hauspersonal. In Südostasien liegt die Herstellung von Textilien und elektronischen Teilen fast ausschließlich in Frauenhand ... Trotz einiger Ausnahmen gilt im Allgemeinen, dass Tätigkeiten, die als Frauenarbeit definiert werden, schlecht bezahlt sind, einen niedrigen Status haben und wenig Sicherheit bieten, was mit dem Begriff „job-ghettos" belegt wird. In der Geschäftswelt haben Frauen kaum mehr als 1-2 % der Führungspositionen inne (BMFSFJ 1996). Darüber hinaus werden Frauen oft bei Beförderungen benachteiligt. Außerdem haben sie häufiger Teilzeitarbeitsplätze. Die relative Unterbezahlung der Frauenarbeit ist ein wesentlicher Faktor der Feminisierung der Armut (Seager 1986, Tafel 13-20/1998, S. 119-121).

Öffentlichkeit und politische Beteiligung

Männer bilden die meisten Regierungen, allenfalls unter Einbeziehung einiger weniger Frauen. Die Fortschritte bei der parlamentarischen Mitwirkung der Frau sind ebenfalls gering, allenfalls in Nordeuropa findet man eine stärkere Beteiligung von Frauen. Die Benachteiligung der Frauen wird deutlicher, je hochrangiger die Posten sind. Das gilt in allen politischen Systemen (Seager 1986, Tafel 29-30/ 1998, S. 126 f.).

Massenmedien

Massenmedien sind bislang noch männlich dominiert. In den Redaktionsstäben haben Männer das Sagen. An der Berichterstattung scheinen Frauen nur marginal beteiligt zu sein, während sie häufiger als Moderatorinnen, Sprecherinnen und Reporterinnen eingesetzt werden. Feministische Medien werden von einer Minderheit produziert und genutzt.

An diesen Themenbereichen wird zugleich deutlich, dass Diskriminierung von Frauen kein national eingrenzbares, sondern globales Phänomen ist, das Frauen, unabhängig von ihrer Staatsangehörigkeit, ethnischen Zuordnung oder sozialen Stellung betrifft. Aus der Universalität des Diskriminierungstatbestandes bezieht interkulturelle Frauenbildung ihre besondere Legitimation, nämlich Benachteiligungen aufzuspüren, zu rekonstruieren und Strategien zu ihrer Bekämpfung zu reflektieren. Hinzu kommt eine Ungleichbehandlung, die Frauen aufgrund ihres Ausländerinnenstatus erfahren und die in der Bundesrepublik durch das Ausländergesetz festgeschrieben wird. Daraus ergeben sich innerhalb einer Frauengruppe Statusunterschiede, die bewusst zu machen sind und Anlass für politische Diskussionen sein sollten. Zuwanderinnen sind darüber hinaus vielfach Opfer von Rassismus und Gewalt, was eine Auseinandersetzung mit den gesellschaftlichen und individuellen Ursachen dieses Phänomens nahe legt.

Am Beispiel solcher Schlüsselthemen, die existenzielle Bereiche des Frauenalltags betreffen, wird Selbstaufklärung und Fremdverstehen ermöglicht. Exemplarisch sei auf die Liste der Frauenseminare verwiesen, die die Autorinnen zwischen 1993 und 1999 durchgeführt haben (siehe S. 292), deren Themenspektrum mit den o.a. Schlüsselthemen weitgehend übereinstimmt. Diese Themen haben sich in der Regel aus einer Teilnehmerinnenbefragung im Anschluss an die Seminarauswertung ergeben, womit die Bedürfnisse und Interessen der anwesenden Frauen ermittelt und bei der Planung des nächsten Seminars berücksichtigt wurden.

Motive für die Teilnahme an interkulturellen Veranstaltungen zur Frauenbildung

Bei der Untersuchung der Motive für den Besuch von Veranstaltungen der interkulturellen Frauenbildung fällt auf, dass es nie nur einen Beweggrund gibt, der den Anstoß dazu gegeben hat, sondern dass immer ein ganzes Bündel von Motiven vorliegt. Dabei gibt es Motive, die durchgängig von den meisten Befragten genannt werden und solche, die nur einige oder Einzelne betreffen. Im Großen und Ganzen können die Motive in zwei Hauptgruppen aufgeteilt werden:
1. auf die Person bzw. Persönlichkeit bezogene Motive;
2. auf das Thema bzw. die Sache bezogene Motive.

Zu 1.:
- Interesse an einer Gruppe, die ausschließlich Frauen vorbehalten ist;
- Gelegenheit, etwas für sich zu tun, unabhängig von der Familie;
- aus der Isolation der häuslichen Umwelt heraustreten wollen;
- einen eigenen Bekanntenkreis aufbauen;
- selbstständig etwas unternehmen;
- etwas Neues für sich aufbauen;
- Kontakt zu Deutschen bzw. Migrantinnen herstellen;
- Seminarleitung wiedersehen wollen;
- andere Frauen aus binationalen Ehen und Partnerschaften kennen lernen;
- interkulturelle Kontakte für die Kinder herstellen;
- eine Möglichkeit zu einem intensiveren Gedankenaustausch zu haben, als dies im Bekanntenkreis üblich ist.

Zu 2.:
- mehr über deutsche Kultur und Mentalität erfahren;
- Interesse an verschiedenen Ländern und Kulturen;
- Erwartung an Wissenszuwachs;
- Interesse, sich in Deutsch zu verständigen;
- mehr über den soziokulturellen Hintergrund von Migrantinnen erfahren wollen;
- Faszination des Fremden.

Im Folgenden sollen die häufig genannten Motive im Vordergrund stehen.

Isolation überwinden und Kontakte aufbauen

Die intensive Befragung einer Reihe von Frauen im Rahmen der qualitativen Interviews ergab, dass viele der Befragten in den Seminaren zunächst einmal eine willkommene Abwechslung in ihrer Alltagsroutine sahen. Gerade Mütter mit Kindern beklagten die weitgehende Isolation und das Beschränktsein auf Haushalt und Kindererziehung, sodass das Angebot eines Gesprächskreises die Möglichkeit eröffnete, die häusliche Umgebung zu verlassen und andere Menschen zu treffen. So betonte eine Teilnehmerin, sie sei es einfach nicht gewohnt, „mit Menschen zu kommunizieren. Ich bin einfach raus jetzt, als Hausfrau bin ich etwas isoliert, und dann ist da immer die Hemmschwelle. Und die muss ich auch erst mal überwinden, und ich merke das dann auch, wenn mein Herz klopft. Ich bin also nicht mehr der Mensch, der ich war, bevor ich meine Kinder bekommen habe. Da hat sich eine Menge verändert – auch zum Negativen."

Solche Äußerungen verdeutlichen den Teufelskreis, in dem sich viele Hausfrauen und Mütter bewegen: Hausarbeit und Kindererziehung schneiden die Betroffenen von Möglichkeiten gesellschaftlicher Partizipation ab. Isolation, der Mangel an Anregungen und Anforderungen von außen, die Beschränkung der Kommunikation auf wenige Kontakte mit dem Partner ergeben wenig Gelegenheit zur Selbstbehauptung und Anerkennung durch Dritte. Hinzu kommt die gesellschaftliche Entwertung der erzieherischen und häuslichen Tätigkeiten. Als Folge stellen sich Gefühle der Selbstentwertung, geringes Selbstvertrauen und Selbstbewusstsein, Versagensängste und Abwehr ein. Die Hemmschwelle, von sich aus Kontakte zur Außenwelt aufzunehmen, Bildungsangebote wahrzunehmen oder sich öffentlich, vor anderen zu äußern, steigt mit zunehmender Isolation.

Eine andere Interviewpartnerin bezeichnete die Seminare daher als *„Neuland"*, allein der Begriff Seminar habe abschreckend gewirkt, *„sodass alle Frauen erst mal so ein bisschen geschluckt haben"*, als sie dafür geworben worden sind.

Die Rolle als Hausfrau und Mutter schafft unabhängig von der kulturellen Herkunft spezifische Lebens- und Arbeitsbedingungen. Bei einigen Migrantinnen kommen im Hinblick auf das soziale Netz erschwerende Bedingungen hinzu. Sie verfügen oft nicht über die gleichen sozialen Ressourcen wie deutsche Frauen, beispielsweise ein verwandtschaftliches Netz, auf das sie sich stützen können. So berichtet eine Griechin: „Ich hab nix alleine gemacht. Gar nix selber. Ich hatte kaum Freunde, immer waren Kinder dabei, weil hier ja keine Oma ..., keine Tante war, wo ich die Kinder lassen kann, die waren bei der Bank dabei, bei dem Arzt dabei, beim Einkaufen dabei ..., wir waren zu viel zusammen. Und als die mal angefangen haben, mal bei Freunden zu gehen, ... blieb ich immer zu Hause alleine, denn ich hatte ja keinen Freundeskreis ..."

Die Gelegenheit zum Seminarbesuch hat sie dann als eine Art „Erlösung" gesehen: „Ich hab angefangen, selbstständig zu werden, alleine raus zu gehen und ich wollte meine Kenntnisse verbreitern."

Biografisch bedingtes Interesse an interkulturellem Austausch

An diesem Punkt stellt sich nun die Frage, was denn die Frauen bewegt hat, gerade das Angebot mit Frauen aus anderen Kulturen zu nutzen. Auch in diesem Zusammenhang stellt sich eine komplexe Motivlage heraus.

Einige Gründe sind in der Biografie der Frauen zu sehen. Die meisten Frauen hatten im Vorfeld bereits Erfahrungen mit Menschen aus anderen Kulturen gemacht und diese als durchaus bereichernd erlebt.

Eine Deutsche berichtet beispielsweise von einer Tätigkeit in einem englischen Krankenhaus in den 50er-Jahren, als die Erinnerung an den Krieg noch sehr frisch war und die Ressentiments gegenüber Deutschen offen zutage traten. Eine englische Beschäftigungstherapeutin wollte gleich wieder aus dem Wohnheim ausziehen, wo sie untergebracht waren, als „sie hörte, dass wir Deutsche wären. Und dann haben wir uns nachher richtig mit ihr angefreundet, wir haben Spaß gehabt und wenn es nur ging, haben wir gemeinsam was gemacht".

Die Erfahrung, trotz manifester Vorbehalte und feindseliger Stimmung schließlich Barrieren abzubauen und sich näher zu kommen, hat sich fest im Gedächtnis eingeprägt und auch zu einem gewissen Optimismus geführt, dass eine Verständigung möglich ist, wenn die Bereitschaft besteht, aufeinander zuzugehen. Die Befragte sah darin durchaus eine Art Schlüsselerlebnis, um sich auch später mit dem Thema Fremde und Fremdheit auseinander zu setzen.

Eine andere Gruppe von deutschen Frauen zeigte sich aufgrund ihrer binationalen Partnerschaft an den Themen eines interkulturellen Frauengesprächskreises besonders interessiert. Exemplarisch sei hier auf die Aussage einer Teilnehmerin hingewiesen, die angesichts des Angebots einer multikulturellen Mutter-Kind-Gruppe hervorhebt:

„Ja, ja, mich hat das einfach neugierig gemacht! Wie leben jetzt andere Frauen mit ihren ausländischen Männern, welche Problematik taucht da auf? (...) Für mich war auch alles noch sehr neu."

Der Erfahrungsaustausch mit Frauen in einer ähnlichen Situation steht hier also im Mittelpunkt, verbunden mit dem Interesse, auf diese Weise Unsicherheiten abzubauen, mit den eigenen Problemen nicht allein gelassen zu sein und auf Rat und Unterstützung in schwierigen Situationen zurückgreifen zu können.

Eine Migrantin, die mit einem Deutschen verheiratet ist und ein Kind aus dieser Ehe hat, wünscht sich vor allem für ihr Kind neue Kontakte, damit es nicht nur mit ihrer *„Mentalität"* vertraut gemacht, sondern auch mit anderen Einstellungen, Werten und Normen konfrontiert wird.

Für Migrantinnen ist die Hemmschwelle, in einen Kurs mit anderen Migrantinnen zu gehen, vielfach geringer, als wenn es sich um einen rein deutschen Teilnehmerkreis handelt. Eine Interviewpartnerin berichtet in diesem Zusammenhang von ihrer Scheu, sich gegenüber Deutschen in deutscher Sprache zu äußern. Sie befürchtet Fehler zu machen und möchte die Gesprächspartnerinnen nicht mit ihrem *„gebrochenen Deutsch belästigen"*.

In einer multikulturellen Gruppe fallen ihrer Meinung nach schlechte und fehlerhafte Deutschkenntnisse nicht so ins Gewicht, und es besteht eher die

Aussicht, von den übrigen Teilnehmerinnen aufgrund ähnlicher Migrationserfahrungen anerkannt und verstanden zu werden.

Es gibt auch immer wieder Teilnehmerinnen, die aufgrund ihrer beruflichen Tätigkeit (als Lehrerin, Sozialarbeiterin etc.) Kontakt zu Menschen aus anderen Kulturen haben und über den bisherigen formalen Bezug hinaus mehr über den Alltag, die Denk- und Verhaltensweisen und den soziokulturellen Hintergrund der Betroffenen wissen wollen.

Durchgängig wurde die Auffassung geäußert, dass sich solche Kontakte nicht spontan herstellen ließen und dass es wenig Gelegenheiten gäbe, Menschen aus anderen Kulturen kennen zu lernen.

Vorzüge interkulturellen Lernens in Frauengruppen

Insgesamt kann mit interkulturellem Lernen allerdings nur dann gerechnet werden, wenn es „Vorteile" bringt: Zum Beispiel den Gewinn von neuem Wissen und Kompetenzen, erweitertes Erleben, gefestigte Identität, soziale Anerkennung, Rückhalt in einer Gruppe, Verminderung von Ängsten (siehe auch Fischer 1990, S. 121 ff.).

Die befragten Teilnehmerinnen hoben folgende Punkte hervor:

- Kontakt zu Menschen aus anderen Kulturen gefunden zu haben;
- andere Sitten und Lebensweisen aus dem Alltagsleben kennen gelernt zu haben;
- im Unterschied zur touristischen Perspektive mehr Nähe erfahren zu haben;
- Offenheit und Vertrautheit in der Kommunikation erlebt zu haben;
- Wissenszuwachs verbuchen zu können;
- den Erlebnischarakter der life-Erzählung schätzen gelernt zu haben;
- Menschen mit verschlungenen und interessanten Biografien kennen gelernt zu haben;
- im persönlichen Gespräch anderen näher gekommen zu sein, was in der Politik in der Form nicht möglich sei;
- viel gelacht, getanzt zu haben;
- miteinander etwas unternommen zu haben (z.B. Kochen, Exkursionen);
- in informellen Phasen ins persönliche Gespräch gekommen zu sein;
- Gefühle äußern zu können;
- Frauen aus unterschiedlichen Generationen begegnet zu sein;
- auf starke Frauenpersönlichkeiten zu treffen.

Die Aufzählung verdeutlicht, dass den face-to-face-Beziehungen in der Gruppe ein besonderer Stellenwert beigemessen wird. Eine Interviewperson stellt die Vorteile eines Seminars heraus, das ausschließlich Frauen vorbehalten ist:

„Ein ganz wichtiger Punkt war, dass das Frauenseminare waren, denn ich denk mal, wären Männer dabei gewesen – obwohl ich selbst mal den Vorschlag gemacht hatte, ob da nicht Männer teilnehmen können – also ich hätte mich mit Sicherheit nicht so öffnen können. Das war für mich ganz wichtig."

Insbesondere sensible Themen, die beispielsweise Fragen der Partnerschaft/Ehe, Sexualität, Erziehung oder Religion betreffen, werden nur dann offen diskutiert, wenn in der Gruppe eine Atmosphäre des Vertrauens, der Sicherheit und des gegenseitigen Verständnisses besteht. Eine solche Atmosphäre stellt sich in Frauengruppen dann relativ schnell her, wenn ein entsprechender Kommunikationsstil gefunden wurde, bei dem Akzeptanz, Empathie und Authentizität vorherrschen. Der gemeinsame Erfahrungshintergrund der Frauen, der wesentlich mit den o.a. weiblichen Lebenszusammenhängen und Rollen zusammenhängt, gibt schließlich die Grundlage für die Verstehensprozesse ab.

Ein ganzheitlicher Lernansatz, der sowohl kognitive Elemente, affektives Erleben als auch handlungsorientierte Ansätze (z.B. Kochen) umfasst, wird besonders geschätzt.

Auf die Frage, was methodisch besonders gefiel, wurden das Rollenspiel bzw. szenische Darstellungen besonders hervorgehoben. Eine griechische Teilnehmerin kann sich an eine Seminarsequenz aus dem Seminar über Tabus in unterschiedlichen Kulturen noch besonders gut erinnern, das u.a. mit der Methode des Forum-Theaters nach Boal gearbeitet hat:

„Ich fand diese Theaterstücke sehr gut ... letztens bei dem Tabu-Seminar. (...) Ich hab mit griechischen Gedanken total anders gespielt wie die deutschen Frauen, die dann meine Rolle übernommen haben und mit deutschen Gedanken die gleiche Rolle gespielt haben. Mit Diskussionen wäre das vielleicht nicht raus gekommen."

Neben der Lebendigkeit der Methoden wird auch immer wieder betont, wie wichtig es sei, einen persönlichen Zugang zu den Teilnehmerinnen zu finden: „Ja, besonders toll fand ich die Stärke vieler Frauen, ja, dieses Durchsetzungsvermögen. Also den Kulturkreiswechsel und gleichzeitig noch etwas aufzubauen, Familie teilweise auch Beruf oder Weiterbildung ... Das hat mich schon sehr beeindruckt."

Nachhaltige Auswirkungen der Seminare auf Einstellungen, Verhalten und Beziehungen

Zunächst einmal ist davon auszugehen, dass Einstellungs- und Verhaltensänderungen nicht durch einige wenige Seminarsitzungen erreicht werden. Die Wirkungen der Seminare dürfen allerdings auch nicht unterschätzt werden. Analysiert man die Äußerungen der Interviewpersonen, so kann man zumindest feststellen, dass die Seminare Impulse geben können, bisheriges Denken und Verhalten zu reflektieren.

Am Anfang steht zunächst bei einigen Frauen die Genugtuung, etwas für sich getan zu haben: Sie haben einen selbstständigen Schritt in die Öffentlichkeit gewagt, die Hemmschwelle zur Teilnahme an einer Ewachsenenbildungsveranstaltung überwunden, die Scheu vor einem „öffentlichen" Auftritt in einer Gruppe bezwungen und sich somit auch als autonome Persönlichkeit erlebt. Dies ist gewiss eine wichtige Erfahrung, die zum Aufbau eines stabilen Selbstbewusstseins beigetragen hat.

Eine Teilnehmerin kleidet diese Erfahrung in eine Metapher, als sie feststellt, dass es „im Grunde wichtig ist, dass Menschen mal rauskommen aus ihrem ‚Dorf'!" – und damit ist sicherlich auch die Enge der geistigen Heimat gemeint, die manchmal bedrückend werden kann, wenn eben nicht der mutige Schritt gewagt wird, die „eigenen vier Wände" zu verlassen.

Der zweite Schritt besteht für die meisten Frauen darin, ihre Gefühle der Irritation und Befremdung zu verarbeiten. Die meisten berichteten, keine Kontakte zu Menschen aus anderen Kulturkreisen in ihren privaten Zusammenhängen zu haben. Insofern waren sie in der Regel nicht mit anderen Vorstellungen, normativen Orientierungen und Verhaltensweisen konfrontiert. Eine Griechin meinte auf unsere Frage, ob sich die Seminarteilnahme auf ihr Denken und Verhalten ausgewirkt hat: „Glaub ich schon. Ich kann jetzt andere Leute von anderen Nationen besser verstehen oder Geduld haben, wenn ich sehe, wie die sich verhalten bei verschiedenen Sachen. Vorher hab ich z.B. gedacht, Griechen gehen links, also müssen alle Leute links gehen. Wieso geht der denn in die rechte Richtung?"

Sie beschreibt hier sehr bildhaft, dass sich mit den interkulturellen Kontakten der Horizont erweitert hat, dass sie ihre eigenen normativen Orientierungen nicht mehr für die einzig gültigen hält und andere Denk- und Verhaltensweisen besser einordnen kann. An anderer Stelle bemerkt sie, dass sie nun auch verstehen kann, „dass der ältere deutsche Nachbar die Fenster putzt" oder „warum die Marokkanerin einen Schritt hinter ihrem Mann läuft. Dass das bei denen ganz normal ist und dass die Frau doch was wert ist".

Insofern ist einer rigideren ethnozentrischen Sicht eine respektvollere und wertschätzende Haltung gewichen.

Eine deutsche Interviewpartnerin, die mit einem Türken verheiratet ist, beschreibt, dass ihr die Seminare zu einer Distanz verholfen hätten, die es ihr ermögliche, sachlicher und objektiver zu urteilen. Sie nennt es „einfach mal einen Schritt zurück machen und drauf gucken". Auf diese Weise habe sie beispielsweise gelernt, die Normen, die in Erziehung und Familie in der Türkei herrschten, anders zu bewerten, aber auch eine Entscheidung im Hinblick auf die eigene Erziehung ihrer Kinder zu treffen. Sie habe das Fazit gezogen, dass sie sich nicht an die Erziehungsnormen ihrer türkischen Verwandtschaft anpassen, sondern in Abstimmung mit ihrem Mann ihren eigenen Weg finden müsse:

„Unsere Familie lebt hier in einer anderen Gesellschaft, wir haben hier eine ganz andere Struktur, in der Türkei ist es wieder eine andere und man kann einfach nicht sagen, das ist besser, das ist schlechter, es muss einfach jeder für sich gucken, wie lebe ich eigentlich ... Dazu waren die Seminare immer ganz gut für mich geeignet."

Andere Frauen betonen ihren Wissenszuwachs und stellen heraus, dass sie bestimmte Erfahrungen besser einordnen können:

„Ich sehe das jetzt ein bisschen breiter ... Wenn ich eine Frau Kopftuch tragen sehe, habe ich früher gesagt, die ist ja konservativ, na aber jetzt weiß ich mehr ..."

Eine deutsche Frau, die mit einem türkischen Mann verheiratet ist, betont, durch die Seminare Klarheit und Sicherheit in bestimmten Fragen gewonnen zu haben, was ihre eigene Position in der Familie gestärkt habe:

„Ja, das Seminar war für mich mit Sicherheit auch dazu da, gewisse Empfindungen, die ich in gewissen Situationen in der Türkei habe oder mit ausländischen Leuten oder mit meinem Mann oder in der Erziehung der Kinder, dass das einfach mal auf den Punkt gebracht wurde, dass ich hinterher mit einem etwas klareren Kopf hier weggegangen bin und doch für mich so kleine Erkenntnisse hatte."

In diesem Zusammenhang machen denn auch die meisten Frauen die Erfahrung, dass es trotz der Verschiedenheit viele Gemeinsamkeiten gibt und wenn es nur die Gemeinsamkeit gemeinsamer Problemlagen ist, etwa in dem Sinne „einfach mal wieder zu sehen, den anderen Frauen geht es ja genauso; ne, du machst dich nicht verrückt, du bist nicht verkrampft ... die anderen Leute haben genau solche Probleme wie du."

Einige Interviewpartnerinnen hoben hervor, durch die Seminare andere Frauen kennen gelernt zu haben. Insbesondere die Frauen aus binationalen Partnerschaften betonten, wie entlastend diese neuen Kontakte seien, da in den Gesprächen „mit meinen Freundinnen, Bekannten, die ich jetzt dadurch gewonnen habe, da haben wir ja schon manches Problem und Problemchen bewältigt ... Und das tut einfach gut, das ist ein Stück Solidarität auch zwischen den Frauen".

Dieser Gedanke bewog dann auch einige der Befragten, ein Frauencafé anzuregen, das ein ständiger Treffpunkt für Interessierte sein könnte.

Festzuhalten bleibt, dass die Teilnahme an einem Frauenseminar für viele Frauen der erste Schritt in die Öffentlichkeit ist und schließlich auch den Anstoß gibt, an anderen Bildungsveranstaltungen teilzunehmen.

Exkurs: Das zentrale Prinzip interkultureller Frauenbildung – die Reflexion von Selbst- und Fremdbild

Eine wichtige Aufgabe von Erwachsenenbildungseinrichtungen besteht darin, gesellschaftlichen Gruppen, die im normalen Alltagsverkehr kaum Berührungspunkte haben, Räume für Begegnung und Kommunikation zu eröffnen, um Fremdheit und Hemmungen gegenüber einer unbekannten Gruppe abzubauen und eine Offenheit im Umgang miteinander zu erreichen.

Das gilt u.a. auch für deutsche und ausländische Frauen, die aufgrund der Segregationspolitik im Wohnbereich wenig Gelegenheit zur Kontaktaufnahme haben. Solche Gesprächsangebote sind zunächst als Impulse zu verstehen, in einem geschützten Raum einer bekannten Institution erste Kontakte zu knüpfen und Erfahrungen miteinander zu machen. So wird – zwar in einer gesellschaftlichen Nische, aber dafür exemplarisch – ein Miteinander erprobt und der Umgang mit Differenzen geübt. Dabei sollte der pädagogische Prozess so angelegt sein, dass sowohl eine Dekonstruktion verzerrter Fremdbilder als auch ein Aufbau von Selbstbewusstsein stattfinden kann.

In der Interaktion mit Frauen, die uns fremd sind, nehmen wir zunächst ein Bild von der anderen wahr, das sich aus vielfältigen Vorannahmen, Eindrücken und Phantasien über die fremde Kultur zusammensetzt. Deshalb verweist jede Auseinandersetzung mit Fremden unausweichlich zurück auf die eigene Kultur. Will ich die andere verstehen, muss ich zunächst die Vorstellungen durchdringen, durch die meine Bilder von der anderen gefiltert werden, muss ich mir meiner eigenen Vorurteile, Stereotype und Klischees bewusst werden, die mir den Blick auf die andere verstellen, zugleich aber gedankliche Produkte einer Vorstellungswelt sind, die mit gängigen Bildern der eigenen Kultur korrespondieren. Will ich das Fremde verstehen, muss ich zuallererst mich und meine Geschichte verstehen, die wiederum in eine bestimmte historische und soziale Situation eingebettet ist. Dies soll an einem Fallbeispiel verdeutlicht werden.

Im Rahmen eines interkulturellen Frauenseminars, das in Oberhausen von der örtlichen Arbeitsgemeinschaft Arbeit und Leben und dem Evangelischen Bildungswerk zum Thema „Binationale Partnerschaften" ausgerichtet worden war, berichtete eine Deutsche, dass die Familie ihres Mannes, der von der Elfenbeinküste stamme, finanzielle Unterstützung erwarte. Es sei auch selbstverständlich, dass die deutschen Verwandten zur Hochzeit des Cousins dritten Grades anreisten, ungeachtet der Frage, ob das überhaupt zu finanzieren sei. Wenn der Vater ihres Mannes stürbe, würde er als ältester Sohn automatisch für den Unterhalt der Familie aufkommen. Aus afrikanischer Sicht sei die Familie des Mannes in Deutschland reich. Aus ihrer Sicht sei das Familieneinkommen in Deutschland gerade so bemessen, dass der aktuelle Lebensstandard aufrechterhalten werden könne. Sie kritisiere einerseits die oft überzogene Anspruchshaltung der afrikanischen Verwandten. Andererseits könne sie verstehen, dass ihr Mann aufgrund seiner Rolle als Familienoberhaupt Aufgaben der Fürsorge und des Unterhalts gegenüber den afrikanischen Verwandten übernehmen müsse. Sie wünsche sich aber auch seitens der afrikanischen Verwandten mehr Verständnis und meine darüber hinaus, dass sie und die Kinder in Deutschland die primäre Bezugsgruppe für ihren Mann sein sollten.

An diesem Beispiel wurde deutlich, dass die Seminarteilnehmerin, die ihre Erfahrungen aus ihrer Ehe schilderte, um Selbstreflexion und einfühlendes Verstehen in die Rolle der anderen (ihres Mannes und der afrikanischen Verwandten) bemüht war. Sie vollzog durchaus einen Perspektivwechsel, indem sie die Sichtweise der Verwandten vor dem Hintergrund der wirtschaftlichen Verhältnisse und der anders gearteten Familienstruktur nachvollzog. Zugleich bezog sie Stellung und formulierte ihre Interessen und die Erwartungshaltung an die anderen.

Die anschließende Diskussion stellte darüber hinaus einen Bezug zur historischen und gesellschaftlichen Entwicklung in der Bundesrepublik her: Die Großfamilie sei im Zuge von Industrialisierungsprozessen der Kleinfamilie gewichen, und selbst diese löse sich zugunsten von weiteren Individualisierungsschüben auf. Da die Familie nicht mehr ausschließlich zentrale Versorgungsaufgaben wie Alterssicherung oder Kompensation von Arbeitslosigkeit und Armut übernehme, seien staatliche Instanzen an ihre Stelle getreten und übernähmen solche Aufgaben, auch wenn es Trends zum Abbau dieser kompensatorischen Funktionen gebe.

Diese Diskussion machte deutlich, dass die voneinander abweichenden Erwartungshaltungen und Einstellungen zugleich anderen Familienstrukturen geschuldet waren, die wiederum mit unterschiedlichen Entwicklungsstadien der Ökonomie einhergingen.

Dieser komplizierte Diskussionsprozess im Seminar wurde von einer anwesenden Journalistin einige Tage später in einem Zeitungsartikel auf grobe und klischeehafte Weise vereinfacht. Da hieß es dann in der Überschrift: „Im Ausland wird der Sohn zum ‚Dukatenesel' für alle" (WAZ 7.12.96). Der Begriff des Dukatenesels weckt nun andere Assoziationen: Die afrikanischen Verwandten treten als die Parasiten auf, die nichts tun und den Sohn als Geldspender instrumentalisieren. Umgekehrt ist der Sohn das dumme und geduldige Opfer, das sich von den habgierigen Verwandten ausbeuten lässt, sozusagen als willenloser Sklave, der sich den heimischen Normen und Gebräuchen unterwirft. Damit wird ein Klischee reproduziert, das unser Bild vom Fremden widerspiegelt. Merkmale wie parasitär, ansprüchlich, dreist oder faul tauchen häufig im Zusammenhang mit Berichten über Migranten in den Medien auf und geben zugleich Aufschluss über die dahinter stehenden Ängste. In diesem Fall wurde der Fremde aber nicht nur abgewertet, sondern zugleich eine vordergründige Parteilichkeit für den Ausgebeuteten bezeugt. Auf den Sohn wurde nämlich etwas projiziert, was wir häufig als Angst gegenüber Fremden empfinden: Die Angst ausgenutzt zu werden, irgendwann selbst mittellos dazustehen (z.B. bei Arbeitsplatzverlust), für andere zu schuften und am Ende nichts davon zu haben (die Renten werden gekappt). Der/die Fremde ist häufig nur eine Projektionsfläche für tief sitzende eigene Ängste, die sich nicht reflektiert, sondern aggressiv einen Weg nach außen bahnen und, in Form von Vorurteilen, Schwächere zu Sündenböcken stilisieren. Mitscherlich (1975, S. 11) spricht in diesem Zusammenhang von einem „Reflexionsblock", einer Reflexionslähmung. Wir können „vorurteilsbesetzten Stücken der Realität gegenüber plötzlich nicht mehr nachdenken, reflektieren, uns abwägend verhalten, sondern es erscheint uns ein Stück Welt mit Evidenzcharakter, als so und nicht anders, als so selbstverständlich, dass es sich gar nicht lohnt, eine Frage darauf zu verwenden."

Die Tatsache, dass die Seminarteilnehmerin den Artikel nicht unwidersprochen hinnahm und bei der Seminarleiterin den Namen der Journalistin erfragte, um sich über den Artikel zu beschweren, muss als ein positiver Schritt zu Konfliktbereitschaft, Auseinandersetzungswillen, Verantwortungsgefühl und Selbstbehauptung gewertet werden. Insofern hat das Seminar einen Vorgang ausgelöst, in dem konträre Sichtweisen über fremde Werte, Normen und Handlungsmuster aufgedeckt und diskutiert wurden, wenn auch der letzte Teil der Diskussion außerhalb des Seminars lief.

Die pädagogische Situation vermag die unterschiedlichen Sichtweisen, Vorurteile und Ängste offen zu legen. In der Begegnung mit anderen werden Selbst- und Fremdbilder transparent. Es wird deutlich, dass Vorurteile und Stereotype zwar die Komplexität von Tatbeständen vereinfachen, aber nur Scheinwissen und -sicherheit vermitteln; dass sie Abgrenzung und Zusammenhalt nach innen ermöglichen, aber lediglich aufgrund eines minimalen gemeinsamen Nenners, dem Feindbild nach außen; dass sie Rechtfertigung, Schutz und Aufwertung versprechen, aber lediglich aufgrund der Abwertung anderer.

Viele Ansätze interkulturellen Lernens formulieren als ein Ziel, den Abbau von Vorurteilen erreichen zu wollen. Wenn überhaupt, kann dieses Ziel nur in einem langfristig angelegten Bildungsprozess erreicht werden. Wir sollten uns der Tatsache bewusst sein, dass Vorurteile, wie Mitscherlich formuliert, „zum Haltbarsten in der menschlichen Geschichte" gehören und vielfach durch Vernunft nicht abgebaut werden können. Eine aus Einbildung und Wahrnehmungsbruchstücken gemischte Erfahrung schiebt sich vor die Wirklichkeit, bestimmt das Denken und ist durch rationale Argumente in der Regel nicht erreichbar.

Interkulturelles Lernen in Frauengruppen kann jedoch erreichen, dass einmal gefasste Urteile zur Disposition gestellt und diskutiert werden. Jedes Gruppenmitglied lernt dadurch zunächst, sich überhaupt einer Diskussion zu stellen und mit anderen Sichtweisen und Meinungen auseinander zu setzen. Durch das plurale Spektrum von Meinungen stellt sich auch das eigene Urteil in einem anderen Licht dar. Es wird in seinem ausschließlichen Geltungsanspruch relativiert. An diesem Punkt wird sich dann zeigen, ob das Gruppenmitglied bereit ist, die einmal gefasste Meinung zu korrigieren, zu relativieren oder zu ergänzen. Zumindest kann eine Kompetenz zum Diskurs gefördert werden.

Insofern ist Alexander und Margarethe Mitscherlich (1967, S. 156) zuzustimmen, wenn sie zu folgendem Schluss kommen: „Vorurteile dämmen wir am besten dadurch ein, dass wir uns in der Beobachtung unseres eigenen Verhaltens schulen

... Eine neue dynamische Definition kann demnach lauten: ‚Vorurteile können dann zurückgedrängt werden, wenn es uns gelingt, Reflexion vor jene Handlungen einzulegen, zu der die Vorurteile uns auffordern'."

Dass „Vorurteile mit zum Haltbarsten der Geschichte" gehören, wird auch von einer deutschen Teilnehmerin mit einer gewissen Irritation festgestellt, als sie sich in einem der Interviews an ein länger zurückliegendes Seminar mit griechischen und türkischen Teilnehmerinnen erinnert, in dem es um die lange Geschichte griechisch-türkischer Konflikte und Feindschaften ging.

„Das war mir schon klar, dass die (Griechen und Türken, d.Verf.) geschichtlich, oder in der Geschichte Kämpfe hatten und sicherlich Fehden, wie wir mit Frankreich mal. Aber, dass das so verwurzelt ist, dass es heute noch so ist und dass das selbst in so einem Seminar noch merkbar ist an den Teilnehmerinnen, die sich überwinden müssen, anderes Denken zu beginnen; das hat mich schon erstaunt. Das wusste ich nicht. Auch das ist wichtig zu erfahren."

Bemerkenswert an dieser Äußerung ist der Perspektivwechsel, der vorgenommen wird. Die Teilnehmerin nimmt nicht nur Bezug auf den türkisch-griechischen Konflikt, sondern zieht eine Parallele zur deutschen Geschichte, die lange durch ein feindseliges Verhältnis zu Frankreich geprägt war und nur allmählich – u.a. durch eine offensive Verbesserung der deutsch-französischen Verhältnisse im Zuge von Austauschprogrammen – entspannt wurde.

Wenn ein anfängliches Gefühl der Befremdung und Irritation den Anstoß zu selbstreflexiven Prozessen gibt, dann ist ein wichtiges Ziel interkulturellen Lernens erreicht. Besonders fruchtbar können solche Prozesse sein, wenn sie zum Überdenken eigener Vorstellungen, Werte und Normen führen.

Ein anderes Beispiel soll diesen Zusammenhang verdeutlichen. Eine deutsche Seminarteilnehmerin hob die Unterschiede zwischen den Bedingungen der familiären Sozialisation in ihrer Familie und denen einer Türkin aus dem Seminar hervor:

„Mir fällt gerade S. ein, die von zu Hause erzählt hat. Wenn ich mir überlege, wie sie groß geworden ist, in ihrem Dorf und in der Struktur der Familie mit der Familienhierarchie und wenn ich dann überlege, wie ich groß geworden bin, dann ist das so weit auseinander, dass man sich wundert, dass man so jetzt das Gefühl hat, man ist auf einer Ebene."

Sie sieht einerseits die Zwänge, denen die türkische Teilnehmerin im Hinblick auf die Hierarchie in der Familie unterliegt: „Sehr früh in Pflichten eingebunden zu sein, gehorchen zu müssen. Der ganze Zwang bis hin zum Heiraten ..., das ist ja wahnsinnig anders."

Sie sieht andererseits auch die Vorteile eines tragfähigen sozialen Netzes und die Verbindlichkeit einer Solidargemeinschaft, auf die sich die Betreffende stützen kann: „Aber ich denke auch darüber nach, inwieweit auch diese Einschränkung der

Freiheit in Bezug auf eine Situation, in der man machen kann, was man will, sicher auch was Gutes hat ..."

In einer solchen Situation findet interkulturelles Lernen statt. Hier ist eine Person bestrebt, in der Begegnung mit Menschen aus einer anderen Kultur deren spezifisches Orientierungssystem der Wahrnehmung, des Denkens, Wertens und Handelns zu verstehen, mit dem eigenkulturellen Orientierungssystem zu vergleichen und Vor- und Nachteile abzuwägen.

Wichtig scheint mir auch die Tatsache zu sein, dass in den Seminaren eine angstfreie Atmosphäre entsteht, in der die Anwesenden auch den Mut haben, sich mit Differenzen auseinander zu setzen, ohne dass der Eindruck entsteht, dadurch auseinander dividiert zu werden.

Interkulturelles Lernen verwirklicht sich daher in der Begegnungssituation als

- selbstreflexiver Prozess,
- Auseinandersetzung mit der Differenz im interkulturellen Vergleich,
- Empathie durch Perspektivwechsel,
- politisches Lernen,
- Kompetenz zum Dissens, indem konträre Meinungen akzeptiert und diskutiert werden,
- Korrektur, Relativierung, Ergänzung einmal gefasster Urteile,
- rationaler Diskurs, der ggf. im Konsens mündet bzw. eine Kultur des Dissens (Haller 1994, S. 17) begründet.

Literatur

Auernheimer, Georg: Einführung in die interkulturelle Erziehung. Darmstadt 1990

Auernheimer, Georg: Struktur und Kultur. Über verschiedene Zugänge zu Orientierungsproblemen und -strategien von Migranten. In: Z.f.Päd. Nr. 1/1994, S. 29-42

Baacke, Dieter: Biographie. Soziale Handlung, Textstruktur und Geschichten über Identität. In: Baacke, D./Schulze, T. (Hrsg.): Biographieforschung. Weinheim/Basel 1985

Bericht der Beauftragten der Bundesregierung für die Belange der Ausländer über die Lage der Ausländer in der Bundesrepublik Deutschland. Bonn 1995

Borelli, Michele: Hermeneutisch-dialektische Rekonstruktion interkultureller Pädagogik. In: Borelli, Michele (Hrsg.): Deutsche Gegenwartspädagogik. Baltmannsweiler 1993, S. 59-68

Bundesministerium f. Familie, Senioren, Frauen und Jugend/BMFSFJ (Hrsg.): Die Frauen der Welt 1995. Trends und Statistiken. Vereinte Nationen. Bonn 1996

Butler, Judith: Das Unbehagen der Geschlechter. Frankfurt a.M. 1991

Clarke, John u.a.: Subkulturen, Kulturen und Klasse. In: Clarke u.a.: Jugendkultur als Widerstand. Milieus, Rituale, Provokationen. Hrsg.: Honneth, Lindner, Paris/Frankfurt a.M. 1979, S. 39-131

Essinger, Helmut/Graf, Jochen: Interkulturelle Erziehung als Friedenserziehung. In: Essinger, Helmut/Ucar, Ali (Hrsg.): Erziehung in der multikulturellen Gesellschaft. Versuche und Modelle zur Theorie und Praxis einer Interkulturellen Erziehung. Baltmannsweiler 1984, S. 15-34

Fischer, Veronika: Interkulturelle Angebote. VHS Oberhausen. In: VHS im Westen. 4/89, S. 175-176

Fischer, Veronika: Kontakte – Begegnungen zwischen deutschen und ausländischen Frauen. Ein Bericht über interkulturelle Frauenarbeit an der Volkshochschule Oberhausen. In: Schneider-Wohlfart, U. u.a. (Hrsg.): Fremdheit überwinden. Theorie und Praxis des interkulturellen Lernens in der Erwachsenenbildung. Opladen 1990, S. 121-169

Fischer, Veronika: Kontakte und Begegnungen zwischen deutschen und ausländischen Frauen. Zur Konzeption interkultureller Frauenarbeit an einer Volkshochschule. In: Derichs-Kunstmann u.a. (Hrsg.): Die Fremde – Das Fremde – Der Fremde. Frankfurt a.M. 1993, S. 89-95

Fischer, Veronika/Schneider-Wohlfart, Ursula: Interkulturelle Weiterbildung in Nordrhein-Westfalen. Ergebnisse einer schriftlichen Befragung 1994. In: ZEP Heft 3/1996, S. 19-22

Fischer, Veronika/Kallinikidou, Desbina: Fremdheit entsteht durch Nähe – Nähe schafft Vertrauen. Ost-West-Begegnung mit Migrantinnen und ostdeutschen Frauen. In: kursiv. Journal für politische Bildung. Heft 1/2000, S. 18-21

Gudjons, Herbert: Berufsbezogene Selbsterfahrung durch Fallbesprechungen in Lehrergruppen. In: Mutzek/Pallasch (Hrsg.): Handbuch zum Lehrertraining. Weinheim 1983

Gudjons, Herbert: Spielbuch Interaktionserziehung. 3. Aufl., Heilbrunn 1987

Gudjons, Herbert/Pieper, Marianne/Wagener Birgit: Auf meinen Spuren. Das Entdecken der eigenen Lebensgeschichte. Vorschläge und Übungen für pädagogische Arbeit und Selbsterfahrung. 3. Aufl., Hamburg 1994

Gutiérrez Rodríguez, Encarnación: Frau ist nicht gleich Frau, nicht gleich Frau, nicht gleich Frau ... Über die Notwendigkeit einer kritischen Dekonstruktion in der feministischen Forschung. In: Fischer, Ute Luise u.a.: Kategorie: Geschlecht. Empirische Analysen und feministische Theorien. Opladen 1996, S. 163-190

Haller, Ingrid: Für eine Kultur des Dissens. Anmerkungen zu Fremdenfeindlichkeit – Rassismus – Gewalt. In: DIE Materialien für Erwachsenenbildung 1. Interkulturelles Lernen. Erfahrungen, Anregungen, Arbeitshilfen. Lesetipps. Frankfurt a.M. 1994, S. 11-18

Hohmann, Manfred: Interkulturelle Erziehung – Versuch einer Bestandsaufnahme. In: Ausländerkinder in Schule und Kindergarten. Heft 4/1983, S. 4-8

Huth-Hildebrandt, Christine: Frauen und interkulturelles Denken. Überlegungen zu einer interkulturellen Frauenbildungsarbeit. In: Frauen in der einen Welt. Zentrum für interkulturelle Frauenalltagsforschung. Heft 2/1990

Jakubeit, Gudrun/Schattenhofer, Karl: Fremdheitskompetenz. Ein Weg zum aktiven Neben- und Miteinander von Deutschen und Fremden. In: neue praxis 5/1996, S. 389-408

Klafki, Wolfgang: Neue Studien zur Bildungstheorie und Didaktik. Zeitgemäße Allgemeinbildung und kritisch-konstruktive Didaktik. 3. Aufl., Weinheim/Basel 1993

Landesinstitut für Schule und Weiterbildung (Hrsg.): Ausländische und deutsche Frauen: Miteinander leben lernen. Anregungen zur interkulturellen Frauenbildungsarbeit. Soest 1988

Losche, Helga: Interkulturelle Kommunikation. Sammlung praktischer Spiele und Übungen. Alling 1995

Mitscherlich, Alexander und Margarete: Die Unfähigkeit zu trauern. Grundlagen kollektiven Verhaltens. München 1967

Mitscherlich, Alexander: Zur Psychologie des Vorurteils. In: Hartmann, K.D. (Hrsg.): Vorurteile, Ängste, Aggressionen. Ausgewählte Beiträge aus der Reihe Politische Psychologie. Frankfurt a.M. 1975, S. 9-24

Narr, Wolf Dieter u.a.: Weltökonomie – Die Misere der Politik. Frankfurt a.M. 1994

Nestvogel, Renate (Hrsg.): Interkulturelles Lernen oder verdeckte Dominanz? Hinterfragung „unseres“ Verhältnisses zur ‚Dritten Welt‘. Frankfurt a.M. 1991

Nestvogel, Renate: Zum Umgang mit Bildern von „Fremden“. In: beiträge 42/1996, S. 53-63

Nieke, Wolfgang: Interkulturelle Erziehung und Bildung. Wertorientierungen im Alltag. Opladen 1995

Porcher, Louis: Glanz und Elend des Interkulturellen. In: Reich, Wittek (Hrsg.): Migration, Bildungspolitik, Pädagogik. Essen/Landau 1984, S. 35 ff.

Prengel, Annedore: Universalität – Kollektivität – Individualität. Dimensionen demokratischer Differenz in der Bildung. In: Bracht/Keiner (Redaktion): Jahrbuch für Pädagogik 1994. Geschlechterverhältnisse und die Pädagogik. Frankfurt a.M. 1994, S. 139-149

Radtke, Frank-Olaf: Interkulturelle Erziehung. Über die Gefahren eines pädagogisch halbierten Anti-Rassismus. In: Z.f.Päd. Nr. 6/1995, S. 853-864

Reich, Hans: Interkulturelle Pädagogik – eine Zwischenbilanz. In: Z.f.Päd. Nr. 1/1994, S. 9-27

Rogers, Carl R.: Therapeut und Klient. Grundlagen der Gesprächspsychotherapie. München 1983

Schneider-Wohlfart, Ursula u.a.: Fremdheit überwinden. Theorie und Praxis des interkulturellen Lernens in der Erwachsenenbildung. Opladen 1990

Schütz, Alfred/Luckmann, Thomas: Strukturen der Lebenswelt. Bd. 1. Frankfurt a.M. 1979

Seager, Joni/Olson, Ann: Der Frauenatlas. Daten, Fakten und Informationen zur Lage der Frauen auf unserer Erde. Frankfurt a.M. 1986

Seager, Joni: Der Fischer Frauen-Atlas. Frankfurt a.M. 1998

Statistisches Bundesamt (Hrsg.): Im Blickpunkt: Leben und Arbeiten in Deutschland. 40 Jahre Mikrozensus. Stuttgart 1998

Vopel, Klaus W.: Handbuch für Gruppenleiter. Hamburg 1976

Seminare für deutsche und ausländische Frauen 1993-2000

Es wurden ausgewertet: 14 Seminare; insges. 250 Teilnehmerinnen

Themen:

Kalimerhaba – Begegnungen in Deutschland.	13.11.1993
Heimat ist dort, wo man sich nicht erklären muss.	14.05.1994
Wir – im Spiegel der anderen – Fremd- und Selbstwahrnehmung unter Frauen aus unterschiedlichen Kulturen.	29.10.1994
Frauen im Islam und im Christentum.	13.05.1995
Interkultureller Frauenfunk.	28.10.1995
Besser, du verlierst ein Auge als deine Ehre – Die Bedeutung der weiblichen Ehre in unterschiedlichen Kulturen.	25.11.1995
Interkultureller Frauenfunk II – Deutschland hat sich sehr verändert ...	01.06.1996
Frauenrolle im Wandel.	06.06.1996
Binationale Partnerschaften.	30.11.1996
„Messer, Gabel, Schere, Licht sind für kleine Kinder nicht" – Erziehung im interkulturellen Vergleich.	07.06.1997
Familie im interkulturellen Vergleich.	28.11.1997
Sie und Er – weibliche und männliche Rollen im Kulturvergleich.	30.05.1998
Darüber spricht man nicht – Tabus in unterschiedlichen Kulturen.	20.03.1999
Rituale im interkulturellen Vergleich.	18.03.2000

Seminare für deutsche und ausländische Frauen 1993-2000

Nationalitäten

Anzahl	Land	TN
1	Deutschland	63
2	Griechenland	25
3	Türkei	20
4	Iran	2
5	Italien	2
6	Rumänien	2
7	Afrika	1
8	Chile	1
9	China	1
10	Indonesien	1
11	Korea	1
12	Peru	1
13	Polen	1
14	Roma/ehem. Jugoslawien	1
15	Spanien	1
16	Sri Lanka	1
17	Taiwan	1

Von 125 Frauen leben 39 Frauen in binationalen Ehen bzw. Partnerschaften.

Altersstruktur

Alter	TN
unter 20 Jahre	7
20 – 30 Jahre	20
31 – 40 Jahre	35
41 – 50 Jahre	28
51 – 60 Jahre	23
über 60 Jahre	12

Häufigkeit der Teilnahme an den Seminaren

Seminare	TN	Seminare	TN
1 Seminar	85	6 Seminare	7
2 Seminare	12	7 Seminare	2
3 Seminare	10	8 Seminare	1
4 Seminare	5	9 Seminare	1
5 Seminare	3		

Birgit Stimm-Armingeon

Interkulturelle Familienbildung

Migrantenfamilien in unserer Gesellschaft

Noch gibt es sie kaum, die Familienforschung zur Situation von ausländischen Familien, Kindern und Jugendlichen, beklagt Lale Akgün, Leiterin des Landeszentrums für Zuwanderung auf einer Tagung der RAA zum Thema „Interkulturelle Erziehung im Elementarbereich" im Herbst 1999 in Oberhausen. Alle Studien zur Familienforschung in Deutschland basieren auf Daten, die bei deutschen Staatsangehörigen erhoben wurden. Die spezielle Situation zugewanderter Familien spielt in den relevanten Veröffentlichungen kaum eine Rolle, als wären Migrantenfamilien nicht von den tief greifenden Veränderungen der Familienstrukturen betroffen. Wird auf die Situation von Migrantenfamilien Bezug genommen, dann lediglich als scheinbar homogene Gruppe. Der derzeitige Stand der Familienforschung stellt ein Spiegelbild der grob verallgemeinerten und randständigen Situation von Migrantenfamilien in Deutschland dar. Der Familienreport 1994 beklagt nur das Defizit, dass, obwohl die Anzahl der in der Bundesrepublik lebenden ausländischen Familien so hoch wie noch nie sei, keine angemessene konzeptionelle Neuorientierung in der Familienarbeit stattgefunden habe. Es bleibt zu hoffen, dass der sechste Bundes-Familienbericht, der sich den Lebensbedingungen ausländischer Familien widmen soll, zu einer Verbesserung der Grundlagenforschung und einer differenzierteren Analyse führt.

Daten und Fakten

Zwei der wenigen Veröffentlichungen in diesem Bereich sind die Dokumentation des vom BMFSFJ geförderten Projektes „Innovative Ansätze interkultureller Familienbildung" (Koderisch 1996) und die Untersuchung der sozialen Folgen der Migration des Fafra-Forschungsteams der Universität Osnabrück (1994). In diesen Veröffentlichungen fassen Koderisch und das Fafra-Forschungsteam einige grundlegende Daten zur Situation ausländischer Familien in Deutschland zusammen. Zur Zeit leben ca. 7,3 Millionen ausländische Mitbürger und Mitbürgerinnen in Deutschland, dies entspricht einem Anteil von 8,9 % an der Gesamtbevölkerung. Hinzu kommt noch eine große Anzahl von Aussiedlern aus Osteuropa. Mehr als 60 % von ihnen leben bereits 10 Jahre und länger in Deutschland, 30 % sogar länger als 20 Jahre. „Die große Mehrheit der hier lebenden Ausländer ist aufgrund ihrer langen Aufenthaltsdauer de facto eingewandert" (Herwartz-Emden 1997, S. 12). Ausländische Familien stellen also keine Randgruppe dar, sondern sind ein relevanter Teil unserer Bevölkerung.

Der Anteil der ausländischen Bevölkerung ist jedoch regional sehr unterschiedlich verteilt. Leben auf dem Gebiet der neuen Bundesländer laut Bericht der Beauftragten für Ausländerfragen von 1999 unter 2 % Ausländer, sind es im restlichen Bundesgebiet über 10 %. Allein 14 % der ausländischen Bevölkerung lebt in Hessen, weitere 12 % in Baden-Württemberg, 11 % in Nordrhein-Westfalen und 9 % in Bayern. Rund 50 % leben in großen Städten (über 100.000 Einwohner) mit einem Gesamtanteil von circa 15 % der Gesamtbevölkerung. Auch innerhalb dieser Städte ist die Verteilung nicht gleichmäßig. Ausländische Familien leben meist in den Altbauten der Innenstädte, Stadtteilen mit dichter Bebauung und großer Verkehrsdichte oder „Großsiedlungen mit einem hohen Anteil an Sozialwohnungen. Aus der räumlichen wird eine soziale Segregation mit der Handlungsfolge der Stigmatisierung und Diskreditierung ..." (Boos-Nünning 2000, S. 5). Da bei Migranten die Familie als Lebensform immer noch vorherrscht, spielen zugewanderte Familien eine überdurchschnittliche Rolle in den großen deutschen Städten. Zudem ist die ausländische Familie im Durchschnitt immer noch größer als die deutsche. Durchschnittlich haben ausländische Familien 2,2 Kinder, deutsche 1,6 Kinder.

In Deutschland leben derzeit fast 1,7 Mio. Kinder mit ausländischer Staatsangehörigkeit, dies sind über 11 % aller Kinder, so der Bericht der Ausländerbeauftragten aus dem Jahre 1999. Weiterhin ist interessant, dass die Zahl binationaler Familien immer mehr zunimmt. „Im Jahr 1960 waren die, die in der Bundesrepublik heirateten, fast immer Deutsche. Nur bei jeder 25. Ehe waren, wie es in der Sprache der amtlichen Statistik heißt „Ausländer und Ausländerinnen beteiligt" (Beck-Gernsheim 1998, S. 155 f.). Inzwischen haben 19,2 % aller in Deutschland geborenen Kinder, also circa jedes 5. Kind, mindestens ein Elternteil, das nicht die deutsche Staatsangehörigkeit besitzt (ebenda S. 156).

Diese Zahlen machen deutlich, dass sich die demographische Zusammensetzung der Bundesrepublik in den letzten vierzig Jahren nachhaltig verändert hat. Die derzeit marginale Stellung der ausländischen Familien in der Familienforschung und der Familienarbeit stellt eine Verzerrung der Realität dar und bedarf dringend einer Korrektur.

Zur Lebenssituation von Migrantenfamilien

Zur Lebenssituation von Migrantenfamilien stellt Koderisch in der oben genannten Veröffentlichung vier Thesen auf, mit denen er begründet, warum ausländische Familien in der Bildungsarbeit stärker beachtet werden müssen:

1. „Zugewanderte Familien leben hauptsächlich an Orten, an denen sie einen relevanten Teil der Infrastruktur bilden. Sie helfen den Bestand der Lebensform Familie in den Städten der alten BRD zu sichern."

Richtig ist sicherlich, dass die Innenstädte vieler großen Städte, in denen neben den Geschäften und Büros vor allem Singles leben, oft nur durch die Migrantenfamilien vor einer gänzlichen Verödung bewahrt werden.

Nicht konform gehen wir jedoch mit dem offensichtlich traditionellen Familienbild Koderischs. Obwohl unumstritten ist, dass viele Migranten sehr familienorientiert leben, ist zu erwarten, dass die von Beck-Gernsheim (1998) beschriebenen Individualisierungs- und Modernisierungsprozesse und deren Auswirkungen auf die Familien auch an den Migranten nicht vorbeigehen, wie Koderisch selbst in These 4 beschreibt. Auch hier nimmt die Zahl der Scheidungen, der Ein-Eltern-Familien zu, auch hier wird die Bandbreite der Lebens- und Beziehungsformen größer.

2. „Unter der ‚strukturellen Rücksichtslosigkeit' gegenüber Familien allgemein leiden viele zugewanderte Familien besonders. Trotzdem leisten sie einen wichtigen Beitrag zur Bildung des ‚Humanvermögens'."

Ein besonderes Anzeichen struktureller Rücksichtslosigkeit sieht Koderisch hierbei vor allem in der Wohnsituation der ausländischen Mitbürger (geringere Wohnungsgröße, schlechtere Ausstattung, weniger Wohneigentum), sowie in einem ungünstigeren Wohnumfeld. Hier sind wir mit Koderisch bezüglich seiner These der strukturellen Rücksichtslosigkeit konform. Kritisch anmerken möchten wir jedoch die in dieser These deutlich werdende Familienethik, die den Wert eines Menschen in Zusammenhang bringt mit der „Bildung des Humanvermögens".

3. „Die ausländische Familie gibt es nicht."

Ausländer zu sein ist zunächst eine rechtliche Frage, die sehr unterschiedlich geregelt ist, je nachdem, ob es sich um Arbeitsmigranten, Heiratsmigranten, Aussiedler, Flüchtlinge oder Menschen handelt, die von vornherein nur für einen befristeten Zeitraum in der Bundesrepublik leben, wie zum Beispiel Studenten. Auch spielt eine wesentliche Rolle, ob es sich um eine erzwungene Migration oder freiwillige Mobilität handelt (Morten 1995, S. 59), wobei hier eine eindeutige Grenzziehung nicht möglich ist. So kann es sein, dass der Ehemann den Auslandsaufenthalt aufgrund besserer Karrierechancen freiwillig anstrebt, der Rest der Familie jedoch „gezwungenermaßen" mitgeht.

Der Begriff „Ausländer" sagt über die Lebenssituation von Migranten ungefähr so viel oder so wenig wie der Begriff Deutscher. Im Gegenteil geht Nauck (1997, S. 89 ff.) in einer empirischen Untersuchung 1994 davon aus, dass „deutsche Familien in ihrem Erscheinungsbild, in ihren Einstellungen und Verhaltensweisen sehr viel homogener sind als türkische Familien und türkische Migrantenfamilien und dass sich soziale Differenzierung und sozialer Wandel bei türkischen Frauen sehr viel stärker bemerkbar macht als z.B. bei deutschen Frauen.“

Wir teilen die Beobachtung, dass alle Ausländer oft „in einen Topf geworfen werden“, wir bezweifeln jedoch, dass deutsche Familien ein homogeneres Bild abgeben, weil alle Familien vom Trend der Individualisierung betroffen sind.

Insgesamt ist zu sagen, dass unter dem Sammelbegriff Ausländer die unterschiedlichsten Menschen gemeint sein können: Menschen, die aufgrund von Armut und Hunger oder Verfolgung hier Asyl gefunden haben; Rentner, die seit dreißig Jahren hier leben; Jugendliche, die ihre vermeintliche Heimat nur im Urlaub sehen; Menschen, die hier ihre Ausbildung machen (vgl. Koderisch 1996, S. 34). „Denn im Zeitalter von Mobilität, Massenverkehr und Wirtschaftsvernetzung wächst die Zahl derer, die über den Radius der Herkunftsgruppe hinaus mit Menschen anderer Gruppen arbeiten und leben; die aus unterschiedlichsten Gründen (ob Arbeit, Hunger, Verfolgung oder Ausbildung und Beruf, Reisen und Neugier) ihre Heimat verlassen, für kürzere oder längere Zeit, vielleicht auch für immer; die Ländergrenzen überschreiten, hier geboren werden, da aufwachsen, dort heiraten und Kinder bekommen“ (Beck-Gernsheim 1998, S. 155). Sie nennt es eine „neue Normalität“. „Sie alle sind keine Sonderfälle des Migrationsprozesses, sondern dessen Bestandteile” (Koderisch 1996, S. 34).

4. „Obwohl generell die These von der ‚Unterschichtung‘ der Gesellschaft durch die Migration (Hoffmann-Nowottny) noch gültig ist, reicht sie zur Beschreibung ihrer internen Entwicklungsdynamik längst nicht mehr aus.“

Hierbei sind v.a. drei Tendenzen zu berücksichtigen:

- Eine deutliche Differenzierung des Bildungsniveaus.
- Die wachsende Beteiligung junger Migrantenfamilien an allgemeinen Modernisierungsprozessen.

  Hierbei weist Koderisch darauf hin, dass schon die Auswanderung selbst ein Ausdruck der Modernisierung ist. Aufgrund der gesellschaftlichen Veränderungsprozesse wie Individualisierung und Pluralisierung, ökonomische Unsicherheit, Einfluss der Medien u.v.a. mehr ist es auch für ausländische Familien immer schwieriger, „die nicht immer ganz einfache Integrationsaufgabe Familie zu bewerkstelligen“ (Conen 1995, S. 1), was sich zum Beispiel auch in der Zunahme nicht-deutscher Ein-Eltern-Familien zeigt.
- „Eine sich abzeichnende Tendenz dauerhafter Marginalisierung, v.a. jugendlicher Ausländer.“ Trotz verbesserter Ausbildungssituation verlässt ein großer Teil ausländischer Schüler die Schule ohne Abschluss. Eine zweite Hürde ist der Einstieg in den Beruf. Die Arbeitslosigkeit unter Migranten ist fast 2½ mal so groß wie unter deutschen Jugendlichen. Koderisch bezeichnet die Tatsache, Ausländer zu sein, als ein bedeutsames Armutsrisiko.

Anforderungen an Migrantenfamilien

Entgegen der gängigen Meinung gelingt es den meisten Migrantenfamilien jedoch ganz gut, eine Identität zu entwickeln zwischen der auch in der zweiten Generation immer noch hohen Identifikation mit dem Herkunftsland und der Anpassungsleistung hier. So sind neueren Untersuchungen zufolge „extreme intergenerationelle Kulturkonflikte" nicht nachzuweisen. So weist die Entwicklung einer *Patchwork-identität* (Beck) bzw. einer *multiplen Identität* (Mead), in der die verschiedenen Identitäten integriert werden, eher auf ein stabiles Ich hin. Sowohl in wissenschaftlichen Abhandlungen als auch in der landläufigen Meinung herrschen in Bezug auf Familien im Allgemeinen einige Mythen vor, die einer wissenschaftlichen Überprüfung nicht standhalten (Stabilitäts-, Größen-, und Defiztmythos). Diese Mythen werden auf ausländische Familien übertragen, durch kulturelle oder religiöse Mythen ergänzt und führen zu pauschalisierenden Einschätzungen. Bei den zusätzlichen Stereotypen handelt es sich zum einen um das Stereotyp der Großfamilie sowie um die Annahme, dass Familien im Einwanderungskontext nicht ausreichend in der Lage sind, die nötigen Sozialisations- und Erziehungsleistungen zu erbringen, hierbei stehen vor allem die Mütter in der Kritik. Obwohl die Variationsbreite bei der Bewältigung von Eingliederungsprozessen sehr groß ist, sind Familien in dem insgesamt verunsichernden Migrationsprozess besonderen belastenden, äußeren und inneren Stressfaktoren ausgeliefert, die es zu bewältigen gilt. Hierbei lassen sich grob fünf Bereiche unterscheiden:

1. Der *rechtliche Status* als Ausländer – hier hat vor allem die Ungleichbehandlung durch das Ausländerrecht und die sich daraus ergebende unsichere Aufenthaltsperspektive eine belastende Wirkung. Hinzu kommt, dass die Ausländerpolitik oft Spielball politischer Interessen ist und zu weiterer Desintegration und Verletzungen führt.
2. Die immer noch vorhandene *Benachteiligung* in verschiedenen gesellschaftlich relevanten Bereichen, wie dem Arbeits- oder Ausbildungsmarkt oder dem Wohnungsmarkt. Die Situation auf dem Ausbildungs- und Wohnungsmarkt wurde bereits genauer erläutert. Zum Arbeitsmarkt ist zu sagen, dass trotz der Zunahme von Selbstständigkeit ein großer Teil der Migranten Jobs im unteren Arbeitsmarktsegment hat.
3. Der *gesellschaftliche Status* von Migranten in Deutschland ist immer noch durch Benachteiligung gekennzeichnet. Offene Diskriminierung und Rassismus, Zuschreibungen oder gesellschaftliche Ausgrenzungen führen zu Frustrationen und Verletzungen, die es aufzuarbeiten gilt. Eine häufige Art der Reaktion der Migranten ist der Rückzug in ethnische Ghettos.
4. Die *kulturelle Auseinandersetzung mit dem Aufnahmeland* – es geht zum Beispiel um eine Auseinandersetzung mit den Normen, Werten, Zielen und Anforderun-

gen des deutschen Erziehungs- und Bildungssystems. Hierbei können vielfältige Spannungen zwischen eigenen familiären oder kulturellen Normen und Riten und denen der Umwelt entstehen. Verunsicherung in der Erziehung der Kinder ist eine mögliche Folge. Die Vermittlung dieses Prozesses und die Kommunikation in zwei Sprachen stellen eine weitere besondere Herausforderung dar.

5. *Familiäre Belastungen*, die sich aus dem Migrantendasein ergeben – Spannungen zwischen der ersten Migrantengeneration und der Nachfolgegeneration sind hier besonders augenscheinlich. Der immer noch offene oder latente Rückkehrwunsch der ersten Generation kann vielfältige Konsequenzen haben. Er kann zum Beispiel zu fehlender Ausbildungsplanung für die Kinder, zu künstlicher Aufrechterhaltung traditioneller Normen (wegen eventueller Rückkehr), zu übertriebener Sparsamkeit und dem Hauptziel Geld zu verdienen, unter Vernachlässigung der Kinder, führen. Auch Desintegrationstendenzen innerhalb der Familie, durch Autoritätsverlust des Vaters oder unbefriedigendes Familienleben aufgrund familienfeindlicher Arbeitszeiten setzen viele Migrantenfamilien unter Stress.

Herwartz-Emden (1997, S. 15) sieht in der überdurchschnittlichen familiären Kohäsion vieler Migrantenfamilien eine wesentliche Ressource für die Bewältigung des Eingliederungsprozesses. Familien, die in sich stabile Strukturen aufweisen, fällt es leichter, sich in fremde Strukturen zu integrieren, da sie nicht um ihre Auflösung fürchten müssen. Gerade in dieser positiven Orientierung auf die Familie steckt ein guter Ansatzpunkt für interkulturelle Familienbildungsarbeit.

Interkulturelle Familienbildung – ein notwendiger Perspektivwechsel

Bisher trägt die Familienbildung in ihrer Gesamtheit der oben beschriebenen Situation der ausländischen Familien nicht genügend Rechnung. Statistische Zahlen zur Partizipation von Migranten an Angeboten der Familienbildung liegen nicht vor, Untersuchungen zur Zulänglichkeit und Angemessenheit der Angebote ebenfalls nicht. „Im Rahmen des Berichtssystems Weiterbildung werden ausschließlich Deutsche im Alter von 19 bis 64 Jahren befragt. Die BSW-Erhebung liefert deshalb keine Daten zum Weiterbildungsverhalten von Ausländern" (Berichtssystem Weiterbildung 1996, S. 168). Auch andere Quellen decken das Thema nur marginal ab. Lediglich in der AFG-Statistik wird das Merkmal „Staatsangehörigkeit" ausgewiesen. Die Zahlen der Sondermittel des Landes Nordrhein-Westfalen zur finanziellen Förderung von ausländischen Mitbürgern sind ebenfalls nicht aussagekräftig, da sie von der pauschalisierenden Annahme ausgehen, dass ausländische Familien per se finanzielle Förderung benötigen. In Gesprächen mit Mitarbeitern wird jedoch offensichtlich, dass die Partizipation ausländischer

Familien an den Angeboten der Familienbildung nicht im Entferntesten ihrem Bevölkerungsanteil entspricht und dies, obwohl der Anteil von Zugewanderten in der Familiengründungsphase sehr hoch ist.

Analysiert man die derzeitigen Angebotsstrukturen der Familienbildungseinrichtungen genauer, werden vor allem vier Bereiche in der Arbeit mit Migranten deutlich:

- *Zielgruppenangebote* für ausländische Mitbürger, hier vor allem für Frauen. Diese reichen von Sprachkursen über Näh- und Sportkurse und Gesprächsgruppen bis hin zu Bildungseinrichtungen, die sich ausschließlich an Migranten wenden. Diese migrationsspezifischen Angebote werden vor allem durch freie Familienbildungsstätten und durch Familienbildungsstätten aus dem politischen Spektrum geleistet.
- *Kooperationen* von Selbsthilfeorganisationen oder *Migrantenvereinen* mit Familienbildungsstätten, um ihre Räume oder andere Ressourcen zu nutzen.
- *Informationsangebote*, die über die Situation von Migranten oder die Situation in deren Herkunftsländern informieren. Diese Veranstaltungen wenden sich hauptsächlich an Deutsche. Migranten sind hier häufig in der Rolle der Referenten zu finden.
- *Interkulturelle Angebote*, deren Hauptanliegen Begegnung, Kommunikation und Interaktion unter Menschen verschiedener Kulturen ist. Diese Angebote knüpfen an den Ressourcen und Kompetenzen der Teilnehmenden an und zielen ab auf eine gemeinschaftliche Mitgestaltung einer multikulturellen Gesellschaft (Koderisch 1996, S. 18). Die meisten dieser Angebote richten sich an Frauen oder Mütter mit Kindern und haben eine lebensgeschichtliche oder alltagsorientierte Ausrichtung.

Auch von der Mitarbeiterstruktur her ist die derzeitige Verteilung ein künstlicher Zustand, der die Realität nicht widerspiegelt. Auf Seiten der Hauptamtlichen oder Leitungen findet man fast keine Migranten in den etablierten Einrichtungen. Besonders schwer tun sich hier die konfessionellen Einrichtungen damit, Migranten mit anderer Religionszugehörigkeit einzustellen. Honorarmitarbeiter anderer Nationalität sind meist nur in ganz speziellen Kursangeboten zu finden, so zum Beispiel in Kursen, die sich speziell an Migrantinnen wenden (Nähen für türkische Frauen ...), Kursen, die Techniken aus anderen Kulturen vermitteln wollen (afrikanischer Tanz, Kochkurse ...), oder Kursen, die einen bewusst interkulturellen Ansatz haben.

Wünschenswert wäre, dass auch in Standardangeboten der Familienbildung Migranten als Kursleitungen vertreten wären sowie eine angemessene Repräsentanz von Migranten unter den Hauptamtlichen. Dies ist, wie schon im Kapitel „Interkulturelle Frauenbildung" beschrieben, ein ganz wichtiges Instrument zur interkulturellen Öffnung der Familienbildung – Migranten als „Türöffner" für andere Migranten. Untersuchungen haben erwiesen (Fischer 1996, S. 19 ff.), dass gerade in der interkulturellen Bildungsarbeit Multiplikatoren sowie die Mund-zu-Mund-Propaganda die wichtigsten Instrumente der Teilnehmergewinnung sind. Auf die Vorteile multikultureller Teams wurde an anderer Stelle ebenfalls schon hingewiesen.

Aufgaben und Ziele interkultureller Familienbildungsarbeit

So stimmen wir mit Koderisch (1995, S. 1) überein, wenn dieser einen erheblichen Innovationsbedarf im Bereich der Familienbildung feststellt. Der bisher nur in Ansätzen vorhandene Perspektiv- und Paradigmenwechsel in der Arbeit der Familienbildungsstätten muss deutlicher werden; weg von der defizitorientierten Arbeit für Migranten hin zu einem ressourcenorientierten Ansatz, der gemeinsames Lernen von Migranten und Deutschen in direktem Dialog aus einem gemeinsamen Interesse heraus fördert. So weist auch Koderisch in seinen Empfehlungen zur interkulturellen Öffnung der Familienbildung unter der Überschrift „Abwarten reicht nicht – Plädoyer für eine bewusste interkulturelle Öffnung der Familienarbeit“ (Koderisch 1996, S. 213) darauf hin, dass in der Familienbildung diverse konzeptionelle Konsequenzen gezogen werden müssen. Als zentral beschreibt er die Zielgruppenerschließung, mit den Faktoren „muttersprachliche Multiplikatoren“ und „Vernetzung mit anderen Institutionen“, auf die auch schon Fischer (1996) für den gesamten Erwachsenenbildungsbereich hingewiesen hat. Des Weiteren betont er die Bedeutung der Kurse für die Verbesserung sprachlicher Kompetenzen sowie die Wichtigkeit von Angeboten für die gesamte Familie und die unbedingte Notwendigkeit von Kinderbetreuung, um eine Teilnahme an Kursen überhaupt zu ermöglichen. Einen weiteren Ansatzpunkt sieht auch er in der Beschäftigung von Mitarbeitern nicht-deutscher Herkunft. Intern kann dies durch gemeinsame Lernprozesse eine Erweiterung interkultureller Kompetenzen bewirken, und nach außen verbessert es die Akzeptanz der Einrichtung bei den Migranten und hat eine Vorbildfunktion für andere Einrichtungen.

Schließlich betont er die Notwendigkeit von Fortbildungen im Bereich „Diskriminierung und interkulturelle Kommunikation“ und letztendlich fordert er eine Veränderung der Ausbildung. Koderisch schlägt daher vor, die Rahmenbedingungen des Angebotes zu überprüfen, wie Kurszeiten, Erreichbarkeit, Kinderbetreuung, Kosten und Kommunikationskanäle. Wie schon an anderer Stelle erläutert, geht es nicht darum, Spezialangebote für Migranten in gesonderten Fachbereichen zu entwickeln, sondern interkulturelle Familienbildung als Querschnittsaufgabe und didaktisches Prinzip zu verstehen. Es geht darum, so Delleskamp (1995, S. 16) „... Bildungsangebote zu den wirklichen Biografien hin zu öffnen und dabei weder die Bedeutung der Herkunft zu verfehlen noch zu überhöhen.“

Das Projekt „Kunterbunt" – Ein Beispiel interkultureller Familienbildung

Am Beispiel des Projektes „Kunterbunt", einer Spielgruppe für Eltern und Kinder aller Nationen im Evangelischen Familienbildungswerk Oberhausen, soll im Folgenden anhand

- der Entstehung des Projekts,
- der Zielgruppe,
- Teilnehmerwerbung,
- Weiterentwicklung des Projekts und der Arbeitsformen

auf die Chancen und Probleme interkultureller Familienbildung exemplarisch eingegangen werden. Familienbildung, so wie wir sie verstehen, ist ein alltagsbegleitendes Angebot und orientiert sich an dem erweiterten „Familienbegriff" der postfamilialen Familie, wie er von Beck-Gernsheim in ihrem Buch „Was kommt nach der Familie?" (1998) vertreten wird. „Das heißt nicht, die traditionelle Familie verschwinde, löse sich auf. Aber offensichtlich verliert sie das Monopol, das sie lange besaß. Ihre quantitative Bedeutung nimmt ab, neue Lebensformen kommen auf und breiten sich aus, die nicht oder jedenfalls nicht zumeist auf Alleinleben zielen, eher auf Verbindungen anderer Art: zum Beispiel ohne Trauschein oder ohne Kinder, Alleinerziehende, Fortsetzungsfamilien oder Partner desselben Geschlechtes, Wochenend-Beziehungen und Lebensabschnittsgefährten, Leben mit mehreren Haushalten oder zwischen verschiedenen Städten. Es entstehen mehr Zwischenformen und Nebenformen, Vorformen und Nachformen; das sind die Konturen der postfamilialen Familie" (Beck-Gernsheim 1998, S. 20).

Die Entstehung

Die Kindergruppe „Kunterbunt" entstand 1994 auf Anregung einer Kursleiterin. Sie wandte sich an die Familienbildungsstätte Oberhausen, von der sie wusste, dass sie sich um die interkulturelle Öffnung ihres Angebotes bemühte. Konkreter Anlass für die Anfrage war ein Erlebnis mit ihrem eigenen Kind. Bei einem Camping-Urlaub habe ihr zweijähriges Kind verstört reagiert, nachdem es zum ersten Mal einen Mann mit dunkler Hautfarbe gesehen hatte. Dieses Erlebnis habe sie zum Nachdenken gebracht, da es ein erklärtes Erziehungsziel von ihr sei, ihr Kind zu einem Menschen ohne Vorurteile zu erziehen. Hier sei doch ein wichtiger Ansatzpunkt, erklärte die Kursleiterin, Kinder sollten von Anfang an den Umgang mit Menschen anderer Kulturen lernen, damit sie mit Fremdheitsgefühlen besser umgehen lernen und verhindert werde, dass diese in Rassismus und Vorurteile umschlagen. Aus dieser Motivation entstand die Idee der Gruppe „Kunterbunt". Die Gruppe sollte nach dem Konzept der Eltern-Kind-Gruppen der Einrichtung arbeiten und sich an Eltern aller Länder und deren Kinder zwischen ein und drei Jahren wenden. Acht bis zehn Erwachsene und ihre Kinder, von denen nicht mehr als die Hälfte Deutsche sein sollten, um ein quantitatives Ungleichgewicht zwischen Deutschen und Nicht-Deutschen zu gewährleisten, waren unsere Vorgabe. Inhaltlich sollten neben der Begegnung vor allem Spielangebote und Lieder aus den beteiligten Ländern im Vordergrund stehen. Das Angebot war zu Beginn also stark auf die Kinder ausgerichtet. Die Teilnehmergewinnung erwies sich jedoch als schwieriges Problem; die herkömmlichen Werbewege funktionierten nicht, viele Gespräche, auch Hausbesuche und Kontakte zu anderen Institutionen und Migrantenvereinen waren notwendig, um die Gruppe beginnen zu können. Auch die Zusammenstellung der Gruppe war ein sehr sensibler Bereich. So erwies es sich als wichtig, die Gruppe streng multikulturell zusammenzustellen (nie mehr als zwei Teilnehmende aus einem Land), um eine Cliquenbildung zu vermeiden und interkulturelle Kommunikation zu ermöglichen. Zusätzlich wurde als weitere Hürde deutlich, dass es in vielen Kulturen völlig unüblich ist, mit kleinen Kindern eine institutionell organisierte Spielgruppe zu besuchen, für die obendrein noch eine Kursgebühr zu entrichten war.

Die Weiterentwicklung

Nach einer Auswertung des ersten Kursjahres sowie einem Kursleiterinnenwechsel wurden einige Korrekturen am Konzept vorgenommen und der Fokus stärker auf die Arbeit mit den Frauen gerichtet.

- Es hatte sich erwiesen, dass weniger die Kinder Vorbehalte im Umgang mit dem Fremden hatten, sondern eher die Erwachsenen. Das Verhalten der Kinder war oft nur ein Spiegelbild der teils unbewussten Probleme der Erwachsenen.
- Wie oben bereits erwähnt, war es für viele Migrantinnen eher ungewöhnlich, mit ihren Kindern ein institutionelles Angebot wahrzunehmen. Auf der anderen Seite bestand ein großes Bedürfnis nach Austausch und Kontakt zu anderen Frauen.
- Eine neue Zielgruppe interessierte sich für unser Angebot: Frauen, die in bikulturellen Partnerschaften leben (deutsche Frauen, die mit Ausländern leben und Migrantinnen, die deutsche Männer zum Partner haben). Das Thema der Gruppe, das Kennenlernen und Leben von Unterschieden und das Entdecken gemeinsamer Interessen ist zentrales Thema des Familienalltags dieser Familien. Dies gab der Gruppe neue Impulse und stabilisierte sie gleichzeitig.
- Insgesamt verlagerte sich der Schwerpunkt der Arbeit in Richtung Erwachsenenbildung. Hierin unterscheidet sich die multikulturelle Gruppe deutlich von „herkömmlichen" Spielgruppen der Familienbildung. Stehen hier die Entwicklung der Kinder und die Erwachsenen in ihrer Rolle als Eltern im Vordergrund, ist es bei der Gruppe „Kunterbunt" die Frau, im Hinblick auf alle Belange, die

den weiblichen Lebenszusammenhang betreffen. Die Arbeit mit den Erwachsenen nimmt nicht nur einen größeren Raum ein, sondern ist auch qualitativ intensiver. Das Interesse der Teilnehmerinnen ist stärker auf Kommunikation und Kontakt ausgerichtet, die Konkurrenz der Mütter im Hinblick auf die Entwicklung der Kinder geringer. Diese Aspekte spielen gerade auch für Frauen mit kleinen Kindern ein wichtige Rolle; insbesondere für die ausländischen Frauen verschärft sich die Situation noch durch ihre speziellen Bedingungen. Für sie ist die Isolation mit kleinen Kindern in einem fremden Land, ohne das familiäre Netzwerk, oft verbunden mit Verständigungsproblemen, eine große Belastung. Ähnliches gilt auch für deutsche Frauen, die in bikulturellen Partnerschaften leben; auch für sie verändert sich der kulturelle und gesellschaftliche Rahmen durch die neue Beziehung oft stark. So sagt zum Beispiel eine deutsche Frau aus der Gruppe „Kunterbunt", die in einer bikulturellen Ehe lebt: *„Ich denk also ..., weil ich einfach nicht mehr gewohnt bin mit Menschen zu kommunizieren. Ich bin jetzt einfach raus, als Hausfrau bin ich etwas isoliert und dann ist da immer eine Hemmschwelle. Und die muss ich dann immer erst überwinden, und ich merke das dann auch, wenn mein Herz klopft. Ich bin nicht mehr der Mensch, der ich war, bevor ich meine Kinder bekommen habe. Da hat sich eine Menge verändert."*

- Und eine Teilnehmerin aus Südamerika ergänzt, dass ihr der Anfang in Deutschland sehr schwer gefallen sei: Das raue Klima, die Sprache, keine eigenen Freunde zu haben, die Distanz zu ihrer Familie und die Isolation mit der kleinen Tochter machten ihr sehr zu schaffen. Ihre Situation habe sich erst verbessert, als sie in die Gruppe „Kunterbunt" kam. Dort lernte sie Frauen in der gleichen Situation kennen, hatte eine Gruppe, der sie angehörte, und die Kontakte, die über die Kurstreffen hinausgingen, weckten ihr Interesse an der deutschen Sprache.
- Die Gruppe ist inzwischen geprägt durch eine große Toleranz unter den Frauen – welche Verhaltensweisen möglich sind, was als normal gilt, weist eine große Bandbreite auf. Die Gruppe ist aber auch der Ort für das Austragen von Konflikten – Unterschiede und Irritationen werden thematisiert. Hier ist eine sensible Führung durch die Kursleitung erforderlich. Die Rolle und Funktion der Kursleitung in interkulturellen Lernprozessen wurde schon im Kapitel TZI ausführlich erläutert. Ein typisches Beispiel für eine solche Auseinandersetzung ist ein Konflikt über unterschiedliche Erziehungsstile und Erziehungsvorstellungen. „So gab es in der Gruppe einmal eine Konfliktsituation, in der eine türkische Mutter einer peruanischen Mutter vorwarf, sie kümmere sich nicht darum, was ihr Kind tut. Die Kursleitung nahm diese Situation zum Anlass, einen Elternabend zum Thema ‚Wie bin ich aufgewachsen und erzogen worden?' durchzuführen. Hierbei wurden die unterschiedlichen Erziehungs-

erfahrungen der Frauen sehr deutlich, die türkische Frau war direktiv und streng erzogen worden, während die Frau aus Peru mehr Freiräume gehabt hatte. So hatte die peruanische Mutter ihr Kind zwar immer im Auge, sah sich aber seltener veranlasst einzugreifen. Darin sah dann wiederum die Türkin ein Indiz für mangelnde Zuwendung und Erziehung" (Fischer/Stimm-Armingeon 1995, S. 191). Hier wird deutlich, dass Erziehungsverhalten sehr komplex und von kulturellen, religiösen und biografischen Faktoren mitbestimmt ist und auch nur in diesem Zusammenhang verständlich ist.

- Dies ist ein gutes Beispiel dafür, wie interkulturelles Lernen im Kontext von Familienbildung aussehen kann: Sich-Einfühlen, um die Gefühle und Handlungen der anderen nachvollziehen zu können, die eigenen Normen zu hinterfragen und gegebenenfalls zu korrigieren.

Die Struktur des Kurses

Der Kurs findet seit 1994 wöchentlich mit drei Unterrichtsstunden statt. Anhand der Teilnehmerlisten war festzustellen, dass ca. 75 % der Teilnehmerinnen zwei Jahre und länger am Kurs teilnahmen. Frauen aus insgesamt 12 Nationen haben inzwischen an dem Kurs teilgenommen, aus der Türkei, dem Iran, Sri Lanka, Polen, Russland, Irland und Deutschland, um nur einige zu nennen. Die im Kurs vorhandenen Familienstrukturen sind ein Spiegelbild der Gesellschaft (Alleinerziehende, erste oder weitere Ehen, Familien ohne Trauschein ...). Die Kinder aus der Anfangszeit sind inzwischen im Kindergarten, viele der Frauen halten dennoch weiterhin Kontakt zur Gruppe durch gelegentliche Besuche und die Teilnahme an dem später eingerichteten Gesprächskreis und an Wochenenden.

Zum Kurs gehört ein Elternabend pro Trimester. An diesen Abenden treffen sich die Eltern, meist Mütter, ohne ihre Kinder, um Themen, die im Kurs angesprochen wurden, intensiver zu bearbeiten oder Probleme aufzugreifen, die sich aus dem Prozess ergeben haben, wie zum Beispiel Konflikte mit und unter den Kindern oder kulturelle Missverständnisse. Einige Themen der Elternabende seien im Folgenden exemplarisch genannt:

- Traditionelle Erziehung/heutige Erziehung.
- Entwicklung gemeinsamer Gruppenregeln für die interkulturelle Spielgruppe.
- Entwicklungsfragen.
- Wochenendgestaltung in der Familie.
- Einführungs- und Abschlussabende.
- Vorbereitung des orientalischen Kindercafés im Rahmen einer Veranstaltung.

Methodisch hat es sich als sinnvoll erwiesen, die Zeit des Kurses klar zu strukturieren, um eine Balance herzustellen zwischen den Interessen der Mütter und den Bedürfnissen der Kinder. Ein ausgiebiges gemeinsames Frühstück zu Beginn schafft Raum für die Kommunikationswünsche der Frauen und ist auch für die

Kinder ein klares Signal dafür, dass nun die Mütter an der Reihe sind. Die restliche Zeit ist dem gemeinsamen Spiel, der Beobachtung und pädagogischen Fragestellungen vorbehalten.

Die Frauen tun etwas für sich

Inzwischen wurde das Konzept des Projekts „Kunterbunt" weiter entwickelt. Um dem Wunsch nach intensiven Gesprächen unter den Frauen gerecht zu werden, findet einmal monatlich ein Gesprächskreis statt. Eine parallel angebotene Kinderbetreuung ermöglicht den Frauen ein relativ ungestörtes Gespräch. Dieser Kurs ist für einige der Frauen ihre einzige Aktivität ohne Kinder. Inhalt des Gesprächskreises sind interkulturelle Fragestellungen, die meist aus dem Alltagserleben herrühren, z.B. unterschiedliche Erziehungsvorstellungen zwischen den Partnern, Konflikte mit der Herkunftsfamilie oder die Mehrsprachigkeit und das richtige Verhalten beim Spracherwerb, um nur einige Beispiele zu nennen.

Seit drei Jahren nehmen Frauen aus der Gruppe „Kunterbunt" auch regelmäßig an den ebenfalls beschriebenen interkulturellen Frauenseminaren teil. Zuerst reagierten sie mit Skepsis. So äußerte sich eine deutsche Frau, die mit einem türkischen Mann verheiratet ist: „Am Anfang gab's 'ne Hemmschwelle, bei ‚Seminar' weiß man ja nicht, was dahinter steckt. Und im Nachhinein hat es sich herausgestellt – die waren ja immer sehr lebendig, die Seminare, so mit Rollenspielen, wir haben uns da Bilder angeguckt, Brainstorming gemacht, und alle Seminare hatten einen roten Faden, aber gestaltet waren sie ja alle etwas anders."

Inzwischen erwarten sie die Seminare mit Vorfreude und erhoffen sich, daraus neue Impulse für die Partnerschaft zu bekommen. Dazu die Aussage des türkischen Ehemannes: „Ach, am Samstag ist ja wieder Seminar, da kommt ja bestimmt wieder irgendwas". Und die Ehefrau berichtet, dass sie meist am Tage danach mit ihrem Mann über das entsprechende Thema, z.B. über den Einfluss der Verwandtschaft auf die Erziehung, diskutiert habe. Durch die Seminare habe sie immer ein Stück Klarheit in den Gesprächen gehabt.

Angebote für die ganze Familie und zur verstärkten Integration der Väter

Ein weiteres Ziel der Gruppe war, auch die Väter am gemeinsamen Prozess zu beteiligen. Die regelmäßigen Elternabende erwiesen sich hierfür als nicht geeignet. Dies hat wohl zwei Gründe: Zum einen fehlt wohl oft eine zusätzliche Kinderbetreuung, sodass die Väter nicht mitkommen können, zum anderen scheuen sich viele Männer zu kommen, weil sie befürchten, sich alleine unter Frauen wiederzufinden. Dies ist im Übrigen eine Erfahrung, die aus herkömmlichen Eltern-Kind-Gruppen auch bekannt ist.

Als ein besseres Instrument haben sich die Familientage bewährt, die inzwischen ein wichtiges Element der Kursarbeit sind und fest mit ins Programm aufgenommen wurden. Die Familientage, in der Regel Samstage, finden in den Räumen des Familienbildungswerkes von 10-16 Uhr statt. Die gesamte Familie verbringt gemeinsam diesen Tag mit Spielen, Essen und Gesprächen. Während die Frauen das meist internationale Buffet herstellen, haben Väter die Gelegenheit, mit ihren Kindern zu spielen. Die Tatsache, dass die Väter unter sich sind, ermöglicht ihnen eine ungezwungene Kontaktaufnahme zu den anderen Männern. Während in der Anfangszeit bei den Familientagen vielfach Aktionen im Vordergrund standen, spielen heute das gemeinsame Erleben, die gemeinsam verbrachte Zeit und vor allem das Gespräch unter den Männern eine hervorragende Rolle.

Ein weiteres Angebot, bei dem versucht wird, die Männer zu integrieren, ist das Familienwochenende, das in einem nahe gelegenen Tagungshaus für die gesamte Familie angeboten wird. Diese Wochenenden haben einerseits großen Erlebnischarakter (gemeinsame Aktionen und Unternehmungen mit den Kindern, gemeinsames Essen ...), andererseits bieten sie eine weitere Möglichkeit, im interkulturellen Kontext gemeinsam mit den anderen Männern Themen zu bearbeiten. Sie erweitern die interkulturelle Perspektive noch um die geschlechtsspezifische Perspektive.

Die Themen der Wochenenden waren:
1998 Die Welt am Wochenende und was unsere Familie daraus macht.
1999 Meine Zeit – unsere Zeit. Kulturelle Unterschiede im Umgang mit Zeit.
2000 Interkulturelle Erziehung – (k)ein Kinderspiel.

Methodisch wurde bei den Wochenendseminaren mit dem ebenfalls hier beschriebenen Ansatz des biografischen Lernens gearbeitet. Bei dem Seminar zum Thema Wochenende wurde als Einstieg von den Teilnehmern eine Collage zum Thema „Wochenende – wie ich es als Kind verbracht habe" erstellt und besprochen. Dies bot die Grundlage für eine weitere Gesprächsrunde, diesmal nach Geschlechtern getrennt, unter der Fragestellung: „Wie sieht es in unserer jetzigen Familie aus, was gefällt mir daran, was nicht?"

Diese geschlechtsspezifische Aufteilung erwies sich als günstig, da sich neben den biografisch begründeten auch solche Bedürfnisse ergaben, die sich aus der sozialen Rolle von Männern und Frauen herleiten ließen. Den Abschluss bildeten zwei schriftlich fixierte Wünsche, die jede(r) an den/die Partner(in) richtete. Mit den anwesenden Partnern konnten die Wünsche direkt besprochen werden, die anderen nahmen sich vor, dies zu Hause zu tun.

Diese Wochenenden wurden mit einer zweiten Kursleitung und Kinderbetreuung durchgeführt. An den Wochenenden nahmen ca. 50 % der Männer teil; einige weigern sich grundsätzlich, an solchen Familienveranstaltungen teilzunehmen. Einige arbeiten an Wochenenden, einigen scheint es zu intim zu sein, und sie ziehen es vor, nur am Abend vorbeizukommen. Die Gespräche wirken nach Aussage der Teilnehmenden noch lange in den Familien und in der Kursarbeit nach. So berichtet eine Teilnehmerin, ihr Mann sei von diesem Angebot ganz begeistert gewesen, vor allem, sich mit einer Gruppe zu unterhalten, was er sonst gar nicht kenne. „Ich denke, die Männer brauchen die gleiche Chance wie wir."

Ein vorläufiges Resümee

Die Spielgruppe hat sich als Angebot interkulturellen Lernens in der Familienbildung insgesamt bewährt. Wichtig war, dass es teilnehmerorientiert gearbeitet und sich als Pilotprojekt weiterentwickelt hat. Von einem Angebot, das anfänglich in der Tradition der Elternbildung auf Mütter und Kinder ausgerichtet war, entwickelte es sich in einem zweiten Schritt zu einem Angebot der Frauenbildung und schließlich unter Einbezug der Väter zu einem Angebot der Familienbildung.
Die erzielten Ergebnisse lassen sich in vier Kategorien einteilen:

1. Verbesserung der interkulturellen Kompetenz

Eine deutliche Verbesserung der interkulturellen Kompetenz und Sensibilität sowohl bei den deutschen Frauen wie bei den Migrantinnen ist offensichtlich. Die Kursleiterin resümiert, dass sie die Frauen als sehr feinfühlig und differenziert in der Wahrnehmung und Lösung interkultureller Fragen wahrnimmt – so z.B. bei Partnerschaftsproblemen in den bikulturellen Beziehungen, die aufgrund unterschiedlicher kulturell bedingter Rollenvorstellungen entstehen. Dazu gehört auch die Bereitschaft zu akzeptieren, dass es im interkulturellen Dialog Grenzen gibt, zum Beispiel in der Änderung von Verhalten.

2. Integration der Migrantinnen und ihrer Familien

Für viele der Migrantinnen hat die Gruppe wesentlich zur Integration in Deutschland beigetragen. Waren es zuerst nur die Gruppenmitglieder, zu denen sie Kontakt hatten und die manchmal auch zu Freunden wurden, erleichterten diese Erfahrungen darüber hinaus die Aufnahme weiterer Kontakte z.B.: in der Nachbarschaft, im Kindergarten ... Der zunehmende Abbau von sprachlichen Barrieren ist in diesem Zusammenhang nicht zu unterschätzen. Auch für die Kinder, die sozial oft isoliert waren, brachte die Gruppe bezüglich Verhalten und Sprache ganz erstaunliche Ergebnisse.

3. Alltagsbegleitung vor allem auch bei kritischen Lebensereignissen

Sowohl für die Migrantinnen als auch für die deutschen Frauen war und ist diese Gruppe ein Stück Begleitung in ihrem Alltag. Dies bewährte sich vor allem auch in kritischen Lebenssituationen, wie z.B. bei Beziehungsproblemen, Trennungen, schulischen oder seelischen Krisen. Hier spielte die Gruppe als soziales Netz eine wichtige Rolle, indem sie Offenheit und Intimität in den Gesprächen sowie gegenseitige reale Unterstützung (z.B. Betreuung der Kinder) bot. Die Aufgabe der Kursleiterin bestand vor allem darin, ressourcenorientiert mit den Frauen zu arbeiten.

4. Motivierung für weitere Bildungsveranstaltungen

Ein ganz wesentliches Ergebnis der Gruppe „Kunterbunt" war es, dass sie als Türöffner für weitere Bildungsveranstaltungen fungierte. „Kunterbunt" war für viele der Einstieg und motivierte, weitere Angebote wahrzunehmen. Die Gruppe gab auch den Anstoß, Deutsch-Kurse zur Verbesserung der Sprachkenntnisse oder weitergehende Fortbildungen (z.B. im beruflichen Bereich) zu besuchen. Die schon mehrmals zitierte Südamerikanerin berichtete, dass durch die Kontakte zu Frauen in der gleichen Situation und den Wunsch, sich mit ihnen zu verständigen, das Interesse an der deutschen Sprache geweckt worden sei und sie daraufhin mehrere Sprachkurse an der Volkshochschule besucht habe.

Manchmal stößt das Angebot auch an seine Grenzen, u.a. auch deshalb, weil die Leitung der Gruppe durch eine Honorarkraft geschieht. Nach dem Weiterbildungsgesetz des Landes Nordrhein-Westfalen können nur die geleisteten Kursstunden bezahlt werden. Die Arbeit in einem solchen Projekt geht aber weit darüber hinaus. Außerdem wäre es günstig, aufgrund der besonders belastenden und vielschichtigen Anforderungen eine Supervision anzubieten. Auch hierfür fehlen die Gelder.

Literatur

Beck-Gernsheim, Elisabeth: Was kommt nach der Familie? – Einblick in neue Lebensformen. München 1998

Bericht der Beauftragten der Bundesregierung für Ausländerfragen über die Lage der Ausländer in der Bundesrepublik Deutschland. Berlin 2000

Berichtssystem Weiterbildung VI. Integrierter Gesamtbericht zur Weiterbildungssituation in Deutschland. Hrsg. v. Bundesministerium für Bildung, Wissenschaft, Forschung und Technologie. Bonn 1996

Boos-Nünning, Ursula: Kinder mit Migrationshintergrund. In: Frühe Kindheit, 2000/1, S. 4-9

Conen, Gabriele: Begrüßung und Einführung in die Tagung: Interkulturelle Öffnung, aber wie? In: Interkulturelle Öffnung, aber wie? Bonn 1996, S. 143-147

Delleskamp, Juliane: Diskussion. In: Familienbildung interkulturell. Bonn 1995, S. 16-19

Evangelische Arbeitsgemeinschaft für Familienfragen (Hrsg.): Familienbildung interkulturell. Bonn 1995

Fafra Werkstattberichte – Fafra Forschungsteam. Universität Osnabrück 1994

Fischer, Veronika/Stimm-Armingeon, Birgit: Interkulturelles Lernen in Institutionen der Familienbildung. In: Interkulturelle Öffnung, aber wie? Bonn 1996, S. 191-203

Herwartz-Emden, Leonie: Ausländische Familien in Deutschland – Stereotypen und Alltagsrealitäten. In: Lernen in Deutschland 1997, S. 10-19

Koderisch, Andreas: Der sechste Familienbericht – ein Schritt auf dem Weg zur Normalisierung. In: Migration und soziale Arbeit. Frankfurt a.M. 1996, S. 14-18

Koderisch, Andreas: Interkulturelle Öffnung – aber wie? Familienbildung und Elternarbeit in der Einwanderungsgesellschaft. Bonn 1996

Nauck, Bernhard: Bildungsverhalten in Migrantenfamilien. In: Materialien zum fünften Familienbericht. Band 4. München 1994

Stadt Köln, Jugendamt – Abteilung Jugendförderung/Interkultureller Arbeitskreis Migration und psychische Gesundheit e.V. (Hrsg.): Familienbildung heute – Prävention oder Luxus? Köln 1995

Desbina Kallinikidou

Interkulturelle Bildung mit älteren Erwachsenen

Ältere Migrantinnen und Migranten in Deutschland

Die Gruppe der älteren Migrantinnen und Migranten wurde erst in den 90er-Jahren als Zielgruppe für die Erwachsenenbildung entdeckt. Dabei handelt es sich hauptsächlich um die erste Generation der Arbeitsmigranten, die zwischen 1956 und 1973 als Arbeitskräfte angeworben wurden. Paradoxerweise betrug die Arbeitslosenquote im Jahr 1955, als der erste Anwerbevertrag mit Italien geschlossen wurde, 5,1 % und „lag damit beträchtlich höher als in den Jahren 1973/74, als mit Blick auf die nationale Arbeitsmarktlage die Rekrutierung ausländischer Arbeiter gestoppt wurde", stellt Knuth Dohse in seiner ausführlichen Untersuchung zur deutschen Migrationspolitik fest (Dohse 1981, S. 145). Trotz eines hohen inländischen Arbeitskräfte-Reservoirs fand also damals Anwerbung statt. Als Grund für die Anwerbung ausländischer Arbeitskräfte nennt Dohse das Interesse der deutschen Arbeitgeber, zunächst einmal für die Landwirtschaft billige Arbeitskräfte zu bekommen, die bereit waren, längere und ungeregelte Arbeitszeiten in Wind, Wetter und Schmutz in Kauf zu nehmen und dafür einen Lohn zu erhalten, der nicht einmal der Unterstützung eines arbeitslosen Industriearbeiters entsprach (Dohse 1981, S. 149). In den ersten Jahren sah der Deutsche Gewerkschaftsbund in der Anwerbung ausländischer Arbeitskräfte für den Arbeitsmarkt eine Gefährdung der Interessen deutscher Arbeitnehmer und sprach sich gegen die Anwerbung aus (ebenda, S. 159-161). Mit dieser Position konnten sich die Gewerkschaften jedoch nicht durchsetzen, sodass sie ihre Position darauf verlagerten, „restriktive Bedingungen für den Einsatz ausländischer Arbeiter" zu formulieren (ebenda, S. 162). Hierzu gehörte u.a. auch die Forderung, dass ausländische Arbeitskräfte nach Tarif bezahlt werden müssten und nur eingestellt werden dürften, wenn keine deutschen Arbeitskräfte verfügbar waren („Inländerprimat") (ebenda, S. 164). Für die in Italien (1956), Spanien (1960), Griechenland (1960), der Türkei (1961), Marokko (1963), Portugal (1964), Tunesien (1965) und dem ehemaligen Jugoslawien (1968) angeworbenen ausländischen Arbeitskräfte bürgerte sich schon früh der Begriff „Gastarbeiter" ein. Wie dieser Begriff impliziert, gingen die Anwerbenden in Politik und Wirtschaft davon aus, dass die von ihnen ins Land geholten Arbeitskräfte nach einer zeitlich nicht konkret benannten Befristung in ihre Heimatländer zurückkehren würden. Schon bald sollte sich jedoch herausstellen, dass die deutsche Wirtschaft einen immer größer werdenden

Bedarf an ausländischen Arbeitskräften entwickelte und das zunächst angestrebte Rotationsprinzip nicht in ihrem Interesse lag, da es weniger lukrativ war, einmal angelernte Arbeitskräfte zu entlassen, um anschließend andere neu anlernen zu müssen (Beauftragte 1996, S. 73).

Aber auch die Angeworbenen selbst sahen ihren Aufenthalt in Deutschland zunächst als etwas Provisorisches an und tun dies in vielen Fällen auch heute noch – ein Umstand, der weitreichende Konsequenzen für sie und ihre Familien hat. Obwohl die deutschen Anwerbestellen bemüht waren, beruflich qualifizierte Arbeitskräfte anzuwerben, waren aufgrund der großen Nachfrage eine einwandfreie Gesundheit und ein uneingeschränkter Arbeitswille ausreichende Voraussetzungen für einen Arbeitsvertrag in Deutschland (vgl. die Zahlen der qualifiziert angeworbenen Migranten, Thränhardt 1999, S. 31). Da zu Beginn der Anwerbung hauptsächlich junge Männer nach Deutschland kamen, waren die ersten Jahre der Migration für viele Migranten besonders beschwerlich, weil sie mit jahrelanger Trennung von Ehepartnern und Familien verbunden waren. Erst nach und nach vollzog sich die Familienzusammenführung. Wie sich im Rückblick nachweisen lässt, hat der Anwerbestopp im Jahr 1973 die Familienzusammenführung förmlich herausgefordert, u.a. auch weil die Kindergeldzahlungen nur noch für in Deutschland lebende Kinder erfolgen sollten. Da aus einer freiwilligen Rückkehr „ein unfreiwilliger Abschied auf Dauer werden konnte" zogen es viele Migranten vor, ihre Familie nachziehen zu lassen (Bade 1992, S. 396), anstatt selbst den Versuch zu unternehmen, in die Heimat zurückzukehren. Demzufolge sank in den folgenden Jahren einerseits die Zahl der ausländischen Erwerbstätigen, während die Zahl der ausländischen Wohnbevölkerung kontinuierlich anstieg, wobei sich die Tendenz zum Daueraufenthalt verstärkte (ebenda). Eine weitere Folge des Anwerbestopps bestand darin, dass die bis dahin relativ homogene Sozialstruktur der ausländischen Wohnbevölkerung, die hauptsächlich aus männlichen Arbeitnehmern bestand, durch die Einreise von Ehefrauen und Kindern unter 18 Jahren stark verändert wurde, sodass sich die Bevölkerungsstruktur der Migranten zunehmend der Mehrheitsbevölkerung anglich. Somit konnte bereits in den 70er-Jahren der Wandel von der Gastarbeiterbevölkerung hin zu einer Migrantenbevölkerung beobachtet werden (Zentrum für Türkeistudien 1999, S. 7).

Aufgrund der Tatsache, dass zu Beginn der Anwerbung der Aufenthalt der Arbeitsmigranten in Deutschland von allen Verantwortlichen als etwas Vorübergehendes betrachtet wurde, wurden wenig Anstrengungen unternommen, zur politischen, sozialen und kulturellen Integration der Angeworbenen beizutragen. Ebenso wenig erfolgten Aufklärung und Information in den Herkunftsländern, sodass die meisten Migranten wenig oder gar nichts über ihr Aufnahmeland wussten. Wie notwendig es jedoch gewesen wäre, die Migranten zu informieren, zeigen die Erinnerungen von Migranten der ersten Stunde, wie z.B. Eleni Delidimitriou-Tsakmaki, die in ihrem Buch „I apofasi pou den parthike" (Die Entscheidung, die nie getroffen wurde) über den Tag ihrer Abreise nach Deutschland schreibt: „Am Morgen zählten wir das wenige Geld, das wir bei uns hatten, bezahlten und brachen auf. Der andere Herr beschwerte sich über die schwere Tasche, die er über der Schulter trug. ‚Dieses Salz ist aber auch unheimlich schwer, kaum zu tragen.' ‚Was für ein Salz?' fragte ich ihn. ‚In Deutschland gibt's kein Salz mit Jod, wisst ihr das nicht? Sie haben doch nicht so ein Meer wie wir.' ‚Dann lauf schnell und hol du auch welches', sagte ich zu meinem Mann, ‚sonst wird das Essen nicht so schmackhaft und du wirst sagen, ich hätte nicht gut gekocht.' Kurz darauf kam eine weitere Tasche mit Salz zu unserem Gepäck dazu" (Delidimitriou-Tsakmaki 1994, S. 16; Übersetzung D. K.).

In der Bundesrepublik Deutschland gab es bis in die 70er-Jahre hinein „kein Konzept infrastruktureller, sozial- und bildungspolitischer Maßnahmen" für die Migranten (Meier-Braun 1995, S. 16). Ausländerpolitik war ausschließlich Arbeitsmarktpolitik.

Auch die Migrantinnen und Migranten hatten sich subjektiv auf die Rückkehroption eingestellt. In diesem Sinne hatte für sie ihre Arbeit, mit der sie ein Startkapital erwerben wollten, um sich in ihrer Heimat eine Existenz aufzubauen, absolute Priorität. Ihre Interessen konzentrierten sich dementsprechend hauptsächlich auf ihr Heimatland.

Die zur Erfüllung ihres Arbeitsvertrages notwendige Infrastruktur wurde zunächst bereitgestellt: Die Migrantinnen und Migranten wohnten zu einem großen Teil in Gemeinschaftsunterkünften oder werkseigenen Wohnungen, wurden am Arbeitsplatz angelernt und eigneten sich ein eingeschränktes Vokabular an, mit dem sie in ihrem (Arbeits-)Alltag kommunizieren konnten. Alle weiteren Kenntnisse und Fertigkeiten lernten sie weitgehend ohne Anleitung, sozusagen „learning by doing". Eine besondere Bedeutung hatten in dieser Zeit die Selbsthilfeorganisationen der Migranten, die nach und nach von ihnen gegründet wurden. Sie waren und sind bis heute Treffpunkte für die erste Generation der Migranten, in denen sie nicht nur soziale Kontakte zu Landsleuten pflegen, sondern auch Informationen jeglicher Art austauschen (vgl. MAGS 1999). Ebenso wichtig waren die Sozialberater, die die Migranten in ihrer Muttersprache über sozial-, arbeits- und aufenthaltsrechtliche Fragen beraten konnten und in den letzten Jahren immer mehr zu Fachleuten binationaler Rentenfragen geworden sind (vgl. Becker 1993, S. 61; Dietzel-Papakyriakou 1993, S. 121).

Obwohl der Lebensentwurf fast aller Migranten vorsah, dass sie möglichst bald in ihre Heimat zurückkehrten, konnte dieses Ziel von vielen nicht erreicht werden. Dies ist darauf zurückzuführen, dass die meisten Migranten die Erfahrung machten, dass sie in Deutschland zwar unter relativ gesicherten Umständen ihren Lebensunterhalt erwerben und Ersparnisse anlegen konnten, sich in ihrem Herkunftsland jedoch für sie und ihre Familien keine langfristigen Zukunftsperspektiven ergaben. Zum einen war die wirtschaftliche und/oder politische Situation in ihrer Heimat nicht so stabil wie in Deutschland, zum anderen waren sie aus den sozialen Netzen herausgefallen, über die sie an einen der knapp bemessenen Arbeitsplätze hätten gelangen können. Im Laufe der Jahre machte sich zudem die Entfremdung von den Lebens- und Arbeitsgewohnheiten in der Heimat bemerkbar, die eine Rückkehr zunehmend schwieriger machte. Dennoch sind viele im Laufe der Jahre zurückgekehrt, von denen nur wenige in ihrem ursprünglichen Bereich, der Landwirtschaft, die Arbeit aufgenommen haben (Beauftragte 1999, S. 25). Ein großer Teil der Rückkehrer hat sich mit dem ersparten Kapital selbstständig gemacht. Dabei bot zum Beispiel die wachsende Tourismusbranche Möglichkeiten, in Deutschland erworbene Kenntnisse umzusetzen. Der Erfolg war allerdings nicht allen Existenzgründern beschieden, sodass einige kapitulierten und ein zweites Mal migrieren mussten.

Die hier exemplarisch angerissenen Schwierigkeiten und Unsicherheiten in Verbindung mit der Rückkehr der Migranten hatten zur Folge, dass der Aufenthalt in Deutschland für viele Migranten viel länger währt, als sie es vorhergesehen hatten. Symptomatisch dabei ist, dass viele Migranten die geplante Rückkehr immer weiter in die Zukunft verschieben, sodass sie mit dem Eintritt in das Rentenalter abermals akut wird, wenn die existenzielle Sicherheit auch im Heimatland prinzipiell gegeben ist.

Die existenzielle Bedeutung, die ihre Rückkehrorientierung für viele Migranten im Alter hat, beschreibt Dietzel-Papakyriakou folgendermaßen: „Die Rückbesinnung auf das ethnische Werte- und Normsystem ist in diesem Zusammenhang als Gegenstrategie des Individuums zu werten, darauf gerichtet, sein positives Selbstkonzept zu erhalten. Auch die Rückkehrorientierung vieler Arbeitsmigranten, die im Alter beibehalten wird, dient zur Sinnerhaltung. Sie wird oft als Syndrom eines zunehmenden Realitätsverlustes fehlinterpretiert und von den Professionellen als Hindernis einer aktiven Gestaltung des Alters betrachtet, die es gilt wegzutherapieren. Im Grunde jedoch wenden Migranten im Alter lediglich die während der gesamten Biografie bewährten Kompensationstechniken an. Die ‚Illusion der Rückkehr' garantiert dem Migrationsprojekt innere Kohärenz und Sinn" (Dietzel-Papakyriakou 1993, S. 39).

Mit dem Eintritt in den Ruhestand müssen viele Migranten feststellen, dass sie im Alter mit neuen Problemen konfrontiert sind, die ihnen die Rückkehr erschweren.

1997 lebten 499.500 Ausländer, die 60 Jahre und älter waren, in Deutschland, wobei sich gegenüber dem Vorjahr ein Zuwachs von 7 % bei dieser Altersgruppe verzeichnen lässt (Beauftragte, 2000, S. 195). 53 % der älteren Migranten stammen aus den ehemaligen Anwerbeländern (ebenda, S. 196). Die Zahl der älteren

Migranten soll nach offiziellen Schätzungen im Jahr 2010 bereits auf 1.307.800 Personen ansteigen (Beauftragte 2000, S. 195).

Zunächst einmal muss festgehalten werden, dass die Gruppe der älteren Migranten grundsätzlich von den gleichen Strukturmerkmalen des Alters betroffen ist wie die der deutschen Senioren, wenn auch in modifizierter Form. Diese Merkmale wurden vom Ministerium für Arbeit und Soziales im Land Nordrhein-Westfalen mit folgenden Stichworten benannt: Entberuflichung, Hochaltrigkeit, Feminisierung und Singularisierung (MAGS 1989, S. 29 ff.). Das heißt zum einen, dass immer mehr Menschen durch Arbeitslosigkeit und Vorruhestandsregelungen vorzeitig in den Ruhestand eintreten und damit ihre aktive Erwerbsphase relativ früh abgeschlossen ist.

Gleichzeitig ist festzustellen, dass die Lebenserwartung weiter steigt und viele Menschen mit mehr als 80 Lebensjahren als hochaltrig bezeichnet werden können. Fraglich ist, inwieweit die steigende Lebenserwartung auf die älteren Migranten in Zukunft zutreffen wird, weil die belastende Arbeitssituation, der sie in ihrer aktiven Erwerbsphase z.B. in der Schwerindustrie ausgesetzt waren, zu Erkrankungen geführt hat, die sich im Alter chronifizieren.

Da die Lebenserwartung der Frauen höher ist als die der Männer, ist die Gesellschaft der über 75-Jährigen eine Frauengesellschaft. Aufgrund der Tatsache, dass viele ledige Männer angeworben worden sind, liegt allerdings bei der ausländischen Wohnbevölkerung der 60- bis 65-Jährigen ein deutlicher Männerüberschuss vor. Erst in der ausländischen Wohnbevölkerung der über 75-Jährigen ist ein Frauenüberschuss zu verzeichnen (Dietzel-Papakyriakou 1993, S. 45; Beauftragte 1999, S. 23). Die Singularisierung im Alter bezeichnet die Tatsache, dass immer mehr ältere Menschen in Ein-Personen-Haushalten leben. Fraglich ist auch, ob der Familienzusammenhalt, der von vielen Migranten betont wird, bewirkt, dass die ältere Generation von den Jüngeren im Alter aufgenommen und gepflegt wird.

Zur aktuellen Lebenslage älterer Migranten in Deutschland

Das Älterwerden in unserer Gesellschaft ist mit zahlreichen physischen, psychischen, wirtschaftlichen und sozialen Beeinträchtigungen verbunden. Ältere Migranten sind darüber hinaus mit weiteren Schwierigkeiten konfrontiert, die mit ihrer Migrationssituation zusammenhängen, wie in verschiedenen Studien zur Lebenslage älterer Migranten festgestellt wurde (vgl. z.B. Deutsches Rotes Kreuz 1991; BMA 1992; BMA 1997; Zentrum für Türkeistudien 1999). In diesem Zusammenhang wird von einer „Kumulation von Benachteiligungen" gesprochen (z.B. Hammer 1994, S. 122), deren Charakteristika im Folgenden skizziert werden.

Entfremdung vom Herkunftsland

Als Erstes sei hier die Entfremdung vom Herkunftsland genannt, unter der viele Migranten leiden. Aufgrund jahrzehntelanger Abwesenheit konnten viele Migranten gesellschaftliche Entwicklungen in ihrem Herkunftsland nicht in der Gemeinschaft ihrer Landsleute erleben, mitgestalten und verarbeiten. Stattdessen haben sie in vielen Fällen Normen und Werte konserviert, die sie in der Zeit vor ihrer Migration in ihrem Lebensumfeld kennen gelernt haben. Diese Entfremdung führt zu einer existenziellen Verunsicherung, die mit den Fragen: „Wer bin ich?", „Wo gehöre ich hin?", „Wo will ich und wo kann ich im Alter leben?" verbunden sind.

Diskriminierung

Viele Migranten haben nicht dieselben Chancen wie gleichaltrige Deutsche. Aufgrund von rechtlichen und sozialen Problemlagen werden sie an den Rand der deutschen Gesellschaft gedrängt. Dies macht sich im Alter besonders bemerkbar, weil älteren Migrantinnen und Migranten aufgrund ihrer marginalisierten Position und kultureller sowie sprachlicher Barrieren nicht alle Möglichkeiten der Altenhilfe offen stehen (vgl. Schulte 1993, S. 29-31).

Versagensgefühle

Viele Migranten sind darüber enttäuscht, ihren Lebensentwurf, der den sozialen Aufstieg und die baldige Rückkehr vorsah, nicht verwirklicht zu haben. Sie haben deshalb das Gefühl, in zweifacher Hinsicht versagt zu haben: Sie sind von ihrem Herkunftsland entfremdet, ohne in ihrer zweiten Heimat vollends heimisch geworden zu sein. Die Bilanz, die ältere Menschen in Bezug auf ihre Migration ziehen, gibt Schuleri-Hartje in ihrer Studie zur Lebenssituation älterer Migranten in mittleren Großstädten wieder: „Die meisten konnten ihre Erwartungen eines besseren Verdienstes und einer Erhöhung des Lebensstandards realisieren, wenn auch nicht in dem erhofften Maß. Sie rechneten allerdings nicht mit der Fülle der Probleme, die bei längerer Verweildauer durch Familiennachzug auf sie zukamen" (Schuleri-Hartje 1994, S. 68).

Normen- und Rollenkonflikte

Auch Jahrzehnte nach ihrer Migration haben viele Migranten Schwierigkeiten mit den Normen- und Rollenvorstellungen, die sie in Deutschland kennen gelernt haben, und identifizieren sich nicht mit ihnen. Sie vertreten in vielen Fällen die Werte, die sie vor ihrer Migration in ihrem Herkunftsland angenommen haben und halten sie für kulturtypisch, auch wenn sie in dieser Form nicht mehr bestehen oder lediglich für ländliche Strukturen typisch waren. Ein Konflikt beispielsweise, der sich bereits in der Beziehung zu ihren Kindern im Rahmen von Erziehungszielen bemerkbar machte, ist das Verständnis der Geschlechterrollen und der geschlechtsspezifischen Erziehung. Ein weiterer Konflikt, der sich im Alter herauskristallisiert, ist die Erwartung der Älteren, von den Jüngeren aufgenommen und im Falle von Krankheit und Gebrechlichkeit gepflegt zu werden. Die meisten älteren Migranten lehnen es kategorisch ab, sich mit dem Gedanken auseinander zu setzen, im Pflegefall in ein Altenheim zu gehen. In einer Befragung des Zentrums für Türkeistudien gaben 52 % der älteren Türken an, in keinem Fall in ein Heim gehen zu wollen (Zentrum für Türkeistudien 1999, S. 37). Viele Migranten halten es für erniedrigend, dies tun zu müssen, da es in ihrem Verständnis ein Zeichen dafür ist, dass sie in der Erziehung ihrer Kinder versagt haben. Dies ergab u.a. die Diskussion im Rahmen eines interkulturellen Seniorenseminars zum Thema „Alt werden früher und heute". Aus diesem Grund setzen sich ältere Migranten mit dem Gedanken der professionellen Pflege nicht aktiv auseinander.

Verarmungsgefahr

Für viele ältere Migranten besteht im Alter die Gefahr zu verarmen, denn ihre finanziellen Ressourcen sind als relativ gering anzusehen. So standen 1995 ausländischen Rentnerinnen durchschnittlich 900 DM im Monat zur Verfügung und ausländischen Rentnern 1.588 DM pro Monat (Beauftragte 1997, S. 133). Dies liegt darin begründet, dass ihre Rentenbeitragszeiten im Durchschnitt wesentlich kürzer sind als die von deutschen Ruheständlern, da die meisten von ihnen zunächst in ihrem Herkunftsland berufstätig waren. Zudem haben sie in ihrem Erwerbsleben Arbeiten mit geringem Verdienst ausgeübt und demzufolge geringe Rentenbeiträge gezahlt. Das spiegelt sich z.B. in der Tatsache wider, dass 52 % der über 45-jährigen berufstätigen Migranten zu Beginn ihres Aufenthalts in Deutschland un- und angelernte Arbeiten ausgeführt haben, ohne dass sich eine nennenswerte berufliche Aufwärtsentwicklung für diese Gruppe ergeben hätte (Beauftragte 1997, S. 132). Hinzu kommt, dass Migranten stärker als Deutsche von Arbeitslosigkeit und zeitweiligen Unterbrechungen der Erwerbsbiografie betroffen sind (Beauftragte 1999, S. 50). Einige Migranten haben zudem den Fehler begangen, sich ihre Sozialversicherungsbeiträge bei der Rückkehr in die Heimat auszahlen zu lassen, um dadurch Kapital für eine Existenzgründung zu haben. Wenn ihre Selbstständigkeit fehlgeschlagen ist und sie keine andere Altersvorsorge getroffen haben, stehen sie sich im Alter finanziell sehr schlecht und sind z.T. von ihren Kindern abhängig.

Gesundheitliche Beeinträchtigungen

Viele Migranten haben in ihrem Leben überwiegend Arbeiten verrichtet, die ihre Gesundheit dauerhaft massiv beeinträchtigt haben (Collatz u.a. 1985). In einigen

Fällen gehen diese Beeinträchtigungen so weit, dass die Betroffenen in den vorzeitigen Ruhestand eintreten mussten (Dietzel-Papakyriakou 1987). Hinzu kommen Erkrankungen, deren Ursache in den migrationsspezifischen psychischen Belastungen zu sehen sind (Nestmann/Niepel 1993, S. 21-42; Hammer 1994, S. 122).

Isolation

Soziale Isolation ist ein Punkt, unter dem viele ältere Migrantinnen und Migranten leiden. Dies trifft sie sehr hart, zumal in ihrer Sozialisation die Familien- und Dorfgemeinschaft einen hohen Stellenwert hatte. Die Isolation der älteren Migranten hängt unmittelbar mit den Sprachschwierigkeiten zusammen, die als das zentrale interkulturelle Problem anzusehen sind, dem ältere Migranten ausgesetzt sind (Zentrum für Türkeistudien 1999, S. 26). Demzufolge kommt nur eine eingeschränkte Gruppe von Menschen für soziale Kontakte in Frage: Familie und Landsleute (vgl. BMA 1992, S. 69-75). Die meisten Migranten haben kaum Kontakt zu Menschen anderer Nationalität und Sprache. Kontakte zu Arbeitskollegen enden mit dem Eintritt in den Ruhestand, wenn sie nicht in nächster Nachbarschaft wohnen (ebenda). In diesem Zusammenhang wird häufig von der „Ethnisierung des Alters" oder dem „ethnischen Alter" gesprochen (Dietzel-Papakyriakou 1990). Als Gründe für die starke Tendenz älterer Migranten zum ethnischen Rückzug nennt Dietzel-Papkyriakou folgende Gründe: Die relative Nähe zu den Herkunftsländern, die vielfältigen kulturellen und familiären Bindungen dorthin, den subjektiv provisorischen Charakter des Aufenthalts, die geringen Sprachkenntnisse und den geringen Akkulturationsgrad der ersten Arbeitsmigrantengeneration (Dietzel-Papakyriakou 1993, S. 49). Hammer (1994, S. 122) vertritt die Ansicht, dass sich der mit der Rückkehrorientierung in Zusammenhang stehende „ethnische Rückzug" der Migranten nicht „von der im Alter zunehmenden biografischen Rückbesinnung Deutscher" unterscheidet. Das Leben in einer ethnischen Enklave hat für viele Migranten entscheidende Vorteile, da sie dort informelle soziale Netzwerke bilden, in denen sie Kultur und Religion pflegen und sich gegenseitig unterstützen und Hilfestellung bieten können. Von diesen Vorteilen profitieren insbesondere ältere Mitglieder größerer Migrantengruppen. Kleinere Gruppen haben nicht die Möglichkeit, sich eine eigene Infrastruktur zu schaffen. Problematisch hieran ist, dass viele ältere Migranten Verluste durch Umzug oder Tod von Angehörigen, Freunden und Bekannten nur sehr schlecht ausgleichen können, da nur eine relativ geringe Anzahl von Menschen für sie als potenzielle Kontaktpersonen in Frage kommt.

Rückkehr oder Verbleib in Deutschland?

Die hier skizzierten Spezifika zur Lebenssituation älterer Migranten zeigen, unter welchen belastenden Faktoren ältere Migranten leben. Hinzu kommen weitere

Einschränkungen, die sich, z.B. durch ihren rechtlichen Status als Ausländer mit unterschiedlichen rechtlichen Ansprüchen ergeben (vgl. Schulte 1993, S. 29-31).

Trotz der aufrechterhaltenen Rückkehroption verbleiben immer mehr Migranten auch nach dem Eintritt in den Ruhestand in Deutschland. Die für den Verbleib entscheidenden Gründe sind individuell unterschiedlich, am häufigsten werden jedoch folgende Begründungen genannt:

- die bessere medizinische Versorgung (72 %),
- die Entfremdung vom Herkunftsland (53 %),
- die Nähe zu den Kindern (54 %)

(Zentrum für Türkeistudien 1999, S. 28).
Die Situation vieler Rückkehrer beschreibt die Migrantin der ersten Generation und Schriftstellerin Eleni Delidimitriou-Tsakmaki in einem Brief an ihre neunjährige Enkelin: „Jetzt, durch unsere Rückkehr in die Heimat, ist mein erster Traum Wirklichkeit geworden. Es war der Traum, den ich mit den lebendigsten Farben der Sorglosigkeit und des Ertrags unserer Mühen ausgemalt hatte. Doch jetzt, da ich zurückgekehrt bin, kann ich nicht mit Sicherheit sagen, ob ich mich gefreut habe oder eher traurig bin. Freude und Traurigkeit vermischen sich oft, und in dem Moment, wo ich das eine genieße, beginne ich in meinem Inneren das andere zu vermissen. Die Sehnsucht, die ich früher nach meinem Heimatland empfand, spüre ich jetzt nach Deutschland. (...) Du fehlst mir, meine süße Elena, ihr fehlt mir alle. Ich wusste, dass die Rückkehr in die Heimat eine zweite Entwurzelung ist, diesmal sogar schlimmer als die erste, denn die Vergangenheit ist jetzt viel größer als die Zukunft und die Zeit zu kurz, mich an das anzupassen, was mir die Heimat bietet. Doch so ist nun mal das Leben: Freude und Kummer gehen Hand in Hand, wie Geburt und Tod, wie die Tränen und das Lachen. Ich habe schon seit langem gelernt, mit beidem zu leben und fürchte es daher nicht mehr“ (Delidimitriou-Tsakmaki 2000, S. 182 f.).

Für eine nicht genau zu benennende Zahl älterer Migranten, die zwischen Herkunfts- und Aufnahmeland hin und her pendeln, ergeben sich zusätzliche Schwierigkeiten, weil sich das jahrzehntelange Provisorium fortsetzt und die Zerrissenheit im Alter die Betroffenen noch stärker belastet.

Das Modellprojekt „Deutsche und Ausländer gemeinsam: Aktiv im Alter“

Der Bundesarbeitskreis „Arbeit und Leben“ als Einrichtung der politischen Bildung wollte den oben umrissenen Tatsachen Rechnung tragen und initiierte im Jahr 1994 ein interkulturelles Seniorenprojekt (Bundesarbeitskreis Arbeit und Leben 1997). Die Projektziele wurden folgendermaßen umrissen:

Das Projekt sollte

- dazu beitragen, der drohenden Isolierung älterer Migranten und deutscher Mitbürger durch Kontakte und Kommunikation entgegenzuwirken;
- durch gemeinsame Veranstaltungen die gegenseitige Akzeptanz der Teilnehmer fördern;
- die individuelle und gesellschaftliche Handlungsfähigkeit und -bereitschaft der Teilnehmer stärken.

Von dem Projekt sollte eine Signalwirkung auf Institutionen und Organisationen der Erwachsenenbildung und Altenhilfe ausgehen, damit sich diese für die Bedürfnisse und Interessen der Zielgruppe öffnen.

Diese übergeordneten Projektziele sollten erreicht werden, indem bestehende Kontakte zwischen älteren Deutschen und Migranten erhalten und weiterentwickelt wurden. Im interkulturellen Dialog sollten Möglichkeiten erarbeitet werden, den gemeinsamen Lebensalltag aktiv zu gestalten. Dazu sollten die spezifischen Lebenserfahrungen der Zielgruppen thematisiert und in den Blickpunkt der Öffentlichkeit gebracht werden.

Gemeinsamer Bezugspunkt der Veranstaltungen war immer das Altern, mit dem Ziel, die sozialen Konflikte sowie die psychischen und physischen Veränderungen, die sich durch das Altern ergeben, in interkulturellen Gruppen zu thematisieren, um individuelle oder kollektive Handlungsansätze zu erarbeiten. In diesem Zusammenhang nennt Fischer (1998, S. 21 ff.) fünf Schlüsselthemen für die interkulturelle Altersbildung:

I. Gesundheit – Krankheit/Tod,
II. Selbstständigkeit – Abhängigkeit,
III. Einsamkeit – soziale Beziehungen,
IV. Aktivität – Passivität,
V. Soziale Akzeptanz – Bedeutungslosigkeit.

Im Spannungsfeld dieser Gegensatzpaare bewegt sich die thematische Auseinandersetzung mit dem Altern.

Zur Umsetzung des Projekts wurden vier Standorte mit unterschiedlichen Schwerpunkten ausgewählt: Halle in Sachsen-Anhalt, der Odenwaldkreis in Hessen, die Stadt Bremen und Oberhausen in Nordrhein-Westfalen. Dabei wurde die Stadt Oberhausen aufgrund ihres hohen Anteils an Migranten und Ruheständlern aus Industriebetrieben als Projektstandort ausgewählt und hatte ihren Schwerpunkt in der Zielgruppenarbeit mit Frauen. In einer Modellphase zwischen 1994 und 1997 wurden mit Fördermitteln des Bundesministeriums für Familie, Senioren, Frauen und Jugend zahlreiche Begegnungs- und Bildungsveranstaltungen für ältere deutsche und ausländische Menschen angeboten. Das Modellprojekt wurde im Auftrag des fördernden Ministeriums von der in Dortmund ansässigen Forschungsgesellschaft für Gerontologie wissenschaftlich begleitet und ausgewertet.

Die Erfahrungen aus dieser Modellphase und die darauf folgende interkulturelle Seniorenbildungsarbeit von Arbeit und Leben Oberhausen sind die Grundlage der folgenden Ausführungen und Empfehlungen.

Insbesondere in der Anfangsphase des Projekts war es schwierig, ein gemeinsames teilnehmer- und lebensweltorientiertes Veranstaltungsangebot für ältere Deutsche und Migranten zu machen, da kaum die Möglichkeit bestand, auf Erfahrungen in der interkulturellen Seniorenarbeit zurückzugreifen. Dennoch waren die Voraussetzungen relativ günstig, da Arbeit und Leben auf Erfahrungen sowohl in der interkulturellen Bildungsarbeit als auch in der Seniorenbildung zurückgreifen konnte und das Projekt in Verbindung mit der Regionalen Arbeitsstelle für Ausländerinnen und Ausländer (RAA) und der Volkshochschule durchgeführt wurde, die ebenfalls entsprechende Erfahrungen in der Arbeit mit Migranten hatten. Zudem existierte in Oberhausen mit dem „Netzwerk interkulturelles Lernen“ (NIL) bereits eine Vernetzung von Einrichtungen der interkulturellen Bildung, die in das Projekt einbezogen wurde. So konnte zu Beginn des Projekts eine trägerübergreifend, multikulturell und generationenübergreifend zusammengesetzte Arbeitsgruppe gegründet werden, die gemeinsame Angebote für ältere Deutsche und Migranten konzipierte und durchführte. In der Umsetzung des Projekts spielten u.a. folgende konzeptionelle Grundüberlegungen eine Rolle:

- Die interkulturelle Seniorenbildung verbindet Elemente der Altenbildung und der interkulturellen Pädagogik. Daraus folgt, dass die Prämissen beider Bereiche beachtet und ggf. adaptiert werden müssen.
- Das interkulturelle Angebot sollte nicht im Gegensatz oder in Konkurrenz zu muttersprachlichen Angeboten stehen, die sich an herkunftshomogene Gruppen richten. Vielmehr sollten interkulturelle Angebote als zusätzliche Möglichkeit zur Verfügung stehen. Es gibt stichhaltige Gründe, die für muttersprachliche Angebote sprechen. Der Hauptgrund sind die Sprachschwierigkeiten vieler älterer Migranten. Ein Argument für interkulturelle Angebote ist darin zu sehen, dass ein interkultureller Austausch, z.B. über verschiedene Altersbilder und Altersrollen, durchaus als Bereicherung angesehen werden kann, insofern als er neue Sichtweisen ermöglichen und Perspektiven zur eigenen Lebensgestaltung eröffnen kann. Daher stellt sich m.E. nicht die Frage, inwiefern ein interkultureller Ansatz verfolgt werden soll, sondern vielmehr, „wie reflektiert und problembewusst dies geschieht“ (vgl. Becker 1993, S. 61).

Ein weiteres Argument, das für interkulturelle Seniorenbildungsangebote spricht, ist die Tatsache, dass es nicht möglich ist, für alle Migrantengruppen flächendeckend und ortsnah ein muttersprachliches Angebot bereitzustellen. Dies trifft insbesondere auf kleinere Migrantengruppen zu.

Beispiele aus dem Veranstaltungsangebot des Modellprojekts

Zu den Angeboten im Rahmen des Modellprojekts „Deutsche und Ausländer gemeinsam: Aktiv im Alter" gehörten am Projektstandort Oberhausen u.a. folgende Veranstaltungen und Veranstaltungsformen:

Gemeinsame Koch- und Backnachmittage

Diese Veranstaltungsreihe wurde ins Leben gerufen, um eine niederschwellige Veranstaltungsform ins Programm aufzunehmen. Die Teilnehmer brauchten nur wenige Stunden Zeit zu investieren, konnten ohne besondere Vorkenntnisse teilnehmen, insbesondere die Frauen bewegten sich auf sicherem Terrain, wobei sprachliche Kompetenz eine untergeordnete Bedeutung hatte. Die Teilnehmer stellten sich gegenseitig ihre Rezepte und landestypische Produkte vor und präsentierten damit Esskultur als einen Teil ihrer Alltagskultur.

Die organisatorische Vorarbeit wurde von einer Projektmitarbeiterin geleistet, die Ideen für eine Menüfolge zu einem Thema, wie z.B. „Frühling", im Gespräch mit interessierten Teilnehmern sammelte und koordinierte. Es entstand eine Menüfolge mit Rezepten aus verschiedenen Ländern. Die Zutaten wurden von der Seminarleiterin eingekauft oder von den Teilnehmern zum gemeinsamen Kochen mitgebracht. Nach einer Vorstellungsrunde wurde die Menüfolge besprochen. Dabei wurden unbekannte Zutaten erläutert sowie Anlässe und Traditionen genannt, bei denen die Gerichte in den verschiedenen Kulturen üblich sind. Anschließend bildeten sich Kleingruppen, die jeweils von der Person geleitet wurden, die das entsprechende Rezept beigesteuert hatte. Die Teilnehmer kochten und buken gemeinsam und tauschten sich in informellen Gesprächen aus. Zum Abschluss aßen sie gemeinsam und genossen die ausgelassene Atmosphäre in der außergewöhnlichen multikulturellen Gruppenzusammensetzung.

Die positiven Erfahrungen mit diesen Koch- und Backnachmittagen haben nach Abschluss des Modellprojekts zu einer modifizierten Fortführung in der Seminarreihe „Blick über den Tellerrand" geführt, die in der gleichnamigen Veröffentlichung dokumentiert ist (Bungert-Willi/Kallinikidou/Stimm-Armingeon 1999).

Begegnung in einem türkischen Rentnerverein

Im Rahmen des Projekts war angestrebt, den Migranten und ihren Selbstorganisationen Raum zu einer Präsentation zu geben. Die erste Veranstaltung zu diesem Zweck fand auf Einladung des türkischen Rentnervereins statt, dessen Vereinsräume hauptsächlich von türkischen Männern genutzt wurden, die dort ihre Freizeit verbrachten. Frauen kamen nur zu bestimmten Veranstaltungen wie Nähkursen dort hin. Etwa 20 Teilnehmer – Deutsche und Migranten verschiedener Nationalität – folgten der Einladung. Etwa ebenso viele türkische Vereinsmitglieder und ihre Frauen empfingen die Gäste und bewirteten sie, während der Vereinsvorsitzende die Ziele, Inhalte und Funktion des Vereins sowie seine Probleme darstellte. Dabei stellte sich die Umkehrung der Rollen von „Gastarbeitern"/Gästen zu Gastgebern und vice versa von Gastgebern zu Gästen als eine ungewöhnliche Situation dar, die jedoch von allen Beteiligten positiv aufgenommen wurde. Die Gäste – Deutsche und Migranten, die nicht zum Verein gehörten – hatten Gelegenheit Fragen zu stellen und mit den Gastgebern zu diskutieren. Auf diese Weise erfuhren sie vieles über Anliegen, Binnenstruktur und Arbeitsmöglichkeiten des Rentnervereins und konnten zeitweise die Perspektive der türkischen Migranten einnehmen, sich zu deren Belangen solidarisch oder auch kritisch äußern. Dieser Teil der Veranstaltung wurde von einem Mitarbeiter der RAA, der den Rentnerverein betreute, gedolmetscht. Anschließend ergab sich die Möglichkeit zu informellen Gesprächen und zum Betrachten von Fotos einer vorangegangenen gemeinsamen Veranstaltung.

Erzählcafé „Oberhausen in den 50er- und 60er-Jahren"
In Zusammenarbeit mit dem sardischen Kulturverein luden die Veranstalter in die Vereinsräume der Sarden ältere Deutsche und Migranten ein. Alle wurden gebeten, Fotos von Oberhausen aus den 50er- und 60er-Jahren mitzubringen und die dazugehörigen Geschichten im Sinne eines Erzählcafés zu berichten. Auch zu Beginn dieser Veranstaltung stellte sich der gastgebende Verein vor.

Anschließend wurden mit Hilfe eines Epidiaskops die Fotos der Teilnehmenden gezeigt und von ihnen selbst erläutert. Es entstand ein lebhafter Austausch, bei dem anhand von Details aus dem damaligen Alltag die Gemeinsamkeiten von Deutschen und Migranten in den Vordergrund gerückt wurden: Die meisten von ihnen hatten in der Schwerindustrie gearbeitet, ihre Freizeit mit der Familie im nahe gelegenen Kaisergarten verbracht, ähnliche Einrichtungsgegenstände gehabt und von vergleichbaren Konsum- und Luxusgütern geträumt. Erinnerungen an erste mehr oder weniger befremdende Begegnungen zwischen Deutschen und Migranten in Deutschland wurden wach, aber ebenso auch Erinnerungen an erste Kontakte zwischen Deutschen und Italienern im Italien der 50er- und 60er-Jahre. Es wurde deutlich, dass Deutsche und Migranten bereits eine jahrzehntelange gemeinsame Geschichte haben.

Zechenbesichtigungen mit älteren deutschen und ausländischen Frauen
Diese Veranstaltungen hatten das Ziel, Frauen die Möglichkeit zu geben, den ehemaligen Arbeitsplatz ihrer Männer kennen zu lernen. Grubenfahrten werden aufgrund des großen Aufwandes, der mit ihnen verbunden ist, nur selten angeboten. Da im Bergbau unter Tage lediglich Männer beschäftigt sind, verfügen die

Bergwerke nur über Umkleideräume und sanitäre Einrichtungen für Männer, sodass Frauen selten die Gelegenheit zu einer Zechenbesichtigung haben. Die Nachfrage für diese Veranstaltung war entsprechend groß und die Veranstalterinnen haben auf ein ausgewogenes Verhältnis zwischen deutschen Frauen und Migranten geachtet. Die gesamte Veranstaltung hatte einen starken Erlebnischarakter. Die Teilnehmer mussten sich nach dem Eintreffen in der Zeche Lohberg im Oberhausener Norden zunächst in die Kaue begeben und die bereitgestellte männliche Kleidung – von der Unterwäsche bis zum Schutzhelm und Sicherheitsschuhen – anlegen. Allein hierdurch gerieten die äußeren Unterschiede zwischen Deutschen und Migrantinnen in den Hintergrund. Anschließend fuhren die Frauen gemeinsam zur Besichtigung unter Tage ein, wo sie sich ein Bild von den Arbeitsbedingungen im Steinkohleabbau machen konnten. Anschließend fand eine Gesprächsrunde und ein gemeinsamer Imbiss statt.

„Europa vor Ort" – Exkursionen zum Europäischen Parlament nach Brüssel
Fahrten zum Europäischen Parlament gehören zum festen Repertoire der politischen Bildung. Ältere Migranten sind sehr selten Teilnehmer bei Veranstaltungen der politischen Bildung. Aus diesem Grund wurde ein Besuch des EU-Parlaments im Rahmen des Projekts angeboten. Dabei erhielten die Teilnehmer die Möglichkeit, den Europaabgeordneten ihres Wahlbezirks kennen zu lernen, sich ein Bild über die Arbeitsweise der europäischen Institutionen zu machen sowie aktuelle Fragen der Europapolitik zu diskutieren. Die multikulturelle Zusammensetzung der Besuchergruppe sollte gleichzeitig die Notwendigkeit grenzen- und kulturenübergreifender Politik verdeutlichen und die EU-Bürger zur Wahrnehmung ihres Wahlrechts animieren.

Literaturnachmittag zum Thema „Heimat und Fremde"
Der griechische Maler und Dichter Panagiotis Christogiannis, die Schriftstellerin Ilse Kibgis und der türkische Autor Yusuf Giraz stellten einige ihrer Gedichte zum Thema „Heimat und Fremde" vor. Alle Autoren leben in Oberhausen und benachbarten Ruhrgebietsstädten. Die Lesung erfolgte zweisprachig und bildete die Grundlage für die darauf folgende Diskussion.

Ausstellungs- und Museumsbesuche
Zu den Zielen dieser Exkursionen gehörte das Haus der Geschichte der Bundesrepublik Deutschland in Bonn und die Ausstellung „Feuer und Flamme" im Gasometer Oberhausen. Diese Veranstaltungen hatten zum einen einen starken Erlebnischarakter und boten zum anderen Deutschen und Migranten die Möglichkeit, gemeinsam an aktuellen kulturellen und historischen Entwicklungen der deutschen Gesellschaft teilzuhaben. Die historischen Ausstellungen der neueren

deutschen Geschichte machten deutlich, dass Deutsche und Migranten bereits eine über 40-jährige gemeinsame Geschichte haben. Hierbei konnten insbesondere die Migranten die Erfahrung machen, dass sie durch die aktive Aneignung ihrer nächsten Umgebung ihr Selbstwertgefühl steigern konnten, wie es Polimeni (1993, S. 55) in Bezug auf ähnliche Veranstaltungen feststellte.

Informations- und Diskussionsveranstaltungen zum christlich-islamischen Dialog

Die Veranstaltungen zum christlich-islamischen Dialog hatten das Ziel, Christen und Muslime zu einem gemeinsamen Austausch über die Grundlagen der beiden Religionen zusammenzubringen. Das Thema „Religion“ erhielt eine besondere Bedeutung, weil Religion für viele Migranten wichtiger Teil ihrer Identität ist und zum anderen die mit dem Islam verbundenen Vorurteile Mitte der 90er-Jahre der Fremdenfeindlichkeit Vorschub zu leisten schienen. In Kooperation mit dem Evangelischen Familienbildungswerk wurde deshalb der Versuch unternommen, den christlich-islamischen Dialog zu initiieren. Dabei sollten sowohl die Gemeinsamkeiten als auch die Unterschiede zwischen den beiden Religionen benannt werden. Die erste Veranstaltung hatte den Schwerpunkt „Grundlagen von Islam und Christentum“ und fand in einem evangelischen Gemeindehaus statt. Es referierten ein Hoca und ein evangelischer Pfarrer. Die gesamte Veranstaltung wurde gedolmetscht. Die zweite Veranstaltung hatte auf Wunsch der Teilnehmer den Schwerpunkt „Frauen im Islam und im Christentum“ und fand in einer Moschee statt. Es referierten eine muslimische Religionsbeauftragte und eine evangelische Pfarrerin.

An diesen Informations- und Diskussionsveranstaltungen nahmen jeweils etwa 80 und 120 Personen teil. Sie konnten als behutsame und von gegenseitiger Wohlgesonnenheit geprägte erste Begegnungen angesehen werden, von denen eine gewisse Signalwirkung ausging, die man mit folgenden Worten zusammenfassen kann: Wir haben Interesse aneinander und akzeptieren uns in unserer Unterschiedlichkeit. Ein intensiver oder persönlicher Austausch war jedoch aufgrund der Gruppengröße und der dazwischengeschalteten Übersetzung nicht möglich.

Frauengesprächskreis zum christlich-islamischen Dialog

Gerade die zweite Veranstaltung zum christlich-islamischen Dialog hatte gezeigt, dass es sinnvoll wäre, einen Gesprächskreis anzubieten, in dem ein intensiver Austausch möglich wäre. Als Konsequenz hieraus entstand ein Frauengesprächskreis, an dem Christinnen verschiedener Konfessionen und Musliminnen unterschiedlicher Glaubensrichtungen teilnahmen. Thematisiert wurden besondere Lebensabschnitte und Wendepunkte weiblicher Biografien, wie z.B. Geburt,

Kindheit/Pubertät, Partnersuche/Heirat und Tod im Zusammenhang mit religiösen und kulturellen Umgangsformen, Sitten, Gebräuchen, Ritualen und Traditionen.

Bildungsurlaubsseminare für Frauen zum Thema „Frauen in Ost und West" in Halle/Sachsen-Anhalt und „Frauen und Religion" in Oberhausen
Diese Seminare wurden für Migrantinnen aus Nordrhein-Westfalen und deutsche Frauen aus Sachsen-Anhalt als Kooperation der beiden Projektstandorte Halle/Saale und Oberhausen angeboten und konnten den Kontakt und Austausch der beiden Zielgruppen herstellen und fördern (siehe Hirschmann/Kallinikidou/Lautenschläger 1997, S. 71-79; Fischer/Kallinikidou 2000, S. 18-21).

Fest „40 Jahre Anwerbung"
Dieses Fest wurde in Kooperation des Netzwerks Interkulturelles Lernen mit dem Sardischen Kulturverein „Rinascita" durchgeführt und sollte eine positive Sicht der Migration bei Migranten und Deutschen stärken. Dies erschien den Veranstaltern in Bezug auf die älteren Migranten insbesondere in Zusammenhang mit folgender Überlegung als sinnvoll: „Die Qualität des Alters hängt mit der Lebensbilanz zusammen. Lebensbilanz bedeutet für die Migranten vor allem Bilanzierung der Migration" (Dietzel-Papakyriakou 1988, S. 43).

Wochenendseminare zu verschiedenen Themen
Die Wochenendseminare stellten den Kern des Projekts dar und sollen weiter unten genauer beleuchtet werden.

Interkulturelle Wochenendseminare für ältere Menschen

Die intensivsten Begegnungen und thematischen Auseinandersetzungen des Projekts fanden in den bereits erwähnten Wochenendseminaren statt. Sie wurden zu folgenden Themen angeboten:
- Familienbeziehungen in unterschiedlichen Kulturen.
- Altwerden früher und heute.
- Älterwerden als Mann und als Frau.
- Altwerden in unterschiedlichen Kulturen.
- Alt und Jung – Beziehungen zwischen den Generationen.
- Jung und Alt – Beziehungen zwischen den Generationen (intergenerativ).
- Gesundheit und Ernährung.
- Keine Zeit für Langeweile – Möglichkeiten, im Alter aktiv zu sein.

Bei der Wahl des Veranstaltungsthemas wurde berücksichtigt, dass zum einen eine attraktive Themenvielfalt angeboten werden konnte, andererseits keinerlei Vorkenntnisse erforderlich waren, um an den Diskussionen teilnehmen zu können.

Ziel der Seminare war stets, „positive Perspektiven für das Leben im Alter zu entwickeln" (vgl. Polimeni 1993, S. 55). Dabei war auffällig, dass viele Menschen die aktive Auseinandersetzung mit dem Alter scheuen und sich selbst nicht als Senioren betrachten – ein Aspekt, der insbesondere bei der Teilnehmerwerbung nicht unbeachtet bleiben darf.

Die Wochenendseminare begannen am Freitagnachmittag und endeten am Sonntag nach dem Mittagessen, um Interessenten, die noch erwerbstätig waren, die Teilnahme zu ermöglichen. Die Seminare gliederten sich in folgende Phasen:
- Freitag: gegenseitiges Kennenlernen und Einführung in das Thema.
- Samstag: Bearbeitung des Themas und gemeinsame Freizeitgestaltung.
- Sonntag: Zusammenfassung der Seminarergebnisse, Entwicklung von (gemeinsamen) Handlungsansätzen, Seminarauswertung und zukünftige Planung von Veranstaltungen.

Eine besondere Bedeutung kam hierbei der Kennenlernphase und der Einführung in das Thema am Freitagnachmittag und -abend zu. Aufgrund der ungewohnten Gruppenzusammensetzung und damit auch der Neuartigkeit der Situation stand am ersten Tag noch stärker als in den meisten anderen Gruppen die Schaffung einer Vertrauensebene und die Klärung von Regeln für das Miteinander der Gruppe im Vordergrund.

Eine grundsätzliche Schwierigkeit, der im gesamten Projekt begegnet werden musste, die aber insbesondere bei den Wochenendseminaren zum Tragen kam, bestand in den Sprachschwierigkeiten vieler Migranten. Die Sprachkompetenz vieler älterer Migranten ist auch Jahrzehnte nach der Migration relativ gering und hängt von verschiedenen Faktoren ab (vgl. Schulte 1993, S. 32): Hausfrauen, die keinen Kontakt zu Deutschen oder Migranten anderer Herkunft hatten, sprechen zum Beispiel sehr schlechtes Deutsch. Migranten, die in Dienstleistungsberufen mit viel Kundenkontakt beschäftigt waren, sprechen gutes Deutsch. Nur wenige Migranten der „ersten Generation" haben Sprachkurse besucht. Sie haben sich ihre Sprachkenntnisse am Arbeitsplatz oder bei meist flüchtigen informellen Kontakten angeeignet.

Hinzu kommt, dass es vielen älteren Migranten sehr schwer fällt, sich in einem öffentlichen Raum mit bestimmten von der deutschen Kultur geprägten Konventionen zu bewegen. Eine interkulturelle Bildungsveranstaltung findet in einem solchen – für viele Migranten zunächst noch unbekannten – Rahmen statt. Daraus folgt, dass die Hemmschwellen zur Teilnahme an interkulturellen Angeboten für viele Migranten sehr hoch sind. Deshalb spielt die persönliche Teilnehmerwerbung durch eine Vertrauensperson die bedeutendste Rolle. Aber auch andere Faktoren wirken sich auf die Akzeptanz der Veranstaltung und die Herabsetzung von Hemmschwellen aus:

Ein multikulturelles Seminarteam

Wenn die Seminarleitung den Anspruch hat, interkulturelle Veranstaltungen mit einer multikulturell zusammengesetzten Gruppe durchzuführen, sollte sie dafür Sorge tragen, dass sich die Multikulturalität im Team widerspiegelt. Hierdurch können u.U. auch Verständigungsschwierigkeiten mit einigen Teilnehmern ausgeräumt werden.

Niedrige Teilnahmegebühren

Da viele ältere Migranten nur über geringe finanzielle Ressourcen verfügen und sie ohnehin eine Reihe von Hemmschwellen überwinden müssen, ist es notwendig, interkulturelle Veranstaltungen für ältere Menschen möglichst mit geringen Teilnahmebeiträgen zu belegen.

Ein ausgewogenes Verhältnis von Arbeit und Freizeit

Die Einplanung von Pausen und Freizeit ist schon deshalb wichtig, weil es sich bei den Teilnehmern um ältere Menschen handelt und die Migranten unter ihnen als bildungsungewohnt anzusehen sind. Für sie sind die Arbeitsphasen mit besonderer Anstrengung verbunden. Die Teilnehmenden brauchen deshalb entsprechende Erholungsphasen, um sich geistig und körperlich regenerieren zu können. Die Freizeitphasen kommen zudem dem informellen interkulturellen Austausch zugute. Es können neue Beziehungen geknüpft und bestehende Kontakte vertieft werden. Dennoch ist es empfehlenswert, ein gemeinsames Freizeitangebot zu machen, wie z.B. einen Kegelabend, Musik und Tanz aus unterschiedlichen Kulturen, gemeinsame Spaziergänge. Auch in diesen Phasen findet ein interkultureller Austausch statt.

Gemeinsames Erleben

Das gemeinsame Erleben und die positive Gruppenerfahrung sind die Grundlage für den Erfolg eines Seminars. Besonderen Erlebnischarakter haben Exkursionen und Erkundungen neuer Orte. Dies kann in den Arbeitsphasen geschehen, wie z.B. im Seminar Gesundheit und Ernährung, als die Gruppe einen Biobauernhof besichtigte. Genauso bieten sich jedoch auch die Freizeitphasen an, wie z.B. bei einem Seminar im Bergischen Langenberg zum Thema „Älterwerden als Mann und als Frau“, wo die Gruppe während einer Stadtführung etwas über die interessante Industriegeschichte der Stadt erfahren konnte. Das gemeinsame Auftreten in der Öffentlichkeit trägt zur Gruppenkohärenz bei.

Kleingruppenarbeit

Die Arbeit in Kleingruppen bietet gegenüber dem Plenum eine Reihe von Vorteilen, von denen nicht nur die Migranten profitieren. Zum einen können

Sprachbarrieren besser überwunden werden, da sich die Migranten in Kleingruppen eher zutrauen, das Wort zu ergreifen oder nachzufragen, wenn sie etwas nicht verstanden haben. Zum anderen gehen Kleingruppen geduldiger mit den Sprachschwierigkeiten Einzelner um, weil direkter Augenkontakt und Rückfragen möglich sind. Zudem stehen den einzelnen Mitgliedern in der Kleingruppe mehr Zeit und Aufmerksamkeit für ihre Beiträge zur Verfügung. Zurückhaltende Teilnehmer können ihre Unsicherheit leichter überwinden und werden ggf. auch direkt angesprochen.

Es ist jedoch nicht davon auszugehen, dass sich multikulturelle Kleingruppen spontan zusammenfinden. Vielmehr muss die Seminarleitung durch den Einsatz entsprechender Methoden dafür sorgen, dass die Gruppen gemischt sind. Es empfiehlt sich auch, zur Auflage zu machen, dass Ehepartner unterschiedlichen Kleingruppen angehören. Dies bietet beiden Partnern freiere Entfaltungsmöglichkeiten innerhalb der Gruppen, unabhängig von jahrelang eingeschliffenen Beziehungsmustern.

In der Kleingruppenarbeit entwickelt jede Gruppe ihre eigene Dynamik. Die unterschiedlichen Gruppenergebnisse müssen nach Abschluss der Kleingruppenarbeit wieder in die Gesamtgruppe transportiert werden, damit sie dort aufgenommen werden und produktiv wirken können. Zu gegensätzlichen Ergebnissen gelangten z.B. zwei Kleingruppen, die die Aufgabe hatten, auf einer Wandzeitung ihre Vorstellungen von der idealen „Stadt der Generationen" bildlich darzustellen. Während sich die eine Gruppe bemühte, eine für Jung und Alt gleichermaßen attraktive Stadt zu gestalten, in der sowohl die verschiedenen Generationen als auch Kulturen friedlich zusammenleben sollten, entwarf die andere Gruppe ein Konzept, das die Konflikte zwischen den Generationen dadurch vermeiden wollte, dass Jung und Alt in unterschiedlichen Stadtvierteln angesiedelt wurden. Die Präsentation der beiden Konzepte provozierte eine sehr lebhafte und produktive Diskussion.

Im intergenerativen Seminar hatten zwei Kleingruppen, in denen Junge und Ältere vertreten waren, die Aufgabe, ein „Haus der Generationen" zu entwerfen. In einer Gruppe kam es zum Eklat, nachdem ein Generationenkonflikt ausgebrochen war. Die Mitglieder meinten schließlich, dass keine Basis für ein gemeinsames Wohnprojekt vorhanden sei. Die Gruppe spaltete sich in Junge und Alte und legte zwei getrennte und provokativ gegensätzliche Konzepte vor. Im Plenum konnte der Konflikt ein Stück weit gelöst werden, indem allen Beteiligten deutlich wurde, wie intergenerative Konflikte entstehen.

Vermeidung schriftlicher Arbeitsaufträge

Schriftliche Arbeitsaufträge sollten nach Möglichkeit vermieden werden, da die meisten älteren Migranten die deutsche Schriftsprache gar nicht beherrschen. Aber auch viele ältere Deutsche mit geringer Schulbildung, die in ihrem Beruf keine schriftlichen Arbeiten erledigen mussten, scheuen sich davor, im Seminar schreiben zu müssen. Dennoch ist es manchmal sinnvoll, verschriftlichte Aussagen der Teilnehmenden vorliegen zu haben. Eine gute Möglichkeit zur Lösung dieser Schwierigkeit besteht darin, dass in Kleingruppen gearbeitet wird, in denen nur einer schreiben muss. Eine weitere Möglichkeit bietet die Partnerarbeit, wobei der deutsche Partner die Verschriftlichung der Ergebnisse übernehmen kann. Es empfiehlt sich ein möglichst natürlicher und unkomplizierter Umgang mit diesem sensiblen Thema.

Kurze, visualisierte Informationseinheiten in einfacher Sprache

Der Wunsch, „etwas Neues zu erfahren", ist ein Motiv für die Teilnahme an (interkulturellen) Bildungsveranstaltungen. Diesem Wunsch wurde in den Wochenendseminaren mit kurzen, visualisierten Informationseinheiten in einfacher Sprache entsprochen. So konnten die Teilnehmer im Seminar „Älterwerden in unterschiedlichen Kulturen" in einem Diavortrag etwas über die in Panama lebenden Kuna-Indianer und ihr Verhältnis zu alten Menschen und dem Altern erfahren. Molas, gestickte Brustteile der weiblichen Kleidung, und andere authentische Utensilien machten eine lebendige Auseinandersetzung mit der Kultur der Kuna möglich. Die am Ende vorgestellten zehn Gebote der Kuna zum Umgang mit älteren Menschen dienten im weiteren Verlauf des Seminars als Grundlage für die Entwicklung eigener Regeln.

Eine wichtige Funktion, die Informationseinheiten erfüllen können, besteht darin, alle Teilnehmenden auf etwa den gleichen Wissensstand zu bringen. Im intergenerativen Seminar wurden die Gruppenmitglieder mit einem Kurzreferat zum Thema: „Bilder von jungen und alten Menschen in den Medien" auf den gleichen Wissensstand gebracht. Die referierten Thesen wurden anhand von projizierten Fotos illustriert. Das Referat bildete die Grundlage für die darauf folgende Diskussion und Weiterarbeit in Kleingruppen.

Keine langen Diskussionen im Plenum

Lange Diskussionsphasen im Plenum sind insbesondere dann zu vermeiden, wenn die Gruppe aus mehr als zwanzig Personen besteht. Die Diskussionsphasen im Plenum können zugunsten der Kleingruppenarbeit minimiert werden.

Assoziative Methoden

Assoziative Methoden haben sich als ausgesprochen produktiv herausgestellt, weil sie den Teilnehmenden die Möglichkeit zu einer spontanen und unmittelbaren Beteiligung bieten. Im Seminar „Keine Zeit für Langeweile" wurden die Anwesenden gebeten, aus einer Vielzahl von Bildern älterer Menschen ein Bild herauszusuchen, das sie besonders ansprach. In der darauf folgenden Vorstellungsrunde präsentierte jeder sein „Wunschbild vom Alter" und erläuterte, was ihn oder sie besonders daran ansprach. Die verschiedenen Altersbilder wurden im Laufe des Seminars in den Diskussionen immer wieder aufgegriffen.

Zu Beginn des Seminars „Älterwerden als Mann und als Frau" wurden alle gebeten, assoziativ Adjektive zu nennen, die alten Männern bzw. alten Frauen in ihren Kulturen zugeordnet werden. Die auf diese Weise zusammengetragenen Ergebnisse brachten typische Umgangsweisen mit älteren Männern und Frauen zutage. Die Seminargruppe stellte fest, dass es für ältere Menschen sowohl positive als negative Zuschreibungen gibt, dass das Attribut „alte/alter" die pejorative Bedeutung eines Schimpfwortes steigert („alte Kuh", „alter Lustgreis") und dass es generell mehr negative Zuschreibungen für alte Frauen als für alte Männer zu geben scheint.

Kreative und produktorientierte Methoden

Das Erstellen von Collagen, das Erarbeiten und Vorführen von Rollenspielen sowie das Formulieren von Gedichten mit Hilfe von Schreib- und Sprechspielen sind Beispiele für kreative und produktorientierte Arbeitsmethoden, die sich in der interkulturellen Seniorenarbeit bewährt haben. Überraschend für das Team war hierbei oftmals die Offenheit und das Engagement, mit dem sich die Älteren auf Neues einließen. Im Seminar „Älterwerden als Mann und als Frau" produzierten die Teilnehmer in Kleingruppen Collagen zum Thema „Ältere Männer – ältere Frauen". Schon der Produktionsprozess bot zahlreiche Anlässe zum inhaltlichen Austausch. Die am Ende im Plenum vorgestellten Collagen spiegelten die Komplexität der Thematik durchaus wider. Die einzelnen Gruppen identifizierten sich sehr stark mit ihrem Produkt und waren überrascht über das beachtliche Ergebnis, das sie damit erzielen konnten.

Rollenspiele und szenische Darstellungen

Im Seminar „Alt und Jung" wurden unter dem Stichwort „Jung und Alt – Zwei Welten treffen aufeinander?" in vier Gruppen Rollenspiele zu einer vom Team vorgegebenen Konfliktsituation zwischen den Generationen erarbeitet und vorgeführt. Eine Bedingung, die den Gruppen gestellt wurde, bestand darin, dass alle Gruppenmitglieder eine Rolle spielen sollten. Mit viel Spaß und Engagement entwickelten die Teilnehmer aus der Aufgabenstellung komplexe Situationen.

Hier ein Beispiel:

Aufgabenstellung: *Frau Müller hat vier erwachsene Kinder. Seitdem ihr Mann verstorben ist, fühlt sie sich einsam und erwartet, dass eins ihrer Kinder sie bei sich aufnimmt. Es kommt zu einem Gespräch mit allen Beteiligten.*

Umsetzung: Frau Müller hat ihre vier Kinder zu sich eingeladen. Bei Kaffee und Kuchen erklärt sie ihnen, dass sie sich einsam fühlt und nicht mehr alleine wohnen möchte. Die Kinder schlagen ihr vor, Kurse bei der Volkshochschule zu belegen oder sich einen Hund anzuschaffen. Ihr ältester Sohn rät ihr, sich einen neuen Mann zu suchen. Dies sind für Frau Müller keine Lösungen ihres Problems, und sie spricht jedes ihrer Kinder persönlich darauf an, ob sie es nicht bei sich aufnehmen könne.

Der älteste Sohn erklärt, er habe schon genug für die Familie getan. Als Ältester habe er sich viel um seine jüngeren Geschwister kümmern müssen. Jetzt sei jemand anderes dran. Die Zweitälteste erklärt, sie habe mit ihren Kindern sehr viel zu tun und könne die Mutter nicht bei sich aufnehmen. Die Drittälteste wirft der Mutter vor, schuld daran zu sein, dass sie noch ledig sei, weil die Mutter immer „den Verkehr geregelt habe". Jetzt habe sie eine Beziehung und wolle sie nicht wieder von der Mutter zerstören lassen. Der Jüngste bekommt ständig Kuchen von der Mutter auf seinen Teller. Die anderen werten das als Zeichen dafür, dass die Mutter ihn schon immer bevorzugt habe. Als er von seinen Geschwistern aufgefordert wird, auch Stellung zu beziehen, sagt er, er würde die Mutter gern aufnehmen, aber sie würde sich ja leider nicht mit seiner italienischen Frau verstehen. Die Mutter beklagt, dass es eine Schande sein, dass der „gute Junge" eine Ausländerin geheiratet habe. Alle bleiben dabei, dass sie ihre Mutter nicht aufnehmen können. Deutlich wird jedoch im Laufe des Gespräches, dass diese Ablehnung zu einem großen Teil durch das vorhergegangene, jahrelange egoistische und ungerechte Verhalten der Mutter ihren Kindern gegenüber motiviert ist.

Die Vortragenden genossen die Möglichkeit, ihr gemeinsames Produkt der Gesamtgruppe vorzustellen und dafür die entsprechende Anerkennung zu erhalten. Die Ernsthaftigkeit des Konflikts wurde durch einen humorvollen Umgang gebrochen. Zurückhaltendere Gruppenmitglieder und diejenigen mit Sprachschwierigkeiten erhielten kleinere Rollen bzw. Rollen mit wenig Text.

Biografisches Lernen

Die Methode des biografischen Lernens wird in Kapitel 4 „Biografisches Lernen" umfassend dargestellt. Aus diesem Grunde soll an dieser Stelle diese für die Arbeit mit älteren Menschen besonders geeignete Methode lediglich anhand von fünf Thesen (vgl. Buschmeyer 1990, S. 7-13 und 1992, S. 61-75) erläutert und mit Beispielen aus der Seminararbeit illustriert werden.

Das biografische Lernen bietet die Möglichkeit, inhaltliche Auseinandersetzungen auf der Basis konkreter Erfahrungen der Teilnehmer zu führen.
Im Seminar „Keine Zeit für Langeweile" wurden die Teilnehmer gebeten, auf einem Zeitkuchen zu markieren, wie viel Zeit sie täglich etwa mit Schlafen, Frei-

zeit, Fernsehen und Essen verbringen. Am Ende wurden die individuellen Ergebnisse aller Teilnehmer in einer Tabelle zusammengefasst. Der Prozess der Datenübermittlung half den Teilnehmern, sich über ihre Zeitaufteilung bewusst zu werden, er trug erheblich zum gegenseitigen Kennenlernen und zum interkulturellen Austausch bei. Die im Seminar erhobenen Daten wurden im weiteren Verlauf des Seminars mit repräsentativen Umfragen verglichen. Dabei stellte sich heraus, dass sich die Ergebnisse der Seminarteilnehmer tendenziell mit denen der repräsentativen Umfrage deckten. Auf der Grundlage der ermittelten Daten haben die Teilnehmer in einem nächsten Schritt Konsequenzen für einen produktiven Umgang mit der freien Zeit im Alter erarbeitet.

Das biografische Lernen kann erheblich dazu beitragen, Gemeinsamkeiten festzustellen und Vorurteile über andere Menschen und andere Kulturen abzubauen.
Im Seminar „Altwerden – früher und heute“ verglichen die Teilnehmer ihr eigenes Porträt mit dem ihrer Großmutter bzw. ihres Großvaters. Anhand eines Rasters stellten sie ihre eigene Lebenssituation der ihrer Großeltern gegenüber. Dabei kristallisierte sich für alle Großeltern eine Gemeinsamkeit heraus – die Altersarmut. Außerdem konnte festgestellt werden, dass sich für alle Teilnehmer die finanzielle Situation im Alter gegenüber der ihrer Großeltern erheblich gebessert hatte.

Das biografische Lernen kann die Gewachsenheit eigener Standpunkte transparent machen und die Abhängigkeit dieser Standpunkte von (kulturspezifischen) Erfahrungen verdeutlichen.
Im Seminar „Alt und Jung“ fanden die Teilnehmer viele Erklärungen für ihr eigenes Verhältnis zu ihren Kindern, nachdem sie sich intensiv mit dem Verhältnis zu ihren eigenen Eltern und mit der sozialen Situation, in der sie aufgewachsen waren, auseinander gesetzt hatten.

Biografisches Lernen kann helfen, sich an Verdrängtes zu erinnern und dadurch Mündigkeit und Verantwortung für das eigene Leben zu erlangen.
Wiederum im Seminar „Alt und Jung“ wurde zu Beginn des Seminars von den meisten Teilnehmern das Verschwinden der Großfamilie bedauert und der schwindende Familiensinn beklagt. Im Verlauf des Seminars konnten sich viele Teilnehmer jedoch daran erinnern, dass sie zeitweilig sehr unter dem Leben in der Großfamilie gelitten hatten, weil es ihnen viele Beschränkungen auferlegte. Außerdem konstatierten sie, dass die Großfamilie aus materieller Notwendigkeit dazu gezwungen war, zusammenzubleiben, denn das Überleben in der Kleinfamilie wäre u.a. wegen des geringen Einkommes noch schwieriger gewesen. Insbesondere die Frauen erinnerten sich an die unangenehme Situation der in den Haushalt der Schwiegereltern eingeheirateten Braut. Schließlich kamen die Teilnehmer zu dem Schluss, dass das Leben in der Großfamilie für sie nicht erstrebenswert sei, dass

der kontinuierliche Kontakt zu den Kindern zwar wichtig bleibe und einen hohen Stellenwert einnehme, aber die Distanz auch Freiheit mit sich bringe, auf die sie nicht verzichten wollten.

Das biografische Lernen kann dazu beitragen, die eigene Biografie auf dem Hintergrund sozialer und politischer Prozesse zu verstehen und sich damit als Teil der Gesellschaft zu begreifen.

Um dieses Lernziel zu erreichen, müssen die individuellen Beiträge der Teilnehmer in einen gesellschaftlichen und politischen Kontext gebracht werden. Dies geschah während der Wochenendseminare immer wieder, indem persönliche Erfahrungen der Teilnehmer in einem ersten Schritt mit den Erfahrungen anderer Teilnehmer in Beziehung gesetzt und dann auf dem Hintergrund politischer und historischer Entwicklung betrachtet wurden. Flucht und Vertreibung Deutscher aus den ehemaligen Ostgebieten, die Armut der Nachkriegszeit, die Situation der Migranten in ihren Herkunftsländern und ihre Migrationserfahrungen konnten auf diese Weise miteinander in Beziehung gebracht werden und auf dem Hintergrund politischer, wirtschaftlicher und sozialer Entwicklungen in Deutschland und den Herkunftsländern der Migranten beleuchtet werden.

Werbung und Öffentlichkeitsarbeit

Mit der Veröffentlichung eines Plakats, der Fotodokumentation des Projekts und der Einbeziehung von lokaler Presse und Rundfunk wurde während des gesamten Projektverlaufs eine kontinuierliche Öffentlichkeitsarbeit betrieben.

Die Veranstaltungen des Projektstandorts Oberhausen wurden im Durchschnitt zu 53,5 % von deutschen Teilnehmern und zu 46,5 % von immigrierten Teilnehmern besucht (BMFSFJ 2000, S. 75). Aufgrund der Schwerpunktsetzung auf das Thema „Frauen“ waren 66 % der Teilnehmerinnen und Teilnehmer in Oberhausen weiblich (ebenda). Die meisten Teilnehmer hatten ein Alter von 46 bis 65 Jahren (ebenda, S. 76), befanden sich im Ruhestand oder waren arbeitslos (ebenda, S. 79). Lediglich jeder Fünfte übte eine Erwerbstätigkeit aus. Die meisten Migranten lebten länger als 25 Jahre in Deutschland und kamen zum größten Teil aus der Türkei und aus Griechenland (ebenda, S. 76 f.). Weitere Teilnehmer kamen aus Italien, Spanien, Rumänien und dem ehemaligen Jugoslawien. Die Tatsache, dass hauptsächlich Türken und Griechen als Teilnehmer gewonnen werden konnten, ist darauf zurückzuführen, dass hauptamtliche Mitarbeiter und Mitarbeiterinnen dieser Nationalitäten in das Projekt einbezogen waren. In diesem Zusammenhang ist festzuhalten, dass die Teilnehmerwerbung in der interkulturellen Seniorenarbeit sich als überaus zeit- und personalintensiv herausgestellt hat. Diese Feststellung bezieht sich auf die älteren Migranten, zu deren bisherigen Alltagserfahrungen interkulturelle (Bildungs-)Veranstaltungen nicht gehören. Aus diesem Grund müssen Multiplikatorinnen und Multiplikatoren, die das Vertrauen der potenziellen Teilnehmer genießen, in die Zielgruppenwerbung einbezogen werden. Sie können im persönlichen Gespräch zur Teilnahme motivieren. Bessere Bedingungen liegen zweifelsohne dann vor, wenn sich im hauptamtlichen Team Mitarbeiter oder Mitarbeiterinnen mit Migrationserfahrung befinden, die qualifiziert an der Konzeption, Werbung und Durchführung der Veranstaltungen mitwirken können.

Die Bedeutung der persönlichen Ansprache spiegelt sich in den Antworten wider, die Teilnehmer auf die Frage: „Wie haben Sie von der gegenwärtigen Veranstaltung erfahren?“ in einer Teilnehmerbefragung der Forschungsgesellschaft für Gerontologie zu Papier brachten. Demnach wurden 48,3 % von Projektmitarbeitern und -mitarbeiterinnen angesprochen, 24,5 % von Freunden, Bekannten oder Verwandten und 11,6 % wurden auf einer früheren Veranstaltung angesprochen (ebenda, S. 89). Dem Veranstaltungsverzeichnis, Plakaten, Handzetteln sowie Presse und Lokalfunk kommen bei der Teilnehmerwerbung von älteren Migrantinnen und Migranten für Veranstaltungen der interkulturellen Seniorenarbeit eine untergeordnete Bedeutung zu. Sie sind jedoch für die Ansprache von deutschen Teilnehmenden, Multiplikatorinnen und Multiplikatoren, Kooperationspartnern und Presse wichtig und tragen zur Imagebildung der Veranstalter bei. Insbesondere durch das Plakat konnte bei den Teilnehmenden ein Wiedererkennungseffekt erzielt und ein Zugehörigkeitsgefühl geweckt werden, da sie sich mit dem darauf abgebildeten Motiv identifizierten. Interesse für die Veranstaltungen wurde durch das Thema geweckt, wie 68 % der Befragten angaben (ebenda, S. 90). Als weitere Motive für ihre Teilnahme gaben die Befragten Interesse an anderen Kulturen und ihren Wunsch, Menschen anderer Nationalität kennen zu lernen und sich mit ihnen auszutauschen, an (ebenda).

Grenzen und Möglichkeiten interkultureller Erwachsenenbildung mit Älteren

Die Veranstaltungen im Modellprojekt „Deutsche und Ausländer gemeinsam: Aktiv im Alter“ und die darauf aufbauende interkulturelle Seniorenbildungsarbeit haben Möglichkeiten und Grenzen interkultureller Begegnungen älterer Deutscher und Migranten deutlich gemacht. Die Grenzen des Austausches sind dort sehr schnell erreicht, wo eine sprachliche Verständigung überhaupt nicht möglich ist. Der Einsatz von Dolmetschern kann in solchen Situationen sinnvoll sein, stellt aber eine besondere Kommunikationssituation dar, in der der direkte verbale Kontakt und interkulturelle Austausch unter den Teilnehmenden nicht möglich ist. Sprachschwierigkeiten und -hemmnisse sind durch die weiter oben angeführten methodisch-didaktischen Empfehlungen teilweise auszugleichen.

Grenzen werden der interkulturellen Seniorenbildung in besonderem Maße durch die knappen personellen und finanziellen Ressourcen der Bildungseinrichtungen gesetzt. Vielfach scheitert die Arbeit bereits an der Teilnehmerwerbung, die besonders personalintensiv ist, da sie den persönlichen Kontakt zu den Adressaten voraussetzt, um sie für die Teilnahme zu motivieren. Zudem sind die Teilnahmegebühren, z.B. für Wochenendseminare, für die Zielgruppe oftmals zu hoch.

Die interkulturelle Erwachsenenbildung mit Älteren eröffnet allerdings auch zahlreiche Möglichkeiten. Sie bietet älteren Erwachsenen Gelegenheit, sich mit dem Thema der multikulturellen Gesellschaft im interkulturellen Dialog auseinander zu setzen, zumal die meisten sehr wenig Kontakt- und Austauschmöglichkeiten untereinander haben und deshalb für Vorurteile anfälliger sein können. Viele Teilnehmer der Veranstaltungen im Modellprojekt „Deutsche und Ausländer gemeinsam: Aktiv im Alter" erklärten, sie hätten bis zu der Veranstaltung, an der sie teilgenommen hatten, keinen intensiven Kontakt z.B. in Form eines persönlichen Gesprächs mit einem Ausländer bzw. einem Deutschen gehabt. Hieran wird deutlich, wie wichtig es ist, interkulturelle Begegnungsräume für die Zielgruppe der älteren Erwachsenen zu schaffen. Darüber hinaus lernen ältere Migrantinnen und Migranten in den Veranstaltungen die Infrastruktur der deutschen Altenhilfe kennen. Dies ist eine wichtige Voraussetzung dafür, dass sie sie nutzen können.

Die interkulturelle Bildungsarbeit mit älteren Erwachsenen hat zudem gezeigt, dass Deutsche und Migranten im Austausch viele Parallelen zueinander entdecken können, die es ihnen möglich machen, die bestehenden Differenzen auszuhalten bzw. als Bereicherung anzusehen. Deutsche und Migranten können viel voneinander lernen und dabei nicht nur Toleranz dem anderen gegenüber entwickeln, sondern auch Akzeptanz. Diese Akzeptanz begründet sich darin, dass die Teilnehmer erkennen, welche persönlichen Leistungen der andere im Laufe seines Lebens erbracht hat, wie z.B. die Verarbeitung von Krieg, Vertreibung oder Migration, die Erziehung von Kindern unter oftmals sehr schwierigen Bedingungen, die Pflege von Familienangehörigen, Erwerbstätigkeit, Arbeitslosigkeit, Verarbeitung von Verlusten etc. Was die Teilnehmer darüber hinaus stets verbunden hat, ist die Auseinandersetzung mit den weiter oben beschriebenen Schlüsselthemen des Älterwerdens und die Entwicklung von Perspektiven zu einem selbstbestimmten und erfüllten Alter als akzeptiertes und integriertes Mitglied der Gesellschaft.

Literatur

Bade, Klaus: Deutsche im Ausland – Fremde in Deutschland. Migration in Geschichte und Gegenwart. München 1992

Beauftragte der Bundesregierung für Ausländerfragen (Hrsg): Bericht der Beauftragten der Bundesregierung für Ausländerfragen über die Lage der Ausländer in der Bundesrepublik Deutschland. Berlin 2000

Beauftragte der Bundesregierung für Ausländerfragen (Hrsg): Daten und Fakten zur Ausländersituation. Berlin 1999

Beauftragte der Bundesregierung für Ausländerfragen (Hrsg): Heimat: Vom Gastarbeiter zum Bürger. Bonn 1996

Becker, Susanne: Ansätze und Probleme einer Bildungsarbeit mit älteren MigrantInnen. In: IZA 3/1993, S. 61-65

BMA – Bundesministerium für Arbeit und Sozialordnung (Hrsg.): Lebenssituation und spezifische Problemlage älterer ausländische Einwohner in der Bundesrepublik Deutschland. Bonn 1992

BMFSFJ – Bundesministerium für Familie, Senioren, Frauen und Jugend: Ältere Ausländer und Ausländerinnen in Deutschland. Abschlussbericht zur wissenschaftlichen Begleitung der Modellprojekte: „Adentro! Spanisch sprechende Seniorinnen und Senioren mischen sich ein“ und „Deutsche und Ausländer gemeinsam: Aktiv im Alter“. Band 175.1. Stuttgart/Berlin/Köln 2000

Bungert-Willi, Silke/Kallinikidou, Desbina/Stimm-Armingeon, Birgit: Blick über den Tellerrand. Portraits und Rezepte aus zwölf Ländern. Oberhausen 1999

Buschmeyer, Hermann: Einleitung. In: Buschmeyer, Hermann/Behrens-Cobet, Heidi (bearb.): Biographisches Lernen. Erfahrungen und Reflexionen. Soest 1990, S. 7-13

Buschmeyer, Hermann: Biographisches Lernen als intentionale politische Bildung. In: Forschungsinstitut für Arbeiterbildung (Hrsg.): Jahrbuch „Arbeit – Bildung – Kultur“ Band 10. Recklinghausen 1992, S. 61-75

Collatz, Jürgen/Kürsat-Ahlers, Erçin/Korporal, Johannes (Hrsg.): Gesundheit für alle: Die medizinische Versorgung türkischer Familien in der Bundesrepublik. Hamburg 1985

Delidimimitriou-Tsakmaki, Eleni: I apofasi pou den parthike. Athen 1994

Delidimimitriou-Tsakmaki, Eleni: Vierzig Jahre Migration. In: Eideneier, Niki/Kallifatidou, Sophia (Hrsg.): Altwerden ist ein köstlich Ding ...? – Altwerden in der Fremde. Köln 2000, S. 175-183

Deutsches Rotes Kreuz, Generalsekretariat (Hrsg.): Ältere Migranten. Nottuln 1991

Diakonisches Werk der Evangelischen Kirche in Deutschland (Hrsg.): Alte Migranten ... einst angeworben, jetzt alt geworden. Stuttgart 1994

Dietzel-Papakyriakou, Maria: Ältere Ausländer in der Bundesrepublik Deutschland. Zwischen Ausländersozialarbeit und Altenhilfe. In: IZA 3/1993, S. 43-53

Dietzel-Papakyriakou, Maria: Eine Gerontologie der Migration? In: Informationen zur Ausländerarbeit 2/1988, S. 42-45

Dohse, Knuth: Ausländische Arbeiter und bürgerlicher Staat. Königstein/Ts. 1981

Fischer, Veronika/Kallinikidou, Desbina: Fremdheit entsteht durch Nähe – Nähe schafft Vertrauen. In: kursiv. Journal für politische Bildung 1/2000, S. 18-21

Fischer, Veronika: Interkulturelle Altersbildung. Ein Überblick. In: Bundesarbeitskreis Arbeit und Leben (Hrsg.): Deutsche und Ausländer gemeinsam: Aktiv im Alter. Ein interkulturelles Bildungs- und Begegnungsprojekt. Düsseldorf 1997, S. 15-34

Hammer, Eckart: Altenarbeit (auch) mit Ausländern. In: IZA 3/4/1994, S. 120-123

Hirschmann, Kathrin/Kallinikidou, Desbina/Lautenschläger, Gaby: Ein Seminarangebot für Frauen in Ost und West. In: Bundesarbeitskreis Arbeit und Leben (Hrsg.): Deutsche und Ausländer gemeinsam: Aktiv im Alter. Ein interkulturelles Bildungs- und Begegnungsprojekt. Düsseldorf 1997, S. 71-79

Kallinikidou, Desbina: Erfahrungen aus acht interkulturellen Wochenendseminaren. In: Bundesarbeitskreis Arbeit und Leben (Hrsg.): Deutsche und Ausländer gemeinsam: Aktiv im Alter. Ein interkulturelles Bildungs- und Begegnungsprojekt. Düsseldorf 1997, S. 51-70

MAGS – Ministerium für Arbeit, Gesundheit und Soziales des Landes Nordrhein-Westfalen (Hrsg.): Ältere Menschen in Nordrhein-Westfalen. Gutachten zur Lage der älteren Menschen und zur Altenpolitik in NRW. Düsseldorf 1989

MASSKS – Ministerium für Arbeit, Soziales, Stadtentwicklung, Kultur und Sport des Landes Nordrhein-Westfalen (Hrsg.): Selbstorganisationen von Migrantinnen und Migranten in NRW. Wissenschaftliche Bestandsaufnahme. Düsseldorf 1999

Meier-Braun, Karl-Heinz: 40 Jahre „Gastarbeiter“ und Ausländerpolitik in Deutschland. In: Aus Politik und Zeitgeschichte B 35/1995, S. 14-22

Nestmann, Frank/Niepel, Thomas: Beratung von Migranten. Neue Wege der psychosozialen Versorgung. Hrsg. v. der Robert-Bosch-Stiftung. Berlin 1993, S. 21-41

Schuleri-Hartje, Ulla-Kristina unter Mitarbeit von Hans-Georg Just: Migranten im Alter. Möglichkeiten kommunaler Altenhilfe. Berlin 1994

Schulte, Axel: Zur spezifischen Lebenssituation älterer Migranten in der Bundesrepublik Deutschland – Ein problematisierender Überblick. In: IZA 3/1993, S. 26-42

Thränhardt, Dietrich: Integrationsprozesse in der Bundesrepublik Deutschland – Institutionelle und soziale Rahmenbedingungen. In: Forschungsinstitut der Friedrich-Ebert-Stiftung, Abt. Arbeit und Sozialpolitik (Hrsg.): Integration und Integrationsförderung in der Einwanderungsgesellschaft. Bonn 1999, S. 13-45

Zentrum für Türkeistudien (Hrsg.): Ältere Migranten in Deutschland. Münster 1999

Kapitel VI

Rahmenbedingungen zur Durchführung interkultureller Bildungsarbeit

Desbina Kallinikidou

Checklisten zur Planung und Teilnehmerwerbung

Auf den folgenden Checklisten sind Fragen aufgeführt, die in Zusammenhang mit der Planung und Teilnehmerwerbung für interessen- und bedürfnisorientierte interkulturelle Veranstaltungen mit Erwachsenen relevant sind. Nach unseren Erfahrungen stellt insbesondere die Teilnehmerwerbung besondere Erfordernisse an die hierfür Verantwortlichen. Mangelnder Erfolg bei der Teilnehmerwerbung frustiert Interessierte und Veranstalter insbesondere dann, wenn von den Veranstaltern große Anstrengungen zur Planung und Organisation eines als sinnvoll und attraktiv angesehenen Angebots unternommen wurden und die erwartete Resonanz ausbleibt. Gleichzeitig sinkt als Folge der mangelnden Nachfrage die Bereitschaft der beteiligten Organisationen, zukünftig Ressourcen in interkulturelle Veranstaltungen zu investieren, was wiederum dazu führt, dass die interkulturelle Arbeit der Organisation nicht aufgebaut werden kann.

Die auf den folgenden Listen aufgeführten Fragen müssen nicht bei allen Veranstaltungen vollständig berücksichtigt werden. Viele von ihnen werden in der Praxis selbstverständlich beachtet – manche werden vernachlässigt oder können, u.a. aufgrund von fehlenden Erfahrungen nicht im Vorfeld einer geplanten Veranstaltung beantwortet werden. Hier gilt es, durch kontinuierliche langjährige Arbeit Strukturen und Kontakte aufzubauen und Erfahrungen zu machen, die die Arbeit leichter machen.

A. Planung

I. Inhaltliche Planung

1. Welches Thema möchte ich bearbeiten?

- Welche Themen interessieren die Zielgruppe?
- Habe ich durch Teilnehmerbefragung, Multiplikatorenbefragung oder Beratung Hinweise auf Interessen der Zielgruppe bekommen?
- Gibt es Themen, die von meiner Zielgruppe konkret angefragt werden?
- Welche Themen halte ich für sinnvoll?
- Welche Themen passen zum Profil meiner Einrichtung?

2. An welche Zielgruppe wende ich mich?

- Wie alt sind die Mitglieder meiner Zielgruppe?
- Welches Geschlecht haben die Mitglieder der Zielgruppe?
- Wie hoch ist das Einkommen meiner Zielgruppe?

- Aus welchen Kulturen kommen die Mitglieder der Zielgruppe?
- Sind die potenziellen Teilnehmer bildungsgewohnt oder -ungewohnt?
- Wie ist ihre Sprachfertigkeit?
- Welche Motivation haben sie für die Teilnahme?
- Haben sie bereits an Veranstaltungen meiner Einrichtung teilgenommen?
- Habe ich persönlichen Kontakt zu ihnen?

3. Welches Konzept lege ich zugrunde?
- Welche inhaltlichen Ziele verfolge ich?
- Welcher Veranstaltungstyp ist für das Thema und die Zielgruppe sinnvoll?
- Wie ist der zeitliche Rahmen?
- Welche Methoden sollen angewandt werden?

II. Organisatorische Planung

1. Wer soll die Veranstaltung durchführen?
- Habe ich kompetente und interkulturell qualifizierte Seminarleiter/-leiterinnen, Referenten/Referentinnen?
- Kann das Seminarteam multikulturell zusammengesetzt werden?
- Wie kann ich geschlechterbezogene Aspekte in der Teamzusammensetzung berücksichtigen?
- Brauche ich Dolmetscher?

2. Wann soll die Veranstaltung angeboten werden und wie lange?
- Handelt es sich bei der Zielgruppe um Berufstätige mit besonderen Anforderungen, wie z.B. Schichtarbeiter oder Selbstständige?
- Oder handelt es sich um Zielgruppen, die ihre Zeit flexibel einteilen können, wie Hausfrauen, Ruheständler oder Erwerbslose?
- Wie viel Zeit ist meine Zielgruppe bereit, in die Veranstaltung zu investieren?
- Gibt es kulturspezifische Tage und Zeiten, wie z.B. Fastenzeiten und Feiertage, an denen die Zielgruppe nicht bereit ist teilzunehmen?
- Wie kann ich ein für meine Zielgruppe angemessenes Verhältnis von Zeit- und Geldaufwand erreichen?

3. Welcher Ort ist für die Durchführung der Veranstaltung sinnvoll?
- Welche Räume habe ich zur Verfügung?
- Ist Verpflegung oder Übernachtung der Teilnehmer erforderlich?
- Ist es sinnvoll, die Veranstaltung in den Räumen der eigenen Einrichtung durchzuführen?
- Hat meine Zielgruppe einen Treffpunkt, wo die Veranstaltung sinnvollerweise durchgeführt werden könnte?
- Gibt es einen Veranstaltungsort, der einen interessanten Bezug zum Thema bzw. der Zielgruppe hat?

- Wie mobil ist die jeweilige Zielgruppe?

4. Welche finanziellen Ressourcen brauche ich?
- Reichen meine regulären Mittel zur Durchführung der Veranstaltung aus?
- Welche finanziellen Mittel kann meine Zielgruppe einbringen?
- Gibt es besondere Fördermöglichkeiten für die Veranstaltung?
- Kann ich einen Kooperationspartner gewinnen, der zusätzliche Mittel einbringt?
- Gibt es mögliche Sponsoren für die Veranstaltung?

5. Welche materiellen Ressourcen brauche ich?
- Reichen die mir zur Verfügung stehenden Materialien, Geräte, Unterrichtsmittel aus?
- Habe ich einen Kooperationspartner, der die fehlenden sachlichen Mittel einbringen könnte?
- Gibt es mögliche Sponsoren, die Materialien oder Geräte sponsern oder verleihen können?

6. Handelt es sich um eine Zielgruppe mit speziellen Anforderungen?
- Ist eine Kinderbetreuung für die Durchführung der Veranstaltung erforderlich?
- Sind Behinderte unter den Teilnehmern?
- Gibt es kulturelle oder religiöse Anforderungen, die ich beachten muss, wie z.B. Verpflegung ohne Schweinefleisch für Muslime?
- Sind unter den Teilnehmern durch Vertreibung, Folter und Flucht besonders traumatisierte Menschen?

B. Teilnehmerwerbung

Voraussetzung für eine erfolgreiche Teilnehmerwerbung ist ein attraktives Angebot, das sich an den Bedürfnissen derTeilnehmer orientiert! Das heißt, dass die o.g. Punkte sorgfältig abgewogen sein müssen, bevor ich mit der Teilnehmerwerbung beginnen kann. Dabei stehen folgende Fragen im Vordergrund:
- Für wen ist mein Angebot interessant?
- Wie kann ich die Zielgruppe über mein Angebot informieren?

I. Schriftliche Information

1. über Handzettel
- An welchen Orten erreichen meine Handzettel die Zielgruppe?
- Gibt es Multiplikatoren, die bereit sind, meine Handzettel weiterzuleiten?

2. mit einer Pressemitteilung
- Welche Zeitungen, Veranstaltungs- und Programmblätter liest die Zielgruppe?

3. durch ein persönliches Anschreiben
- Habe ich eine aktuelle Adressenliste?

- Stehen mir die finanziellen und personellen Mittel für ein persönliches Anschreiben zur Verfügung?

In vielen Kulturen hat die schriftliche Ansprache einen geringeren Stellenwert als die persönliche Ansprache. Hinzu kommt die Tatsache, dass insbesondere viele ältere Migranten die deutsche Schriftsprache nicht beherrschen. Ein Anschreiben oder Handzettel in der Muttersprache der Zielgruppen können die persönliche Ansprache unterstützen, ersetzen sie aber nicht.

II. Persönliche Ansprache

1. telefonisch

- Habe ich zur Zielgruppe einen so persönlichen Kontakt, dass ich sie telefonisch ansprechen kann?
- Stehen mir die hierzu erforderlichen finanziellen und personellen Ressourcen zur Verfügung?

2. durch Hausbesuche

- Habe ich einen so persönlichen Kontakt zur Zielgruppe, dass ich sie durch Hausbesuche werben kann?
- Gibt es eine Person oder mehrere, die das Vertrauen der Zielgruppe haben und deshalb geeignet sind, mögliche Teilnehmer bei Hausbesuchen anzusprechen?

3. in bereits existierenden Gruppen/Kursen

- In welchen bereits existierenden Gruppen oder Kursen, wie z.B. Treffpunkte von Migranten, Deutschkurse oder andere Sprachkurse, befinden sich Teilnehmer, die zu meiner Zielgruppe gehören und Interesse an der Veranstaltung haben könnten?
- Wie kann ich Kontakt zu diesen Gruppen bekommen, um dort mein Angebot zu unterbreiten?

4. mit Hilfe von Multiplikatorinnen/Multiplikatoren

- Existiert ein Netz von Multiplikatorinnen und Multiplikatoren, die ich mit Informationen versorgen kann, die diese an die Zielgruppe weiterleiten?
- Wen kann ich als Multiplikatorin oder Multiplikator gewinnen?
- Was kann ich den Multiplikatorinnen und Multiplikatoren anbieten?

5. über Bezugspersonen

- Gibt es Bezugspersonen, die ich in die Teilnehmerwerbung einbinden kann, wie z.B. Freunde, Bekannte, Verwandte, Nachbarn, Lehrer, Ausbilder, Berater?

III. Kooperation zum Zweck der Teilnehmerwerbung

Kooperationen werden geschlossen, um die finanziellen, personellen und materiellen Ressourcen der Kooperationspartner zu bündeln und damit ihren Aktionsradius zu vergrößern (s. hierzu Kapitel 6, „Netzwerk als Instrument ...“).

Aber auch in Fällen, in denen die finanziellen, personellen und materiellen Mittel zur Durchführung einer interkulturellen Veranstaltung durch einen Veranstalter allein zur Verfügung gestellt werden können, ist eine Kooperation zum Zweck der Teilnehmerwerbung sinnvoll.

Dabei stellen sich folgende Fragen:

1. Welche Einrichtung, welcher Verein hat Zugang zur Zielgruppe?
- Ist es eine Bildungs- oder Beratungseinrichtung?
- Ist es eine Migrantenselbstorganisation?
- Wer ist der Träger?
- Wie sind die Strukturen der Einrichtung?
- Welche Zielgruppe hat die Einrichtung?
- Welche Ziele hat die Einrichtung?
- Sind hauptamtliche, nebenamtliche oder ehrenamtliche Ansprechpartner unter den möglichen Kooperationspartnern?

2. Welches gemeinsame Interesse bildet die Grundlage für die Kooperation?
- Welches verbandspolitische und/oder persönliche Interesse habe ich, mit dieser Einrichtung und den dort zuständigen Personen zu kooperieren?
- Welches Interesse hat die für eine Kooperation zur Diskussion stehende Einrichtung, mit mir und meiner Einrichtung zu kooperieren?
- Wie kann ich den möglichen Kooperationspartner von einem gemeinsamen Interesse überzeugen?

3. Wie kann ich die Kooperation nach außen deutlich machen?
- Sind die Logos und Adressen aller Kooperationspartner auf Plakaten, Handzetteln etc. deutlich erkennbar?
- Wird die Kooperation in verbandsinternen Diskussionen und Berichten, wie z.B. Geschäftsberichten, deutlich?
- Werden in Pressemitteilungen alle Kooperationspartner genannt?
- Wird zu Beginn der Veranstaltung auf die Kooperation hingewiesen?

4. Wie kann ich die Risiken, die mit Kooperationen verbunden sind, minimieren?
- Habe ich klare und verbindliche Vereinbarungen mit dem richtigen Ansprechpartner getroffen?
- Sind die Aufgaben der Kooperationspartner und die von ihnen einzubringenden Ressourcen konkret benannt?
- Ist eine schriftliche Fixierung der Vereinbarungen in Form eines Kooperationsvertrags notwendig, um z.B. die Gefahr der Doppelfinanzierung mit allen rechtlichen Konsequenzen auszuschließen?
- Ist die Frage von Ausfallkosten und Stornogebühren geklärt?

Veronika Fischer

Fortbildung und Vernetzung

Ein Kompetenzprofil für die Arbeit mit multikulturellen Gruppen in Institutionen der Erwachsenenbildung

Zunächst einmal ist kritisch anzumerken, dass es im Bereich der Erwachsenenbildung kaum Fortbildungen gibt, die pädagogische Mitarbeiter und Mitarbeiterinnen auf die Situation der Erwachsenenbildung in der Einwanderungsgesellschaft vorbereiten. Darüber hinaus existieren nur wenige Publikationen, die sich mit Fragen einer interkulturellen Andragogik beschäftigen, aus denen Interessierte Informationen über dieses doch relativ neue Feld der praktischen Arbeit ziehen könnten. Hinzu kommen Mitteleinsparungen, die die Einrichtungen der Erwachsenenbildung zur Reduktion ihres Programms oder zu Gebührenerhöhungen veranlasst haben und die Verantwortlichen vor der Werbung neuer Zielgruppen und der Erprobung neuer Angebotsformen eher zurückschrecken lassen. Zugleich lassen sich Widerstände beim hauptberuflichen Personal feststellen, sich auf ein unbekanntes, eher arbeitsintensives Gebiet einzulassen. An diesem Punkt „beißt sich die Katze in den Schwanz", denn der Mangel an Fortbildungen wird häufig mit dem Hinweis abgetan, dass es zu wenig Migrant/-innen in den Veranstaltungen der Weiterbildung gebe und der Aufwand systematischer Fortbildung daher nicht lohne. Dass es aber gerade deshalb einer Fortbildungsoffensive und interkulturellen Öffnung der Erwachsenenbildung bedarf, um den bildungspolitischen Erfordernissen einer Einwanderungsgesellschaft und dem demokratischen Postulat einer gleichberechtigten Weiterbildungspartizipation gerecht zu werden, hat sich als Einsicht noch nicht durchgesetzt.

Daraus wird ersichtlich, dass es letztlich politische Entscheidungen sind, die auf unterschiedlichen Ebenen gefällt werden müssten, die die interkulturelle Öffnung des Weiterbildungsbereichs vorantreiben könnten. Dazu gehört auf Bundesebene ein schlüssiges Förderkonzept im Rahmen einer entsprechenden Einwanderungspolitik (z.B. eine Ausweitung und ein neuer Zuschnitt der Sprachförderung oder die verstärkte Förderung beruflicher Fortbildung und Umschulung), auf Landesebene eine entsprechende Zuschusspolitik auf der Grundlage der Weiterbildungsgesetzgebung sowie die Unterstützung der für Weiterbildung zuständigen Landesinstitute und auf kommunaler Ebene die Umsetzung kultur- und bildungspolitischer Konzepte, die die Integration von Migranten in die Erwachsenenbildungseinrichtungen erleichtern sollten. Damit soll jedoch nicht ausschließlich einer

„top-down-Strategie" das Wort geredet werden. Gleichzeitig gilt es natürlich, Initiativen zu fördern, die aus den Einrichtungen selber kommen und im Sinne einer „bottom-up-Stoßrichtung" die Möglichkeiten der einzelnen Einrichtungen für die interkulturelle Öffnung ausschöpfen sollten.

Mit diesen Ausführungen wollen wir lediglich auf die sozialökologische Eingebundenheit eines Konzepts zur interkulturellen Qualifizierung pädagogischen Personals hinweisen, was impliziert, dass es mit einem sporadischen Angebot „Interkultureller Kompetenztrainings" nicht getan ist, zumal diese Art von Angeboten nur von einigen wenigen Gutwilligen genutzt werden. Die o.a. Fortbildungsoffensive hat nur dann weitreichende und nachhaltige Wirkung, wenn sie über das Mikrosystem der einzelnen Organisation hinausgeht und sowohl das Mesosystem kommunal- und landespolitischer Institutionen als auch die gesellschaftspolitische Makroebene einbezieht, die ihrerseits nicht mehr nur nationalstaatlich organisiert ist, sondern in transnationale Verbünde (wie die Europäische Union) integriert ist.

Im Folgenden wollen wir uns allerdings auf die Ebene der Institution und das Kompetenzprofil des pädagogischen Personals beschränken.

I. Interkulturelle Öffnung der Institutionen

Bereits Mitte der 90er-Jahre wurden Empfehlungen für den Ausbau interkultureller Weiterbildung ausgesprochen, die aus einer Befragung von Weiterbildungseinrichtungen in Nordrhein-Westfalen resultierten und hiermit nochmals in Erinnerung gerufen werden:

„Veranstaltungen interkulturellen Lernens werden häufig noch ausschließlich von denjenigen Fachbereichen angeboten, die spezielle Veranstaltungen von Migranten organisieren, und sind dann eine Ergänzung der Migrantenweiterbildung. Interkulturelles Lernen sollte sich zukünftig jedoch zu einer Querschnittsaufgabe aller Fachbereiche einer Erwachsenenbildungseinrichtung entwickeln.

Migranten sind in der (interkulturellen) Weiterbildung nach wie vor unterrepräsentiert. Damit noch mehr Migranten als bisher Angebote der Weiterbildung wahrnehmen, ist es nach wie vor wichtig, wohngebietsbezogene Angebote zu vermehren, die üblichen Methoden der Werbung (z.B. Programmheft, Presseankündigungen) zu erweitern (z.B. persönliche Ansprache von Migranten, Werbung über Multiplikatoren anderer Institutionen, Vereine und Initiativen, mehrsprachige Handzettel und Aushänge an Treffpunkten von Migranten), Kinderbetreuung zu gewährleisten und, vielleicht am wichtigsten, Migranten auch als Kursleiter/-innen und als Hauptberufliche vermehrt in das Personal einer Weiterbildungseinrichtung zu integrieren.

Des Weiteren sollte interkulturelles Lernen quasi als didaktisches Prinzip in jeder Veranstaltung Berücksichtigung finden, wo Einheimische und Migranten miteinander und voneinander lernen.

Netzwerke zur Überwindung von Fremdenfeindlichkeit und Gewalt und zur Initiierung und Durchführung interkultureller Lernprozesse sollten in Zukunft verstärkt werden, denn oftmals sind die Maßnahmen und Veranstaltungen in diesem Themenbereich weder lokal noch regional aufeinander abgestimmt und verhindern damit häufig den gewünschten Erfolg" (Fischer/Schneider-Wohlfart 1996, S. 22).

Bei näherer Betrachtung dieses Forderungskatalogs ergeben sich im Hinblick auf die Qualifikation und das kompetente Handeln des pädagogischen Personals eine Reihe von unterschiedlichen Konsequenzen. Mitarbeiter/-innen im Bereich der Weiterbildung bedürfen zur Durchführung der oben beschriebenen Aufgaben Fähigkeiten zur Organisationsentwicklung und sozialpädagogischer Kompetenzen.

Wissen und Fähigkeiten im Bereich der Organisationsentwicklung
Wenn interkulturelle Weiterbildung zur Querschnittsaufgabe und aus ihrer Randlage innerhalb der Institution herausgelöst werden soll, bedarf es einer Veränderung der Organisationsstruktur und -kultur unter dem Stichwort „managing diversity".

Um diesen Umdenkungsprozess im Team einzuleiten, müssen die Verantwortlichen in der Lage sein, Abstimmungs- und Entscheidungsprozesse zu moderieren und Konflikte zu schlichten. Sie müssen gegebenenfalls mit einem spannungsgeladenen Diskussionsprozess rechnen, in dem alte Privilegien, Pfründe und Positionen verteidigt werden, innere Widerstände, Vorurteile und Ressentiments gegenüber Fremden zur Sprache kommen und zu Konflikten führen. Dieser Prozess einer inneren Abstimmung im Team und Neubestimmung der Ziele, Programmstruktur und Arbeitsweise ist Voraussetzung dafür, dass sich die Organisation in ihrem Gesamtgefüge verändert und neu positioniert. Dazu gehört u.a. auch die Formulierung neuer Leitlinien (z.B. ein Antidiskriminierungsgebot) und ein Qualitätsmanagement, das u.a. unter dem Gesichtspunkt der interkulturellen Öffnung vorgenommen werden sollte (z.B. veränderte Personalpolitik im Hinblick auf die Einstellung muttersprachlichen Personals). Die von Hinz-Rommel (1998, S. 15 ff.) für die Soziale Arbeit formulierten Qualitätskriterien lassen sich auch in modifizierter Form auf die Erwachsenenbildung übertragen:

1. Transparenz und Zugänglichkeit

Vielen Migranten sind die Einrichtungen der Erwachsenenbildung aus ihren Herkunftsländern unbekannt oder sie sind bisher nicht auf entsprechende Bildungsstätten im deutschen Raum aufmerksam gemacht worden, zumal die meisten Einrichtungen immer noch mittelschichtorientiert arbeiten und die nicht-deutsche Klientel gar nicht erreichen. Insofern sollte sich eine Institution durch Öffentlichkeitsarbeit, Information und Beratung bei der Zielgruppe bekannt machen, um den immer noch niedrigen Anteil nicht-deutscher Nutzer zu erhöhen. Dazu gehören auch muttersprachliche Informationszettel und muttersprachliches Personal, das sozusagen als Türöffner für die Klientel fungiert. Stadtteilorientierung und der Einbezug der ethnischen Infrastruktur (Ansprache von Multiplikatoren, Nutzung von Vereinsräumen etc.) erhöhen die Chance, Migranten zu erreichen. Die Einrichtung sollte auch durch ihr äußeres Erscheinungsbild in der Öffentlichkeit signalisieren, dass sie für deutsche und nicht-deutsche Nutzer offen steht (Plakate, Fotos, Gegenstände aus der Alltagskultur verschiedener Länder etc.).

2. Partizipation

Volkshochschulsatzungen (z.B. in Nordrhein-Westfalen) sehen in allen Veranstaltungen die Wahl von Kurssprechern/-innen und die Interessensvertretung in Gremien (z.B. VHS-Versammlung) vor. Vielfach gibt es auch Zeitungen oder Lokalfunkgruppen, die Mitbestimmungsmöglichkeiten und die Einflussnahme auf das Programm der Einrichtung ermöglichen. Auch in diesen Zusammenhängen sollten die Mitarbeiter/-innen darauf achten, dass nach und nach mehr Migranten in diese Funktionen einbezogen werden. Partizipation der Teilnehmenden bezieht sich allerdings nicht nur auf die Organisationsebene, sondern sollte auch bei der Ziel- und Themenfindung sowie bei den Arbeitsformen in den Kursen, Gesprächs- und Arbeitskreisen realisiert werden (didaktische Ebene).

3. Abgestimmtheit, Kooperation und Vernetzung

Nicht nur nach innen, sondern auch nach außen sollte ein interkulturelles Programm abgestimmt werden, damit unnötige Doppelungen vermieden, aber auch Synergie-Effekte erzielt werden können. Kontakte zu anderen Weiterbildungsträgern und sozialen Diensten, runde Tische und Netzwerke ebnen den Weg zu einem koordinierten Vorgehen (siehe auch Netzwerkarbeit im folgenden Kapitel).

4. Normalität

Die Arbeit mit Migranten sollte für alle Mitarbeiter und Mitarbeiterinnen einer Einrichtung zum Regelfall werden und die Normalität des Arbeitsalltags ausmachen, wodurch auch vermieden wird, dass die Betroffenen in eine Art exotischen Randbereich der Institution abgedrängt werden. Je mehr die „Fremden“ zur Sondergruppe stilisiert werden, desto eher besteht die Gefahr einer Sonderbehandlung, die ihre Klienten rasch zu Objekten einer kompensatorischen und kolonialisierenden Pädagogik werden lässt.

5. Konzept interkultureller Erwachsenenbildung

Kompetentes Handeln kommt auf der didaktischen Ebene nicht ohne ein Konzept interkultureller Erwachsenenbildung aus, das Themen, Angebotsformen und

Methoden umfasst. Das impliziert auch eine entsprechende Haltung des pädagogischen Personals, das die personenzentrierten Kriterien Kongruenz, Akzeptanz und Empathie einschließt.
Hat eine Institution einen Katalog vergleichbarer Kriterien aufgestellt, gilt es für die Zukunft, durch regelmäßige Überprüfung die einmal gesetzten Standards im Sinne einer Qualitätssicherung zu kontrollieren:
- Dazu gehört u.a. die Umsetzung der Globalziele in mittel- und kurzfristig zu erreichende Teilziele;
- die Überprüfung der Angemessenheit des Methodenrepertoires;
- die Führung von Teilnehmerstatistiken zur Entschlüsselung der Anteile, Zusammensetzung und proportionalen Veränderung der Gruppe der nichtdeutschen Nutzer der Einrichtung, Untersuchungen zum Nachfrageverhalten der Nutzer;
- Selbstevaluation des Mitarbeiterstabs und
- in größeren Abständen Fremdevaluation durch externe Berater.

II. Kompetenzprofil des Personals

Hinz-Rommel definiert „interkulturelle Kompetenz" als die Fähigkeit, „angemessen und erfolgreich in einer fremdkulturellen Umgebung oder mit Angehörigen anderer Kulturen zu kommunizieren". Dabei lässt die Definition unbeantwortet, was denn nun erfolgreich heißt und wer letztlich die Definitionsmacht hat. Sind es die Akteure der Interaktion, die dies frei aushandeln können? Die Kritik an interaktionistischen Theorien hat in der Vergangenheit deutlich gemacht, dass die Individuen, die so in Beziehung zueinander treten, letztlich in Rollen eingebunden sind. Zumindest die Pädagogen/Pädagoginnen haben auch die Interessen ihrer Einrichtungen und Träger zu vertreten. Sie haben sich daher zu vergegenwärtigen, dass die Interaktion zu den Weiterbildungsteilnehmern an vielen Punkten asymmetrisch, d.h. durch ungleichgewichtige Machtverhältnisse bestimmt ist: Wenn sie zum Beispiel Gebühren einnehmen oder bei Geringerverdienenden Gebühren ermäßigen, Teilnehmende auf Wartelisten setzen oder Flüchtlinge von bestimmten Angeboten ausschließen (z.B. die Kurse des Sprachverbands, deren Förderrichtlinien auf Teilnehmergruppen abgestimmt sind, die aus den ehemaligen Anwerbeländern stammen). Diese kurze Erläuterung sei vorausgeschickt, weil sie den pädagogisch Handelnden eine reflexive Kompetenz abverlangt, die sie in die Lage versetzt, ihre Tätigkeit auch immer in einen institutionellen und gesellschaftspolitischen Kontext eingebettet zu sehen. Als erste Qualifikationsanforderung möchte ich daher bestimmte kognitive Kompetenzen hervorheben.

1. Kenntnisse über Migrationsprozesse und die Strukturen der Einwanderungsgesellschaft

Um die eigene Rolle und die der Migranten im gesellschaftlichen Gefüge der Bundesrepublik Deutschland kritisch verorten zu können, bedarf es u.a. profunder ökonomischer, politischer, rechtlicher Kenntnisse. Sowohl grundlegende Kenntnisse über Migration und die Multikulturalität der Gesellschaft als auch immer wieder zu aktualisierende Informationen über Zuwanderung sind vonnöten.

In diesem Zusammenhang kann es förderlich sein, ein soziokulturelles Hintergrundwissen über den spezifischen Migrationskontext der Gruppenmitglieder zu haben. Darunter darf man sich allerdings nicht eine Art Baukasten mit länderkundlichen Informationen vorstellen, aus dem je nach Bedarf Pauschalerklärungen gezogen werden können. Abgesehen davon, dass allein die in einer Gruppe vertretene Vielzahl von Nationalitäten und Kulturen ein umfassendes Studium der jeweiligen Länderkunde erschwert, ist es naiv zu meinen, ein Grundlagenwissen über die Türkei, Griechenland, Marokko oder andere Herkunftsländer der Migranten reiche aus, um Rückschlüsse auf das Leben der Betroffenen zu ziehen. Dazu sind Sozialisationsverläufe zu verschlungen und zu komplex, als dass sie mit einer länderkundlichen Schablone zu erfassen wären. Allein bei den unterschiedlichen Auslegungen religiöser Werte und Normen treten individuelle bzw. gruppenspezifische Differenzen deutlich hervor. So gibt erst die Rekonstruktion des individuellen Migrationsverlaufs, der Sozialisation im Herkunfts- bzw. im Aufnahmeland Aufschluss über die Betroffenen. Dabei können länderkundliche Informationen zusätzliche Hilfestellungen bieten, dürfen aber den Gruppenmitgliedern nicht einfach übergestülpt werden. Nicht die Gruppenleitung darf sich als Expert/Expertin der Migrationsprozesse aufspielen, sondern allein die Betroffenen sind Experte/-innen ihrer Migrationsgeschichte. Hier bieten gerade Ansätze biografischen Lernens hervorragende Möglichkeiten, individuelle Lebensläufe auf der Folie allgemeiner Kenntnisse interpretieren zu lernen.

2. Selbstreflexive Haltung gegenüber dem Eigenen und dem Fremden

Die wichtigste Voraussetzung im interkulturellen Dialog ist die Akzeptanz der eigenen Fremdheitsgefühle. Das gilt sowohl für die Teilnehmenden einer Gruppe als auch für deren Leitung. Solche Gefühle stellen sich zunächst spontan ein, und den meisten sind sie von Reisen bekannt, wo sie die Erfahrung gemacht haben, dass die Art der Kontaktaufnahme, das Aufeinander-Zugehen, die körperliche Berührung oder der Abstand voneinander mit Befremden oder Wohlwollen verbunden war. Der französische Analytiker Rouchy vertritt in diesem Zusammenhang folgende Auffassung: Die „physischen, körperlichen und somatischen Dimensionen der kulturellen Besetzung dieser Sinne: Sehen, Riechen, Berühren, Stimme und ihre Modulation, der Stil des Lauschens und Hörens, die Gesten und die Nachahmung, die Phantasien über die erogenen Zonen konstituieren sich in jeder Bezugsgruppe als eine gemeinsam geteilte kulturelle Basis. Das sind die kulturellen Verinnerlichungen, die unbewusst wie Automatismen funktionieren und zu vergleichbaren Interaktionen führen" (Rouchy 1987, zit. in Le Roy 1993, S. 35).

Vertreter der Gruppenanalyse gehen davon aus, dass wir uns bei der Begegnung mit Menschen anderer kultureller Herkunft erst der unbewussten Gruppenrepräsentanzen bewusst werden, die auf gemeinsamen kulturellen Erfahrungen basieren (Le Roy 1993, S. 35). Folgt man psychoanalytischen Erklärungsansätzen, so gehen solche fundamentalen Erfahrungen auf die Mutter-Kind-Interaktion und den interpersonellen Austausch in der Familie zurück. In den ersten Lebensmonaten werden über Verhaltensweisen, Essmanieren, Lebensrhythmen, körperliche Nähe bzw. Distanz kulturelle Signale vermittelt und verinnerlicht, die bestimmte kulturelle Gemeinsamkeiten konstituieren. Diese Gemeinsamkeiten sind den meisten Menschen nicht bewusst, sie werden erst in der Konfrontation mit Menschen anderer Kulturen sichtbar (ebenda, S. 36).

Es erscheint mir durchaus sinnvoll, diesen Ansatz für die Dozentenfortbildung fruchtbar zu machen. Auf Basis eines solchen Erklärungsansatzes gelten Fremdheitsgefühle zunächst als etwas Normales, das wir zulassen und eben nicht – vor dem Hintergrund einer political correctness – verdrängen dürfen. Erst in der Auseinandersetzung mit den unbewussten Anteilen unserer Differenzerfahrung lernen wir die affektiven Reaktionsformen von den kognitiven Bewältigungs- und Rechtfertigungsmustern zu unterscheiden. Auf diese Art und Weise kommen wir schließlich den eigenen Deutungsmustern auf die Spur, mit denen wir unsere Wahrnehmungen ordnen, Eigenes von Fremdem unterscheiden, um in eine Vielzahl verwirrender Eindrücke Sinn zu bringen. In diesem Prozess nehmen wir quasi einen Beobachterstatus ein, indem wir innerlich Abstand von bisher unverrückbaren Selbstverständlichkeiten nehmen und die Entstehung unserer Ordnungskategorien im Unterschied zum „Welt-Verstehen" anderer kritisch hinterfragen. Indem wir uns einen Zugang zu unseren eigenen Wahrnehmungs- und Deutungsmustern verschaffen, ebnen wir uns auch den Weg zum Verstehen des Anderen und den Projektionen, die wir oft vornehmen, um uns das Andere anzueignen.

3. Personenzentrierte Grundhaltung

Zur personenzentrierten Grundhaltung nach Rogers gehören *Echtheit oder Kongruenz, Wertschätzung oder bedingungsfreies Akzeptieren des Klienten und präzises einfühlendes Verstehen oder Empathie.*

Rogers hat selber dafür plädiert, diese therapeutischen Grundeinstellungen auf pädagogische Prozesse zu übertragen, um – wie er sich ausdrückt – signifikantes Lernen als interessiertes Lernen, das menschliches Handeln ändert, zu ermöglichen (1998, S. 275).

Übertragen auf die Leitung einer Gruppe ist unter Empathie die Fähigkeit zu verstehen, die Erlebnisse und Gefühle der Gruppenmitglieder und deren persönliche Bedeutung präzise und sensibel zu erfassen. Für das „Verständnis der phänomenalen Welt" der Teilnehmenden reicht es nicht, den Wortsinn ihrer Mitteilungen aufzunehmen, sondern ein Gespür für die „Untertöne" zu bekommen und auch wahrzunehmen, was in der nebligen „Zone am Rande der Gewahrwerdung" liegt. Rogers sieht allein in der Erfahrung, von jemandem verstanden zu werden, einen machtvollen, die Entwicklung fördernden Faktor (1983, S. 23 f.). Gerade bei Migranten, die sich oft von Deutschen missverstanden fühlen, bewirkt das Zuhören und verstehende Nachvollziehen des Gesagten das Gefühl, ernst genommen und akzeptiert zu werden. Eine solche Form der Beziehungsaufnahme ist ein aufbauendes und bestärkendes Erlebnis für die Betroffenen.

Wertschätzung oder bedingungsfreies Akzeptieren bezeichnet eine Haltung, die nicht mit Übereinstimmung oder einem Konform-Gehen mit den Meinungen der Gruppenmitglieder zu verwechseln ist. Vielmehr ist eine grundlegende Offenheit für den anderen gemeint und die Bereitschaft, jedes Individuum in seiner Gewordenheit anzuerkennen und erst einmal so anzunehmen, wie es ist. Diese Haltung eröffnet erst den Zugang zum anderen, dient der Vertrauensbildung und ist Ausgangspunkt für eine Beziehungsarbeit, in deren Verlauf sich durchaus auch eine Kultur des Dissens entfalten kann. Streitkultur in einem produktiven Sinn ist aber ohne Vertrauen nicht denkbar.

Auch Ambiguitätstoleranz als das Aushalten von gegensätzlichen, sich teilweise widersprechenden Erwartungshaltungen und die Fähigkeit zur Konfliktmediation sind für den Fortlauf der Gruppenarbeit wichtig.

Echtheit oder Kongruenz beinhaltet eine Haltung, bei der sich die Gruppenleitung dessen, was sie erlebt und empfindet, bewusst ist. Statt eine professionelle Maske (z.B. gleich bleibender Freundlichkeit) aufzusetzen, sollten der Gruppenleitung die eigenen Gefühle immer zugänglich sein und zwar so, dass sie sie auch zu gegebener Zeit in angemessener Weise artikulieren kann.

Alle drei Einstellungen sind nicht durch ein kurzes Training zu erwerben. Wer längerfristig gruppenpädagogisch arbeiten will und auch multikulturelle Gruppen anleitet, sollte eine entsprechende Ausbildung z.B. in personenzentrierter Gesprächsführung oder einem anderen Verfahren Humanistischer Psychologie anstreben.

4. Pädagogisches Rüstzeug

Es ist nicht damit getan, einen Blick in eine der vielen interkulturellen Spiele- und Übungssammlungen zu werfen und das herauszupicken, von dem man sich einen bestimmten Effekt im Gruppengeschehen verspricht. Ein solch wahlloses und unsystematisches Herangehen wird von den Teilnehmern und Teilnehmerinnen in Seminaren recht schnell durchschaut. Es scheint mir wichtig, über fundierte didaktische Kompetenzen zu verfügen, um auf der Grundlage begründeter Zielvorstellungen eine entsprechende Auswahl von Methoden vorzunehmen. Wichtig sind in diesem Zusammenhang auch Kenntnisse darüber, wie Teilnehmerpartizipation gewährleistet werden kann, damit eine Abstimmung über Themen und Arbeitsweisen mit den Gruppenmitgliedern ermöglicht wird.

Literatur

Barwig, Klaus/Hinz-Rommel, Wolfgang: Interkulturelle Öffnung sozialer Dienste. Freiburg i. Breisgau 1995

Fischer, Veronika/Schneider-Wohlfart, Ursula: Interkulturelle Weiterbildung in Nordrhein-Westfalen. Ergebnisse einer schriftlichen Befragung 1994. In: Zeitschrift für internationale Bildungsforschung und Entwicklungspädagogik (ZEP). Heft 3/1996, S. 19-22

Gaitanides, Stefan: Qualifizierung der sozialen Arbeit in der multikulturellen Einwanderergesellschaft. In: iza. Zeitschrift für Migration und Soziale Arbeit. Heft 2/1998, S. 58-62

Gaitanides, Stefan: Zugangsbarrieren von MigrantInnen zu den sozialen und psychosozialen Diensten und Strategien interkultureller Öffnung. In: iza. Zeitschrift für Migration und Soziale Arbeit. Heft 3-4/1999, S. 41-45

Hamburger, Franz: Soziale Arbeit wider den Rassismus? In: neue praxis 1/2000, S. 62-65

Handschuck, Sabine/Schröer, Hubertus: Interkulturelle Kompetenz und Jugendhilfe. Erfahrungen und Beispiele aus München. In: iza. Zeitschrift für Migration und Soziale Arbeit. Heft 3-4/1997, S. 77-86

Hinz-Rommel, Wolfgang: Interkulturelle Kompetenz. Ein neues Anforderungsprofil für die soziale Arbeit. Münster/New York 1994

Hinz-Rommel, Wolfgang: Interkulturelle Kompetenz als Qualitätsmerkmal in sozialen Diensten. In: Paritätisches Bildungswerk 1998, S. 13-22

Kalpaka, Annita: Kompetentes (sozial-)pädagogisches Handeln in der Einwanderungsgesellschaft – Anforderungen an Aus- und Fortbildung. In: Paritätisches Bildungswerk, LV Bremen e.V./Institut für soziale Weiterbildung (Hrsg.): Interkulturelle Kompetenz als Anforderungsprofil für pädagogische und soziale Arbeit. Dokumentation eines Fachtages 18.07.1998, Bremen

Landeszentrum für Zuwanderung NRW (Hrsg.): Dokumentation der Werkstatt Weiterbildung: Interkulturelle Öffnung sozialer Dienste. 23. und 24. Sept. 1999. Akademie Klausenhof. Redaktion: Jungk, Sabine und Motte, Jan, April 2000

Le Roy, Jaak: Übergangsraum und Individuationsprozesse – zwei interkulturelle gruppenanalytische Workshops. In: gruppenanalyse. 3. Jg., Heft 1/1993, S. 33-50

Rogers, Carl R.: Therapeut und Klient. Grundlagen der Gesprächspsychotherapie. Frankfurt a.M. 1983

Veronika Fischer

Netzwerkarbeit als Instrument zur Durchsetzung und Verbreitung interkultureller Erwachsenenbildung

Das Fallbeispiel „Netzwerk Interkulturelles Lernen (Oberhausen)"

Im Folgenden wird das „Netzwerk Interkulturelles Lernen Oberhausen" (NIL) vorgestellt, das sich seit seiner Gründung im Oktober 1994 als ein flexibles Instrument zur Durchsetzung und Verbreitung interkultureller Erwachsenenbildung sowie zur Qualifizierung, gegenseitigen Beratung, kollegialen Supervision und Kooperation seiner Mitglieder bewährt hat. In diesem Zusammenhang werden wir der Frage nachgehen, inwiefern sich die Prinzipien der Freiwilligkeit, Selbstorganisation und Selbstevaluation positiv auf die Arbeit der Netzwerkmitglieder ausgewirkt haben und zur interkulturellen Öffnung der Einrichtungen beigetragen haben. Am Beispiel dieses konkreten Projekts soll der Nutzen der Netzwerkarbeit für die Planung, Realisierung und Verbreitung interkultureller Bildungsveranstaltungen exemplarisch dargestellt werden. Der Beitrag gliedert sich in die Abschnitte:

- Entstehungsgeschichte und Zweck des Netzwerks,
- Definitionsversuch,
- Merkmale des Netzwerks,
- Positive Effekte der Netzwerkarbeit,
- Negative Effekte der Netzwerkarbeit,
- Das Netzwerk als lernender Verbund (Fortbildung und Selbstevaluation).

1. Entstehungsgeschichte und Zweck des Netzwerks

Auf Initiative der Volkshochschule der Stadt Oberhausen wurde das „Netzwerk Interkulturelles Lernen (Oberhausen)" am 14. Oktober 1994 unter Beteiligung folgender Bildungs- und Beratungseinrichtungen gegründet: Arbeit und Leben, Diakonisches Werk, Evangelisches Familienbildungswerk, Friedensdorf Oberhausen, Haus der Jugend, Kirchlicher Dienst in der Multikulturellen Gesellschaft und Regionale Arbeitsstellen Oberhausen und Mülheim.

Wesentliches Motiv für die Gründung war der Wunsch, sich fachlich und theoretisch fundiert über Konzeptionen interkulturellen Lernens auszutauschen und zunächst ein Diskussionsforum zu gründen, das regelmäßig einmal im Monat in einer der Trägereinrichtungen stattfinden sollte.

Vorausgegangen waren bereits zahlreiche Einzelkooperationen zwischen verschiedenen Trägern, bei denen positive Erfahrungen mit der gemeinsamen Durchführung von Veranstaltungen gemacht worden waren. Einig waren sich alle Beteiligten in ihrer Kritik am Niveau und Entwicklungsstand der interkulturellen Arbeit vor Ort. Kritisiert wurde unter anderem:

- der *Aktionismus*, mit dem manche Träger immer wieder Großveranstaltungen aus dem Boden stampfen, ohne eine kontinuierliche Arbeit zu etablieren;
- die *Feuerwehrfunktion* von Projekten und Maßnahmen, mit denen die Verantwortlichen auf Fremdenfeindlichkeit und Rassismus reagieren;
- die *Folklorisierung und Exotisierung* der Migrantenkulturen, die dazu führt, dass z.B. bei Tanz- und Musikveranstaltungen oder bei Stadtteilfesten ein stereotypes, klischeehaftes Bild der jeweiligen Kultur vermittelt wird;
- der *kompensatorische Charakter* vieler pädagogischer Maßnahmen und *die Helfermentalität* der Pädagoginnen und Pädagogen, die „Ausländer" hauptsächlich als problematische Zielgruppe wahrnehmen;
- die *Marginalisierung* interkultureller Veranstaltungen, die in den Einrichtungen häufig in Sonderbereiche abgedrängt werden und dort lediglich ein Randsegment des Veranstaltungsangebots darstellen.

Das Unbehagen angesichts dieser fehlgeleiteten Pädagogik, die Isolation in der eigenen Einrichtung und die Einsicht, dass zunehmende fremdenfeindliche Tendenzen pädagogische Antworten geradezu herausfordern, gaben den Ausschlag für die Vernetzung.

Um NIL zu einem handlungsfähigen Instrument zu machen, musste es quantitativ überschaubar bleiben und in sich möglichst homogen sein; d.h., die in NIL zusammengeschlossenen Träger sollten ähnliche Organisationszwecke, Aufgabenprofile und Anliegen verfolgen. Deshalb überwiegen in NIL Institutionen der Bildungs- und Beratungsarbeit, die sich an Erwachsene und Jugendliche im außerschulischen Bereich wenden. Inzwischen sind in NIL 14 Einrichtungen vertreten; davon haben fünf nicht-deutsche Mitarbeiter und Mitarbeiterinnen entsandt, was wiederum Ausdruck der Tatsache ist, dass Migranten als Arbeitskräfte in deutschen Bildungs- und Beratungsinstitutionen unterrepräsentiert sind – ein Umstand, der von NIL häufig kritisiert wird.

NIL versteht sich primär als ein *pädagogisches* Netzwerk. In diesem Sinne stellt es ein *Diskussionsforum* dar, bei dem unterschiedliche Konzeptionen interkulturellen Lernens vorgestellt, verglichen und auf ihre Praktikabilität und Effizienz hin überprüft werden können. Die Netzwerkkonferenzen ermöglichen neben dem Erfahrungsaustausch auch die Koordination vorhandener Angebote, die Vermeidung von unnötigen Dopplungen, die Abstimmung im Hinblick auf Kooperation und Aktionsbündnisse, die Bündelung gemeinsamer Ressourcen und anderer Synergieeffekte. Die Mitglieder von NIL sehen im „Interkulturellen Lernen" ein umfassendes Lernmodell, das u.a. auch antirassistische Bildungsarbeit einschließt. Die Arbeit zielt v.a. auf eine Qualifizierung der Netzwerkmitglieder ab, die sozusagen als *Multiplikatoren* in ihre Einrichtungen hineinwirken sollen, damit sich die Institution für Migranten stärker öffnet, die interkulturelle Arbeit konzeptionell verbessert wird und die übrigen Mitarbeiter und Mitarbeiterinnen in die Arbeit eingebunden werden. Interkulturelle Lernprozesse sollen in den Einrichtungen künftig fachbereichsübergreifend und interdisziplinär geplant werden. Es gilt, die selbstreflexive Auseinandersetzung mit kultureller Pluralisierung, Diskriminierung, Rassismus und Gewalt zu einem bewussten Anliegen der gemeinsamen Arbeit zu machen.

Gleichzeitig dient das Netzwerk als Instrument zur Verbesserung der Öffentlichkeitsarbeit und zur Propagierung der interkulturellen Lernidee.

2. Definitionsversuch

Netzwerke sind u.a. ein Forschungsgegenstand der Soziologie. John Barnes (1969) verband mit Netzwerken die Vorstellung eines Beziehungsgeflechts „einem Set von Punkten, von denen einige durch Linien verknüpft sind. Die Punkte werden in meiner Vorstellung durch Personen, oder auch Gruppen, markiert, und die Linien zeigen an, welche Personen miteinander interagieren" (zit. in Schenk 1989, S. 89). Weitere Vorläufer für die Netzwerkanalyse sind in der Soziometrie Jakob Morenos und der experimentellen Kommunikationsnetzwerkforschung von Alexander Bavelas und Harold Leavitt zu sehen.

Neben der Soziologie taucht der Netzwerkbegriff u.a. auch in der Ethnologie, Psychologie, Politologie, in den Sozialarbeitswissenschaften und der Unternehmensforschung und -beratung auf. Die vielfältige Verwendung des Begriffs deutet schon darauf hin, dass es eine Anzahl unterschiedlicher Definitionen, also keine einheitliche Begriffsbestimmung gibt.

Die Fachliteratur unterscheidet zwischen

- *primären oder mikrosozialen Netzwerken*, in die die Individuen entweder hineingeboren wurden oder die sie selbst gewählt haben, die ihren Ort in den persönlichen Lebensbereichen der Menschen haben (z.B. Familie, Verwandtschaft, Nachbarschaft, Freundschaften etc.) und die sich vor allem durch face-to-face-Beziehungen auszeichnen;
- sekundären oder makrosozialen Netzwerken, die auf der institutionellen Ebene bzw. in den übergreifenden gesellschaftlichen Systemen (Ökonomie, Politik, öffentliche Verwaltung etc.) verankert und überwiegend in Organisationen und Bürokratien des Produktions- und Reproduktionssektors anzutreffen sind (z.B. Unternehmen, Bildungseinrichtungen, Kommunalverwaltungen),
- tertiären oder mesosozialen Netzwerken, die zwischen den primären und sekundären Netzwerken auf einer mittleren Ebene angesiedelt sind und vielfach

als Alternative zu den primären und sekundären Netzwerken oder als Bindeglied zwischen diesen beiden fungieren, wozu beispielsweise Selbsthilfegruppen, Bürgerinitiativen oder Nichtregierungsorganisationen gehören (Bullinger/ Nowak 1998, S. 70-89).

Das „Netzwerk Interkulturelles Lernen" ist nicht eindeutig einer der hier angesprochenen Organisationsformen zuzuordnen. Es wirkt sowohl auf der sekundären als auch tertiären Ebene, weil es klassische Institutionen der Kommune, Kirchen und Gewerkschaften umfasst, die dem sekundären Netzwerktyp zuzuordnen sind und zugleich Nichtregierungsorganisationen und Vereine aufgenommen hat, die dem tertiären Netzwerktyp ähneln. Diese Mischform macht allerdings auch die Attraktivität und Flexibilität des Netzwerks aus, das sich sowohl die komplexe bürokratische Infrastruktur der Institutionen zunutze machen kann als auch von der Unabhängigkeit der Nichtregierungsorganisationen profitiert.

Abgesehen von den primären Netzwerken, in die ein Individuum hineingeboren wird (Familie), handelt es sich bei den meisten Netzwerken um ein Geflecht sozialer Beziehungen, das von den Individuen eigens konstruiert wurde. Puch (1991, S. 12 ff.) spricht daher von *inszenierten Gemeinschaften*, die im Zuge eines allgemeinen gesellschaftlichen Wandlungs- und Differenzierungsprozesses entstehen. In dessen Verlauf wird das Individuum aus seinen angestammten soziokulturellen Milieus freigesetzt und muss zunehmend selbst darüber entscheiden, welche sozialen Beziehungen es eingehen will. „Auf dem Hintergrund der gesellschaftlichen Individualisierungsdynamik, die das Potenzial kollektiver Lebenszusammenhänge und Solidaritätsformen abgebaut hat, wird die Frage des Zugangs zu sozialen Ressourcen, den eine Person hat, besonders relevant. Die Handlungsmöglichkeiten einer Person hängen von ihrer Fähigkeit ab, für sich spezifische Ressourcen zu mobilisieren" (Keupp 1988, S. 126). Keupp verweist in diesem Zusammenhang auf den Begriff des sozialen und kulturellen Kapitals von Bourdieu (1983), mit dem die Gesamtheit der aktuellen und potenziellen Ressourcen gemeint ist, die mit dem Besitz eines dauerhaften Netzes von mehr oder weniger institutionalisierten Beziehungen gegenseitigen Kennens und Anerkennens verbunden ist. Der Aufbau eines solchen sozialen und kulturellen Kapitals ist auch in den professionellen Strukturen der Arbeitswelt vonnöten, zumal sich die einzelnen Tätigkeitsfelder in den hier beschriebenen Feldern der Erwachsenenbildung und Sozialen Arbeit immer weiter ausdifferenzieren und spezialisieren. Kooperation und Vernetzung sind daher die logische Antwort auf die Entwicklungsdynamik der pädagogischen Berufe. Kontakte knüpfen, Informationsquellen erschließen, Schnittstellen pädagogischen Handelns ermitteln, finanzielle, sachliche und personelle Ressourcen bündeln, Veranstaltungsbündnisse schließen und andere Tätigkeiten der „Netzwerkarbeit" gehören zu den Schlüsselqualifikationen modernen Bildungsmanagements.

Die Entstehungsbedingungen von Netzwerken deuten darauf hin, dass sie häufig Antworten auf Defizite herkömmlicher ökonomischer, politischer, kultureller und sozialer Strukturen sind. So strebten die Netzwerke der 60er- und 70er-Jahre danach, alternative Formen gemeinschaftlichen Arbeitens, wechselseitiger Kommunikation und Interaktion zu finden. Sie verstanden sich als Reaktion auf die bürokratisch verkrusteten Strukturen der Parteien, Vereine und Institutionen und betonten die Aspekte der Selbstorganisation, Selbsthilfe, Dezentralisation und Solidarität. Insbesondere die Protest- und Alternativbewegung hat dem Netzwerkgedanken denn auch zu seiner Verbreitung verholfen.

In diesem Zusammenhang stellt sich nun die Frage, inwiefern Mitarbeiter und Mitarbeiterinnen traditioneller Einrichtungen, wie z.B. einer Volkshochschule oder eines Evangelischen Familienbildungswerks, die ja in ein historisch gewachsenes und fest gefügtes institutionelles Geflecht von Hierarchien eingebettet sind, überhaupt andere Organisationsformen eingehen können.

Zunächst einmal muss konstatiert werden, dass jedes Mitglied von NIL primär der eigenen Einrichtung verpflichtet ist und deren Interessen wahrzunehmen hat. Mit dem Eintritt in das Netzwerk geht die betreffende Person eine zeitlich klar umrissene, auf eine spezielle Thematik bzw. Aufgabe eingeschränkte Kooperationsbeziehung ein, die die interne Struktur der eigenen Institution nicht tangiert oder gar infrage stellt. Die Bereitschaft, solche Arbeitsbeziehungen außerhalb der Institution zuzulassen, wird in dem Maße steigen, in dem das Netzwerk die Steigerung der Effizienz, Einsparung von Ressourcen und Öffentlichkeitswirksamkeit verspricht. Insofern geht die Institution mit dem Netzwerk eine Art Tauschbeziehung ein: Sie investiert personelle oder materielle Ressourcen und erhält eine bestimmte Gegenleistung vom Netzwerk zurück, z.B.: gemeinsame Werbeträger für Bildungsveranstaltungen, Bündelung von finanziellen und sachlichen Mitteln, Austausch von Referenten, Nutzung von Räumen, Durchführung gemeinsamer Veranstaltungen.

Im Fall des Vernetzungszwecks, der Förderung interkultureller Beziehungen, besteht kaum die Gefahr, dass die Einrichtungen zueinander in Konkurrenz treten, weil Veranstaltungen dieser Art sehr arbeitsintensiv sind und kaum Gebühren erzielen, sodass sie nur in geringem Umfang angeboten werden. Eine Bündelung vorhandener Angebote liegt daher nahe.

Bevor wir nun auf eine nähere Beschreibung der Charakteristika unseres Netzwerks eingehen, wollen wir eine Netzwerk-Definition vorstellen, die unserer Auffassung am ehesten entspricht:

„Netzwerke liegen quer zu traditionellen, hierarchischen und bürokratischen Strukturen. Sie sind aktions-, themen- und personenorientiert. Sie sind oft selbstorganisierte Antworten aus Staats- und/oder Marktversagen, ihr Handeln ist in der Regel zweckbestimmt und wertorientiert. Sie wollen eine ungehinderte und gleichberechtigte Kommunikation fördern. Sie pflegen dezentralisierte Organisationsformen, sind gleichwohl tendenziell global ausgerichtet und vermitteln Identifikationen, Empathie und Unterstützung durch materielle Hilfe, Dienstleistungen und Informationen" (Burmeister/Canzler 1994, S. 24).

3. Merkmale des „Netzwerks Interkulturelles Lernen"

a) Freiwilligkeit

Ein besonderes Merkmal von NIL ist das Prinzip der Freiwilligkeit. NIL ist kein Verbund, der den Mitgliedern von einer hierarchisch vorgesetzten Instanz vorgeschrieben wurde. Insofern besteht ein relativ hoher Grad an intrinsischer Motivation, der bekanntlich zu höheren Lernleistungen führt (Deci/Ryan 1993, S. 223 ff.). NIL ist Resultat der Selbstorganisation der Beteiligten und aus einem relativ selbstbestimmten Prozess hervorgegangen.

b) Symmetrie/Rotation/Partizipation

Das Netzwerk ist ein Zusammenschluss gleichberechtigter Mitglieder, die als Vertreter ihrer Einrichtungen fungieren. Es gibt keine Leitung im Netzwerk, sondern eine Koordinatorenrolle, die in bestimmten Abständen rotiert (ca. alle 6 Monate). Der/die Koordinator/-in ist Anlaufstelle für Anfragen, die von außen an das Netzwerk gerichtet werden. Der bürokratische Aufwand für diese Aufgabe wurde bewusst minimiert. Die Einladungen zu den Netzwerksitzungen erfolgen ebenfalls im ständigen Wechsel. Die Aufgabe fällt jeweils dem Mitglied zu, in dessen Einrichtung NIL tagen wird. Das Gleiche gilt für das Sitzungsprotokoll. Dieses Verfahren soll verhindern, dass sich asymmetrische Beziehungen herausbilden.

Dennoch muss man realistischerweise feststellen, dass es je nach Grad der Aktivitäten und des Engagements der Mitglieder zentrale und periphere bzw. isolierte Akteure gibt. Zentrale Akteure zeichnen sich dadurch aus, dass sie sehr viele andere Netzwerkangehörige auf relativ direkte Weise erreichen können. Das trifft beispielsweise auf die Koordinatorin zu. Sie verfügt qua Rolle über eine beträchtliche Zahl von Kontakten und kann von den anderen Netzwerkmitgliedern kaum übergangen werden.

Gerade die Koordinatorenfunktion birgt daher tendenziell die Gefahr, dass Informationen in einer Hand konzentriert werden, was wiederum Macht und Kontrolle implizieren kann. Darüber hinaus wird die Koordinatorin in der Öffentlichkeit als Ansprechpartnerin wahrgenommen, was ihr ein höheres Maß an Akzeptanz und Geltung verschaffen kann.

Das Rotationsprinzip ist deshalb als ein Korrektiv zu verstehen und soll dazu führen, dass immer wieder neue Personen in diese Aufgabe hineinwachsen, sich mit der Arbeit stärker identifizieren, neue Kompetenzen ausbilden und gleichermaßen aktiv am Vernetzungsprozess teilhaben.

Es hat sich in der Vergangenheit herausgestellt, dass bestimmte Verwerfungen dieser Struktur nicht ganz ausgeschlossen werden können. So ist es insbesondere in der Vorbereitungsphase für größere öffentlichen Veranstaltungen zu einer Überlastung der Koordinatorin gekommen. Insofern ist es wichtig, diese Ungleichgewichte frühzeitig zu erkennen und den gesamten Vernetzungsprozess in regelmäßigen Abständen auszuwerten, kritisch zu analysieren und zu korrigieren.

c) Dichte

Innerhalb des Netzwerks bilden sich meistens interpersonale Beziehungen heraus, die zu Subgruppen und Cliquen führen und sich durch häufigen und intensiven Kontakt zueinander auszeichnen. Bereits vor der Gründung des Netzwerks gab es unter einigen der Beteiligten sowohl berufliche als auch private Kontakte, die wiederum Auswirkungen auf die interne Netzwerkarbeit hatten und die Arbeitsbeziehungen verdichteten. Die Relevanz solcher bereits bestehender persönlicher Beziehungen wird von der Netzwerkforschung im Hinblick auf die Arbeit von Bürgerinitiativen bestätigt:

„So erfolgte auch der Ausbau von Initiative I weitgehend durch interpersonelle Beziehungen, die die Gründungsmitglieder außerhalb der Initiative besaßen. Über drei Viertel der Mitglieder von Initiative I, die nicht von Anfang an dabei waren, sind durch Initiativmitglieder, sonstige Bekannte, Freunde, Kollegen usw. auf die Initiative aufmerksam geworden ... Die Relevanz persönlicher Kontakte und Beziehungen für die Genese von lokalen Bürgerinitiativen wird auch durch die Initiative II gestützt" (Schenk 1982, S. 131).

Im Fall von NIL gab es eine Reihe von Einzelkooperationen, die die Beziehungen bestimmter Mitglieder untereinander verdichteten. Dafür werden unterschiedliche Gründe angeführt:

- Sympathie;
- Ähnlichkeiten im Institutionsprofil (z.B. Kontakte zwischen den Beratungseinrichtungen RAA und Diakonisches Werk oder unter den Erwachsenenbildungsträgern VHS, Arbeit und Leben, Evangelisches Familienbildungswerk);
- Parallelen bei den Aufgaben, Arbeitsansätzen und Zielgruppen.

Diese Kooperationen führen zugleich zu einer strukturellen Differenzierung, die allerdings auch immer die Gefahr beinhaltet, dass das Netzwerk in eine Vielzahl nebeneinander agierender Einzelbündnisse zerfällt. Dieser Gefahr kann nur durch eine gezielte Koordination vorgebeugt werden, die sich als integrierende Kraft versteht. Darüber hinaus entscheidet die bindende Wirkung des Netzwerks über Zusammenhalt oder Zerfall.

d) Kohäsion

Netzwerke können nicht in demselben Maße wie beispielsweise Betriebe feste Systemidentitäten auf der Basis von Wir-Gefühlen konstituieren, wenngleich sich auch in abgeschwächter Form ein gewisses Zugehörigkeitsgefühl ergibt.

Dieses Zugehörigkeitsgefühl (Kohäsion) stellte sich bei NIL vor allem in der ersten Phase über einen Selbstfindungsprozess heraus, in dem es darum ging, gemeinsam zu bestimmen, worin das Netzwerkprofil liegen sollte. Zur Darstellung einer Art *„corporate identity"* und *„corporate design"* wurden ein Faltblatt und ein Logo entwickelt. Unter den Überschriften „Wer wir sind und was wir wollen", „Wie wir arbeiten", „Was wir machen" wurde das Selbstverständnis offen gelegt (siehe Faltblatt).

Die Binnenintegration wurde zusätzlich durch die *Außendarstellung* von NIL gestärkt.

Dazu gehörten neben dem Faltblatt die Pressearbeit (Pressekonferenzen/Berichte für Zeitungen), ein gemeinsames Veranstaltungsverzeichnis und öffentliche Veranstaltungen (z.B. die Aktionswoche „40 Jahre Anwerbung", Informationsstand bei einem internationalen Fest gegen Rassismus, das Lernfest 1998 und 1999 und die Gestaltung einer Arbeitsgruppe bei einer Tagung des Institutes für Landes und Stadtentwicklungsforschung des Landes NRW).

Dadurch erhöhten sich wiederum die Akzeptanz und der Bekanntheitsgrad von NIL in der Öffentlichkeit und gaben der Arbeit einen positiven Rückhalt. Zustimmende Resonanz erhielt NIL u.a. von:

- Fachkollegen und -kolleginnen,
- Spitzen der Verwaltung,
- einzelnen politischen Mandatsträgern,
- Vertretern der Ministerien,
- überregionalen Instituten.

Ein Sonderpreis des Bundesministers für Bildung, Wissenschaft, Forschung und Technologie für das Konzept „Abenteuer Alter: Deutsche und Migrant/-innen gemeinsam aktiv", das im Rahmen eines Ideenwettbewerbs zum Lernfest '98 von der Bundesarbeitsgemeinschaft Arbeit und Leben eingereicht worden ist, verhalf dem Netzwerk zu einer weiteren Stabilität, da sich die Mitglieder nun besonders mit ihren Leistungen identifizierten und ein hoher Grad an Zufriedenheit zu verzeichnen war.

4. Positive Effekte des Netzwerks

a) Aufhebung der Isolation – Binnensolidarität in der Gruppe

Gerade im Bereich der interkulturellen Bildungsarbeit wird oft die Erfahrung gemacht, dass die Angebote weder bei den ausländischen Zielgruppen noch bei den

Deutschen auf Resonanz stoßen. Viele Veranstaltungen kommen nicht zustande, weil die Mindestteilnehmerzahl nicht erreicht wird. Man hat das Gefühl, eine Art Sisyphusarbeit zu verrichten: Die ausländischen Adressaten ziehen sich immer mehr in ihre ethnische Infrastruktur zurück, die Deutschen haben kein Interesse, Vorurteile oder auch Angst, mit ausländischen Teilnehmern/-innen zusammenzutreffen.

Wer eine solche Arbeit macht, muss daher einen „langen Atem" haben, darf sich nicht so schnell entmutigen lassen und sollte sich auf einen längeren Prozess kleinschrittiger Bildungsarbeit gefasst machen. Wer dabei auf sich allein gestellt ist, hat es doppelt schwer.

Ein Zusammenschluss von Pädagoginnen, die ähnliche Vorhaben in ihren Einrichtungen anstreben, erleichtert die Arbeit, gibt jedem Einzelnen Rückhalt, Gelegenheit zum Erfahrungsaustausch, zur gegenseitigen kollegialen Beratung und kollegialer Rückversicherung.

In der Bewertung des Netzwerks durch die Mitglieder von NIL standen daher folgende Kriterien an erster Stelle: „die Aufhebung der Isolation; das Kennenlernen der anderen Einrichtungen und künftigen Kooperationspartner und der solidarische Zusammenhalt in der kooperativen Gruppe".

b) Die Gruppe als Ort von Selbstreflexion, Qualifikation und Supervision

NIL versteht sich als ein Zusammenschluss von Experten und Expertinnen, die in unterschiedlichen pädagogischen Arbeitsfeldern tätig sind. Hier verfügt man über Erfahrungen in der interkulturellen Jugendarbeit, Eltern- und Familienbildung, Arbeitnehmerweiterbildung, Seniorenarbeit, entwicklungspädagogischen Arbeit, Frauenbildung und Flüchtlingsarbeit.

Jedes Mitglied von NIL hat Arbeitsschwerpunkte gesetzt und sich ein Spezialwissen im Bereich interkulturellen Lernens angeeignet, das an andere weitergegeben werden kann.

Der Vorteil dieser Gruppe besteht zum einen in ihrer Heterogenität, denn jedes Mitglied profitiert vom Spezialwissen des anderen; zum anderen in der Homogenität der Interessen, die einen gemeinsamen Diskussionsprozess über die allgemeinen Prinzipien interkulturellen Lernens möglich macht.

Daher schätzen die NIL-Aktivisten die theoretische Auseinandersetzung mit Konzepten interkulturellen Lernens als Basis für interdisziplinäres Arbeiten hoch ein. Aus diesen Diskussionen ergeben sich neue Ideen und Anregungen für die praktische Arbeit und gegebenenfalls auch Korrekturen an bestehenden Projekten. Dieser Prozess der Reflexion und der Selbsteinschätzung führt zu einer Erweiterung der persönlichen Kompetenzen. Er setzt regelmäßige Treffen und einen Informationsfluss untereinander voraus.

c) Beratung, Absprache und Planung

Das Netzwerk ist ein Ort, um Ideen und Planungsvorhaben einzubringen, für die gegebenenfalls intern Kooperationspartner gewonnen werden können. Es werden Absprachen getroffen, um Doppelplanungen zu verhindern und ein arbeitsteiliges Vorgehen abzustimmen. Es ist auch möglich, Rahmenkonzeptionen für größere Veranstaltungen zu entwickeln, zu denen jede Einrichtung einen speziellen Beitrag leistet. Solche Bündnisse ermöglichen vielfach erst Großveranstaltungen und helfen Kosten für den einzelnen Träger zu sparen. Auf diese Art und Weise können personelle, finanzielle und materielle Ressourcen gebündelt werden, um Synergieeffekte zu erzielen. Durch die Verzahnung der Angebotspaletten aller Einrichtungen kommt insgesamt ein breiteres Spektrum an Veranstaltungen zustande, was zur Diversifizierung des interkulturellen Bildungsangebots in der Kommune beiträgt.

d) Fachlichkeit und Verantwortungsgemeinschaft für die Nutzer der Einrichtungen

Durch wechselseitigen Informationsaustausch (Gründung eines Info-Pools), Fortbildungen, kollegiale Beratung, Supervision und Evaluation der Arbeit wird die Qualität der Arbeit verbessert, mehr Transparenz für die Besucher und Besucherinnen der Einrichtungen hergestellt und die Beratung effizienter gestaltet. Indem alle Netzwerkakteure an einer gemeinsamen Aufgabe arbeiten, nämlich der interkulturellen Öffnung der Bildungs- und Beratungseinrichtungen, entsteht zugleich ein gemeinschaftliches Verantwortungsgefühl für die Klienten.

e) Gemeinsame Werbung, Öffentlichkeits- und Lobbyarbeit

Die Vernetzung versetzt die einzelnen Einrichtungen in die Lage, effizienter für die Veranstaltungen zu werben. Gemeinsame Faltblätter, Programmhefte, Plakate, Zeitungsannoncen, Werbesendungen im Lokalfunk etc. verbessern die Außendarstellung und erhöhen die Öffentlichkeitswirksamkeit. Darüber hinaus versteht sich das Netzwerk als Transmissionsriemen für die Verbreitung der interkulturellen Lernidee in der Öffentlichkeit. Es tritt als eine Art Interessengruppe für diese Idee ein und versucht vor allem auch die in der Kommune politisch Verantwortlichen für die Projekte interkultureller Pädagogik zu gewinnen.

5. Negative Aspekte des Netzwerks

a) Gefahr der Instrumentalisierung des Netzwerks

Arbeitsbündnisse, die sich Ziele wie die Bekämpfung von Rassismus und Gewalt setzen, geraten leicht in Gefahr, von außen (z.B. durch Politik oder Verwaltung) instrumentalisiert zu werden. Gerade weil sich Politiker und Kommunalbeamte oft sehr hilflos gegenüber der Gewalt in Schulen oder den Übergriffen auf Flüchtlingsunterkünfte fühlen, neigen sie dazu, der Pädagogik eine Art Feuerwehrfunktion zuzuschieben.

Dann sollen Bildungsmaßnahmen dazu dienen, den ausländerfeindlichen Stimmungen gegenzusteuen. Wichtig ist es jedoch, die Grenzen der Pädagogik deutlich aufzuzeigen. Gewalt hat meistens strukturelle Ursachen und wenn es beispielsweise nicht gelingt, Flüchtlingsheime aufzulösen und die Betroffenen in normalen Wohnungen unterzubringen, dann besteht leicht die Gefahr, dass solche Ghettos schnell zum Angriffsziel von Aggression und Gewalt werden; ganz zu schweigen von den menschenunwürdigen Bedingungen und der Kasernierungssituation in den Wohnheimen selbst (Überbelegung, schlechte sanitäre Ausstattung, zu wenig Kochstellen etc.), die auch unter den Betroffenen zu Aggressionen führt. Mit pädagogischen Maßnahmen allein ist der Ausländerfeindlichkeit und Gewalt nicht beizukommen.

Es ist also wichtig, sich selbst der Möglichkeiten und Grenzen pädagogischer Arbeit im Feld interkulturellen Lernens bewusst zu werden und dem Träger (z.B. der Stadt) gegenüber zu vertreten, dass eine Reihe zusätzlicher Maßnahmen zur Bekämpfung von Rassismus und Ausländerfeindlichkeit zu ergreifen sind. Der Träger ist durch das Netzwerk und das persönliche Engagement der Pädagogen nicht aus der Verantwortung zu entlassen.

b) Zusätzliche Arbeitsbelastung

Neben der entlastenden Wirkung des Netzwerks kommen auf die Netzwerkmitglieder aber zusätzliche Arbeitsbelastungen zu wie die Termine der Netzwerkkonferenzen, Fortbildungen, Evaluationssitzungen etc., für den Koordinator fallen darüber hinaus organisatorische Arbeiten an (wie z.B. die Einladungsschreiben zu den Treffen).

Es besteht zudem die Gefahr, dass die Koordinatorenfunktion für Profilierungsbestrebungen von Einzelnen missbraucht wird oder dass einzelne Personen alle Arbeiten auf sich konzentrieren, die Arbeit zu stark prägen und die Gruppe von sich abhängig machen.

Eine Möglichkeit, dem entgegenzuwirken, besteht in einem Rotationssystem. Nach 6 Monaten geht die Koordinationsfunktion an eine andere Person über.

c) Heterogenität des Netzwerks

Die Heterogenität der Gruppe kann positiv wie negativ sein. Negativ wirkt sie sich dann aus, wenn die Interessen, Vorerfahrungen und Tätigkeiten zu unterschiedlich sind und die Arbeitsweise und Konsensfähigkeit der Gruppe behindern.

NIL versteht sich als Arbeitsbündnis mit einem gemeinsamen Profil, ist sich aber durchaus darüber im Klaren, dass die Unterschiede und Besonderheiten der Einrichtungen nach außen hin nicht verschwimmen dürfen. Die einzelnen Träger müssen in der Öffentlichkeit mit ihren besonderen Leistungen und Schwerpunkten wahrnehmbar sein.

6. Das Netzwerk als lernender Verbund

a) Fortbildung

NIL versteht sich seit seiner Gründung als ein lernendes System. Zunächst einmal gab es in Bezug auf das Aufgabengebiet, interkulturelle Lernprozesse zu fördern, keinen vergleichbaren Zusammenschluss, an dem man sich hätte orientieren können. Insofern kam dem Netzwerk ein Angebot des Landesinstituts für Schule und Weiterbildung im Jahre 1995 sehr entgegen, Teil eines Forschungsprojektes zu werden, das in Verbindung mit der Forschungsgruppe Kommunikation und Sozialanalysen (FOKUS) durchgeführt wurde und die „Unterstützung der Entwicklung regionaler Kooperationsnetze zur Überwindung von Fremdenfeindlichkeit und Gewalt in Nordrhein-Westfalen und Brandenburg" zum Thema hatte.

Die wissenschaftliche Begleitung durch das Forschungsprojekt unterstützte den Selbstfindungsprozess von NIL. Es wurden in diesem Rahmen zwei Fortbildungsveranstaltungen durchgeführt und für eine Selbstevaluationssitzung zu einem späteren Zeitpunkt eine qualifizierte unabhängige Moderatorin bereitgestellt.

Weiterhin fanden interne Fortbildungen statt, die NIL mit Experten aus den eigenen Reihen bestritt. Eine solche Arbeitsweise dient dem gegenseitigen Kennenlernen und der Vertrauensbildung. Es werden eigene personelle Netzwerkressourcen ausgeschöpft und die wechselseitige Wertschätzung der Arbeit zum Ausdruck gebracht. Die einzelnen Netzwerkvertreter stellten die interkulturelle Arbeit ihrer Einrichtungen vor. Im Rahmen dieser Sitzungen wurden Kurzreferate zu folgenden Themen gehalten:

- Geschichte und Begriff interkultureller Bildung;
- Konzepte und Arbeitsansätze interkultureller Bildung;
- Interkulturelle Erwachsenenbildung;
- Interkulturelles Lernen im Elementarbereich;
- Vorstellung des Projekts „Deutsche und Ausländer: Gemeinsam aktiv im Alter";
- Interkulturelle Frauenseminare – Erfahrungen aus der interkulturellen Eltern- und Kind-Gruppe;
- Interkulturelle Öffnung der Eltern- und Familienbildung;
- Beratungsarbeit mit Flüchtlingen – die Interaktion von deutschen Beraterinnen und ausländischen Klienten;
- Migrantinnen in einer beruflichen Orientierungsmaßnahme;
- Beratung in der RAA;

- Interkulturelle Aspekte der Friedenspädagogik im Rahmen der Eine-Welt-Arbeit;
- Interkulturelle Arbeit im Stadtteil;
- Möglichkeiten interkultureller Öffnung durch Schulkultur.

Aus dieser Reihe von Kurzvorträgen kristallisierten sich Fragen und Problemstellungen, die weiter behandelt werden sollten. Workshops zu den Themen

- Biografisches Lernen,
- Theaterpädagogik Boals

resultierten daraus.

Darüber hinaus wurden Fortbildungen besucht, die einzelne Träger im Netzwerk veranstaltet haben:

- So bot die RAA Oberhausen zwei Interkulturelle Sensibilisierungstrainings an, die von einer Dozentin aus New York durchgeführt wurden, die über langjährige Erfahrungen als Sozialpädagogin an einer New Yorker Schule verfügte und u.a. das Konzept der „Interkulturellen Konfliktmediation" vorstellte.
- Das Evangelische Familienbildungswerk und das Friedensdorf organisierten einen Theaterworkshop zum Thema „Theater der Unterdrückten" (nach Boal).
- Arbeit und Leben führte eine Tagung zum Thema „Interkulturelle Seniorenarbeit" durch.
- Das Stadtteilbüro im Knappenviertel lud zu einer Tagung zur Stadtteilentwicklung ein, die in Verbindung mit dem Institut für Landes- und Stadtentwicklungsforschung (NRW) in Oberhausen stattfand.

Angesichts dieser vielfältigen Aktivitäten wird deutlich, in welchem Maße ein Netzwerk vorhandene Potenziale, Kompetenzen und Ressourcen mobilisieren kann, die der Qualifizierung der Arbeit dienen und zugleich mit einem relativ geringen Aufwand an finanziellen Ressourcen zu verwirklichen sind. Am Beispiel der selbstorganisierten Fortbildungen werden die Synergie-Effekte des Netzwerks transparent.

b) Selbstevaluation

NIL hat in gewissen Abständen, vor allem als Reaktion auf krisenhafte Entwicklungen, die bestehenden Arbeitsstrukturen immer wieder einer kritischen Revision unterzogen. Ende 1996 fand im Anschluss an eine Aktionswoche eine Auswertung statt, die bereits überfällig war, weil sich schon vorher ein gewisser Unmut angestaut hatte. Als Ursachen für Unzufriedenheit und Konflikte wurden genannt:

- das Gefühl bei einigen Mitgliedern, thematisch nicht ausreichend einbezogen worden zu sein;
- Rückzug der Betroffenen aus der Aktionswoche;
- Frustration bei den Aktivisten, die viel Energie und Arbeit in die Planung und Vorbereitung der Aktionswoche gesteckt hatten;

- Gefühle der Überlastung und des Sich-allein-gelassen-Fühlens;
- moralischer Druck auf diejenigen, die sich nicht genügend einbrachten und schlechtes Gewissen bei denen, die ausgestiegen waren.

Die Krise konnte durch ein offenes Gespräch und Erhellung der Ursachen behoben werden.

Im September 1999 führte das Netzwerk eine Selbstevaluation auf Basis eines Fragebogens durch, den eine NIL-Mitarbeiterin entwickelt hatte. Auch in diesem Fall kamen dem Netzwerk eigene Ressourcen zugute. Der Evaluationsbogen bezog sich auf zwei große Fragenkomplexe:

1. Wie ist der Stand der interkulturellen Arbeit in den Einrichtungen? Hat sich seit Gründung von NIL qualitativ und quantitativ etwas verändert?
2. Wie ist der Stand der internen Zusammenarbeit und welche neuen Kooperationsbeziehungen haben sich durch NIL entwickelt?

Von den 14 Mitgliedern des Netzwerks haben 9 den Fragebogen beantwortet. Auf einige zentrale Punkte soll im Folgenden eingegangen werden.

1. Gibt es in der Einrichtung ein vergrößertes interkulturelles Angebot?

Die Frage wurde von der Mehrzahl der Einrichtungen bejaht. Einige Träger, die eher beraten und keine Veranstaltungen ausrichten, konnten sich zu der Frage nicht äußern. Zwei Einrichtungen konnten keine Ausweitung des Angebots feststellen. Als Gründe wurden u.a. mangelnde Unterstützung seitens der Gesamteinrichtung, fehlende konzeptionelle Ideen für die Praxis, der Mangel an kompetenten Kursleitern und interessierten Teilnehmern hervorgehoben.

Es ließ sich nicht immer eindeutig klären, ob NIL allein für die Ausweitung des Angebots verantwortlich war. Von manchen Einrichtungen – wie etwa der Regionalen Arbeitsstelle für Ausländer und Ausländerinnen (RAA) – wurde hervorgehoben, dass sich der Träger bereits vor Gründung von NIL dieser Aufgabe verpflichtet fühlte. Die Vertreterin von Arbeit und Leben machte vor allem persönliche Prioritäten für die Angebotserweiterung verantwortlich. Das Projekt „Schulkultur" hob die Ausweitung deutsch-polnischer Kontakte hervor. Konsens bestand in der Feststellung, dass das Angebot durch die Mitarbeit in NIL qualifizierter und differenzierter geworden ist.

Die Vertreterin der VHS stellte heraus, dass es inzwischen auch Angebote in anderen Fachbereichen gebe, die Öffnung der gesamten Einrichtung aber noch zu wünschen übrig ließe und als wichtige Aufgabe bestehen bleibe. Für alle Einrichtungen – ausgenommen die Regionalen Arbeitsstellen – gilt, dass die interkulturelle Arbeit unterrepräsentiert ist und weiterhin im Verhältnis zum Gesamtangebot ein Randsegment darstellt. Dennoch bleibt festzuhalten, dass NIL eine positive Auswirkung auf die Angebotsstruktur hatte und zu einer differenzierteren und fundierteren Arbeit beigetragen hat.

2. Nehmen mehr Migranten an den Veranstaltungen teil?

Es stellte sich heraus, dass diese Frage für die meisten Einrichtungen nicht exakt zu beantworten war, weil in der Statistik nicht nach deutschen und ausländischen Teilnehmenden unterschieden wird. Insofern konnten teilweise nur Schätzungen vorgenommen werden. Einige Einrichtungen konnten aufgrund eines überschaubaren Angebots und der Rückfrage bei den Seminar- und Kursleiterinnen eher Aussagen machen als große Träger mit einer Vielzahl von Veranstaltungen. Bejaht wurde von der Mehrzahl der Anwesenden, neue Zielgruppen ereicht zu haben (z.B. ältere ausländische Frauen, jüngere Migrantinnen im erwerbsfähigen Alter, Mütter mit kleinen Kindern, Multiplikatoren in der interkulturellen Arbeit, deutsche und ausländische Senioren). Insgesamt bleibt festzuhalten, dass immer noch beträchtliche Zugangsbarrieren bestehen, die den Migranten die Teilnahme an den Veranstaltungen und Angeboten erschweren.

3. Welchen Stellenwert hat die interkulturelle Arbeit in der Einrichtung bekommen?

Übereinstimmend stellten die Netzwerkmitglieder einen hohen Grad an allgemeiner Akzeptanz der Ziele und Relevanz interkultureller Arbeit fest. Bei manchen Trägern ist diese Aufgabe sogar in der Arbeitsplatzbeschreibung festgelegt. Bei einem Träger ist das Prinzip der interkulturellen Öffnung Sozialer Dienste bei den Spitzenvertretern des Verbandes hoch im Kurs, allerdings auf der mittleren Ebene noch nicht gut verankert. Einige Netzwerkmitglieder betonten, dass die Relevanz der Arbeit zwar eingesehen werde, die Realisierung aber ihnen vorbehalten bleibe. Das zeige sich insbesondere im Kontakt zu den Kollegen und Kolleginnen der eigenen Einrichtung, die die interkulturelle Bildungsarbeit für notwendig und wichtig erachteten, sich aber selbst nicht für die Ziele in der Praxis engagierten. Als Fazit kann festgehalten werden, dass die Relevanz und Notwendigkeit der interkulturellen Arbeit allgemein anerkannt wird, die Umsetzung aber von den wenigen betrieben wird, die qua Arbeitsteilung dazu verpflichtet worden sind, als Experten gelten und/oder sich dieser Aufgabe aus eigener Überzeugung besonders annehmen. Die meisten sind mit dieser Situation unzufrieden und sehen sowohl einen Bedarf an weiteren Mitstreitern in der eigenen Einrichtung und an internen Diskussionen und Fortbildungen.

4. Stand der Kooperation nach innen und außen?

Konsens bestand in der Überzeugung, dass NIL die Kooperation vor allem nach innen und in geringerem Maße nach außen verbessert hat. Insbesondere die vielen Einzelkooperationen im Hinblick auf Veranstaltungen und Projekte wurden positiv hervorgehoben. Einzelne Einrichtungen haben bis zu 8 Partner für Einzelkooperationen ansprechen können, sodass man von vorübergehenden Subnetzwerken innerhalb des Gesamtverbundes sprechen kann. In diesem Zusammenhang haben sich häufig Organisationen mit ähnlichen Arbeitsansätzen zusammengeschlossen (z.B. Einrichtungen mit Weiterbildungs- oder Beratungsaufgaben). Es gibt auch Mitglieder, die darin die Gefahr einer Abschottung gegenüber anderen Einrichtungen sehen. Großprojekte, wie z.B. die Aktionswochen und das Lernfest, wurden zwar als sinnvoll bezeichnet, haben aber die Leistungsfähigkeit und Belastbarkeit des Netzwerks überstrapaziert und gingen vielfach zu Lasten weniger Aktivisten. In diesem Zusammenhang wurde die Gefahr gesehen, dass das Gesamtnetzwerk in eine Kerngruppe und fluktuierende Randgruppen zerfallen könnte. Die ungleiche Verteilung der Arbeitsaufgaben und der Verantwortung könne eine solche Entwicklung tendenziell verstärken.

Die NIL-Sitzungen waren manchmal mit Organisationsfragen überfrachtet und wenig effizient. Die manchmal schwache Beteiligung wurde von einigen Mitgliedern bemängelt. Manche konstatierten, dass es ihnen nicht möglich sei, regelmäßig teilzunehmen. Die Hälfte der Mitglieder hob die durchweg positive Arbeitsatmosphäre der Sitzungen hervor.

Als positiv wurde insbesondere herausgestellt:
- die Flexibilität des Netzwerks,
- die Fortbildungsangebote,
- die kollegiale Supervision,
- Kommunikation und Erfahrungsaustausch,
- der Informationsfluss,
- die Kooperationsansätze,
- gemeinsame Öffentlichkeitsarbeit.

Für die Zukunft werden folgende Anforderungen an die Netzwerkarbeit gestellt:
a) mehr Verständnis bei den Mitstreitern, wenn Einzelne sich nicht so aktiv einbringen können, Selbstoffenbarung der Mitglieder, inwieweit sie sich engagieren können;
b) Zielklärung und Veranstaltungsplanung für das kommende Jahr;
c) Festlegung von Arbeitsschwerpunkten;
d) Klärung über die Geschäftsführung;
e) Fortbildungsangebote für die Mitarbeiter der Einrichtungen;
f) Austausch über durchgeführte Veranstaltungen;
g) konkrete Anregungen für die Arbeit;
h) Abstimmung eines Konzepts für die Öffentlichkeitsarbeit.

10 Empfehlungen für eine erfolgreiche Vernetzung

1. Es bedarf einer gemeinsamen Idee und Zielsetzung.
2. Ein Netzwerk darf nicht von Einzelnen instrumentalisiert werden (z.B. als Akquise-Instrument oder zur Selbstdarstellung).
3. Das Wir steht vor dem Ich.
4. Ein Netzwerk braucht eine „corporate identity“ (z.B. Werbebroschüren, Faltblatt, Logo).
5. Ein Netzwerk beruht auf den Prinzipien der Freiwilligkeit, Gleichberechtigung, Partizipation und des gegenseitigen Nutzens.
6. Ein Netzwerk muss dynamisch bleiben. Vision, Strategie, Arbeitsweise, Angebot etc. müssen periodisch überprüft, ausgewertet und den neuen Erfordernissen angepasst werden.
7. Nur einfachste Regeln garantieren eine langfristige und reibungslose Zusammenarbeit (Vermeidung von Bürokratie).
8. Die Koordinatorenfunktion sollte rotieren, damit sich keine Machtpositionen verfestigen.
9. Ein Netzwerk muss für die einzelnen Mitglieder bzw. die vertretenen Organisationen von Vorteil sein (Bündelung von Ressourcen, Öffentlichkeitswirksamkeit, Qualifizierung, Info-Pool, kollegiale Supervision, höhere Effizienz, Kostenreduktion etc.).
10. Die sozialen Kontakte untereinander müssen gepflegt und weiterentwickelt werden.

Literatur

Bernhard, Armin: Netzwerke der Sozialpädagogik/Sozialarbeit im Prozess der Europäisierung. Überlegung zu einer erziehungswissenschaftlichen Netzwerkforschung im Feld der Sozialen Arbeit. In: neue praxis, Heft 4/1999, S. 341-354

Bullinger, Hermann/Nowak, Jürgen: Soziale Netzwerkarbeit. Eine Einführung für soziale Berufe. Freiburg i. Breisgau 1998

Burmeister, Klaus/Canzler, Weert: Netzwerke und gesellschaftliche Praxis. Eine historische und perspektivische Betrachtung. In: Hagedorn u.a. (Hrsg.): Anders arbeiten in Bildung und Kultur. Kooperation und Vernetzung als soziales Kapital. Weinheim/Basel 1994, S. 15-30

Deci, Edward L./Ryan, Richard M.: Die Selbstbestimmungstheorie der Motivation und ihre Bedeutung für die Pädagogik. In: Z.f.Päd., Heft 2/1993, S. 223-238

Dithmar, Ute/Meier-Warnke, Helga/Rose, Lotte: Und konnten zusammen nicht kommen ...? Knotenpunkte im Kooperationsaufbau zwischen Schule und Jugendarbeit und ihre Lösungen. In: neue praxis, Heft 2/1999, S. 157-169

Fischer, Veronika/Kallinikidou, Desbina/Stimm-Armingeon, Birgit: Netzwerk Interkulturelles Lernen (NIL) Oberhausen. Entstehung und Entwicklung eines Netzwerks. In: Gemeinsam handeln gegen Fremdenfeindlichkeit und Gewalt. Ein Beitrag zum Aufbau von Kooperationsnetzen in der Region, hrsg. v. Landesinstitut für Schule und Weiterbildung NRW. Soest 1997

Hagedorn, Friedrich u.a.: Netzwerk-Impulse für die Bildungs- und Kulturorganisation. Marl 1994

Hagedorn, Friedrich u.a. (Hrsg.): Anders arbeiten in Bildung und Kultur. Kooperation und Vernetzung als soziales Kapital. Weinheim/Basel 1994

Keupp, Heiner: Riskante Chancen. Das Subjekt zwischen Psychokultur und Selbstorganisation. Sozialpsychologische Studien. Heidelberg 1988

Lammers, Klaus: Das Konzept des sozialen Netzwerkes. Überlegungen zur theoretischen und praktischen Relevanz des Netzwerkmodells in der Sozialarbeit und Sozialpädagogik. In: neue praxis, Heft 2/1992, S. 117-130

Landeszentrum für Zuwanderung NRW (Hrsg.): Dokumentation der Werkstatt Weiterbildung: Interkulturelle Öffnung sozialer Dienste. 23. und 24. September 1999, Akademie Klausenhof. Red.: Jungk, Sabine/Motte, Jan, April 2000

Nestmann, Frank: Förderung sozialer Netzwerke – eine Perspektive pädagogischer Handlungskompetenz? In: neue praxis, Heft 2/1989, S. 107-123

Puch, Hans-Joachim: Inszenierte Gemeinschaften – Gruppenangebote in der Moderne. In: neue praxis, Heft 1/1991, S. 12-25

Schenk, Michael: Kommunikationsstrukturen in Bürgerinitiativen. Empirische Untersuchungen zur interpersonellen Kommunikation und politischen Meinungsbildung. Tübingen 1982

Schenk, Michael: Das Konzept des Sozialen Netzwerks. In: Neidhart, Friedhelm (Hrsg.): Gruppensoziologie. Perspektiven und Materialien. Kölner Zeitschrift für Soziologie und Sozialpsychologie, Sonderheft 25/1983, S. 88-104

Tegethoff, Hans Georg: Soziale Gruppen und Individualisierung. Ansätze und Grundlagen einer revidierten Gruppenforschung. Neuwied/Kriftel 1999

Zu den Autorinnen

Dr. Veronika Fischer
ist Professorin für Erziehungswissenschaft an der Fachhochschule Düsseldorf.

Desbina Kallinikidou
ist Bildungsreferentin bei der Arbeitsgemeinschaft für soziale und politische Bildung „Arbeit und Leben“ in Oberhausen.

Birgit Stimm-Armingeon
ist pädagogische Mitarbeiterin und stellvertretende Leiterin im Evangelischen Familien- und Erwachsenenbildungswerk Oberhausen.